KB073605

세 개의 전쟁

세 개의 전쟁

강대국은 세상을 어떻게 바라보는가

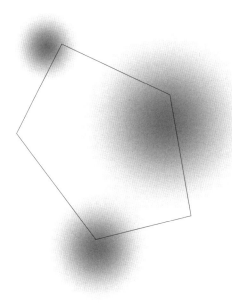

김정섭 지음

프시케의숲

일러두기
———

1. 외래어 표기는 국립국어원의 표기법을 따르되 일부 예외를 두었다.
2. 도서 단행본, 잡지는 《 》로, 논문, 신문 등은 〈 〉로 표기했다.
3. 내용 주는 별 표시한 후 각주로, 출처 주는 숫자 표시한 후 미주로 수록했다.

전쟁은 국가가 취하는 행동 중에 가장 극단적인 선택이다. 국토가 파괴되고 수많은 국민이 희생될 수 있으며, 국가의 존립 기반 자체가 허물어질 수 있다. 최악의 경우 노예의 처지로 전락할 수도 있다. 그만큼 전쟁은 결코 가볍게 일어나지 않고, 일단 발생하면 쉽게 종료되지 않으며, 국제정치적 파급 효과도 심대한 경우가 대부분이다. 따라서 주요 전쟁의 맥락과 함의를 살펴보는 것은 국제정치의 정수에 다가가는 첩경이라고 할 수 있다. 평시에는 국제정치의 야수적 모습이 잘 드러나지 않는다. 국제정치도 마치 국내정치 영역처럼 법과 규율이 존재하고 국가들은 이 질서 내에서 행동하는 것처럼 보인다. 그러나 안보 불안감이 임계점을 넘을 때, 또는 미래가 암울하다는 절망에 빠질 때 국가는 극단적 행동을 서슴지 않는다. 아니면 제국을 향한 열망, 패권적 지위에 대한 집착, 그리고 온갖 불신과 판단 착오가 겹쳐 전쟁이 터지기도 한다. 이럴 때 강대국은 무자비할 정도로 자기중심적이고 폭력적이며, 그 과정에서 국제정치의 본질과 작동 원리가 거칠게 드러난다.

이 책은 태평양전쟁, 우크라이나전쟁, 그리고 가상의 대만전쟁 세 편을 다루고 있다. 일본의 근현대사 전쟁은 과거의 전쟁이고, 우크라이나전쟁은 현재 진행형이며, 대만전쟁은 앞으로 있을지 모를 미래의 전쟁이다. 모두 강대국 전쟁이며, 지정학 충돌의 성격이 있는 전쟁을 골랐다. 전쟁 자체가 아니라 이를 통해 국제정치의 본질을 생각해보고자 했기 때문이다. 무엇보다 세 전쟁 모두 한반도를 둘러싼 4대 강국이 핵심 주역이다. 태평양전쟁은 일본과 미국, 우크라이나전쟁은 러시아와 미국, 그리고 대만전쟁은 중국과 미국이 핵심 행위자다. 따라서 세 전쟁을 통해 강대국 정치의 민낯을 이해한다는 것은 대한민국의 외교·안보를 생각하는 데도 결정적인 도움을 주리라 생각된다.

이 책이 다룬 세 전쟁은 서로 직접적 연관성이 없다. 갈등의 주체가 다르고, 충돌의 무대도 다르다. 태평양전쟁은 동아시아와 서태평양이라는 무대에서 일본과 미국이 주역으로 싸운 전쟁이고, 우크라이나전쟁은 유라시아를 무대로 한 러시아와 미국 간의 충돌이 본질이다. 대만전쟁은 아직 가능성의 차원이지만, 중국과 미국이 충돌의 당사자다. 시점도 모두 달라서 태평양전쟁은 과거, 우크라이나전쟁은 현재, 그리고 대만전쟁은 미래의 사건이다. 어떻게 보면 한 권에 담기에 너무 이질적이고 공통점이 없다고 생각될 수도 있다. 또한 이 책은 전투 국면의 전개를 깊이 다룬 전쟁사 도서도 아니다. 남태평양의 열대 밀림에서 벌어졌던 처절한 과달카날 전투 장면을 상세히 묘사하지 않았으며, 1차 대전의 참호전을 연상시킬 정도로 참혹했던 우크라이나전쟁의 바흐무트 전투를 살펴보지도 않았다.

그렇다면 이질적인 세 사례를 한 권의 책으로 엮은 이유는 무엇인가? 집필하면서 가장 염두에 두었던 것은 전쟁을 통해 국제정치가 어떻게 작동하는지 적나라하게 보여주는 데 있었다. 특히 강대국이 세상을 어떻게 보는지, 무슨 동기로 움직이는지, 그리고 자신의 행위를 어떻게 정당화하는지 살펴보고자 했다. 다시 말해 전쟁은 하나의 프리즘일 뿐, 국제정치 자체를 논하는 것이 이 책의 목적이다.

국제정치학은 국제관계가 무정부 상태, 아나키anarchy라는 것부터 가르친다. 중앙집권적 권위체가 없는 국제정치에서 주권 국가는 생존과 번영을 스스로 담보해야 한다. 법과 규칙을 위반한 범죄행위를 처벌하고 예방하는 경찰 기능이 국제정치에선 기본적으로 존재하지 않는다. 국제정치가 위험한 것은 이 때문이다. 그렇다고 국제정치가 항상 폭력과 전쟁으로 움직인다는 얘기는 아니다. 평상시엔 무역이 이루어지고, 외교가 작동하며, 이해관계가 평화적으로 조정된다. 그러나 일단 갈등이 폭발하면, 국제정치는 그 비극적 민낯을 노출시킨다. 유엔은 마비되고, 국제법은 존중되지 않으며, 냉혹한 지정학 논리가 모든 걸 압도한다. 프리즘이 빛을 굴절시켜 여러 가지 색깔을 분리해내듯이, 전쟁은 평시에는 잘 보이지 않던 국제정치의 불편한 진실을 그대로 드러내는 것이다. 이런 점에서 이 책이 다룬 세 개의 사례는 전혀 이질적이지 않다. 일본이 벌인 20세기 전쟁, 러시아가 감행한 21세기의 전쟁, 그리고 중국과 미국 간에 벌어질 수 있는 미래의 전쟁이 모두 본질은 같다. 모두 강대국 간 세력권sphere of influence 충돌이 갈등의 핵심이며, 이익선을 다시 긋기 위해 폭력이 동원되는 모습을 보이는 것이다.

전쟁엔 언제나 고통받는 약소국이 등장하고, 이름 모를 들풀처럼 사라져가는 수많은 민초들의 희생이 있다. 태평양전쟁을 비롯한 일본의 근현대 전쟁은 한국은 물론 중국과 동아시아의 수많은 민족을 사지로 몰아넣었고, 우크라이나전쟁에선 서구 편입을 열망한 죄밖에 없는 우크라이나 국민이 고초를 겪고 있다. 대만 문제도 마찬가지다. 만약 대만을 둘러싸고 미·중이 충돌한다면, 이는 단순히 양국의 문제가 아니라 동아시아 전체, 어쩌면 제3차 세계대전에 버금가는 대재앙이 초래될지도 모른다. 그러나 이 책은 침략당한 약소국과 그 국민의 관점에서 전쟁을 다루지는 않았다. 태평양전쟁은 일본의 치명적 선택과 미국의 대응을 중심으로 분석했고, 우크라이나전쟁은 유라시아 지정학을 둘러싼 미·러 대결의 각도에서 접근했다. 대만해협 전쟁도 동아시아 패권적 지위를 둘러싼 미·중 양국의 전략과 이것이 갖는 국제정치적 함의에 집중했다. 이런 접근이 혹여 피도 눈물도 없는 현실주의로 느껴질지 모르겠다. 정당성의 문제는 간과하고 힘의 관점에서만 국제정치를 이해한다는 비판도 있을 수 있다.

힘과 세력균형이 국제정치의 전부는 아니다. 제도, 규칙, 정체성도 국제정치를 이해하는 중요한 요소들이다. 다만, 국제정치는 무정부상태라는 기본 조건에서 작동하는 세계다. 힘의 균형이 무너질 때, 그리고 강대국의 이해관계가 무시되었을 때 국제관계에서는 얼마든지 끔찍한 일이 벌어질 수 있다. 이 책을 집필한 동기는 바로 전쟁이라는 렌즈를 통해서 이 점을 살펴보고자 한 것이다. 강대국이 국제정치를 어떻게 대하고, 어떻게 행동하는지 그들의 관점에서 보려는 것이다.

한국 외교에는 지정학적 사고의 전통이 미약하다. 지정학 공간을 둘러싼 투쟁을 벌일 만큼 강대국이 아니었고, 복수의 국가들을 자신의 국익에 맞게 배열하고 관리해나가는 경험이 없었기 때문이다. 그러나 중요한 것은 강대국은 항상 세력균형의 관점에서 지정학적 사고를 한다는 점이다. 러시아의 우크라이나 침공도 유라시아 심장부 heartland에 대한 통제권을 유지하려는 시도이며, 나토의 대응은 이에 대한 림랜드rimland의 반격의 성격이다. 우크라이나전쟁으로 지정학이 귀환했다는 말이 있지만, 엄밀히 보면 지정학은 돌아온 것이 아니다. 지정학은 언제나 그 자리에 있었고, 단지 전쟁이 터지기 전엔 그 실체가 분명히 드러나지 않았을 따름이다. 강대국의 세력권이 부딪히는 지정학적 중간국인 한국이 지정학적 사고력이 떨어진다는 것은 큰 문제다. 적어도 강대국이 어떤 시각으로 세상을 보는지, 유사시엔 어떤 행동까지 할 수 있는지 이해할 수 있어야 한다. 강대국의 어깨 위에 올라서서 세상을 보는 것, 그래서 우리도 한번 제국의 시선으로 국제정치를 이해해보자는 것이 이 책을 집필한 목적이다.

세 전쟁은 각각 많은 질문을 던진다. 중화질서를 극복하고, 서구 열강 러시아까지 물리쳤던 일본은 만주사변과 중일전쟁으로 몰락의 길을 걷기 시작하더니 급기야 태평양전쟁으로 침몰하게 된다. 그동안 치밀하고 전략적으로 움직였던 일본이 어떻게 치명적 실수들을 반복했던 것일까? 특히 진주만 공습으로 이길 수 없는 전쟁을 걸어간 도조 히데키東條英機 내각의 결정을 어떻게 이해할 것인가? 당시 미국의 GDP는 일본의 12배에 달했다. 무슨 생각으로 이런 무모한 결정을 내렸는지 현재의 관점에서 보면 이해하기 쉽지 않다. 그러나 미래가 암울하다고 여겨질 때 자살에 가까운 선택이 내려질 수 있음을 역사는 보여주고 있다. 예방전쟁Preventive war의 위험성은 대만 문제, 북핵 문제 등 현대 동아시아 국제정치에서도 간과되어서는 안 될 문제다.

　또한 태평양전쟁은 원폭 투하라는 전대미문의 비극이 더해진 전쟁이었다. 히로시마와 나가사키 원폭 투하로 즉사한 사람만 15만 명에 달했는데, 그중 대부분은 민간인이었다. 부수적 피해로 민간인이 희생된 것이 아니라 처음부터 도시 자체가 의도적 표적이었다. 사전 경고도 일부러 배제되었는데, 이는 심리적 충격을 극대화하기 위해서였다. 민간인에 대한 무차별 대량 살상, 이런 비인도적 결정이 무슨 논리로 정당화될 수 있었을까? 전략적 요구가 절박할 때 윤리적 고려는 뒷전으로 밀릴 수밖에 없는 것이 전쟁의 어두운 이면인가? 2차 대전은 상대 도시를 무차별 파괴하는 전략폭격의 무대이기도 했다. 처음엔 군수 능력 파괴가 목적이었으나 나중엔 도시 자체를 불태우는 것이 작전의 목표가 될 정도였다. 적국의 전쟁 수행 능력을 파괴하는 것을 넘어 시민들의 전쟁 의지 말살을 기도했기 때문이다. 이는 엄연히 전쟁 범죄에 해당한다. 전투원과 비전투원은 구분되어야 하며, 전쟁 중에도 허용되지 않는 행위가 있다는 것이 근대 이후 정립되어 온 국제규범이다. 그런데도 어떻게 이런 일들이 벌어질 수 있었을까? 탈냉전 시대 1999년에 발발한 코소보전쟁도 마찬가지다. 78일간 총 3만 5,000여 회에 걸쳐 이루어진 나토의 세르비아 공습으로 인해 500여 명의 민간인이 사망한 바 있다. 우크라이나전쟁에서도 유사한 일이 벌어지고 있다. 러시아의 무차별 민간시설 폭격에 대한 국제사회의 비난이 계속되는 가운데 미국은 열화우라늄탄, 집속탄 등 비윤리적 살상 무기를 우크라이나에 지원하고 있다. 이처럼 전쟁과 윤리적 자제 간의 긴장은 풀기 어려운 난제다. 앞으로도 계속될 이 영원한 딜레마를 극적으로 보여주는 사례가 바로 태평양전쟁이다.

태평양전쟁은 전후 반세기 이상 일본이라는 국가를 규정해왔다. 패전 후 샌프란시스코 강화조약과 평화헌법을 받아든 일본은 미국의 보호 아래 경제발전에 집중하는 노선을 택해왔다. 일명 요시다 독트린Yoshida Doctrine이다. 그러나 탈냉전 이후 '보통국가론'과 같은 새로운 국가전략이 분출하기 시작했고, 2010년대 1차 아베 내각부터 재무장과 안보전략 수정을 본격화하고 있다. 일본의 우경화와 재무장에 대해서는 여러 시각이 존재한다. 과거에 대한 반성 없는 우경화가 동아시아 질서의 안보딜레마를 악화시킬 수 있다는 우려가 있는가 하면, 북핵위협과 중국 굴기 등 변화된 환경을 맞아 부전不戰 국가의 굴레를 벗어나려는 자연스러운 반응이라는 평가도 있다. 제국을 꿈꾸며 동아시아 전체를 전쟁으로 몰아넣었던 20세기 일본과 현대 일본은 과연 같은 국가인가, 다른 국가인가? 일본의 지정학적 사고는 변함이 없지만, 동아시아 세력 판도는 완전히 달라졌다. 현재 일본의 변화와 지속성을 이해하기 위해서는 태평양전쟁과 근대 이후 일본이 걸었던 패권 기획의 역사를 살펴볼 필요가 있다.

우크라이나전쟁은 현재 진행형이라 다루기가 조심스럽다. 과거의 전쟁처럼 사료가 축적되어 있는 것도 아니고, 계속 쏟아지는 뉴스와 분석들뿐이다. 전황도 계속 바뀌고 있고, 전쟁이 언제, 어떻게 끝날지도 가늠하기 어렵다. 그러나 현재 벌어진 사태만으로도 생각해봐야 할 문제들이 차고 넘친다. 전쟁의 원인이 무엇인지, 책임 소재는 어디에 있는지부터가 논란거리다. 전쟁 책임을 둘러싼 논란을 살펴보려면 냉전 말기에 대한 역사적 복기가 필수적이다. 소련이라는 제국이 몰락할 때 무슨 일이 있었는지, 이후 어떤 혼란과 정체성 위기를 거쳤는지를 알아야 현재 푸틴의 러시아를 이해할 수 있다.

우크라이나전쟁은 그 자체로 분열된 현재의 세계질서를 보여주는 창이다. 우크라이나전쟁을 규칙 기반 국제질서에 대한 정면 도전으로 보는 서방 진영Global West이 있는가 하면, 미국 자유주의 패권에 대한 러시아의 정당한 반격으로 이해하는 중·러 진영Global East이 있다. 여기에 전쟁 책임 논쟁과 진영 선택을 거부하며 자국 이익을 극대화하려는 남반구Global South도 존재한다. 전쟁의 원인·대응 및 종결 방식, 향후 유라시아 질서에 대한 온갖 논쟁이 이들 진영 간에 벌어지고 있는 형국이다. 우크라이나전쟁을 두고 침략 전쟁인 동시에 패권 전쟁, 물리적 전쟁인 동시에 담론 전쟁이라고 부르는 이유가 여기에 있다. 그야말로 시대의 문제가 된 우크라이나전쟁에 대해 어떤 관점과 입장을 갖는가는 지정학적 중간국인 한국의 입장에서도 매우 중요한 문제가 아닐 수 없다.

우크라이나전쟁은 강대국이 자신의 핵심 국익과 지위가 손상될 때 어떤 행동까지 할 수 있는지를 적나라하게 보여주고 있다. 러시아는 영토 욕심으로 주권 국가를 전면 침공했고, 민간시설 폭격도 개의치 않고 있으며, 비핵국가에 대해 핵위협까지 서슴지 않고 있다. 안보리 상임이사국의 이런 무도한 행동 때문에 유엔은 마비 상태에 이르렀고 집단안보가 위기에 빠졌다는 탄식이 나오고 있다. 이 때문에 서방은 러시아의 침공을 탈냉전 시대 국제질서에 대한 근본적 도전으로 간주하며 국제사회의 단합을 촉구하고 있다. 그러나 질서정연했던 국제질서가 우크라이나전쟁으로 깨졌다는 해석은 온당한 이해인가? 유엔의 권능 밖에서 강대국이 일방적으로 무력을 행사한 사례는 새로운 현상인가? 냉전이 종식된 이후만 해도 1999년 나토의 코소보 공습, 2003년 이라크전쟁, 2011년 강대국의 리비아 내전 개입 등이 벌어진 바 있다. 유럽의 한복판에서 영토 정복 전쟁이 터졌다는 사실이 충격적이긴 하지만, 이 역시 서구 중심적 편견의 발로일 수 있다. 발칸, 중동, 아프리카 등 이른바 '주변 지역'에선 폭력과 전쟁이 멈추지 않았으며, 그 배후엔 언제나 질서 밖에서 행동하는 강대국들이 있었다는 점이 간과되어서는 안 된다.

유엔의 권위가 실추되고 마비되었다는 비판도 생각해볼 부분이 있다. 안보리 상임이사국이 침략 행위를 저지른 당사자가 되고 보니 유엔 안보리가 제대로 작동될 리가 없다. 러시아 규탄 결의안이 무산되는 것은 물론 북한 ICBM(대륙간 탄도미사일) 도발에 대한 결의안도 중·러의 반대로 번번이 부결되고 있다. 그러나 유엔의 마비 원인을 러시아나 중국 등 특정 국가의 행위로 돌릴 수 있을까? 상임이사국이 거부권을 갖게 된 이유는 세계 5대 강국의 의사에 반하는 유엔의 결정을 원천적으로 차단하고자 했기 때문이다. 그렇지 않을 경우 강대국 전쟁, 즉 제3차 세계대전으로 비화될 위험이 있기 때문이다. 다시 말해 유엔은 애초부터 강대국의 의사에 반해서 작동되지 못하도록 만들어진 것이고, 현재 유엔은 당초 설계된 대로 움직이고 있는 것뿐이라고 봐야 하지 않을까? 유엔 안보리가 5대 상임이사국의 이해를 거스르는 문제에 대해 무기력했던 것은 어제오늘의 모습이 아니다. 유엔과 국제규범의 훼손은 결코 바람직하지 않고, 복원을 위해 국제사회가 노력해야 하는 데에는 이론異論이 있을 수 없다. 그러나 현재 상황을 특정 시점, 특정 국가의 문제로 접근한다면, 국제정치에 내재되어 있는 폭력성과 위계성의 본질을 간과할 수 있다는 점을 잊어서는 안 된다.

우크라이나전쟁이 제기하는 핵심 질문 중 하나는 전후 유라시아 질서를 어떻게 그릴 것인가라는 문제다. 혹자는 냉전 시대 키신저 Henry Alfred Kissinger가 중국을 소련의 궤도에서 떼어냈듯이 러시아와 중국 관계를 이완시켜야 한다고 주장한다. 미국의 최대 전략경쟁 상대가 중국인 마당에 러시아를 적대시하여 중·러 밀착을 초래하는 것은 전략적 실수라는 것이다. 역逆키신저 전략이 어렵더라도 최소한 러시아를 있는 그대로 인정하고 대러 정책을 수립하라는 현실주의자들의 충고도 있다. 향후 유라시아 질서는 어떤 식으로 전개될 것인가? 현재는 서구 민주 진영과 중·러 권위주의 진영 간의 경쟁이 치열하게 전개되는 가운데 기회주의적 변방 국가들의 헤징hedging 행태가 복합적으로 나타나고 있다. 전쟁의 종결 방식과 이후 미·중·러·유럽의 선택에 따라 유라시아 질서, 그리고 국제질서의 미래가 크게 달라질 것이다.

대만 문제는 앞선 두 개의 전쟁과는 다르다. 아직 일어나지 않은 일이고, 영원히 발생하지 않을 수도 있는 사례다. 그렇다면 세계 양대 최강국인 미국과 중국이 충돌할 가능성을 진지하게 검토해야 할 이유는 무엇일까? 대만전쟁을 생각해보는 이유는 전쟁이 불가피하다거나 전쟁의 가능성이 높다고 판단하기 때문은 아니다. 세력 전이 과정에서 모든 패권국이 투키디데스의 함정*에 빠지는 것은 아니다.

---

* 신흥 강국의 부상을 기존 패권국이 견제하는 과정에서 발생하는 전쟁을 지칭한다. 지중해의 주도권을 둘러싸고 기존 맹주 스파르타와 신흥 강국 아테네 간에 벌어진 전쟁을 역사가 투키디데스가 조명한 데서 유래했다.

미국과 중국도 전쟁을 결코 가볍게 생각지 않을 것이며, 폭력적 충돌을 막기 위해 최선의 노력을 다할 것으로 예상된다. 그러나 대만 문제가 미·중 전략경쟁의 향배를 가르는 최종 시험대가 될 무대라는 점은 부인하기 어렵다. 동중국해와 남중국해를 연결하는 대만은 중국이 태평양으로 뻗어가는 관문에 위치하고 있다. 대만을 장악하면 남중국해에 대한 군사력 투사가 용이해질 뿐 아니라, 제1도련선^{島鍊線,} Island Chain*을 넘어 태평양으로 뻗어나가는 디딤돌로 삼을 수 있다. 반대로 미국의 관점에서는 중국의 태평양 진출을 막는 저지선의 의미를 갖는다. 미·중 모두에게 양보할 수 없는 전략적 요충이다. 더 중요한 것은 인식적 측면이다. 만약 미국이 대만 수호에 실패한다면, 동아시아에서 미국의 지위는 크게 손상될 것이다. 역으로 대만이 미국의 세력권 안에 남아 있는 한, 동아시아와 서태평양에서 중국의 입지는 제자리걸음을 할 수밖에 없다. 이런 지정학적 가치와 상징성을 갖는 대만을 두고 현재의 현상 유지가 언제까지 지속될 수 있을까? 중국이 강대국 열망을 꺾지 않는 한, 미국이 자신의 패권을 순순히 내려놓지 않는 한, 대만해협의 평화와 안정은 결코 장담할 수 없다. 대만을 둘러싼 전쟁 가능성을 결코 가볍게 볼 수 없는 이유가 여기에 있다.

그렇다면 미국과 중국의 전략은 무엇인가? 미국 전략의 핵심은 억제^{deterrence}다. 인도·태평양 지역에서 강력한 동맹 네트워크를 구축함으로써 중국이 군사 옵션을 고려하는 것 자체를 봉쇄하겠다는 것이다. 일본·호주 등이 핵심 동맹국이며 필리핀 등도 군사기지 접근 차

* 태평양의 섬을 사슬처럼 이은 가상의 선. 중국군의 해상 작전 반경을 나타낸다.

원에서 중요한 파트너로 간주되고 있다. 만약 무력 충돌이 발생한다면 전면전의 위험을 최대한 피하면서 중국의 대만 침공을 좌절시키는 제한전쟁을 수행한다는 것이 미국의 구상이다. 이에 반해 중국의 전략은 강압coercion에 모아져 있다. 동아시아에서 힘의 균형을 서서히 바꾸어 대만은 물론 주변국들이 베이징의 의도에 저항하지 못하도록 하겠다는 것이다. 반접근·지역거부A2AD, Anti-Access/Area Denial 전략*하에 이루어지는 해·공군력 현대화, 갈수록 공세적 모습을 띠고 있는 대만해협상의 무력시위 등이 이런 강압 캠페인의 일환이다. 중국으로서는 싸우지 않고 대만을 복속시키는 것이 최선이기 때문이다. 문제는 '억제와 강압이 언제까지 양립할 수 있는가'이다. 억제가 작동한다면 강압이 효과를 발휘하지 못한다는 뜻이고, 강압이 작동한다는 것은 억제가 무너지고 있다는 것을 의미한다. 예방전쟁의 압력, 우발적 충돌, 억제의 실패 등이 현재의 팽팽한 균형을 무너뜨릴 수 있는 가능성은 항상 존재한다.

대만전쟁이 발발하면 그 결과는 어떻게 될까? 그간 수많은 워게임wargame(모의 군사 작전 시뮬레이션)이 다양한 결과를 내놓은 바 있다. 미국의 개입 여부 및 시기, 대만의 항전 강도, 중국 인민해방군의 준비 상태 등 다양한 변수에 따라 중국의 침공은 성공·실패·교착 등 상반된 결과를 보였다. 그러나 모든 시나리오에서 한 가지 공통점이 존재하는데, 그것은 대만은 물론 미·중 모두 엄청난 피해와 손실을 입는다는 점이다. 여기서 생각해볼 질문이 있다. 즉 '대만이 과연 미국의 이익에 얼마나 사활적인가' 하는 문제다. 대만이 갖는 지정학적 가치에

* 서태평양 지역에 미 해·공군력이 전장에 진입하는 것을 거부하고, 만약 진입하더라도 그 비용과 위험성을 높여 미군의 행동을 제약하겠다는 중국의 전략.

대해서는 의문의 여지가 없다. 그러나 대만을 방어하는 것이 미국에 과연 실존적인 문제인가, 아니면 동아시아 세력권의 조정 문제에 불과한 것인가? 동아시아에서 미국의 입지도 포기하기 어려운 가치임엔 틀림없지만, 전쟁의 무게를 생각한다면 결코 쉽게 답하기 어려운 질문이다. 연관된 또 하나의 질문은 핵전쟁의 위험성에 대한 것이다. 대만전쟁이 벌어진다면 그것은 엄연히 핵국가 간의 전쟁이다. 핵전쟁은 너무 극단적 시나리오지만, 미·중 전쟁 자체가 극단적 상황이다. 양측의 함정 및 항공기가 수백 대씩 파괴되며 최소 수만 명 이상의 인명 피해가 발생하는 상황에서, 과연 미국과 중국은 핵카드 사용의 유혹과 압박을 쉽게 이겨낼 수 있을까? 전황이 교착에 빠지거나 굴욕적인 패배가 임박한 경우에도 핵금기nuclear taboo가 굳건히 지켜질지는 아무도 알 수 없다. 필자는 냉전 시대에 제기된 제한핵전쟁limited nuclear war 이론을 통해 대만 분쟁시의 핵확전 위험성을 조망해보고자 한다.

패권 경쟁이 초래할 위험성을 경시해서도 안 되지만, 미래에 대한 지나친 비관주의도 경계할 필요가 있다. 불가피하지 않은 일을 상정하고 대비하다 보면, 피하고 싶은 바로 그 미래를 앞당기는 우를 범할 수도 있다. 미·중 전쟁을 예방하고 위험한 전략경쟁을 완화하기 위해서는 어떤 사고가 필요할까? 루스벨트Franklin Roosevelt와 스탈린Joseph Stalin이 맺었던 얄타협정과 같은 미·중 지정학적 대타협을 생각해야 하는가? 아니면 미국의 양보나 후퇴가 아닌 미·중이 공존하는 모델을 만들 수는 없을까? 미·중 전략경쟁은 결국 신흥 강대국의 부상에 따르는 국제정치의 고전적 딜레마 문제다. 상호 배척이 아닌 공존의 질서를 만드는 것이 가능할 것인지, 그 어려움과 희망을 1차 대전과 유럽 통합의 역사적 사례를 통해 살펴본다.

이 책은 전쟁을 소재로 하지만 전쟁 자체를 기술하는 전쟁사는 아니다. 그보다는 전쟁이 왜 일어났는지, 전쟁의 성격을 어떻게 볼 것인지, 그리고 평화와 안정을 위해 무엇이 필요한지에 관심을 두고 있다. 다시 말해 전쟁은 하나의 렌즈일 뿐이다. 이를 통해 국제정치의 본질에 다가가고 우리가 사는 세상을 보다 객관적으로 이해하자는 것이 이 책의 취지다. 전쟁과 같은 국제적 대사건에는 많은 이야기가 담겨 있다. 어느 하나로 해석하기 어려운 중층적 성격이 내재되어 있고, 역사적 평가도 다양할 수밖에 없다. 전쟁의 책임이 누구에게 있는지, 올바른 교훈은 무엇인지 논쟁적인 경우가 많다. 따라서 일면적 해석을 경계하고 가능한 한 다양한 관점을 소개하려고 노력했다. 또한 논쟁적 이슈들은 가급적 역사적 맥락, 비교적 관점에서 바라보고자 했다. 국제정치에서 벌어지는 많은 일들은 과거에도 있어왔고, 통상 특정한 맥락에서는 유사한 선택이 내려진 경우가 많았다. 보다 긴 호흡으로 오늘의 뉴스를 바라본다면, 단편적이고 자기중심적으로 세상을 이해하는 오류를 피할 수 있을 것으로 기대한다. 아무쪼록 이 책이 과거를 돌아보고, 현재를 이해하며, 미래를 대비하는 데 작은 참고라도 될 수 있다면 저자로서 더 바랄 것이 없겠다.

1부 태평양전쟁

제 국 을 향 한 일 본 의 몽 상

태평양전쟁은 제국적 망상, 오판, 치명적 실수가 만들어낸 재앙적 사
건이었다. 청일전쟁, 러일전쟁, 그리고 1차 대전에 이르기까지 일본
은 눈부신 성공을 거듭하며 제국의 판도를 넓혀갔다. 메이지유신 이
후 대외 팽창에 눈을 돌린 일본은 청일전쟁으로 중국을 제압하며 중
화질서에서 벗어났고, 러일전쟁을 통해 서구 열강의 하나인 러시아
까지 제압함으로써 명실상부한 강국의 반열에 올랐다. 제국적 판도
는 한반도는 물론 랴오둥반도와 사할린섬 남부에까지 이르렀으며,
열강과의 불평등조약을 모두 개정하는 성과도 따라왔다. 이후 1차
대전에서 승전국 클럽에 가담하여 일본의 국제적 지위와 세력 판도
는 정점에 도달했다. 미국·영국 등과 어깨를 겨누는 5대 전승국의 반
열에 올랐고, 제국적 판도는 중국 대륙은 물론 서태평양 일대까지
이르렀던 것이다.

　그러나 파리 강화회의가 종료된 지 10여 년 만에 일본은 국제연맹
을 탈퇴하고 서구 열강과 충돌의 길로 접어들었다. 이미 확보한 제
국적 판도에서 멈추지 않고 폭주에 나선 군국주의적 열망이 문제였

던 것이다. 특히 만주사변 이후 군부의 폭주가 제어되지 않았고, 급기야 진주만 공습이라는 치명적 결정을 함으로써 몰락의 길을 자초하고 말았다. 빈틈없는 전략적 사고로 아시아의 강국 반열에 오른 일본이 자멸의 길로 들어선 것이다. 과연 선택의 순간에 무슨 일들이 있었던 것일까? 일본의 패권 기획 구상과 미국, 영국, 러시아 등 서구 열강의 제국적 계산이 어떻게 조응하고 부딪히며 역사를 만들어냈던 것일까? 이길 수 없는 전쟁, 불가능하고 비합리적으로 보이는 전쟁이 어떻게 발생할 수 있는지 태평양전쟁이 주는 교훈을 살펴보고자 한다.

태평양전쟁은 단순한 과거가 아니라 오늘의 일본을 이해하는 열쇠기도 하다. 패전 이후 평화헌법의 굴레하에서 경제 대국, 정치 소국의 길에 안주했던 일본이 최근 다시 재무장과 안보전략 재조정 등 국가 노선의 일대 전환을 시도하고 있다. 이런 상황에서 한반도와 중국 대륙, 그리고 태평양을 바라보는 일본의 지정학적 사고를 근대 이후 일본의 전쟁을 통해 이해해볼 수 있을 것이다.

태평양전쟁은 원폭 비극의 무대였다는 점에서도 특별한 의미가 있다. 10만 명이 넘는 민간인을 살상한 당시 결정은 인류 역사에서 예외적 사건으로 남을 것인가? 핵무기는 이제 절대 사용해서는 안 될 금기처럼 여겨지고 있지만, 이런 핵금기는 얼마나 견고하며 신뢰할 수 있는 것일까? 우크라이나전쟁에서 노골적인 러시아의 핵위협이 계속되고 있고, 대만을 둘러싼 전쟁이 발발할 경우 핵확전의 위험성이 거론되고 있다. 히로시마와 나가사키에 이루어진 원폭 투하가 어떤 전략적 계산과 고민의 결과였는지 살펴봄으로써 전쟁과 윤리의 문제도 짚어보려 한다.

01　　　　　　　　　　　　　　　　　　　　이길 수 없는 전쟁

태평양전쟁은 1941년 12월 7일 오전 진주만의 미 태평양사령부가 불타면서 시작되었다. 태평양함대의 전함과 항공기가 궤멸적 타격을 입었고, 인명 피해도 2,000명이 훨씬 넘었다. 세계 전사에 유래를 찾기 힘들 정도로 완벽한 기습이었다. 초기 전황도 일본의 구상대로 전개되었다. 일본군은 홍콩과 필리핀은 물론 괌, 비스마르크제도 등 중부 태평양의 군도를 급속히 장악해나갔다. 그러나 1942년 중반부터 전세가 역전되기 시작했으며, 이후 전쟁 수행 능력의 확연한 열세를 극복하지 못했다. 일본이 그동안 집어삼켰던 제국의 영토를 하나둘씩 반납하더니 급기야 원폭의 비극까지 경험하며 굴욕적 패배를 맞게 된 것이다.

　태평양전쟁은 처음부터 일본이 이길 수 없는 전쟁이었다. 인구, 산업생산력, 자원 등 국력의 어느 지표로 보나 일본의 대미 열세는 야마토 정신*만으로는 극복할 수 없는 수준이었기 때문이다. 그럼에도

* 일본 민족 특유의 사고방식과 견해를 뒷받침하는 정신을 지칭하며, 제2차 세계대전기에는 군국주의적 색채를 띠어 돌격 정신을 고무하는 의미가 강조되었다.

불구하고 전쟁을 걸어간 측은 일본이었고, 일본 국민들도 전쟁 소식
에 환호했다. 일본열도 전체가 애국적이고 낙관적인 분위기에 휩싸
였던 것이다. 그러나 전쟁의 참혹함이 드러나고 굴욕적 패배가 현실
이 되자 전쟁에 대한 일본 국민의 태도는 완전히 달라졌다. 이길 수
없는 전쟁에 젊은이들을 몰아넣고 책임지지 않는 정부를 향해 원망
과 분노의 감정이 생겨난 것이다. 여기서 전쟁 가해국 국민임에도
불구하고 묘한 피해자 의식이 싹트고, 이는 전후 일본의 전쟁 책임
의식과도 연관되는 문제로 발전한다. 이하에서는 환호와 애국적 분
위기에서 시작한 전쟁이 어떻게 굴욕적 패배로 귀결되는지 그 비극
적 경과를 살펴본다.

전쟁에 대한 비극적 환상

태평양전쟁은 제2차 세계대전의 전역戰域 중 하나로서 태평양과 동
아시아에서 벌어진 전쟁을 일컫는다. 일본은 서구 세력의 침탈에 맞
서 아시아 여러 민족의 독립을 지켜내기 위한 '대동아 전쟁'으로 포
장했지만, 그 본질은 지역적 패권을 획득하기 위한 일본의 제국주의
적 시도가 미국, 영국 등 기존 해양 패권국들의 견제와 충돌하면서
벌어진 '패권 전쟁'이었다. 태평양전쟁의 시작은 진주만 기습이란 극
적인 작전으로 시작되었다. 1941년 12월 7일, 평온한 일요일 오전에
일본 연합함대는 하와이에 주둔해 있던 미 태평양사령부를 사전 경
고 없이 공습하여 대성공을 거둔다. 진주만이 불타기 시작한 것은 7
일 오전 7시 55분, 일본 시간으로 8일 새벽 3시를 넘긴 때였다. 그러

고 몇 시간 뒤, 일본 대본영(육·해군 최고 통수 기관)은 지금도 유명하게 회자되는 개전 선언을 라디오 임시 뉴스를 통해 일본 국민들에게 알린다. "제국 육·해군은 오늘 8일 새벽, 서태평양에서 미국, 영국군과 전투 상태에 돌입했다."

개전 직후 일본 국민들의 반응은 낙관적이고 긍정적인 분위기로 가득 차 있었다. 곧이어 닥칠 끔찍한 전쟁의 고통과 치욕적인 패배는 전혀 예상하지 못한 채 무언가 흥분되고 밝은 에너지가 국가적으로 공유되고 있었다.[1] 중문학자 다케우치 요시미竹內好는 당시 태평양전쟁 발발 소식에 이렇게 반응했다.

> 역사는 만들어졌다. 세계는 하룻밤 사이에 변모했다. 우리는 눈앞에서 그것을 보았다. 감동에 몸을 떨면서 무지개처럼 흐르는 한 줄기 빛의 행방을 지켜보았다. 12월 8일 선전 조서가 내려진 날, 일본 국민의 결의는 하나로 불타올랐다. 상쾌한 기분이었다. 솔직하게 말하면 우리는 지나사변[중일전쟁] 앞에서 하나가 되기 어려운 감정이었다. 의혹이 우리를 괴롭혔다. 우리 일본이 동아 건설의 미명에 숨어서 약자를 괴롭히는 것은 아닌가 하고 지금껏 의심해왔다. 이 장엄한 세계사의 변혁 앞에서 생각해보면 지나사변은 하나의 희생으로 견딜 수 있는 일이었다. 대동아전쟁[태평양전쟁]은 훌륭하게 지나사변을 완수했고, 그 의의를 세계에 부활시켰다.

좀처럼 끝이 보이지 않는 중일전쟁에 대한 답답함, 중국 본토 공략에 대한 일말의 윤리적 갈등이 태평양전쟁으로 일거에 정당화되고 해소되는 느낌을 토로하고 있다. 소설가 이토 세이伊藤整도 자신의

12월 9일 일기에서 비슷한 감정을 표출했다.

오늘은 모두 얼굴에 희색이 만연하고 밝다. 어제와는 전혀 다르다.
이 전쟁은 밝다. 국민이 행복과 불행을 서로 공평하게 나누고 있다.
대동아전쟁 직전의 무겁고 괴로운 기분이 사라졌다. 실로 이 전쟁
은 좋다, 밝다.

문학비평가 오쿠나 다카오는 다음과 같이 회상했다.

우리가 마침내 해냈다는 행복감이 피어올랐다. 그것은 영국과 미국
같은 오만한 열강과 백인들에게 일격을 가했다는 행복감이었다. 승
전보가 하나씩 전해질 때마다 걱정은 사라졌고, 두려움은 자부심과
기쁨으로 변했다. (…) 후진국 출신 유색인종이 선진국 백인에게 느
꼈던 열등감은 그 한 번의 급습으로 사라졌다.[2]

지식인들만이 아니었다. 야마가타현의 어느 한 소작농은 자신의
일기에서 "드디어 시작된다. 몸이 바싹 긴장되는 것 같다. 12월 10일
에는 오후부터 농사일을 쉬고 반나절 동안 신문을 보았다"라고 썼
다. 한 철도 역무원은 이날의 일기에 전쟁이 주는 흥분과 긴장감을
이렇게 표현했다. "젊은 우리들은 피가 끓어오를 뿐이다. 개인주의적
인 일체의 기분은 어느 곳으론가 날아가버렸다. 그리고 애국적이고
민족적인 커다란 기분에 지배당해버렸다."[3]
　전쟁 초기 애국적 감정이 분출하고, 전쟁을 미화하는 목소리가 터
져나오는 것은 역사에 흔히 있는 일이다. 1차 대전 당시에도 유럽 각

국 정부는 전쟁의 유익함과 영광을 선전했고, 국민들은 열기에 휩싸여 환호했다. 전선으로 향하는 병사들을 환송하는 기차역에는 애국심으로 달아오른 사람들로 가득 찼고, 전에 없던 국가적 연대감과 목적의식이 남녀노소 모두에게 강렬히 차올랐다.[4] 태평양전쟁 직후의 일본 국민들처럼 1차 대전 개전 직전의 유럽인들도 위기가 불러온 짜릿함에 전율하며 환호했던 것이다. 심지어 전쟁이 물질적 풍요로 인한 국가적 퇴폐와 도덕적 타락을 정화시킨다는 주장도 퍼졌다. 독일 재상 베트만홀베크Theobald von Bethmann-Hollweg는 "전쟁은 공기를 깨끗이 하는 뇌우"라고 말했고, 작가 토마스 만Thomas Mann은 전쟁은 "정화요, 해방이요, 거대한 희망이다"라고까지 했다.[5] 그러나 1차 대전은 결코 한여름의 폭우처럼 짧게 지나가지 않았고, 참혹하고 지루한 소모전을 통해 1,000만 명이 넘는 희생과 깊은 상처를 유럽과 전 세계에 남겼다. 태평양전쟁도 마찬가지였다. 이후 일본이 저지른 무모하고 치명적인 결정으로 연합국과 중국·한국 등 아시아 민족, 그리고 일본인들까지 씻을 수 없는 고통을 겪었다. 태평양전쟁은 제국을 향한 일본의 몽상에 불과했고 결코 일본이 꿈꿀 안착지가 아니었음이 드러나는 데는 그렇게 많은 시간이 걸리지 않았다.

진주만 공습과 초기 전황

진주만 공습은 전사에서 손꼽힐 정도로 완벽하게 성공한 기습 작전이었다. 일본에서 하와이까지는 약 5,600킬로미터나 떨어져 있었고, 이 엄청난 거리를 발각되지 않고 접근하는 것부터가 거의 불가능에 가까운 임무였다. 몰래 접근한다 해도 미군에 궤멸적 타격을 입히기 위해서는 엄청난 화력을 집중적으로 운용해야 한다는 또 다른 어려운 문제가 있었다.

이 불가능한 임무를 지휘한 인물이 연합함대 사령관 야마모토 이소로쿠山本五十六 제독이었다. 다년간 주미대사관의 무관으로 근무하며 미국의 전쟁 잠재력을 누구보다 잘 알고 있던 그는 사실 개전에 반대하는 입장이었다. 이소로쿠 제독은 1940년 9월 당시 고노에近衛文麿 총리에게 "만약에 (미국과 전쟁을 하라고) 명령하신다면 처음 6개월 정도는 승산이 있겠습니다만, 만일 전쟁이 2~3년 동안 계속된다면 어떻게 될지 저는 전혀 자신이 없습니다"라고 말한 바 있었다.[6] 그럼에도 불구하고 꼭 전쟁을 해야 한다면, 미 태평양함대에 대한 기습 공격만이 유일한 희망이라는 게 그의 신념이었다. 그는 자신이 제안하는 진주만 공습 계획이 수용되지 않는다면 연합함대 사령관 자리에서 물러나겠다고 버틸 정도였다.[7]

이소로쿠가 생각해낸 방법은 진주만에 대한 함재기 공중 공습과 뇌격기를 이용한 어뢰 공격이었다. 이를 위해 일본은 항공모함(항모) 중심의 기동부대를 편성했는데, 주력은 함재기를 실은 항모 6척을 중심으로 전함 2척, 순양함 6척, 구축함 9척, 그리고 잠수함 3척으로 구성되었다. 이를 바탕으로 이소로쿠 사령관은 진주만과 수심과 지형이 비슷한 가고시마만을 골라 어뢰 투하 훈련을 반복하는 등 작전에 만전을 기했다.[8]

기습을 위한 조치도 치밀하게 준비되었다. 공습 시간은 대비 태세가 느슨해져 있는 일요일 아침으로 잡았고, 전투기 이동 중에는 일체의 무선 사용을 금지했다. 미군에게 탐지되는 것을 방지하기 위해서였다. 정확한 공습을 위해 미리 진주만의 항만시설과 함정 정박 상태 등에 대한 사전 정찰도 마쳐놓은 상태였다. 또한 진주만 공습 전에는 인도차이나 해역에서 기동훈련 모습을 노출시키기도 했다. 미군의 이목을 다른 곳으로 유인하려는 기만전술의 일환이었다.

마침내 쿠릴열도에 모여 있던 항모전단^{航母戰團}은 하와이로 가는 기존 항로를 벗어나 태평양 최북단을 향해 항해를 시작했다(1941년 11월 26일). 연합군은 일본 항모전단이 이동하는 것은 파악하고 있었지만, 목적지가 어딘지는 알 수 없었다. 같은 날, 루스벨트 대통령은 5만여 병력의 대규모 일본 수송 선단이 타이완 남쪽 해역에 있다는 보고를 받았고, 해군에는 다음 날 전쟁경보가 발령되었다. 그러나 미국이 생각하는 일본의 공격 후보지는 필리핀, 태국, 말레이반도, 또는 보르네오 정도였다.

드디어 1941년 12월 7일, 일본의 제1항공함대는 하와이 북쪽 440여 킬로미터 해상에 도착했다(새벽 6시 정각). 그리고 얼마 지나지 않아 항공모함 6척의 갑판에서 함재기들이 일제히 출격을 시작했다(7시 50분). 항공기 183대가 동원된 대규모 작전이었다.* 이어 다시 전투기 180대가 제2파 공습에 나섰다(8시 50분).

기습은 대성공이었다. 나른한 일요일 오전 무방비 상태에서 미군의 태평양함대는 엄청난 손실을 입었다. 전함 6척을 포함하여 함정 16척이 격침되었고, 항공기는 164대가 대파되었다. 인명 피해도 사망자만 2,403명에 이르렀다. 반면 일본군이 입은 손실은 항공기 29대와 잠수함 6척이 전부였다. 허즈번드 키멀^{Husband Kimmel} 태평양함대

* 1차 공격대는 고공 수평폭격용 함상공격기 49대, 어뢰를 장착한 뇌격기 40대, 함상폭격기 51대, 그리고 이들 세 개 공격대를 호위하는 제로전투기 43대 등으로 구성.

사령관과 월터 쇼트Walter Short 하와이 주둔 육군사령관은 기습 허용의 책임을 지고 직위 해제를 당했다. 태평양함대를 최소한 6개월 이상 무력화한다는 당초 일본의 목표가 달성된 것처럼 보였다. 이를 활용하여 일본이 남방 자원지대를 점령하고 외곽 방어선을 구축한다면 결국 미국이 일본의 기득권을 인정하게 되리라는 게 일본의 계산이었다. 즉, 남방의 자원을 바탕으로 미국과 지구전을 벌여서 유리한 조건으로 전쟁을 마무리한다는 구상이 초기 성공을 거둔 것이다.

한편 워싱턴에 있던 일본 주미대사 노무라野村吉三郎는 공습 당일 오후에 코델 헐Cordell Hull 국무장관을 찾아가 미일 교섭 단절을 통고하는 문서를 건넸다. 그러나 이때는 이미 루스벨트와 헐이 진주만이 불타고 있다는 보고를 받은 지 1시간이나 지난 뒤였다. "내 50년 공직 생활 동안 이토록 파렴치하고 거짓말과 억지투성이인 문서를 본 적이 없다"고 그는 회고했다. 기가 막힌 헐 장관은 그저 턱으로 문을 가리켰고, 노무라 대사는 말없이 장관과 악수를 나눈 후 집무실을 나설 수밖에 없었다. 당시 노무라 대사는 진주만 공습 사실을 모르고 헐 장관을 찾아갔던 것이다.*

초기 전황은 일본의 뜻대로 되는 듯했다. 1941년 12월, 일본은 영국의 극동 전초기지인 홍콩을 함락시켰고, 이듬해 1942년 1월에는

---

* 대미 최종 각서의 전달이 지연된 이유에 대한 설명으로는 주미 일본 대사관의 태만이 있었다는 것이 종래 해석이었다. 본국에서 전해진 각서의 암호해독이 늦어져서 헐 장관에게 적시에 전달하지 못했다는 것이다. 그러나 일본 외무성이 처음부터 급전이 아닌 보통전으로 분류한 것에 더 큰 책임이 있다는 새로운 견해도 존재한다. 무경고 기습 공격을 중시한 군부의 입장을 존중해서 외무성이 의도적으로 각서 전달을 서두르지 않았다는 해석이다. 요시다 유타카,《아시아 태평양전쟁》, pp. 36-37; 일본역사연구회,《태평양전쟁사 2》, pp. 242-243.

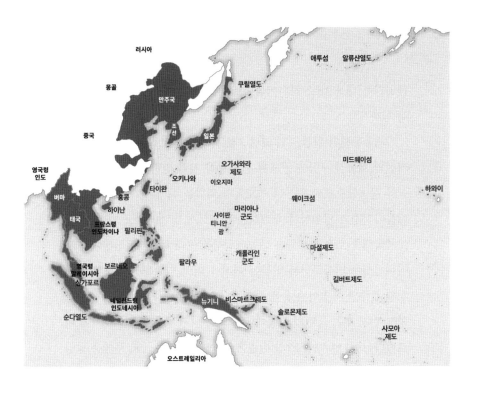

필리핀을 점령했다. 당시 필리핀에 있던 맥아더^{Douglas MacArthur} 사령관
은 부하들을 남겨둔 채 굴욕적인 탈출을 할 수밖에 없었다. 중부 태
평양의 괌과 웨이크섬, 비스마르크제도도 일본군의 수중에 떨어졌
다. 2월에는 영국령 싱가포르를 점령했고, 3월에는 네덜란드령 인
도네시아 장악까지 성공했다. 1942년 12월부터 1943년 4월까지 일
본군이 거둔 군사적 성과는 세계 전쟁사에 유례가 없는 수준이었다.
일본제국의 판도는 단숨에 동서로 1만 3,000킬로미터, 남북으로 2만
2,900킬로미터까지 확장되었다.⁹ 짧은 시기에 엄청난 성과를 올리자
향후 진군의 방향에 대해 고민하게 될 정도였다. 일본 연합함대 참
모장은 개전 전에 정해놓은 목표가 조기 달성되자 1942년 1월 5일
자신의 일기에 이렇게 적었다. "이제부터 어디로 가야 하나? 오스트

레일리아 대륙으로? 하와이섬으로? 아니면 기회를 봐서 소련을 쳐야 할까?"[10]

기세등등해진 일본은 1942년 2월, 대동아건설 심의회를 설치해서 자신의 제국적 구상을 공표했다. 대동아 지역 전반의 교역, 산업, 외교를 통제함으로써 일본이 지도국의 역할을 해야 한다는 취지였다. 대동아전쟁의 당위성에 대해서는 학자들까지 가세하고 나섰다. 교토제국대학 소속 교수들은 대동아전쟁을 고대 페르시아전쟁이나 포에니전쟁에 비유하면서 일본이 아시아 여러 민족을 육성하고 각성시킬 특수한 사명이 있음을 강조했다. 개전에 대해 조심스러웠던 천황도 전쟁 초기 국면의 성공에 고무되어 낙관적인 생각을 갖기에 이르렀다. 1941년 12월 25일 천황은 시종에게 "평화 극복 후에는 남양을 보러가고 싶다"고 말했다. 마리아나, 마셜, 캐롤라인 군도와 필리핀, 보르네오섬 등 남양군도가 향후 일본의 영토가 될 것으로 본 것이다.[11]

다가오는 패배의 기운

전세는 1942년 중반 이후 서서히 역전되기 시작했다. 1942년 6월 미드웨이 해전이 그 분기점이었다. 암호가 미군에 의해 노출된 일본 해군은 항공모함 4척이 격침되는 엄청난 손실을 입었고, 이후 일본의 해군력은 대미 열세로 바뀌었다. 1942년 8~12월에 벌어진 과달카날 전투도 일본의 궤멸적 패배로 끝이 났다. 과달카날은 솔로몬제도 남방에 위치한 섬으로서 미국·호주 간의 보급로상에 위치한 전략적 급소였다. 열대 밀림과 늪지 속에서 벌어진 처절한 전투 끝에 일본은 2만 4,000명의 병력을 잃었고, 미군은 1,600명이 희생되었다.[12]

1943년에 접어들면서 미·일 간의 전력 격차는 더욱 분명해졌다. 항공 전력의 경우 1942년엔 미국이 일본보다 2배에 못 미치는 우위를 유지하고 있었으나, 1943년엔 그 격차가 거의 5배에 이르렀다.* 전사자의 성격도 문제였다. 과달카날에서 희생된 2만여 명 가운데에 직접 전투에 의한 전사자는 5,000~6,000명에 불과했고, 나머지는 보급 불충분에 따른 영양실조와 열대성 말라리아 등으로 희생되었다. 전사자 70퍼센트 이상이 식량 및 보급품 부족으로 발생한 것으로, 이는 이후에도 반복되는 일본의 고질적인 문제였다.[13] 전황이 불리해지자 천황도 초조한 반응을 보이기 시작했다. 1943년 7월 천황은 도조 총리에게 "황군이라고 하면서 한 번도 적의 상륙을 저지해본 적이 없다"며 불안감을 토로했다.[14]

일본은 전략의 조정을 꾀했다. 1943년 9월, 대본영과 정부는 기존의 방어망을 축소해서 절대 물러서지 말아야 할 절대국방권을 규정했다. 쿠릴, 오가사와라, 중서부 태평양, 뉴기니 서부, 순다, 버마를 잇는 선을 사수한다는 전략이었다. 그러나 이러한 방침 전환은 때늦은 조치였다. 과달카날 패배 후 1년이나 지난 시점이었고, 이미 남서 태평양의 군사력 균형이 기울어버렸기 때문이었다. 또한 중국 전선에서 일본군을 빼내 절대국방권을 강화한다는 계획이 차질을 빚었고, 연합군의 지속적인 공격으로 해상 수송력이 급감한 것도 어려움을 가중시켰다. 이 때문에 1944년 중반에 이르면 절대국방권도 허물

---

* 항공기 대수는 1942년에 미국이 670기, 일본이 376기였고, 1943년에는 미국 2,111기, 일본 434기였다.

어지기 시작했다. 1944년 6월 미군은 사이판과 마리아나 방면에서 대대적인 공세를 벌였고, 결국 일본은 사이판은 물론, 나중엔 괌과 티니안 지역까지 상실했다. 사이판과 마리아나 해전은 일본이 설정한 절대국방권의 붕괴를 의미했고, 태평양전쟁의 향배를 사실상 확정지은 결정적 전투였다. 도쿄로부터 3,000킬로미터 이내에 위치하고 있는 마리아나군도는 전략적으로 매우 중요한 거점이었다. 사이판, 티니안, 괌을 장악한 미군은 신속히 대규모 비행장을 건설했고, 11월 하순부터 B-29 폭격기를 출격시켜 도쿄를 공습하기 시작했다.

이제 일본도 패전이 불가피함을 인식하게 되었다. 1944년 7월, 대본영 전쟁지도반은 대세를 만회할 방법이 없다는 점을 인정하고 조속한 종전을 제언하는 문서를 작성했다. 전세가 악화되고 국민 생활이 파탄 지경에 이르자 도조東條英機 정권에 대한 국민의 불만도 들끓었다. 그러자 지배 계급 내부에서 반反도조 파벌이 움직였다.* 사면초가에 몰린 도조는 결국 내각 총사퇴로 물러날 수밖에 없었다. 당초 고노에 내각의 육군상으로 임용되어 총리까지 올라 태평양전쟁을 주도했던 도조가 정확히 만 4년 만에 물러난 것이다.

후임 총리엔 육군대장 출신 고이소小磯國昭가 임명되었다. 그러나 고이소 내각에서도 기존 전쟁 방침은 바뀌지 않았다. "1억 국민이 철과 바위같이 단결하면 필승할 수 있다"면서 끝까지 황국을 보호하자는 공허한 강변을 지속할 뿐이었다. 1945년 2월 천황은 총리 역임자 등 원로 7명에게 자문을 구하는데, 그중 고노에, 오카다岡田啓介, 와카

---

* 요나이(米内光政) 해군대장 등 해군 중신 그룹, 육군 내 반주류파인 황도파(皇道派)계의 장군, 요시다 시게루(吉田茂) 등의 외교관료 등이 고노에 전 총리 주변에 결집한 것이다. 천황과 내대신 기도(木戶聲一)도 이런 반도조 움직임을 사실상 지지했다.

쓰키^{若槻礼次郎} 등은 일본의 패전을 피할 수 없다고 생각했다. 만약 패전할 경우 일본이 소련 공산당의 손에 놀아날 수 있으므로 그럴 바에야 영국과 미국을 상대로 항복하는 편이 낫다는 견해를 천황에게 개별 상주하기에 이르렀다. 특히 고노에는 전쟁 종결을 가장 명확하게 주장하는 상주문을 천황에게 올렸다. "패전은 유감이지만 이제는 필지^{必至}라고 알고 있습니다. 국체호지國體護持[천황제 유지]의 방침에서 가장 걱정해야 할 것은 패전보다도 패전에 동반하여 일어날 공산혁명입니다."[15]

천황을 비롯해 국가 지도부가 방향을 잡지 못하는 사이에 연합군의 공세는 더욱 거세지고 있었다. 사이판과 괌을 장악한 미국은 1944년 11월부터 일본 본토 폭격을 감행하기 시작했다. 1945년 3월 10일 하루에만 B-29 폭격기 334대가 도쿄·오사카·나고야 등 인구가 밀집한 대도시를 불태우는 전략폭격을 실시했는데, 도쿄에서만 8만 3,000여 명의 사망자가 발생할 정도로 그 희생이 끔찍했다. 1945년 2월 미 해병대의 이오지마 상륙작전도 인명 피해가 엄청났다. 이오지마 일본군 사단장 구리바야시 다다미치^{栗林忠道} 중장은 땅굴 진지를 이용한 지구전 출혈 전술을 구사하며 끝까지 버텼다. 일본 본토 침공을 최대한 늦추는 목적 외에 다른 의미는 없는, 승산이 전혀 없는 전술이었다. 결국 일본군은 지하동굴 속에 숨어 버티다가 1만 9,000여 명이 목숨을 잃었다. 미군도 전사자 6,800여 명, 부상자 2만 2,000명이라는 피해를 입었다.

1945년 3월에는 오키나와 전투가 벌어졌다. 절대적인 병력의 열세에도 불구하고 3개월 동안 격렬한 전투가 지속되었다. 오키나와 수비군인 32군 사령관은 자결했고 민간인들도 석회동굴로 피신해 집단자결을 강요받았다. 오키나와 전투로 군인 9만 4,000여 명, 민간인 9만 4,000여 명 등 총 18만 8,000여 명이 희생됐다. 민간인 사망자가 군인 전사자만큼이나 많았던 것은 오키나와 전투 역시 본토 결전을 위해 시간을 버는 사석捨石 작전의 성격이 컸기 때문이었다. 아시아·태평양전쟁에서 일본인 희생자는 대부분 마리아나 함락 후의 절망적 항전 기간 동안 발생했다. 1944년 1월 이후 발생한 전사자가 총 사망자의 87퍼센트에 달할 정도였다. 그만큼 희망 없는 전쟁을 지속하느라 무의미한 죽음이 계속되었던 것이다.[16]

이런데도 육군 지휘부는 강경론을 굽히지 않았다.[17] 15세 이상 남자, 17세 이상 여성에 대해 국민 의용을 동원하여 본토 결전에 거국적으로 대비해야 한다고 주장했다. 한 어전회의에서 가와베 도라시로河邊虎四郎 참모차장은 "황국을 수호하겠다는 충성과 불패의 야마토 정신으로 똘똘 뭉친 1억 국민이 군과 함께 싸울 것이다"라고 발언했다. 한 마디로 전 국민을 총알받이로 내세우겠다는 의미였다. 그러면서 내륙 쪽으로 한참 들어간 나가노현 지하에 대규모 지하 요새를 만들어 천황과 대본영이 대피한다는 구상도 비밀리에 추진하고 있었다.

한편 일본은 '소련의 중재를 통해 영·미와 화의한다'는 헛된 시도에 마지막 희망을 걸고 있었다. 만약 성공한다면 소련의 대일 참전을 막을 뿐 아니라 영·미와 전쟁을 멈출 수도 있을 터였다. 이에 따라 오키나와 전투가 막바지에 이르던 1945년 5월부터 말리크Yakov Malik 주일 소련 대사, 몰로토프Vyacheslav Molotov 외상 등을 연이어 접촉하며 일·소 국교 개선을 타진했다. 그러나 이는 일본의 희망 사항에 불과했다. 독·소 개전 이후 일·소 중립조약을 무시하고 노골적인 대소 공격을 준비하던 일본의 배신 행위를 감안하면 너무나 당연한 상황 전 개였다. 정세가 급박해진 7월 일본은 고노에 전 총리를 천황의 특사로 파견한다는 계획을 추진했으나 소련은 기다려보라는 답변뿐이었다. 그리고 돌아온 소련의 회신이 바로 포츠담선언이었다.

항복, 몽상의 종말

연합국은 1945년 7월 26일, 일본에 대해 최후통첩에 해당하는 포츠담선언을 발표했다. 포츠담선언은 일본에 대한 항복 요구인 동시에 연합군의 대일 처리 방침을 명시한 것이었다. 군국주의 축출, 일본 영토의 한정, 전쟁 범죄의 처벌, 언론·종교·사상의 자유 등 일본의 비군사화 및 민주화 강조가 주된 내용이었으나, 아울러 일본인을 노예화하지 않을 것이며 민주 정부 수립 이후엔 점령군이 철수할 것이라는 약속도 담겨 있었다. 일본의 온건파 지도층을 안심시켜, 소련이 참전하기 전에 일본의 항복을 받아내려는 것이 미국의 계산이었던 것이다.

포츠담선언을 받아 본 도고 시게노리東鄕茂德 외상은 선언에 담긴 한 줄기 유화적 함의를 감지했다. 천황제 존치 등 일본의 국체 문제가 생략되어 있는 것도 희망적이었다. 도고는 7월 27일 천황을 배알하고 포츠담선언 거부 입장을 표명하는 것에는 신중해야 한다는 의견을 진언했다. 스즈키鈴木貫太郎 총리, 그리고 기도 내대신과도 의견 조율을 이뤄놓은 상태였다. 그러나 도요다豊田副武 군령부총장은 포츠담선언이 터무니없다는 반박 성명을 내야 한다고 주장했고, 이어 육·

해군 군부 장군들도 군의 사기 문제를 들어 스즈키 총리를 압박했다. 결국 28일 오후 스즈키 총리는 포츠담선언을 묵살하고 전쟁 완수에 매진한다는 정부 입장을 발표해버렸다. 원폭의 비극 전에 전쟁을 종결시킬 수 있는 마지막 기회를 놓쳐버린 것이다.

8월 6일 히로시마에 원자폭탄이 투하되었고, 다시 3일 뒤인 9일 나가사키에 두 번째 원자탄이 떨어졌다.

한편 얄타회담에 따라 대일전에 참전키로 한 소련은 8월 8일 대일 선전포고를 하고, 9일 오전 0시를 기해 만주·조선·사할린의 일본군에 일제 공격을 개시했다. 특히 관동군 주력부대가 소련 극동군의 파상 공세에 급속히 붕괴되기 시작했다. 소련의 선전포고는 8월 9일 새벽 4시에 도쿄에 전달되었는데, 소련과의 협상에 마지막 희망을 걸고 있던 일본 지도부는 큰 충격에 빠졌다. 히로시마 원폭 투하에도 별다른 반응을 보이지 않던 수뇌부였지만, 소련의 참전 소식은 그들의 모든 희망을 잘라버리고 절망을 안겨주었다.

8월 9일 오전 10시 반, 최고전쟁지도회의가 열렸다. 이때는 이미 전쟁의 지속 여부가 아니라 어떤 조건으로 항복하느냐가 관건인 상황이었다. 스즈키 총리, 도고 외상 등은 국체 유지만 보장된다면 포츠담선언을 수락해야 한다는 입장이었다. 반면 아나미阿南惟幾 육군상, 우메즈梅津美治郎 참모총장, 도요다 군령부총장은 일본의 자주적 무장해제, 일본인에 의한 전범 처리 등 4가지 요구를 내걸며 조건부 수락을 주장했다. 군부의 반대로 결론이 나지 않자 중신들이 크게 동요했다. 시간이 흐를수록 일본의 협상력이 약해져서 천황제 존속도 어려워질 거라는 두려움이 엄습해왔다. 총력전 체제가 계속되면서 중산계급은 몰락하고 노동자 세력이 커지고 있었고, 이것이 귀족 특권층의 위기의식을 자극한 측면도 있었다.

총리와 궁정 중신들은 마지막 수단으로 천황의 절대적 권위를 이용하기로 결심했다. 오후에 조건부 포츠담선언 수락이 불가함을 미리 천황에게 설명하여 납득시킨 후, 최고전쟁지도회의를 밤 11시 30분 천황 참석하에 다시 열었다. 총리, 외상, 해군 대신은 포츠담선언 수락을 주장했고, 육군상, 육·해군 군령부총장은 반대했다. 히라누마平沼騏一郎 추밀원 의장은 모호한 태도를 취했다. 회의는 결론을 내리지 못하고 새벽 2시에 이르렀다. 이제 각본에 따라 스즈키 총리가 천황의 성단聖斷을 받들어 결정하자는 제안을 하며 참석자들의 동의를 구했다. 천황이 입을 열었다.

> 육·해군 통수부의 계획은 항상 착오를 일으켰고 시기를 놓쳐왔다. 본토 결전을 말하면서 99리의 방어진지는 만들어지지 않았고 신설 부대 장비도 정비되지 않았다. 이래서는 반격할 수 없다. 공습은 격화되고 있고, 더 이상 국민을 괴롭히고 싶지 않다. 참을 수 없는 것을 참아야 한다. 군대의 무장해제와 충절을 다한 자들을 전범으로 삼는 것을 참아야 한다. 메이지 천황이 삼국간섭 시기에 가졌던 마음을 갖고 싶다.[18]

8월 14일 밤 도고 외상이 천황의 뜻에 따라 포츠담선언 수락 의사를 긴급 전문으로 스위스에 타진했고, 15일 아침 천황의 육성으로 육·해군 전군에 정전 명령 방송을 내보냈다. 14일 밤, 몇 명의 주전파 인사들이 항복에 저항하며 쿠데타를 시도했다. 육군성 군무국의 각료들이 황궁을 경비하던 근위 제1사단장을 살해하고 궁성을 점령한 것이다. 그러나 일시적으로 궁성을 점령하는 데는 성공했지만, 주전파의 궐기에 호응하여 나서는 자가 없어 실패하고 말았다. 육군상 아나미가 동조했다면 쿠데타가 성공했을 수도 있고, 그랬을 경우 전쟁 종식은 지연되었을지도 모른다. 그러나 그는 쿠데타 지지 대신 자살을 선택했다.[19]

항복 절차는 9월 2일 도쿄만에 정박한 미국 전함 미주리 함상에서 거행되었다. 항복문서에 일본 측은 정부 대표 시게미쓰重光葵 외상, 군부 대표 우메즈梅津美治郎 육군참모총장이 서명했고, 연합국 측은 맥아더 사령관을 비롯한 9개국 대표가 서명했다. 외상 시게미쓰는 "참기 힘든 날이 왔도다. 원컨대 부흥할 조국의 앞날에 내 이름을 부를 사람이 많기를 바란다"라고 심경을 토로했다.[20]

일본은 바로 연합군 점령통치하에 놓였다. 무장해제와 더불어 일본 사회 전체의 비군사화 조치가 단행되었고 전범 체포가 시작되었다. 도조 히데키 등 핵심 인물들은 체포되어 스가모 구치소에 수감되었다. 고노에 후미마로는 수감 전날 스스로 목숨을 끊었다. 도조 히데키 등 일곱 명은 극동군사재판소에 의해 사형이 구형되었다. 항복문서에 서명한 시게미쓰도 외상에서 쫓겨나 A급 전범으로 기소되어 스가모 구치소에 압송되었다. 전범 체포가 시작되자 일본의 정·재계 구세력들은 안절부절못했다. 불안과 동요가 극에 달했고 수단과 방법을 가리지 않고 점령군에 선을 대보려고 안간힘을 썼다. 시게미쓰 외상은 어떻게든 책임을 면해보려는 이들의 행태가 입에 담기조차 부끄러웠다고 자신의 일기에 적고 있다.[21] 개전 직후의 득의만만했던 국가적 분위기는 이렇게 치욕과 두려움으로 변해 있었다.

일본의 기묘한 피해자 의식

태평양전쟁은 일본으로선 이길 수 없는 전쟁이었다. 미국과의 전력 차이가 너무 분명했고, 특히 전쟁 지속 능력에서 상대가 되지 않았다. 개전 당시 미국의 GDP는 일본의 12배에 달했다. 철강 생산량도 12배 정도였고, 자동차 보유 대수는 160배, 석유생산량은 776배나 차이가 났다.[22] 미·일 양국의 산업생산력 차이는 전쟁이 진행되면서 보다 분명히 드러났다. 1941년 전쟁이 시작되었을 때 항공모함에서 출격하는 함재기 비율은 1 대 1.07 정도로 거의 차이가 없었다. 그런데 1943년엔 1 대 2.31로 되었고, 1944년엔 1 대 8.8로 벌어지더니 전쟁이 종료되는 1945년 7월엔 1 대 15까지 차이가 났다. 전쟁 기간 중 미국이 생산해낸 장비는 상륙정 8만 8,000척, 잠수함 215정, 항공모함 147척(소형 호위 항모 포함), 그리고 기타 군함 952척에 달했다.[23] 시간이 지날수록 도저히 일본이 따라갈 수 없는 속도로 미국의 공장들은 전함, 전투기들을 쏟아내고 있었던 것이다.

그런데도 전쟁을 건 쪽은 일본이었다. 미국은 그때까지 중립을 유지하고 있었으나 진주만 공습을 당한 이후 국민 여론이 변화되어 2차 대전에 참전할 수 있었다. "일본은 하와이에서 우리를 직접 공격함으로써 모든 것을 해결해주었다. 내 첫 느낌은 '이제 살았구나' 하는 것이었다. 우리의 우유부단함은 이것으로 끝이 났다. 위기는 우리 전 국민들을 단결시켰다." 전쟁성 장관 스팀슨Henry Stimson이 자신의 일기에 털어놓은 반응이었다.[24] 어마어마한 산업생산력과 전쟁 잠재력을 지닌 거인을 씨름판으로 끌어들인 일본은 도대체 무슨 생각을 하고 있었던 것일까? 일본의 치명적 실수들은 다음 장에서 살펴보겠지만, 이미 일본 지식인 중에는 조국을 가리켜 "전쟁을 할 자격이 없는 나라"라고 날카롭게 지적한 사람이 있었다. 미즈노 히로노리水野廣德는 지구전으로 치러질 현대 전쟁에서 일본이라는 나라는 치명적인 약점을 갖고 있음을 지적했다.[25] 일본은 물자가 부족하고 전쟁 수행에 필수적인 자원이 빈곤하다. 텅스텐, 우라늄과 같은 핵심 광물은 아예 일본에서 산출되지 않는다. 따라서 평시에 아무리 군비확장을 하며 전쟁을 준비해도, 필경 모래 위에 지은 집처럼 허약하기 짝이 없다는 것이다. 그러나 미즈노의 이런 견해는 전쟁을 부르짖는 목소리에 묻히고 말았다.

일본 정부는 이길 수 없는 전쟁에 젊은이들을 몰아넣었을 뿐 아니라 충절과 명예라는 허울로 옥쇄를 강요했다. 영화 〈이오지마에서 온 편지〉로도 유명한 이오지마 전투에서 일본군 수비대 2만 3,000명이 전멸했다. 과달카날 전투, 사이판 전투, 레이테 전투 등에서도 많은 일본인들은 마지막까지 투항하지 않고 버티다가 최후를 맞았다. 일찍이 1941년 1월 도조 히데키는 군인들이 지켜야 할 전투 윤리인 〈전진훈〉을 전군에 하달했는데, 요지는 생사를 초월하여 임무 완수에 최선을 다해야 하며 살아서 포로가 되는 굴욕을 당해서는 안 된다는 것이었다. 1943년 5월 알류샨열도의 애투섬 전투에서 일본군 수비대가 전멸하자 대본영은 이를 "옥쇄玉碎"라고 처음 표현했는데,* 이는 옥이 아름답게 부서지듯 명예롭게 죽음을 맞이한다는 의미였

---

* 애투섬 전투 이후 사용되기 시작한 '옥쇄 캠페인'은 1944년 2월부터는 대본영 발표에서 사라진다. 옥쇄라는 표현이 일본군의 무력함을 드러냄으로써 국민들의 좌절감을 심화시킬 수 있다는 우려 때문이었다. 요시다 유타카, 《아시아 태평양전쟁》, p.157.

다. 이후 부대가 전멸되는 비극적 상황을 일본 전쟁 지도부는 옥쇄라는 말로 미화하며 은폐했다. 오키나와 전투에서는 일본군에 의한 현민 사살도 적지 않았다. 일본군 장교용 참호를 확보하기 위해 주민을 총포가 쏟아지는 참호 밖으로 내쫓았고, 미군에게 투항하려는 주민은 사살했다. 주민에게 수류탄을 나누어 주면서 "황국 신민"으로 집단자결을 강요하기도 했다. 또한 투항을 막기 위한 심리전도 불사했다. 동굴에 전단지를 뿌려서 항복 뒤에 돌아오는 것은 학살뿐이므로 "남녀노소 모두 유구한 대의에 살자"고 호소했다.[26] 실제 일본군은 연합군에 비해 포로 대비 전사자 비율이 월등히 높았다. 태평양전쟁에서 연합군의 경우 포로가 전사자의 4배에 달했는데, 일본군은 반대로 전사자가 포로 숫자의 40배에 이르렀다. 포로로 잡힌 병사들도 모두 첫 주에 자살을 시도할 정도로 불명예를 견디지 못했다.[27]

일본은 청일전쟁부터 태평양전쟁에 이르기까지 전쟁을 일으킨 당사국이고 전쟁의 상대국은 물론 중국, 한국, 동남아 등 아시아 여러 민족에게 큰 피해와 상처를 남긴 가해국이었다. 조선과 타이완에서는 황민화 정책과 강제 징용이 시행되었고, 일본의 괴뢰국 만주국 주민들은 특히 농산물 수탈이라는 어려움을 당했다. 동남아시아 국민들도 일본의 자원 수탈로 기아의 고통을 겪었다. 영·미의 질곡에서 대동아를 해방시킨다는 일본의 전쟁 목표는 그야말로 허구에 지나지 않았다.[28] 인적 희생도 극심했다. 중일전쟁의 교전국이었던 중국의 경우 1,000만 명 이상이 사망했고, 조선은 20만 명, 필리핀 111만 명, 말레이시아·싱가포르 10만 명 등 아시아인 희생만 1,900만 명에 이른다.

그럼에도 불구하고 일본인들이 태평양전쟁을 바라보는 시선에는 묘한 피해자 의식 같은 것이 있다.[29] 가해자로서의 책임 의식보다는 피해자로 자기 자신을 바라보는 이중적 감정이 존재한다. 여기엔 전쟁에 패배한 이후 당한 굴욕감과 점령통치, 그리고 원폭 희생 등의 요인이 있었겠지만, 일본인들이 겪은 전쟁 자체의 경험도 작용했다. 만주에서 집단적으로 탈출한 것도 그 한 사례였다. 패전 당시 만주에는 200만 명에 이르는 일본인이 거주하고 있었다. 그중 50만 명은 관동군이고, 150만 명은 민간인이었다. 조국이 전쟁에 패배하자 이들 200만 일본인들은 갑자기 적대적 환경에 홀로 놓인 신세가 되었다. 특히 정부의 말을 듣고 분촌 이민을 갔던 민간인들과 만몽개척단의 용병 소년들은 소련군에 포위되었고, 약 63만에 이르는 일본인들이 시베리아 지역과 몽골 등에 억류되는 신세로 전락했다. 만주에 남아 있던 일본인 중 귀국에 성공하지 못하고 사망한 사람이 24만 5,400명에 달했다. 관동군은 이민자를 버려두고 도망쳤으며, 애초에 만주 이주를 권유한 일본 정부도 자국민 보호에 전혀 손을 쓰지 않았다. 만주 철수는 200만 명이 동시에 겪었던 집단적 체험이었던 만큼 일본인들의 전쟁 기억에 깊은 상처를 남긴 사건이었다.

미 B-29 폭격기의 무차별 공습도 일본 국민에게는 지옥의 고통이었다. 미국의 폭격은 1944년엔 주로 군수공장, 철도 등이 주요 표적이었는데, 1945년부터는 3월 9일 도쿄 야간 대공습을 비롯해 민간 시설을 향한 무차별 공격으로 변모했다. 소이탄, 네이팜탄으로 민가와 병원, 학교가 무차별적으로 불태워졌는데, 전후 조사에 의하면 전쟁 피해의 70퍼센트가 국민들의 가옥, 학교, 병원이었고, 공업시설, 통신, 철도 등은 오히려 피해가 적었던 것으로 드러났다. 이런 가운데 일본 정부는 국민의 안위에 철저히 무관심했다. 방공호는 오로지 천황과 군인, 간부들을 위해 만들어졌으며, 경찰과 소방대는 공습이 있으면 황족, 관공서, 고급 문무 관료의 집을 지키는 데만 힘을 쏟았고 민가는 타도록 내버려두었다.[30]

중일전쟁부터 패전까지 발생한 일본 전몰자 310만 명 중 240만 명이 해외에서 사망했는데, 이 가운데 유골이 일본으로 돌아온 경우는 127만 구에 불과했다. 필리핀 전장에서는 80퍼센트의 유골이 그대로 방치되어 돌아오지 못했다.[31] 전사한 병사의 유체를 그대로 본국에 보내는 것이 불가능하기 때문에 현지에서 시신을 화장해 유골을 환송하는 것이 통상의 방법이었다. 그러나 전황의 악화로 여유를 상실하자 전사자의 손목이나 새끼손가락 등을 자른 다음 불태워 보내는 방법이 사용되었다. 그러나 나중에는 이마저도 어려워졌다. 과달카날 전투 이후에는 유골도 없이 해당 전몰 지역의 모래 한 줌, 작은 돌멩이만 담긴 빈 상자가 유족에게 전해질 뿐이었다. 자식의 유골을 수습하지 못한 유족들의 비통함은 더욱 커질 수밖에 없었다.

더욱이 전투에 의한 사망 못지않게 아사자가 많았다. 영양실조, 면역력 약화로 인한 전염병 감염 등 아사자의 범위를 넓게 잡을 경우 그 숫자는 무려 140만 명에 달했다.[32] 자국 군인의 보급품과 식량을 제대로 챙기지 못한 국가의 잘못으로 인해 수많은 젊은이들이 굶어 죽고 병들어 죽고 했던 것이다. 사랑하는 제자를 잃은 한 스승은 국가에 대한 조용한 분노를 이렇게 표현했다. "산중에 버려진 사랑하는 아들을 구출하지 못하면 부모로서 견딜 수 없고 천리에도 어긋납니다."[33]

일본 일각에서는 구미 열강과의 전쟁을 중국이나 동남아시아 침략 전쟁과는 구분해서 바라보는 시각이 존재한다. 중국, 한반도, 동남아시아에 대한 전쟁은 침략으로 인정하면서도, 미국, 영국, 네덜란드와의 전쟁은 기존 제국주의와 아시아 신흥 강국 간에 일어난 식민지 재분할 전쟁이라는 것이다. 이러한 전쟁관에 따르면 태평양전쟁은 제국주의 상호 간의 전쟁에 불과하기 때문에 일본의 전쟁 책임을 부인하는 사고로 연결된다. 즉, 원폭과 무차별 도시 폭격을 퍼부은 미국의 전쟁 범죄는 외면하면서 일본만 단죄를 당한다는 것이 불공정하다는 것이다. 그러나 이러한 논리는 문제가 있다. 진주만 공습에 앞서 전개되었던 미·일 교섭의 핵심 쟁점은 일본군의 중국 철병이었다. 즉, 중국 침략을 통해 획득한 권익의 포기를 거부한 결과로 미·일 교섭이 파탄에 이르고 결국 전쟁이 발발했던 것이다. 요컨대 중일전쟁과 대미영란 전쟁은 사실상 연결되어 있었다. 따라서 중일전쟁만 침략 전쟁이고 미국과의 전쟁은 침략 전쟁이 아니라는 사고, 그래서 일본이 전후에 부당하게 심판받았다는 피해의식은 올바른 역사 인식이라고 하기 어렵다.

일본은 굴욕적 패망과 피점령으로 끝난 전쟁의 길로 들어섰다. 이길
수 없는 전쟁, 이 위험하고 절망적인 선택의 순간에 무슨 일들이 벌
어졌는가? 여기엔 세 가지 운명적 선택이 있었다. 먼저 1940년 9월,
독일·이탈리아와 맺은 삼국동맹이 일본의 진로를 결정지은 사건이
었다. 1차 대전까지 승자 클럽에 가담했던 일본이 이제는 정반대로
패전국 진영에 자신의 운명을 맡기는 역사적 선택을 한 것이 첫 번
째 실수였다. 둘째, 1941년 7월에 행해진 프랑스령 남부 인도차이나
진주 역시 일본이 저지른 치명적 실수였다. 남방작전 확대가 갖는
전략적 민감성을 과소평가한 이 결정은 미국의 대일 전면 금수 조치
를 불러일으켰고, 이제 미·일 충돌은 돌이킬 수 없는 길로 접어들었
던 것이다. 마지막 선택은 1941년 12월 진주만 기습 공격 결정이었
다. 미·일 교섭이 결렬되고 일본은 심각한 내부 진통 끝에 결국 미국
과 전면전에 돌입하는 운명적 선택을 하고 말았다. 일본도 미국과의
충돌을 원했던 것은 아니었다. 어떻게든 대미 결전을 회피하려는 노
력이 마지막까지 계속되었다. 그러나 결국 자멸적 선택이 이루어지

고 말았는데, 그 과정에서 빚어졌던 일본 내부의 논쟁과 전략적 오판의 드라마를 살펴본다.

치명적 결정 #1 삼국동맹 결성

일본을 태평양전쟁으로 이끈 가장 중요한 결정은 독일·이탈리아와의 삼국동맹 결성이었다. 1940년 9월 27일 베를린에서 결성된 삼국동맹은 일본이 미국을 비롯한 연합국 세력과의 충돌 경로로 들어섰음을 의미했다. 실제로 동맹 체결 3일 뒤 일본은 프랑스령 인도차이나 북부 지역에 무력으로 진주했고, 1년 2개월 후인 1941년 12월 8일 새벽엔 말레이반도 상륙, 진주만 공습을 이어나갔다. 또한 영국령 싱가포르, 네덜란드령 인도네시아 등을 점령하여 제국의 판도를 넓혀가는 듯했지만, 이후 전세가 역전되었고 원폭의 충격까지 가해지면서 비극적 종말을 맞게 되었음은 이미 살펴본 바 있다. 그렇다면 일본은 무슨 생각으로 독일과 운명을 같이하겠다는 결심을 한 것일까? 연합국과 맞서는 동맹을 체결할 때의 위험성은 생각하지 못했던 것일까?

2차 대전이 발발하고 약 1년간 일본은 중립을 지키고 있었다. 유럽 대륙에서 벌어진 전쟁이었고, 일본이 필연적으로 연루될 만큼 큰 국익이 걸려 있는 전쟁도 아니었다. 그러나 전황을 유심히 살피고 있던 일본 군부는 폴란드 침공, 프랑스 진격으로 이어지는 독일의 전격전에 강렬한 인상을 받았다. 1940년 5월부터 독일 기갑군단이 한 달 만에 벨기에와 네덜란드를 장악하고 파리를 함락시키는 장면이 중일전쟁의 장기화로 고전하고 있던 일본 수뇌부를 자극했던 것이다. 그러자 육·해군 내에 친독파의 발언권이 강해졌고, 전쟁의 향배가 독일 쪽으로 기운다고 판단한 일본은 1차 대전에서 그랬던 것처럼 승전국 대열에 합류해야 한다는 열망에 사로잡혔다.

일본이 노린 것은 대동아 지역의 연합국 식민지였다. 프랑스령 인도차이나와 타이, 영국령 말레이와 보르네오, 네덜란드령 동인도와 버마 등이 여기에 해당한다. 또한 독일에 의해 향후 동남아시아 식민지가 재편될 가능성을 견제하려는 목적도 있었다. 독일이 승전국이 될 경우 동남아시아에 존재하는 영국, 프랑스, 네덜란드 식민지가 모두 독일의 수중에 들어가 버린다는 경계심이 작용했던 것이다.[34]

그렇다면 독일과 이탈리아는 무슨 생각으로 일본의 손을 잡았던 것일까? 독일과 이탈리아의 목적은 미국을 견제하는 것이었다. 미국은 그때까지 2차 대전에 참전하지 않고 있었지만 영국을 적극 원조하고 있었다. 상황 변화에 따라서는 미국이 본격 참전하는 것도 배제할 수 없었다. 이런 상황에서 베를린과 로마는 일본을 통해 미국을 견제하고 동요시키고자 했다. 강력한 해군력을 보유한 일본이 추축국 편에 선다면 미국은 대서양뿐 아니라 태평양 방면에도 신경을 쓸 수밖에 없기 때문이었다. 즉 일본과 손잡아 미국의 영국 원조를 방해하고 나아가 참전을 막는다는 게 독일과 이탈리아의 생각이었던 것이다. 물론 역사는 정반대로 흘러갔다. 삼국동맹 이후 진주만 공습이 있었고, 이로 인해 루스벨트는 변화된 여론을 등에 업고 2차 대전에 참전할 수 있었다. 일본과 손을 잡음으로써 미국을 억제시킬 수 있다는 판단이 정반대로 판명난 것이다.

삼국동맹 체결은 그 역사적 무게가 무색할 정도로 상당히 신속하

게 진행되었다. 1940년 9월 7일 독일의 특사 하인리히 슈타머^{Heinrich}
Georg Stahmer가 도쿄에 도착해서 9일부터 외상 마쓰오카 요스케^{松岡洋右}
의 자택에서 동맹 교섭을 시작했는데, 27일 베를린에서 조인식이 거
행되었으니 20일 만에 모든 과정을 끝냈던 것이다. 조인식 하루 전
인 26일 추밀원 본회의가 열렸으며, 추밀원 검토도 단 하루 만에 끝
났다. 천황의 중요한 정치적 결정을 자문하는 추밀원은 본래 매우
신중해서 까다롭기까지 한 기관이었다. 예컨대 1930년 런던 해군군
축조약 체결 당시 제국의회 심의가 20일 정도 걸렸던 데 비해, 추밀
원은 두 달이 넘게 검토를 붙들고 있을 정도였다. 그런데 바로 그 추
밀원이 삼국동맹에 대해서는 하루 만에 검토를 끝냈던 것이다.

　물론 삼국동맹 체결 과정에서 반론이 없었던 것은 아니었다. 가장
중요한 토의는 9월 19일에 있었던 어전회의였다.³⁵ 회의 참석자는
총리를 비롯해 육군상, 해군상, 외상, 대장상, 육군 참모총장, 해군 군
령부총장, 추밀원 의장 등이었다. 이 회의에서 삼국동맹에 부정적인
의견을 피력했던 인물은 해군 군령부총장과 추밀원 의장이었다. 후
시미노미야^{伏見宮} 군령부총장이 먼저 발언했다. "본 동맹의 결성으로
미·영과의 무역은 더욱 변화하고 최악의 경우 물자의 취득이 점점
더 지난해질 것"임을 강조하면서, 지구전이 될 미·일 간의 전쟁은 지
나사변으로 국력이 소모되고 있는 현 상황에서 대책이 될 수 없다는
요지였다. 그러자 고노에 총리가 답변했다. "이와 같은 때를 고려해
석유 생산을 확충하고 저장에 힘써왔습니다. 군·관·민의 소비 통제를
더욱 강화하고 가장 긴요한 방면에 집중한다면 상당히 오랜 기간에
걸쳐 군수에 지장이 없을 것입니다." 일본이 충분히 지구전을 버틸
수 있다는 주장이었다.

그러자 하라 요시미치原嘉道 추밀원 의장이 질문했다. "미국은 일본을 압박하고 있지만 아직 일본이 독일·이탈리아 측에 가담하지 않고 있기 때문에 조심하는 면이 있습니다. 그런데 이 조약의 발표로 일본의 태도가 명백해지면 일본에 대한 압박을 강화하고 장제스를 극력 원조하고 (…) 경제 압박을 가해와 일본에 석유·철 수출을 금지하고 (…) 장기에 걸쳐 일본은 피폐, 전쟁을 감당할 수 없는 상태에 이르게 되니 논의를 해야만 합니다." 그러고는 석유 문제가 가장 핵심임을 지적했다. "석유 없이는 전쟁을 수행할 수 없습니다. 네덜란드의 석유자본은 미·영의 것으로, 네덜란드 정부가 영국으로 쫓겨간 이상 평화적 수단으로 네덜란드에서 석유를 획득하는 일은 불가능하다고 보는데 정부의 소견은 어떠합니까?"

그러자 삼국동맹 체결을 주도하고 있던 마쓰오카 외상이 답변했다. "추밀원 의장의 의견은 지당하시지만 네덜란드 본국을 차지한 독일은 네덜란드 동인도에서도 이점을 확보할 수 있으며, 또한 국제관계의 이면은 상당히 융통성이 있으므로 (…) 몇 년 전 일본이 국제연맹을 탈퇴했을 때에도 일본에게 무기를 매매하겠다는 제안을 거절하기 힘들 정도였습니다." 고노에 총리와 마찬가지로 석유와 물자 부족 문제는 타개책이 있을 것이라는 답변이었다.

그러나 문제는 답변에 알맹이가 전혀 없다는 점이었다. 어떤 타개책이 있는지는 전혀 제시하지 못하고 '국제관계의 융통성'과 같은 막연한 희망만을 반복하고 있었다. 석유를 얼마만큼 비축해놓았으니 지구전을 몇 년간 버틸 수 있다든지, 네덜란드령 석유를 어떤 방법을 통해 확보할 수 있다든지 하는 근거는 전혀 없었다. 총리와 외상의 이런 안이한 답변은 희망적 사고에 기인한 것이었지만, 다른

한편으로는 전쟁자원에 대해 정확히 알지 못했기 때문이었다. 1939
년 군용자원비밀보호법이 공포되어 전쟁 수행과 관련된 금속공업,
화학공업 등에 관한 통계 자료는 민감한 비밀로 취급되고 있었다.
국민들에게 공개가 되지 않는 것은 물론이고 정부 내 많은 인사들도
접근이 제한되었다. 군부와 경제관료 극히 일부가 군용자원 데이터
를 독점하고 있었기 때문에 외무성조차 정확한 실태를 파악하지 못
하고 있었던 것이다.

지구전 수행 능력에 대한 근거는 대지 못했지만, 대신 마쓰오카
외상은 대미 강경책이 왜 필요한지에 대해 집중했다. 마쓰오카는 미
국과의 화해를 위해서는 일본이 그동안 획득한 식민지를 절반 이상
포기해야 할지도 모르며, 잠시 악수를 하더라도 미국은 결국 일본에
대한 압박을 줄이지 않을 것이라고 강조했다. 특히 루스벨트 대통령
은 야심이 있는 인물로서 유럽과 일본을 향한 전쟁을 결행할지 모른
다고 경고했다. "지금 미국의 대일 감정은 극도로 악화되었으며, 어
느 정도 비위를 맞춘다고 회복될 수 있는 수준이 아닙니다. 그저 우
리의 의연한 태도만이 전쟁을 피할 수 있습니다."[36] 유약함은 상대를
더욱 대담하게 할 뿐이라는 억제 논리의 전형이었다. 단호함과 결의
가 침략자를 주저하게 만들 수도 있지만, 반대로 상대의 적의를 증
폭시킬 수도 있다는 점은 신중하게 고려되지 못한 사고였다.

어전회의는 3시간이나 계속되었다. 그러나 결국 총리와 외상이 추
진하던 대로 결론이 났다. 원안 승인이었다. 후시미노미야 군령부총
장이 미·일 개전을 피하기 위해 다양한 방책이 마련되어야 한다는
조건을 추가하기는 했지만 큰 의미가 있을 수는 없었다. 이후 미·일
교섭이라는 마지막 기회가 없었던 것은 아니지만, 삼국동맹 체결로

일본은 이제 돌이킬 수 없는 길로 들어선 셈이었다. 삼국동맹을 밀어붙인 당사자였던 마쓰오카 외상조차 삼국동맹 체결을 자신이 저지른 최악의 실수였음을 훗날 인정했다. 1941년 12월 7일, 진주만 공습이 벌어진 날 마쓰오카는 자신의 측근에게 이렇게 말했다. "나는 미국의 참전을 막고 동맹을 통해 소련과의 관계를 조정하길 원했다. 평화가 유지되고 일본이 안전하길 바랐다. 그런데 현재의 불행은 간접적으로 동맹 관계로 인해 발생했다."[37]

치명적 결정 #2 남부 인도차이나 진주

일본이 저지른 두 번째 치명적 실수는 프랑스령 인도차이나 남부 지역에 대한 무력 진주였다. 삼국동맹 체결이 미·일 충돌로 가는 열차에 올라탄 것이라면, 프랑스령 남부 인도차이나 진출은 가속 페달을 밟으며 아예 브레이크를 떼어버린 것과 다름이 없었다. 1941년 7월 25일 일본이 프랑스령 남부 인도차이나를 무력 진주하자 미국은 신속하고 강력하게 대응했다. 25일 당일 바로 미국 내의 일본 자산을 동결하고, 8월 1일 일본에 대한 전면적인 수출 금지 조치를 내렸다. 항공연료가 1년 치밖에 없었기 때문에 2년 차부터는 원유 400만 톤을 어디서든 밖에서 구해와야 하는 것이 당시 일본의 상황이었다. 석유는 물론이고 핵심 물자에 대한 수입이 막히면 1년 이상 버티기도 힘들었다. 그렇다면 일본은 자신의 숨통을 조일 수 있는 무리한 남방작전을 무슨 생각으로 단행한 것일까?

삼국동맹이 체결될 무렵부터 일본 내에서는 남방작전 확대에 관해 두 가지 의견이 대립하고 있었다. 먼저 육군 참모본부를 중심으로 중일전쟁 수행을 위해 남방자원 획득이 중요하다는 적극론이 있었다. 육군은 중일전쟁을 조속히 마무리하기 위해서라도 프랑스령 인도차이나 진주가 필요하다는 입장이었다. 일본이 보기에 중국이 항복하지 않고 끈질기게 버틸 수 있는 것은 미국과 영국의 원조 때문이었다. 미국과 영국은 중국 각 도시에 경제적 이권을 갖고 있는 데다 중국 대륙이 일본 손에 떨어지는 것을 원치 않았기 때문에 장제스 정부를 적극 지원하고 있었다. 미국은 1938년 12월에 2,500만 달러의 차관을 중국에 제공했고, 1939년 1월엔 항공기 및 부품의 대일 수출을 금지하여 일본을 견제했다. 영국도 광저우, 홍콩, 프랑스령 인도차이나를 통해 장제스 정부에 각종 물자를 공급했다. 후에 장제스를 원조하는 길, 즉 '원장 루트'로 알려진 바로 그 길을 따라 물자가 흘러 들어갔다. 일본이 프랑스령 인도차이나에 진주한 배경엔 원장 루트를 파괴하기 위한 목적이 있었다. 프랑스령 인도차이나에 비행장을 건설하면, 거기서부터 원장 루트를 오가는 차량과 선박을 폭격할 수 있기 때문이었다. 이미 일본은 1940년 9월 프랑스령 북부 인도차이나에 진출한 바 있었고, 1941년 7월의 남부 인도차이나 점령은 남방작전 확대라는 후속적 성격이 있었다.

남방작전은 자원 획득 차원에서도 중요했다. 중일전쟁을 지속적으로 수행하려면, 그리고 영·미와의 전쟁에 대비하려면 자급자족 경제권을 반드시 건설해야 했다. 1940년 7월 출범한 고노에 내각은 대동아공영권 구상에 특히 적극적이었다. 고노에 내각이 갖고 있던 구상은 1940년 8월 1일 마쓰오카 외상이 밝힌 대동아공영권 성명에 잘 드러나 있다. 마쓰오카 외상은 대동아공영권의 범위를 만주, 중국

뿐 아니라 동남아 지역으로 넓혀 영국령 말레이시아, 프랑스령 인도차이나, 네덜란드령 인도네시아 등으로 규정하면서, 일본이 이 지역의 지도국으로서 국방자원에 대해 우선적 권리가 있음을 명확히 했다. 이어 1941년 4월에는 〈남방작전에 있어 점령지 통치 방안〉이라는 문서를 작성했는데, 영국령 말레이시아에 대해서는 군정 실시, 인도차이나 및 인도네시아에 대해서는 대일협력 여하에 따라 주권 용인 등의 내용을 담고 있었다. 한마디로 일본 멋대로의 제국 운영 방침이었다.

그러나 남방작전에 대해서는 신중론도 만만치 않게 존재했다. 참모본부와 달리 육군성 군무국은 남방 지역으로 작전을 확대하는 것에 부정적이었다. 그보다는 미국과의 협상을 통해 중일전쟁의 해법을 모색해야 한다는 것이 군비와 의회를 담당하는 군무국의 판단이었다.[38] 해군도 프랑스령 인도차이나 진주에 대해 반대 입장이었다. 삼국동맹 체결에 대해서도 회의적이었던 해군은 대미관계 악화를 걱정했고 무엇보다 물자 공급난을 우려했다. 중일전쟁을 종료한 이후에나 남방작전을 확대할 수 있다는 것이 해군의 입장이었다.

그렇다면 육군 내 군무국의 이견, 해군의 반대가 있었는데 어떻게 진주 결정이 내려졌던 것일까? 특히 의아한 것은 남방작전을 승인한 7월 2일 어전회의에서는 육군 군무국과 해군이 고노에 내각과 육군 참모본부의 남방작전 확대에 강력히 반대하지 않았다는 점이다. 무슨 일이 있었던 것일까? 예상치 못한 돌발 변수는 마쓰오카 외상이 갑자기 꺼내든 북진론이었다. 1941년 6월 22일 히틀러가 독·소 불가침조약을 어기고 소련을 침공해 들어가자, 이 소식을 들은 마쓰오카 외상이 일본도 독일에 호응하여 소련을 공격하자는 주장을 개진하기 시작했다. 마쓰오카 외상은 불과 두 달 전인 4월 13일 소련과 중립조약을 체결한 장본인이었다. 남방작전을 위해서는 북방 지역의 안정이 필요하다고 보았기 때문에 모스크바로 날아가 소련 외상 몰로토프와 5년 유효기간의 중립조약을 체결했던 것이다. 그런데 본인이 추진하고 서명한 중립 의무를 내던지고, 이제는 소련을 공격하자는 쪽으로 태도를 바꾼 것이다. 마쓰오카 외상의 주장에 육군 참모본부도 동조하고 나섰다. 독일의 침공으로 소련이 무너지는 것은 시간문제이므로 일본이 이 기회를 놓치지 말아야 한다는 논리였다.

그러자 육군성 군무국과 해군은 당황했다. 남방작전에 부정적이었던 두 기관이었지만 외상과 참모본부가 주장하는 대소 개전론은 훨씬 더 위험해 보였다. 중국과 전쟁 중인 데다 미국과의 충돌을 배제할 수 없는 시기에 또다시 소련에 전쟁을 건다는 것이 너무나 무모하다고 생각되었다. 7월 2일 어전회의에서 격론이 벌어졌다. 결론은 인도차이나 남부 지역에 대한 무력 진주를 승인하는 쪽으로 내려졌다. 육군성 군무국과 해군이 더 위험한 북진론을 견제하기 위해 남방작전 확대를 마지못해 수용한 결과였다. "소련에 대한 즉각 개전을 주장하는 강경론을 일단 달래기는 했지만, 이에 대한 일종의 보상으로서 베트남 진주라도 결정해야만 할 상황"이었다고 훗날 고노에 총리는 그날의 결정을 설명했다.[39] 한편 해군의 북진론 반대에는 조직 논리도 작용하고 있었다. 당시 육군과 해군의 군사비는 육군이 50억, 해군이 20억 수준으로 육군 예산이 해군에 비해 2.5배나 많았다. 대륙에서 진행되고 있던 중일전쟁 때문이었다. 해군 입장에서는 군사비 격차를 줄이고 싶어 했는데, 그러자면 대륙에서 벌어지는 전쟁을 축소하거나 막아야 했다. 다시 말해 중일전쟁을 조속히 마무리하고, 소련과는 우호적 관계를 유지할 필요가 있었다. 그런 상황에서 다시 소련과 전쟁을 시작하자는 주장이 제기되었으니, 이는 국가 차원에서나 해군 조직 차원에서나 반드시 저지해야 하는 미래였던 것이다.

7월 2일 어전회의의 결론은 '대소련전을 준비하는 한편, 대영미전을 불사한다'는 것이었다. 북진론과 남방작전 모두를 상정한 무모한 결론처럼 보이지만, 앞서 살핀 것처럼 외무성과 육군의 소련 공격론을 견제하기 위해 해군이 '대영미전 불사'라는 문구를 허용한 측면이 컸다. 그러나 해군이나 육군 참모본부가 프랑스령 인도차이나 남부 진주가 반드시 영·미와의 전쟁으로 이어질 것으로 보았던 것은 아니다. 오히려 그것이 미국의 강력한 보복 조치로 이어지지 않을 것이라는 안일한 사고에 사로잡혀 있었다.[40] 일본은 이미 1년 전인 1940년 9월에 프랑스령 북부 인도차이나에 진주한 바가 있었다. 당시에도 미국은 경제 제재 조치를 취했다. 석유와 고철을 수출 통제 품목으로 전환하고, 옥탄가Octane Rating* 87 이상의 항공기용 가솔린을 대일 금수 대상에 포함시킨 것이다. 그러나 옥탄가 86 이하 가솔린은 계속 수출을 허용했기 때문에 일본은 항공기 운용에 큰 문제가 없었다. 다시 말해 미국의 대응은 표면상으로는 강경했지만, 일본에게 치명적 피해가 가지 않도록 조심했던 것이다. 일본은 인도차이나 남부 진주도 마찬가지일 것으로 생각했다. 무력 진주라고는 하지만 프랑스군과 교전이 있는 것도 아니고 거의 무혈 점령하는 것과 다름없었다. 그리하여 참모본부는 "전쟁지도반, 프랑스령 인도차이나 진

* 가솔린 연료의 성능과 품질을 측정한 수치. 높을수록 고급 연료다.

주로 멈추는 한 금수 조치는 없다고 확신한다"(1941년 7월 25일 자 문서)
는 명백한 오판을 하게 된다.

그렇다면 미국의 신속하고 강경한 반응은 어떻게 설명할 수 있을
까? 먼저 프랑스령 남부 인도차이나가 갖는 민감성에 대해 일본이
과소평가한 측면이 있었다. 일본이 생각하기에 어차피 그곳은 프랑
스령이고 미국의 국익과는 직접적인 연관이 없었다. 그러나 영·미의
눈으로 보기엔 다낭, 사이공 등을 일본이 장악한다는 것은 곧 미군
령 필리핀 기지, 영국의 극동 근거지인 말레이를 위협할 수 있음을
의미했다. 특히 5만 명이라는 진주 병력의 규모는 싱가포르와 홍콩
을 지켜야 하는 영국에게 충분히 압박감을 주는 숫자였다. 다시 말
해 같은 프랑스령 인도차이나 진주였지만 1941년의 진출은 그 대상
과 목적, 그리고 규모가 전해에 비해 달랐던 것이다. 미국이 강경하
게 대응한 배경에는 소련 변수도 있었다. 연합국 입장에서는 독일
군 300만의 공격을 받고 있던 소련이 계속 전선을 유지하고 버텨주
는 것이 중요했다. 미국과 영국은 1941년 9월 소련에 군수물자를 보
내주는 협정을 맺었는데, 소련이 최소한 1942년 봄까지는 전선을 지
탱해주기를 바랐다. 미국은 북진론 운운하는 일본에 강경 대응함으
로써 소련에 메시지를 보낼 필요가 있었다. '일본에 대해선 걱정하지
말고 독일과의 싸움에 전념하라'는 응원의 성격이 있었던 것이다.[41]

다만 여기엔 미국 측의 오판도 작용했다. 당시 미 국무성 주류는
일본에 대한 전면 금수 조치에 있어 신중한 입장이었다. 일본을 궁
지에 몰면 미·일 간에 전쟁이 벌어질지도 모르고, 그렇게 되면 태평
양과 대서양으로 연합국의 전력이 분산될 수 있다는 우려 때문이었
다. 이런 계산이 바로 1940년 프랑스령 북부 인도차이나 진주시 미

국이 내렸던 온건한 대일 제재 조치의 배경이었다. 그러나 대일 강경 목소리도 존재했는데, 스팀슨 전쟁성 장관, 모겐소[Henry Morgenthau] 재무성 장관, 애치슨[Dean Acheson] 국무성 차관보 등이 대표적인 인사였다. 이들은 미국이 강하게 나가면 일본이 굴복할 것이라고 생각했다. 일본이 반발하더라도 아마 영국령 말레이 혹은 미국령 필리핀 군사기지 공격 정도가 최고치일 것으로 생각했다. 진주만 공습이라는 전면적 도발을 하리라고는 전혀 예상하지 못했던 것이다. 유대계 출신인 모겐소의 시각에선 독일과 동맹인 일본은 미국의 적이었다. 더욱이 자원도 없고 영토도 적은 일본이 미국의 상대가 되리라고 생각하지 않았다. 당시 구미 경제평론가들은 일본을 가리켜 "점토로 만든 발을 한 거인"이라는 냉소적 시선을 갖고 있었다. 비록 당장은 군함과 전투기를 갖추고 있는 거인처럼 보여도 바닥을 지지하는 힘이 없는 국가로 얕잡아 보았던 것이다. '절망 속에서 개전을 선택하는 국가는 없다'는 것이 모겐소를 비롯한 대일 강경론자들의 생각이었다.[42] 그러나 절망적 상황에 처한 국가는 절박한 생각을 하기 마련이다. 서서히 목 졸려 죽는 대신 위험한 수술대의 칼날을 집어들 수 있다는 것이 예방전쟁의 논리다. 미래에 대한 전망이 암울하다면 오늘의 위험한 도박이 반드시 비합리적인 것만은 아닐 수 있다. 이 점이 바로 전면 금수 조치를 단행할 때 대일 강경론자들이 놓쳤던 점이었다.

치명적 결정 #3 미·일 교섭의 결렬

미·일 양국은 이제 돌이키기 어려운 충돌 코스로 접어들었다. 어느 일방이 굴복하거나 쌍방이 대타협에 이르지 않는 한 출구를 찾는 것이 사실상 어려워진 것이다. 그럼에도 불구하고 역사의 물줄기를 되돌릴 마지막 기회가 없었던 것은 아니었다. 진주만 공습이 1941년 12월에 있었으니 아직 시간이 1년 이상이나 남아 있었다. 또한 1941년 시작된 미·일 교섭을 통해 양국은 전쟁을 피하려고 진지하게 협상에 임하고 있었다. 이 기간 동안 일본은 일부 식민지를 포기하는 등의 타협안을 미국 측에 제시하기도 했고, 루스벨트 대통령 또한 마지막까지 미·일 정상회담에 집착을 보이기도 했다. 그러나 결국 전쟁으로 가는 열차를 멈추지는 못했다. 무슨 일들이 있었던 것일까?

먼저, 삼국동맹을 맺은 지 6개월밖에 안 된 일본은 무슨 이유로 가상 적국인 미국과 회담장에 마주 앉았을까? 이유는 두 가지였다. 첫째, 일본이 삼국동맹을 체결한 동기는 승자 클럽에 가담하여 동아시아 제국의 판도를 넓히고자 한 것이지, 미국과 전쟁을 치르고자 한 것은 아니었기 때문이다. 미국이 버거운 상대라는 것은 일본 역시 잘 알고 있었다. 베르사유조약, 국제연맹 창설, 워싱턴 군축조약 등 1차 대전 이후 전후 질서를 주도하고 있던 미국의 힘을 일본은 누구보다 생생히 파악하고 있었다. 그런데 시간이 흐르면서 미국의 참전 가능성이 높아지자 일본은 삼국동맹이 실제 발동되는 사태가 올지 모른다고 우려하기 시작했다. 삼국동맹 제3조에 따르면 독일, 이탈리아, 일본 가운데 어느 한 나라가 공격을 당하면 다른 국가는 상호 원조 의무가 있다고 규정하고 있었다. 만약 미국이 대서양 전쟁에 참전해서 독일 잠수함을 공격한다면 일본으로서는 독일을 도와 미국과 전쟁을 벌여야 할 의무가 발생함을 의미했다. 미·일 전쟁이라는 전망이 실제로 대두되자 위기의식을 갖게 된 일본은 미국과 협상 테이블에 앉아야 할 필요성을 느끼게 되었다. 일본이 회담에 임한 두 번째 이유는 만약 미국과의 전쟁이 불가피해진다면 최소한 시간을 벌 필요가 있다는 판단 때문이었다. 특히 네덜란드령 동인도 석유를 확보하는 것이 자원 부국 미국과의 전쟁을 위한 선결 조치로 여겨졌다. 따라서 미국과의 전쟁은 최대한 미루면서 대동아 지역을 일본의 세력권으로 포섭, 장악하는 것이 긴요하다고 본 것이다.

사실 미국이 일본과의 교섭에 임한 것도 시간을 벌려는 목적이 컸다. 당시 미국은 직접 참전은 하지 않았지만, 영국을 원조하는 데 전력을 다하고 있었다. 처음엔 유상으로 지원하던 무기와 물자를 1941년 3월 무기대여법이 통과된 이후에는 무상으로 지원하고 있던 상황이었다. 문제는 무기와 물자를 실은 영국 상선이 독일 잠수함 유보트에 의해 무수히 침몰하고 있다는 점이었다. 때문에 미국 내에서 해군 초계함을 대서양에 배치해야 한다는 의견이 대두되었는데, 이는 태평양에 주둔하던 미국 함대 일부를 대서양으로 이동시키는 것을 의미했다. 따라서 태평양 방면에서 군사 위기 상황이 발생해서는 안 되었으며, 자연히 미·일 전쟁은 예방하거나 최대한 늦추는 것이 필요한 상황이었다. 미·일 교섭이 결렬로 향하는 11월까지도 미 군부는 일본과의 전쟁을 피하자는 입장이었다. 11월 5일 스타크^{Harold} ^{Stark} 작전부장과 마셜^{George Marshall} 참모총장은 루스벨트에게 권고안을 제출했는데, 미·일 전쟁은 극동에서 방위력 정비가 완료될 때까지 피해야 한다는 것이 요지였다. 또한 미국은 일본 침략 방향을 소련으로 유도하려는 의도도 있었다. 일본이 남방 자원을 확보하려는 것은 중일전쟁을 지속하고 소련전에 대비하기 위해서인 만큼, 미국과의 충돌은 필연이 아니라고 보았다. 바로 이 대목이 미국과 일본이 교섭에 임한 접점이기도 했다.

미·일 교섭에서 일본 측 대표자는 노무라 주미대사였고, 미국 측 대표는 헐 국무장관이었다. 노무라는 해군대장을 지낸 무관 출신이었지만, 1914년부터 18년 동안 미 대사관에 근무한 덕분에 미국 사정에도 밝은 편이었다. 특히 1917년 1차 대전 당시 유럽에 400만이 넘는 병력과 엄청난 물자를 단기간에 보낸 미국의 총동원 체제 역량을 주의 깊게 관찰한 적도 있었다. 그는 젊은 날의 루스벨트 대통령과 친분을 쌓기도 했으며, 1939년에는 외상을 지낸 바도 있어 여러 모로 미국과의 교섭에 적합한 인물이었다. 미국 측 대표 코델 헐 국무장관도 육군장관 스팀슨이나 재무장관 모겐소와는 달리 협상을 옹호하는 대일 온건파에 속했다. 그에게는 유럽 전선이 무엇보다 중요했다. 대서양에서 초계哨戒가 제대로 자리 잡기 전까지 태평양은 고요해야 한다는 것이 그의 생각이었다.

그렇다고 헐이 일본과의 교섭에 낙관적이었던 것은 아니다. 1941년 5월 12일 일본 측의 협상안을 받아본 헐은 "희망의 빛이 거의 보이지 않는다"라고 생각했다. 일본의 제안은 "태평양 지역을 일종의 일·미 공동 지배 구역"으로 두자는 것으로 "일본이 인구와 부의 90퍼센트를 차지하는 지역을 지배하겠다는 이야기"와 다르지 않아 보였다. 그럼에도 불구하고 그가 미·일 교섭을 받아들인 것은 "근본적으로 토의할 수 있는 유일한 기회를 버리는" 것을 피하고 싶었기 때문이었다.[43] 일본을 불필요하게 압박하여 잘못된 곳에서 잘못된 전쟁을 일으켜서는 안 된다는 국무부 주류의 생각도 이와 비슷했다.

노무라 대사는 실무적 협상과 함께 고노에 총리와 루스벨트 대통령의 정상회담을 추진하는 데 공을 들였다. 정상회담은 번잡한 실무 검토와 국내 반대파를 피하여 협상의 돌파구를 마련하는 데 유리했기 때문이었다. 그러나 본국에 있는 마쓰오카 외상은 미·일 교섭에 소극적인 입장이었다. 노무라 대사의 거듭된 재촉에도 불구하고 마쓰오카는 정상회담 제안에 호응하지 않았고 시간 끌기를 반복하는 행태를 보였다. 그러자 미·일 정상회담에 기대를 걸고 있던 고노에 총리가 7월 16일 내각 총사퇴 카드를 사용했다. 마쓰오카 외상을 퇴진시키기 위해 일단 내각 전체가 물러섰다가, 이틀 뒤인 7월 18일 다시 3차 고노에 내각을 재출범시키는 모양새를 취한 것이다.[44]

마쓰오카의 후임으로는 미·일 전쟁은 반드시 피해야 한다고 주장하던 도요다 데이지로豊田貞次郎가 임명되었다. 고노에 총리도 도요다 외상, 노무라 대사로 이어지는 외교 라인에 대해 "죽을 각오로 미·일 교섭을 위해 노력하고, 천황을 뜻을 받든다"라는 점을 강조했다.[45] 도요다 외상은 8월 7일 미국 측에 정식으로 정상회담을 제안했다. 그러나 미국의 반응은 냉담했다. 바로 2주 전에 있었던 일본의 프랑스령 남부 인도차이나 진주 사태 때문이었다. 미국은 일본이 앞에서는 대화하는 척하면서 뒤로는 일을 꾸미고 있다는 의구심을 품고 있었다. 무엇보다 협상 대표인 헐 국무장관의 체면이 말이 아니게 손상되었다. 일본의 프랑스령 남부 인도차이나 진주는 미국 측의 교섭 의지를 심각히 훼손하는 결과를 가져왔다. 그럼에도 불구하고 루스벨트 대통령은 노무라에게 정상회담을 받아들일 용의가 있음을 전달했다. 이때는 루스벨트가 대서양에서 처칠을 만나 대서양헌장을 발표하고 막 귀국한 시점이었다. 대서양의 평화를 위한 비전을 선포한 후 태평양에서도 자신의 힘으로 평화를 이루겠다는 것이 루스벨트의 소망이었다. 고노에 총리는 8월 26일 바로 다음과 같이 답신을 보냈다.

지금까지의 사무적 협의에 구애받지 않고 넓은 안목으로 미·일 양
국 간에 존재하는 태평양 전반에 걸친 중요 문제를 토의하고 시국
을 구제할 가능성이 있는지 없는지 검토하는 일이 긴박한 필요 사
항입니다.[46]

그러나 정상회담에 대한 미국과 일본 내의 분위기는 냉담했다. 좋
게 말해 냉소적이었고, 거의 적대적이기까지 했다. 미 국무부는 다시
한 번 일본에 속는 것은 아닌지 의심했다. 만약 프랑스령 남부 인도
차이나 진주 같은 일이 다시 한 번 벌어진다면 이는 대통령과 헐 자
신에게 치명적인 정치적 타격을 입힐 것으로 우려했다. 일본 내 분
위기는 더 험악했다. 정상회담 소식이 미국 신문에 보도되자 일본
의 극우 단체들은 총리가 미국에 굴욕적으로 타협하려 한다며 비난
하고 나섰다. 일본을 삼국동맹에서 이탈시키려 하는 친영미파 불순
세력이 있다며 협상파 인물들을 폭로하기도 했다. 일본 내의 반서방
분위기는 국가주의 단체에 국한된 것이 아니었다. 지도층 내부에서
는 국가 전략과 노선을 둘러싸고 고뇌와 대립이 존재했지만, 국민들
대부분은 철저히 반영미적인 사고에 젖어 있었다. 만주사변 이후 지
도자들이 반서구 사고를 민중들에게 주입한, 어찌 보면 자연스러운
결과였다. 결정적 순간에 국가의 운명을 조정하려 하자 엄청난 국내
저항에 부딪힌 것인데, 이는 그간 지도층의 민중 세뇌 작업에 따른
자업자득이었다.

미·일 정상 차원의 의지에도 불구하고, 결국 관건은 '실무적 타협

안을 찾을 수 있는가'로 모아졌다. 특히 10월 2일 헐 국무장관이 실무의견이 조율되기 전에 정상회담을 개최하는 것은 위험하다며 조기 정상회담 반대 입장을 명확히 했다. 일본은 미 측에 타협안을 제시했다. 일본이 화북 지방과 하이난도 등 일부 지역을 제외하고 중국 대부분의 지역에서 2년 내에 철수하겠다는 것이 요지였다. 문제가 되었던 프랑스령 인도차이나에서도 중일전쟁이 마무리되면 철군한다는 입장을 밝혔다. 이 같은 협상안이 노무라 대사를 통해 헐 국무장관에게 전달되었다. 그러나 기대했던 답변은 돌아오지 않았고, 그렇게 양측은 점점 더 전쟁에 다가가고 있었다.

미국과 교섭하는 와중에도 일본은 전쟁에 대비하여 내부적으로 심각한 논의를 거듭했다. 고노에 총리의 외교적 노력이 돌파구를 마련하지 못하는 가운데 8월 30일 군은 〈제국국책수행요강〉을 작성했다. 10월 초순까지 대미 교섭에 임하되 일본의 요구가 관철되지 않을 경우에는 곧바로 개전을 결의한다는 방침이 주요 내용이었다. 10월 초순이라는 기한을 못 박은 이유는, 날마다 석유 등의 전략자원이 소진되는 상황에서 교섭을 연장할수록 일본이 불리해지기 때문이었다.

천황은 군의 구상을 미심쩍어했다. 1941년 9월 5일 천황은 스기야마杉山元 육군총장에게 질문했다. 만약 미국과 전쟁이 발발한다면 언제 전쟁을 끝낼 수 있겠는가? 스기야마 총장은 3개월이면 남태평양 방면의 전쟁이 종결될 수 있다고 보고했다. 그러자 천황이 총장을 힐난하는 투로 다시 물었다. 중일전쟁을 시작할 때 육군이 1개월이면 끝날 것이라고 호언장담하지 않았는가? 그런데 중국 대륙보다 넓은 태평양에서 무슨 수로 전쟁을 3개월 만에 끝낸단 말인가?[47] 천

황은 "오늘날 세상 돌아가는 모양을 보아하니 외교에 중점을 둘 필요가 있다"고 강조했다.[48]

다음 날 9월 6일 어전회의 석상에서 천황은 다시 한 번 자신의 의중을 밝혔다. 육·해군의 작전계획을 최종 승인하는 자리였다. 이때 천황은 시가 한 수를 읊었다. "사방에 펼쳐진 바다로 연결된 세계는 모두 형제와 같을진대, 어이하여 서로 분쟁하며 풍파를 일으키는가."[49] 참석자들은 모두 천황의 의중이 어디에 있는지를 알아차렸다. 미국과의 전쟁을 원치 않는다는 것이 분명해 보였다. 그렇다고 천황이 작전계획을 폐기하거나 전면 수정을 지시한 것은 아니었다. 군부의 계획에 정면으로 반대하기보다는 자신의 의중을 간접적으로 피력한 것이었다. 이때 나가노永野修身 군령부총장은 오사카 겨울전투를 인용하며 천황을 설득했다.

오사카 겨울전투처럼 평화를 얻고 이듬해 여름에는 꼼짝달싹 못 하는 식이 되면 안 됩니다. 우리도 훗날을 도모해 다시 싸우게 된다면 그처럼 불리한 정세에서 싸워야 합니다. 그런 방책은 황국의 백년대계를 위해 취할 것이 아니라고 생각합니다.[50]

오사카 전투란 1614년 12월 도쿠가와와 도요토미 측간의 전쟁을 말한다. 이때 오사카성을 둘러싼 해자 때문에 일시적 화평을 선택한 도쿠가와는 도요토미 측을 속여 해자를 메우게 한 후 이듬해 봄에 오사카성을 함락시켜버린다. 도쿠가와 측의 간계에 넘어가 도요토미 가문이 멸망한 유명한 사건이었다. 웬만한 일본인이라면 오사카 겨울전투를 모르는 사람이 없었고, 그만큼 참석자들에게 호소력이 있었다. 지금 일본이 당장 미국과 화평을 맺는다 해도 훗날 미국에 속아 큰 화를 당할 수 있다는 비유였다. 천황도 오사카 겨울전투 이야기에 마음이 흔들렸다. 사와모토沢本頼雄 해군차관은 9월 5일 일기에서 "폐하도 겨우 납득하신 것 같고, (…) 어찌되었든 청허聽許가 있었음"이라고 적고 있다.[51] 미래가 암울하기 때문에 위험한 방책이라도 감수해야 한다는 논리가 힘을 발휘한 것이다. 결국 9월 6일 어전회의는 미국과의 교섭을 추진하되 10월 말까지 해법이 보이지 않으면 개전을 단행한다는 군의 〈제국국책수행요강〉을 승인했다.

흔히 일본의 무모한 진주만 공습은 불합리한 동양의 운명론과 연결지어 설명되기도 한다. 도조 육군상은 "인간은 때로 기요미즈사의 높이 솟은 언덕에서 과감히 뛰어 내려야 한다"고 주장한 바 있다.[52] 그 시기는 대미 결전을 둘러싸고 정부 내의 논쟁이 최고조에 달했던 10월 14일이었다. 사무라이 정신 내지 일본식의 강박관념으로 해석될 소지가 있는 발언이다. 그러나 오사카 겨울전투 인용에서 나타나듯이, 일본의 선택은 자신감보다는 두려움과 절박함의 발로에 가까웠다. 당시 일본 해군은 시간당 400톤의 석유를 소비하고 있었다. 1941년 6월 육·해군 합동군사위원회가 밝혔듯이 1944년 중반이 되면 일본의 석유가 바닥날 것으로 결론내리고 있던 상황이었다.[53] 과거 1914년 러시아의 철도 건설과 국방력 건설을 불안하게 지켜보던 독일 군부 역시 '내일보다는 오늘이 낫다'는 강박관념으로 예방전쟁을 주장한 바 있었다. 도조 육군상은 다음과 같이 말했다.

지금부터 2년 뒤가 되면 우리 군대가 쓸 기름은 없을 것이고 함선들은 발이 묶일 것이다. 남서 태평양 지역에서 미국의 방어력이 강화되고 함대가 보강될 뿐 아니라, 중일전쟁이 끝나지 않는다면 어려움이 끝없이 이어질 것이다. (…) 단순히 때를 기다리기만 하다가 2, 3년 뒤에 삼류 국가가 될까봐 걱정스럽다.[54]

그러나 미국과의 개전은 너무나 큰 모험이었기에 정부 내에서 이견이 완전히 잦아들지 않았다. 특히 고노에 총리와 도요다 외상이 점점 더 전쟁에 회의감을 갖기 시작했다. 육·해군, 정부, 대본영은 연이어 회의를 했지만 의견이 모아지지 않았다. 대미 교섭에 미련을 버리지 못한 고노에 총리와 달리 육군은 결코 개전을 피할 수 없다며 내각을 압박했다. 10월 12일 고노에 총리는 자신의 별장에 도요다 외상, 도조 육군상, 오이카와及川古志郎 해군상, 스즈키鈴木貞一 기획원 총재를 불러 모았다. 이른바 5상 회의였다. 이 자리에서 고노에 총리는 9월 6일 어전회의의 결정은 경솔한 것이었다는 직격 발언을 했다. 자신은 미국과 전쟁을 할 생각이 없으며, 만약 전쟁이 3~4년으로 길어진다면 승산이 없다는 것이었다. 도조 육군상은 반발했다. 왜 어전회의에서 그렇게 발언하지 않고 이제 와서 그런 소리를 하느냐고 고노에 총리를 힐난했다. 그러면서 총리의 생각을 육군은 절대 수용할 수 없다고 반박했다.

고노에 총리의 주화론과 도조 육군상의 주전론 대립은 계속되었다. 10월 14일에 열린 각의에서 고노에 총리는 다시 한 번 대미 개전 반대 의사를 피력했다. 도조 육군상은 미국과의 타협은 일본의 식민 제국 전체를 동요시킬 것이라면서 반대의 뜻을 분명히 했다. 내각의 마비 상태가 계속되자 도조 육군상은 스즈키 기획원 총재를 통해 고노에 내각의 총사직을 건의했다. 육군이 내각 불신임 입장을 표명한 것이다. 결국 미·일 교섭을 위해 탄생한 고노에 내각은 10월 16일 붕괴되었다.

천황은 후임 총리로 도조 히데키를 임명했다. 주화론자에 가까웠던 천황이 육군상을 선택한 이유는 도조라면 육군의 주전론을 억제할 수도 있지 않겠냐는 희망이 있었기 때문이었다. 고노에 내각 총사퇴 후 후계 수반을 결정하기 위한 중신 회의가 10월 17일에 열렸는데, 기도 내대신이 "도조에게 조각組閣의 어명을 내리시고 육·해군 측에 진정한 협조와 어전회의 재검토를 명하도록 하시는 것이 가장 현실적"이라는 입장을 밝혔다. 중신들은 기도의 의견에 놀랍다는 반응이었지만, 딱히 반대할 이유를 찾기도 어려웠다. 중신 회의에 참석했던 와카쓰키는 도조의 임명을 '독으로 독을 다스린다는 차원'으로 이해하며 잠자코 있었다.[55] 천황 역시 기도 내대신에게 "호랑이 새끼를 잡으려면 호랑이 굴에 들어가야 한다"며 동의의 뜻을 표했다.

그러나 육군은 물론 도조 히데키의 입장이 바뀔 리 없었다. 총리로 임명된 도조는 〈대미영란장對美英蘭蔣 전쟁 종말 촉진에 관한 복안〉을 천황에게 보고하고 11월 15일 대본영-정부 연락회의에서 이를 결정했다. 보고서는 전쟁의 장기화를 걱정하는 천황에게 어떻게 조기 종전이 가능한지를 보여주기 위한 목적이었다. 기본 논리는 독·소 화평으로 영국을 굴복시킨 후 미·일 협상을 강요한다는 것이 골자였다.[56] ① 일본이 독일과 소련을 중재하여 독·소 화평을 이룬다, ② 독일은 영국과의 전투에 집중할 수 있게 된다, ③ 영국은 독일에 굴복할 것이다, ④ 영국이 항복하면 미국도 전쟁 의지가 약화될 것이다, ⑤ 그러면 일본은 유리한 조건으로 미국과 협상하여 전쟁을 끝낼 수 있다. 대체로 이런 논리였다.

그러나 가정 하나하나가 문제투성이였다. 이제 막 시작된 독·소 전쟁을 일본이 무슨 수로 중재한다는 것인가? 독·소 중재는 단기간 내에 독일이 승리한다는 전제 위에 세운 목표였는데, 이미 1941년 12월 초부터는 소련의 반격으로 독일의 후퇴가 시작되고 있던 상황이었다. 또한 중재가 성공해 독·소 화평이 이루어진다 해도 영국이 굴복한다고 보는 전망은 문제가 있었다. 독일이 1941년 6월 소련 공격으로 방향을 튼 것 자체가 1940년 영국 본토 항공전 실패로 영국 상륙작전을 단념했기 때문에 이루어진 방향 전환이었다. 이렇듯 개전 직전 일본은 근거 없는 장밋빛 전망에 기초해 비현실적인 출구 전략을 세운 채 전쟁의 문을 열었던 것이다.

일단 도조 내각이 대미 개전으로 방향을 잡자 온갖 판단 착오와 오류가 이어졌다. 육군의 작전계획을 수립하는 참모본부 제2과는 천황을 설득하기 위해 문서를 작성했는데 통계 수치가 엉터리였다. 참모본부는 일본이 전쟁 수행 중에도 함정, 전투기를 생산해내기 때문에 싸우면서 힘을 배양하는 것이 가능하다고 주장했다. 전투에서 손실이 발생해도 생산력이 이를 상회하기 때문에 문제 없다는 논리였다. 그런데 군이 가지고 온 함정 손실률엔 심각한 오류가 있었다.[57] 군이 작성한 문서에 따르면 함정 손실률에 대해 전쟁 1년 차에는 80~100만 톤, 2년 차엔 60~80만 톤, 3년 차엔 70만 톤으로 예상했다. 그러나 실제 발생한 일본 함정의 손실률은 1년 차에 96만 톤, 2년 차엔 169만 톤, 3년 차엔 무려 392만 톤에 달했다. 전쟁이 장기화될수록 군의 예측과는 다르게 손실이 급격히 커졌음을 알 수 있다. 이는 기본적으로 참모본부가 1차 대전 당시 독일 잠수함에 의해 격침된 영국 선박의 손실률을 근거로 사용했기 때문이었다. 달라진 전황과 무기체계의 변화를 전혀 반영하고 있지 못했던 것이다.

또한 군이 생각한 민수용 함정 활용 방안도 비현실적인 생각으로 가득 차 있었다. 육·해군은 전쟁이 터지면 민수용 선박 300만 톤을 군수용으로 전환해서 전쟁에 활용할 수 있다고 가정했다. 6개월 정도 사용하고 난 후 민간에 돌려주면 된다는 생각이었다. 그러나 전시에도 민수는 돌아가야 했다. 한국에서 쌀을 운반해야 하고 타이완에서 설탕도 들여와야 했다. 중국 화베이 지역에서 들여오는 소금도 생필품이었다. 이런 민수물자 수송이 막히면 일본 경제 자체가 버텨낼 수 없었다. 한마디로 희망적 사고와 부실한 데이터로 포장된 엉터리 주장이 버젓이 천황 보고용 문서에 포함되었던 것이다.

1941년 11월 5일 전쟁 여부를 최종 결정하기 위한 어전회의가 열렸다. 여기서 다시 전쟁 물자에 대한 문답이 오갔다. 추밀원 의장이 물었다. "남양의 적 함정 때문에 물자 수송에 영향이 생기는 일은 없다고 보아도 좋습니까?" 물자 수송 책임자인 기획원 총재가 대답했다. "선박 피해에 대한 수치는 육·해군 공동 연구의 결과이기 때문에 안심해도 좋습니다."[58] 육군과 해군 모두 집단적 오류에 빠져 있는데, 육·해군 공동 연구가 무슨 의미가 있을까? 이렇게 천황과 일부 인사들의 의구심 표명에도 불구하고 전쟁으로 치닫는 국가의 방향은 어느 누구도 바꾸지 못했다.

어쩌면 논리의 문제가 아니라 군국주의가 지배하던 당시 정치 역학의 문제가 핵심이었는지도 모른다. 전쟁이 끝나고 천황은 1946년 3월 궁내성 측근에게 이렇게 심중을 털어놓았다.

내가 만약 개전 결정을 비토했다고 치자. 국내에선 내란이 크게 일

어났을 것이며 내가 신뢰하는 주위 사람은 살해되고 내 생명도 보증할 수 없었을 것이다.[59]

만주사변과 중일전쟁을 전후로 정부 고위 인사들에 대한 암살이 횡행했고, 천황의 측근들도 무참히 살해되던 시절이었다. 1936년 2·26사건*을 천황은 직접 목도했고, 내무상 사이코齋藤實, 대장상 다카하시高橋是淸 등도 목숨을 잃은 바 있었다. 1940년 말엔 국가주의 운동단체가 무려 2,000여 개에 이르렀고, 인원은 약 63만 명에 달할 정도였다. 내무성 정보국과 헌병사령관은 국가주의 단체의 불온한 움직임을 매일 감시하며 보고하던 시절이었고, 1940년 9월 18일엔 고노에 총리 암살계획이 발각된 적도 있었다. 천황이 9월 6일 어전회의에서 시가를 읊으면서 자신의 의중을 완곡히 밝힐 수밖에 없었던 데에는 이런 사정도 분명히 작용했을 것이다.**

미·일 교섭도 결국 파국에 다다랐다. 11월 26일 헐 국무장관은 최후통첩에 가까운 답신을 일본에 보내왔다. '헐 노트'라고 불리는 미국의 최종 입장은 다음과 같았다. 첫째, 중국과 프랑스령 인도차이나 등에서 일본 군대와 경찰이 전면 철수할 것, 둘째, 삼국동맹을 실질적으로 파기 내지 사문화할 것, 셋째, 중국에서 장제스 정부의 정통

---

* 청년 장교들의 쿠데타 기도. 황도파 장교들이 1,400명 병력을 지휘하여 총리를 비롯한 각료들의 살해를 계획했다. 천황의 반대로 쿠데타는 실패했지만, 이후 정당의 영향력이 줄어들고 군부가 득세했다.

** 다만 천황은 전쟁의 승산에 대해 의구심은 있었지만, 시간이 흐르면서 주전파의 논리에 설득되어 전쟁을 결심한 정황도 존재한다. 11월 5일 어전회의를 기록한 〈기밀전쟁일지〉에 따르면 "오카미(천황)께서도 만족하셔서 결의가 점점 공공해지시는 것 같이 생각되었음"이라고 기록되어 있다. 요시다 유타카, 《아시아 태평양전쟁》, p.65.

성을 인정하고 그 외 어떤 정부도 인정하지 말 것 등이었다. 한마디로 일본이 이룩한 동아시아 세력권을 포기하고 깨끗이 물러가라는 말과 다름이 없었다.[60] 즉, 만주사변 이전으로 상황을 모두 되돌리라는 요구였다.

최후통첩을 받아 든 일본은 개전으로 가는 마지막 수순에 돌입했다. 11월 27일에 개최된 일본 정부와 대본영 연락회의는 개전을 기정사실화하고 군사 행동에 돌입하기로 의견을 모았다. 29일 중신간담회를 거쳐 12월 1일 어전회의가 열렸고, 여기서 개전 결정이 공식화되었다. 개전일은 12월 8일로 선택되었다. 12월 2일 천황의 개전명령이 떨어졌다. 그러나 12월 1일 어전회의는 어디까지나 형식적인 최종 결정일이었고, 실질적인 개전 결의는 이미 11월 5일 어전회의에서 내려졌다고 보는 것이 맞다. 11월 5일 해군에 작전 준비 완정完整을 지시하는 대해령 1호가 내려졌고, 6일엔 육군에 남방작전 전투태세를 명령하는 대육명 555호가 발령된 것만 보아도 알 수 있다. 더욱이 11월 26일엔 쿠릴열도 이투루프섬에 집결해 있던 해군 기동부대가 진주만을 향해 은밀히 항행하기 시작했다. '헐 노트'가 수교되기 직전에 이미 야마모토 이소로쿠 사령관이 이끄는 연합함대는 행동을 개시했던 것이다.[61]

03 원폭의 비극과 전략폭격의 논리

전쟁은 모두 참혹하고 재앙적이지만, 태평양전쟁은 원폭 투하라는 전대미문의 비극이 추가되었다는 점에서 더욱 특별했다. 히로시마와 나가사키 원폭 투하로 15만 명에 이르는 사람이 즉사했다. 그중 대부분은 민간인이었다. 부수 피해로 민간인이 희생당한 것이 아니라 처음부터 민간인이 의도적인 표적이었고 최대한 많은 사람을 죽이는 것이 목적이었다. 사전 경고도 일부러 배제했다. 그래야만 충격 효과를 극대화할 수 있었기 때문이다. 어떻게 이런 일이 일어날 수 있었을까? 비무장한 민간인을 죽이는 것은 전쟁 범죄가 아닌가? 20세기 문명화된 세상에서 가장 민주적인 국가 중 하나인 미국이 어떻게 이런 야만적인 결정을 내릴 수 있었을까? 그러나 원자폭탄의 충격은 즉각적인 대량 살상력 면에서 이례적이었을 뿐, 국가적 인프라와 민간에 대한 폭격은 전혀 새로운 현상이 아니었다. 적국의 전쟁 수행 능력을 파괴하고 더 나아가 시민들의 전쟁 의지를 말살하기 위해 2차 대전 중반부터는 민간시설과 민간인에 대한 공격이 광범위하게 자행되고 있었기 때문이다. 드레스덴, 런던, 도쿄를 불태운 일명 '전략폭격strategic bombing'의 현상을 말한다. 2차 대전은 물론이고 나토의 세르비아 공습, 러시아의 우크라이나 폭격, 이스라엘의 가자지구 공습 등 전쟁이 발발하면 번번이 민간인 희생과 전쟁법 위반 문제가 불거진다. 민간인 살상 금지라는 규범이 전략적 요구라는 현실 앞에 무력화되면서 전쟁의 민낯이 그대로 드러나기 때문이다. 태평양전쟁은 이런 점에서도 인류에게 깊은 고민과 질문을 던진다. 이하에서는 전략폭격 관념에 잉태되어 있는 전쟁과 윤리의 딜레마를 원폭의 비극을 통해 생각해본다.

군사 전략으로서의 원자탄

1945년 8월 6일 오전 8시경 미군의 B-29 폭격기 두 대가 히로시마 상공에 나타났다. 경계경보는 발령되었지만 폭격기 수가 적었기 때문에 사람들은 대규모 공습이 아닌 정찰비행 정도로 생각했다. 방공호에 들어가지도 않았고, 계속 적기를 쳐다보며 일상을 이어갔다. 그러나 투하된 폭탄은 인류가 지금까지 보지 못한 원자탄이었다. 8시 15분, 한순간에 천지를 찢는 듯한 대폭발이 일어났다. 격렬한 섬광, 폭풍, 화염이 도시 전체를 집어삼켰다. 시내 9만 5,000여 가옥 가운에 90퍼센트가 잿더미로 변했다. 히로시마 중심부에 있던 시마병원은 바로 위에서 터진 폭탄으로 모든 환자, 의사, 간호사들이 즉사했다. 엄청난 온도의 열파는 반경 500미터 안에 있던 모든 생명체를 숯덩이로 만들어버렸다. 불타버린 노면전차 안에는 손잡이에 매달린 시체들이 가득했다. 조금 전까지 살아 움직이던 형체 그대로였다.

탱크에 있던 물과 연못이 끓어올랐고, 공원의 나뭇잎은 갈색으로 변하며 쪼글쪼글해졌으며, 나무 몸통은 터져버렸다. 동물의 모습도 끔찍했다. 까맣게 탄 채 떨어져 죽은 새들, 화상을 입고 잔해 속을 헤매는 강아지들, 그리고 눈이 먼 채 절름거리며 서성이는 말들이 보였다. 그야말로 지옥도가 눈앞에 펼쳐진 모습이었다.[62]

미국 에너지부에 따르면 히로시마 원폭으로 인한 희생자는 초기 폭발로 약 7만 명에 달하는 것으로 추산된다. 그러나 1945년 말에 이르면 사망자 숫자는 방사능 낙진에 따른 질병 등으로 10만 명이 넘고, 암과 같은 장기질환으로 인한 사망자까지 합치면 1950년까지 약 20만 명에 이를 것으로 추산되고 있다.[63]

"하나님 감사합니다. 원자탄이 적의 손이 아니라 우리에게 왔다니. 앞으로 당신의 뜻과 방식으로 그걸 사용할 수 있도록 우리를 인도하소서." 히로시마와 나가사키 원폭의 파괴력을 목도한 이후 트루먼 Harry Truman 대통령이 한 발언이다. 앞으로도 당신의 뜻대로 사용하도록 해달라니? 10만 명이 넘는 민간인을 대량 학살하는 것이 과연 하나님의 뜻이 될 수 있을까? 교전 중인 군인이나 군사시설이 아닌 무방비의 민간인을 대상으로 한 이런 끔찍한 결정은 어떻게 정당화될 수 있을까?

히로시마가 비극의 장소로 선택된 것도 윤리적 판단은 거의 배제된 채 철저히 군사 전략적 관점에서 이루어졌다. 비밀리에 진행된 '맨해튼 프로젝트'가 원자탄 실험에 성공하자 트루먼 행정부는 이 전대미문의 무기를 어떻게 사용할지 고민하기 시작했다. 1945년 4월 맨해튼 프로젝트의 책임자 레슬리 그로브스 Leslie Groves 소장이 이끄는 원자폭탄 표적위원회 Target Committee 가 그런 노력의 일환이었다. 위원회는 처음부터 목표 선정과 관련하여 "일본 국민의 항전 의지를 꺾는 것"을 제1의 원칙으로 삼았다. 다만 목표지는 군사 지휘부나 병력 집결지 또는 군수 생산 중심지 등 군사적 성격을 띠어야 한다고 덧붙였다. 마지막으로 원자탄이 떨어질 곳은 기존의 공습으로 파괴되지 않은 지역, 그래서 새로운 무기의 효과를 정확히 평가할 수 있어야 한다는 조건도 달았다.

논의가 거듭되면서 표적 선정은 보다 심리적 효과를 극대화하는 쪽으로 옮아갔다. 5월 표적위원회에서는 "보다 큰 심리적 효과"와 "무기의 효과를 극적으로 만들어 국제적으로 충분히 인식"되도록 한다는 것이 강조되었다.[64] 단순한 대량 파괴로는 부족하고 극적인 심리적 효과를 중시한 것이다. 여기에는 이제까지의 전략폭격 경험이 작용했다. 미 육군항공대는 도쿄를 비롯한 일본 대도시에 엄청난 폭격을 가하고 있었지만 일본은 굴복하지 않고 버티고 있었다. 영국의 군사 전략가 리들 하트Liddell Hart가 지적했듯이 인간은 점증적인 고통에 적응하는 존재이기 때문에, 재래식 폭격으로는 아무리 많은 가옥을 불태우고 아무리 많은 사람을 죽여도 한계가 있는 것처럼 보였다. 따라서 원자탄이 떨어질 곳은 충격을 극대화하고 극적으로 만들 지역이어야 했다.

이런 기준에 따라 후보에 오른 도시는 교토, 히로시마, 도쿄 등 세 군데였다. 천년 고도인 교토는 시민들의 지적 수준이 높아 신무기의 효과를 보다 잘 이해할 것으로 여겨졌고, 군수시설이 있던 히로시마는 도시의 많은 부분이 파괴될 수 있다는 점이 고려되었다. 천황이 있는 도쿄는 다른 어느 도시보다 명성이 높다는 점이 선정 이유였으나, 군사 전략적 가치가 적다는 한계가 지적되었다. 5월 31일에는 각료급인 헨리 스팀슨 전쟁성 장관이 이끄는 임시위원회Interim Committee가 설립되었다. 위원회에는 곧 국무장관이 될 제임스 번스James Byrnes, 조시 마셜George Marshall 육군총장, 맨해튼 프로젝트를 이끌었던 그로브스 장군과 로버트 오펜하이머Robert Oppenheimer 박사 등이 포함되어 있었다. 여기서도 심리적 효과가 가장 중요한 고려 요소였다. 임시위원회 회의록은 회의 결과를 다음과 같이 정리했다.

우리는 일본인들에게 사전 경고를 줄 수 없다는 것에 대해 대체적인 의견 일치를 보았다. 민간 지역에 집중할 수는 없지만, 가능한 한 많은 일본인들에게 심대한 심리적 충격을 줘야 한다는 것에도 공감대가 있었다. 전쟁성 장관은 가장 바람직한 표적은 다수의 노동자들을 고용하고 있고 그들의 밀집된 주거 지역에 둘러싸여 있는 핵심 군수공장이라는 것에 동의했다.

회의 결과가 강조하는 기준에 가장 부합하는 도시는 히로시마였다. 순수 민간인 지역이 아니면서도 많은 군수공장 노동자들을 일거에 희생시킬 수 있다는 점에서 극적인 효과를 거둘 수 있을 것으로 여겨졌기 때문이다. 인구 35만으로 일본에서 여덟째로 큰 도시로서 도쿄와 달리 미 항공대의 전략폭격 피해를 입지 않았던 점도 고려되었다. 신무기의 효과를 시험하는 장소는 '깨끗해야' 했기 때문이다. 전쟁의 참화에서 비껴 있던 행운이 이제는 비극의 무대로 뒤바뀐 요인으로 작용한 것이다. 교토는 그곳으로 신혼여행을 다녀온 적이 있는 스팀슨 전쟁성 장관의 반대로 제외되었다. 그는 교토의 역사적·문화적 가치를 강조하며 이를 파괴해서는 안 된다고 주장했다.

민간인 대량 살상이라는 비윤리적인 결정에 반대 의견이 없었던 것은 아니었다. 5월 29일 마셜 육군 참모총장은 스팀슨 전쟁성 장관에게 원자탄이 해군기지와 같은 순수 군사 표적에 쓰이길 희망한다고 말했다. 만약 꼭 필요하다면 차순위로 대규모 공장 지역이 포함될 수 있지만, 그것도 적절한 사전 경고가 주어져야 한다고 강조했다. 사적으로는 스팀슨 장관이나 트루먼 대통령도 가급적 민간인 살상을 피하고 싶다는 희망을 피력하기도 했다. 그러나 나이 들고 지친 스팀슨 장관은 더는 다른 대안을 마련하기 위해 노력하지 않았고, 결국 위원회가 선정한 대로 일은 진행되었다.

원자탄 투하는 심각한 윤리적 문제를 안고 있는 결정이었지만, 이를 정당화하는 논리가 존재했던 것도 사실이었다. 첫 번째는 미국인의 희생을 줄여야 한다는 요구였다. 항전을 고집하고 있는 일본의 강경파를 굴복시키기 위해서는 전략폭격만으로는 한계가 있고 일본 본토 침공이 고려될 수밖에 없었다. 이를 위해 1945년 11월에 규슈 지방을 점령하고(올림픽 작전), 이듬해 3월에는 도쿄 인근의 간토 평원을 침공해 들어간다(코로넷 작전)는 계획이 수립되기도 했다.[65] 문제는 엄청난 인명 피해가 불가피하다는 점이었다. 일본은 미군의 본토 침공에 대비해 60개 사단, 200만 대군을 편성해놓은 상태였다. 기진맥진한 상태이기는 했지만 일본에는 아직도 가미카제 특공기 3,000대, 전투기 5,000대, 그리고 자살 특공 보트 3,300척도 남아 있었다. 이미 오키나와 전투에서 사상률 35퍼센트를 경험한 바 있는 미국으로서는 규슈 상륙을 시도할 경우 사상자 25만 명 정도를 감내해야 하는 상황이었다.[66] 원자탄 투하는 이런 면에서 구원의 무기로 간주되었던 것이다.

둘째, 원폭 투하 결정에는 일종의 복수와 인과응보의 논리도 작용하고 있었다. 트루먼 대통령은 사전 경고 없이 진주만을 기습 공격한 일본, 미군 포로를 굶기고 구타해서 죽인 일본, 국제 전쟁법을 완전히 무시해온 일본을 향해 원자탄이 쓰인다는 점을 지적했다.[67] 물론 이외에 다른 요인들도 있었다. 엄청난 노력과 20억 달러의 자금이 투입된 맨해튼 프로젝트가 성공한 이상, 그 결실을 사용하지 않는 것 자체가 쉽지 않았던 측면이 있었다. 또한 참전을 검토 중인 소련 변수도 있었다. 일본의 패배가 기정사실인 만큼 전후 소련에 대한 전략적 우위를 확립하기 위해 일본을 미국 단독으로 점령할 필요가 있었던 것이다. 실제로 소련은 1945년 8월 말 일본 홋카이도에 상륙할 계획을 수립해놓고 있던 상황이었다. 트루먼의 반대와 전쟁 조기 종결로 실행되지 않았지만, 만일 전쟁이 좀 더 지속되었다면 소련의 홋카이도 점령은 실행되었을 것이고, 그랬다면 독일과 한국처럼 일본도 미국과 소련에 의해 분할되는 운명을 맞았을 가능성이 높다.[68] 이 때문에 원자탄 투하는 "2차 대전의 마지막 군사행동이었다기보다 현재 진행되고 있는 러시아와의 냉전에 대비한 첫 번째 주요 작전"이라는 해석도 존재한다.[69]

히로시마 원자탄 투하 3일 후인 8월 9일, 최고전쟁지도회의가 열렸다. 항복이 불가피하다는 온건파와 끝까지 항전해야 한다는 군부 강경파가 계속 대립했다. 사실 1945년 봄에 이르러서는 이미 일본의 운명은 정해진 것이나 다름없었다. 일본은 제공권과 제해권을 모두 상실했고, 머지않은 시점에 이루어질 본토 침공에 대비하여 옥쇄 작전을 외치고 있을 뿐이었다. 해상 봉쇄로 인해 일본인들은 결핍과 기아에 시달렸고, 무자비한 폭격으로 도쿄를 비롯한 많은 도시의 가옥들이 불타고 있었다. 인구가 밀집해 있고 목조 가옥으로 인한 특징 때문에 일본은 특히 폭격에 취약했다. 1945년 3월부터 본격화한 무차별 도시 폭격으로 인해 도쿄의 빌딩 약 30만 채가 파괴되었고 사람들 8만여 명이 희생되었다. 그럼에도 불구하고 군부 강경파들이 '1억 옥쇄'를 외쳤던 이유는 조금이나마 유리한 조건으로 전쟁을 종결짓고 싶어서였다. 천황의 지위를 보존하고, 본토 점령의 치욕을 피하며, 동원 해제와 군비 축소를 일본 스스로 통제할 수 있어야 한다는 것이었다.

그러나 군부의 바람은 이루어질 수 없는 것이었다. 회의가 열리던 바로 그날 두 번째 폭탄이 나가사키에 투하되었다는 뉴스가 전해졌다. 만약 일본 정부가 좀 더 일찍 항복을 결정했더라면 나가사키는 원폭 피해를 피해갔을지도 모른다. 사실 나가사키는 원래 표적도 아니었다. B-29 폭격기가 티니안 기지를 이륙할 때만 하더라도 두 번째 원자탄이 떨어질 장소는 고쿠라였다. 그런데 당일 오전 고쿠라 상공에 짙은 안개가 끼었기 때문에 B-29 편대는 20분 거리에 있던 나가사키로 이동하여 폭탄을 투하했던 것이다.

민간인 살상의 윤리적 문턱

트루먼은 훗날 원자탄 투하를 결정하는 데 있어서 일말의 주저함도, 밤잠을 설치는 고민도 없었다고 회고한 바 있다. 어떻게 민간인 대량 살상을 가져오는 원자탄을 투하하면서 이럴 수 있었다는 것일까? 인과응보의 논리, 조기 종전의 열망 등이 있었던 것은 사실이지만 윤리적 문제를 둘러싼 고뇌와 번민이 정말로 없었을까? 트루먼의 발언을 이해하기 위해서는 원자탄 투하 이전에 이미 민간인 대량 살상이 미국과 연합국이 채택한 전쟁 수행 방식이었다는 점을 상기할 필요가 있다. 적의 사기를 꺾고 전쟁 수행의 잠재력을 분쇄하기 위해 눈앞의 탱크나 보병이 아니라 후방의 공장과 민간인들을 의도적으로 타격하는 것이 전략의 요체였던 것이다.

1945년 8월 종전이 오기 전 다섯 달 동안 미국의 육군항공대는 할 수 있는 한 최대한의 민간인을 죽이기 위해 최선을 다했다. 도쿄 공습 이후 미국은 매일같이 도시를 바꿔가며 폭격을 이어갔다. 히로시마 원폭 이전에 67곳의 일본 도시가 재래식 폭격으로 불태워졌다. 원자탄은 단지 도시 파괴를 좀 더 효과적으로 한 것에 지나지 않았다. 재래식 폭격기 300대가 한 것을 원자탄 1개가 했던 셈이었다. 1945년 2월 드레스덴 폭격으로 사망한 독일인 숫자도 8월 6일 히로시마 원폭으로 인한 일본인 희생자 수와 비슷했다.[70] 원자탄 투하에 대해 주저함이 없었다는 트루먼의 발언은 이런 맥락에서 나온 것이었다. 일본의 무고한 시민을 대량 살상하는 결정에 대해 심각한 반대를 표명한 인사가 트루먼 행정부 내에 단 한 명도 없었다는 사실도 마찬가지다. 윤리적 문턱은 이미 그 이전에 넘어섰기 때문이었다.[71] 즉, 1945년 8월 6일(히로시마 원폭 투하)이 아니라 영국의 경우 1942년 2월 14일(영국의 작전목표 지침), 미국의 경우 1945년 3월 9일(르메이의 도쿄 폭격)에 이미 도시를 불태우는 전략이 공식화되었던 것이다.

"우리는 3월 9~10일 밤 도쿄에서 사람들을 불태워 죽였고, 삶아 죽였고, 구워 죽였다. 그 숫자는 히로시마와 나가사키에서 연기로 사라진 사람보다 많다." 이는 일본을 불태우는 작전을 주도했던 책임자인 커티스 르메이Curtis LeMay 사령관이 했던 발언이다. 르메이는 재래식 폭격으로 이미 일본은 항복 직전에 도달해 있었고, 원자탄 투하는 필요하지 않다고 생각하고 있었다.[72] 원자탄 투하가 승리에 결정적 요인이 아니었다는 것이다. 이 같은 해석은 르메이만의 생각이 아니었다. 훗날 아이젠하워Dwight Eisenhower, 맥아더, 아널드Henry Arnold, 니미츠Chester Nimitz 등 육·해군 장성들도 비슷한 견해를 표명한 바 있었다. 1945년 당시 5성 장군 중 상당수가 원자탄 투하 없이, 그리고 일본 열도 침공 없이도 종전이 가능하다고 생각한 것이다.

　분명한 점은 태평양전쟁의 종결을 원폭 투하만으로 설명하는 데에는 한계가 있다는 점이다. 재래식 전쟁을 통해 일본의 전쟁 수행 능력은 거의 소진 상태였고, 일본에게는 전세 역전과 관련한 어떤 희망도 남아 있지 않은 상황이었다. 천황이 항복을 선언한 것도 히로시마에 원자탄이 떨어진 다음 날이 아니라, 도쿄가 미군 폭격기 1,000여 대의 공습을 받은 다음 날에 이루어졌다.[73] 또한 소련은 나가사키에 두 번째 원자폭탄이 떨어지기 하루 전인 8월 8일 대일 선전포고를 했고, 바로 다음 날 만주를 침공해 들어가고 있었다. 그런 면에서 원자폭탄은 일본에게 항복할 계기를 만들어준 사건에 가까웠다고 할 수 있다.[74]

　중요한 점은 민간인 대량 살상이 태평양전쟁을 종식시켰다는 확신에 찬 인물들이 종전 후 미국을, 특히 전략공군을 이끌었다는 점이다. 르메이가 그랬고 그의 후임 토머스 파워Thomas Power가 그랬다. 르메이는 훗날 역사학자 셰리Michael Sherry와의 인터뷰에서 이렇게 말했다.

무고한 민간인은 없습니다. 그들의 정부이고, 우리가 싸우는 대상은 이제 군대가 아닙니다. 따라서 무고한 방관자를 죽이는 데에 나는 전혀 거리낌이 없습니다.[75]

르메이는 위력이 제한된, 보다 사용이 용이한 핵무기 개발을 주장하는 물리학자에게 이런 말을 한 적도 있었다. "전쟁은 사람을 죽이는 겁니다. 충분히 많이 죽이면 상대는 포기할 거요." 르메이가 이런 생각을 가진 인물이라는 점은 널리 알려진 사실이었다. 트루먼도 알았고, 아이젠하워와 케네디John Kennedy, 그리고 존슨Lyndon Johnson도 잘 알고 있었다. 그럼에도 이들 대통령은 15년 동안 르메이를 전략공군사령관, 공군 참모차장, 그리고 공군 참모총장으로 중용했다.

전략폭격 이론의 대두

민간인 대량 살상을 정당화하고 심지어 전쟁 수행의 불가결한 수단으로 간주하는 이런 비윤리적인 사고는 어디서부터 시작된 것일까? 일찍이 17세기부터 '정의로운 전쟁just war'이라는 관념이 싹튼 이래, 전투원과 비전투원을 구분하고 전쟁 중이라도 허용되지 않는 행위가 있다는 것이 현재까지 국제규범으로 받아들여지고 있다. 즉, 전쟁의 목적이 정당해야 할 뿐 아니라 전쟁 수행 방식도 넘지 말아야 할 선이 있다는 것으로, 민간인에 대한 의도적 공격 금지는 그중에서도 핵심 요소다. 과거의 전쟁에서는 승전국이 패전국을 유린하고 전리품을 챙기는 것을 당연시했다. 남자는 죽이고, 여성과 아이들은 노예로 삼으며, 마을을 불사르는 것은 예사의 일이었다. 전쟁 자체가 폭력이었고, 폭력의 행사에는 어떤 한계도 짓지 않았던 것이다. 그러나 30년전쟁을 거치고 나서 전쟁의 야만성을 줄여야 한다는 각성이 일어나기 시작했다. 전쟁의 와중에도 넘지 말아야 할 윤리적 선이 있어야 한다는 믿음이 생겼고, 이것이 17세기 휴고 그로티우스^{Hugo Grotius}가 제기한 전쟁 규범의 정신이었다.

그러나 이런 윤리적 규범은 전쟁 양상의 변화와 더불어 서서히 균열이 생기기 시작했다. 18세기 프랑스혁명과 산업혁명이 출발점이었다. 먼저 프랑스혁명은 역사상 처음으로 대규모 인민을 징집하는 국민 개병제를 가져왔다. 중세의 전쟁이 소수의 용병에 의해 치러졌던 것에 비해 이제 전쟁은 애국심과 대의명분에 기초해 온 국가가 참여하는 국민 전쟁으로 변모한 것이다. 여기에 산업혁명이 함께 도래했다. 총과 대포가 대량으로 생산되었고, 대규모 상비군을 빠르게 전선으로 이동시키는 철도가 등장했다. 전쟁은 이제 왕과 귀족, 그리고 용병에 의해 수행되는 누군가의 전쟁이 아니라 국가 전체의 에너지와 역량이 집결되는 총력전의 양상을 띠기 시작한 것이다. 그러자 공격 대상에 대한 생각도 변하기 시작했다. 종래에 민간인과 비전투원 같은 보호 대상으로 여겨졌던 것들이 이제는 정당한 군사 표적처럼 여겨졌던 것이다. 탄약을 만드는 군수공장부터 시작해 철강, 석탄, 도로, 통신 등의 산업과 인프라는 모두 전쟁을 뒷받침하는 전쟁 기계의 일부분이었다. 이는 전투원과 비전투원의 구분을 흐리게 하는 요인으로 작용했다.[76]

1차 대전의 경험도 전략폭격 사고의 잉태에 영향을 미쳤다. 전쟁이 마치 여름날의 폭풍우처럼 전광석화처럼 끝날 것이라는 예상이 여지없이 무너지고, 1차 대전은 지루하고 소모적인 대량 학살의 무대로 변해버렸다. 1916년 7월 1일 솜 전투 첫날에만 영국군 2만 명이 전사했고, 4만 명이 부상당하거나 실종됐다. 이후 수개월 동안 영국과 독일은 각각 100만 명이 넘는 희생을 치렀다. 전쟁은 피와 뼈를 갈아넣는 대량 학살과 다르지 않았다. 그러면서도 전선은 거의 움직이지 못한 채 교착 국면이 계속되었다. 기관총과 포병이 전장을 지배하면서 보병이 전진하는 것이 극히 어려워졌고, 전쟁은 지루한 참호전의 양상을 띠었던 것이다.

이때 항공 장교들이 새로운 생각을 하기 시작했다. 정찰과 포병을 위한 표적 선정, 수류탄 투척 등의 임무를 수행하던 이들은 육지에서 벌어지는 이런 답답하고 참혹한 현장을 똑똑히 지켜볼 수 있었다. 전선이 움직이지 않은 채 병사들만 하염없이 죽어나가는 무기력한 상황, 이런 전쟁은 결코 효과적이지도 인도적이지도 않게 느껴졌던 것이다. 항공 장교들이 생각해낸 것은 철조망이 쳐진 참호전의 전선을 넘어 후방 깊숙이 들어가 전쟁을 떠받치는 적국의 민간경제 자체를 파괴하는 방식이었다.

이런 관념의 초기 주창자 중 한 명이 이탈리아의 두에^{Giulio Douhet} 장군이었다.[77] 두에는 그가 사기 효과^{morale effect}로 부른 결과를 거두기 위해 도시 폭격을 강조했다. 적군의 전쟁 수행 '능력'이 아니라 전쟁 수행 '의지'를 마비시키는 접근을 말한다. 그리고 그 의지 파괴는 바로 민간인에 대한 직접적인 공격을 요구했다. 국제법이 규정하는 정의로운 전쟁 원칙을 정면으로 부인하는 접근이었다. 이 같은 항공 이론은 이탈리아의 두에뿐 아니라 영국의 트렌차드^{Hugh Trenchard} 경, 미국의 빌리 미첼^{Billy Mitchell} 장군 등도 공유했다. 항공 장교들은 항공기의 역할과 현대전 방식에 일대 혁신을 가져오길 희망했다. 종래의 항공 작전은 보병과 탱크를 공중에서 근접 지원하는 것이 주 임무였다. 따라서 지상 작전의 일부로 간주되었고 지상 사령관의 통제를 받았다. 바로 이 점이 항공 장교들의 불만이었다. 항공력은 그 자체로 전쟁을 수행하는 방식이며, 독립적이면서도 결정적으로 전쟁의 승패에 영향을 미친다는 것이 이들의 믿음이었다. 전략폭격에서 말하는 전략의 의미가 바로 이것이었다. 이들이 원하는 것은 육군 지상 작전의 보조적 역할로부터의 독립이었고, 육군 조직으로부터의 독립이었다.

항공 장교들은 민간인 살상이라는 국제규범 위반에 대해서도 도덕적 정당화 논리를 제시했다. 그들에 따르면 현대전은 전투원과 비전투원의 구분이 사실상 무의미해졌고, 전쟁을 떠받치는 국가경제를 무너뜨리지 않고는 전쟁을 종식시키는 것이 매우 어렵다. 만약 전투 현장에만 화력을 한정하는 전통적인 방식을 고집한다면 1차 대전처럼 무수한 인명만 죽어가면서 전투가 무한정 장기화되는 소모전으로 귀결될 것이라는 게 이들의 주장이었다. 그럴 바에야 민간인 희생이 따르더라도 도시 폭격을 통해 전쟁을 조기에 종결시키는 것이 훨씬 인도적이라는 것이다.

마침내 비극이 불타오르다

제2차 세계대전 초반엔 양측이 모두 상대 도시 폭격을 자제한 편이었다. 히틀러는 원래 전략폭격 독트린을 받아들이지 않았고, 그럴 능력도 없었다.[78] 전통적인 지상군 중심의 전격적 모델을 고수했던 독일군에게 항공 작전이란 탱크의 진격을 돕는 보조 수단에 불과했다. 이 점은 육군이 군과 정치권의 헤게모니를 장악하고 있던 독일, 프랑스, 러시아에 공통적인 현상이었다. 반면 미국과 영국의 항공 장교들은 일찍이 전략폭격 개념에 관심을 가졌고, 2차 대전이 시작되기 이전에 이미 4개 엔진을 장착한 장거리 중폭격기 생산을 시작하고 있었다.

그러나 미국 역시 전략폭격을 전쟁의 정당한 수단으로 처음부터 생각했던 것은 아니었다. 특히 히틀러가 폴란드를 침공한 1939년 9월 1일, 미국 루스벨트 대통령은 2차 대전 참전국 모두에게 민간인 무차별 공습을 중단하자고 호소했다.[79] 인류의 양심에 충격을 준 야만적 행태가 지난 수년간 자행되어왔음을 지적하면서, 앞으로 모든 교전국들이 어떤 상황에서도 민간인 또는 도시에 대한 공중 폭격을 중단할 것을 촉구한 것이다. 루스벨트가 언급한 지난 수년간의 야만 행위라는 것은 1937년 일본군의 중국 상하이 공격과 1937~38년에 있었던 이탈리아·독일 파시스트의 스페인 도시 공격을 가리키는 것이었다. 특히 1937년 4월 26일에 있었던 스페인 게르니카 도심 폭격은 피카소의 고발적 그림으로 널리 알려진 바 있었다. 2차 대전이 본격적으로 발발하자 루스벨트는 최소한 이와 같은 비인도주의적 행위가 전쟁 중에 벌어져서는 안 된다고 강조한 것이다.

그러나 루스벨트의 호소는 오래가지 못했다. 1940년 히틀러는 런던 공습을 실시했고, 영국은 1942년 초부터 독일 도시 폭격을 감행하기 시작했다. 전략폭격 시작의 빌미는 독일 측이 제공했다. 히틀러는 전쟁 초반만 해도 독일 도시에 대한 보복을 우려해 전략폭격에 조심스럽게 접근했다. 비록 당시 바르샤바 공습을 감행하기는 했지만, 이는 포위된 도시에 대한 공격이었고 전략폭격 독트린이 강조하는 후방의 민간 표적 타격은 아니었다. 즉, 히틀러는 전투 현장을 벗어난 전략폭격을 시작할 마음이 없었고, 이듬해 서부 전선에서 그의 명백한 승인이 없이는 도시 공격을 금지한다는 명령을 하달하기도 했다.[80] 실제로 전쟁 초반의 8달 동안은 양측이 모두 상대 도시에 대한 보복 공격을 회피했다. 독일의 바르샤바 폭격 이후에도 영국은 아직 "글러브를 벗을" 준비가 되어 있지 않았다. 글러브를 벗는다는 것은 영국 정부가 전략폭격을 일컬을 때 쓰는 표현이었다.

그러다 예기치 않은 일들이 발생하기 시작했다. 1940년 5월 14일 독일이 포위된 로테르담 중심을 폭격하는 일이 벌어졌다. 항복을 거부하고 교전 중이라면 바르샤바 폭격 때처럼 공중 폭격이 정당화될 수도 있었다. 그러나 이때는 로테르담의 항복이 임박했을 때였고, 당시 독일 사령관이었던 루돌프 슈미트Rudolf Schmidt가 폭격 중지를 명령했는데도 불구하고 계획된 폭격이 그대로 이루어졌다. 슈미트 사령관의 메시지가 제때 전달되지 않아서 절반의 폭격기들이 그대로 폭탄을 투하했던 것이다. 그러자 네덜란드 언론을 비롯하여 서방이 분노를 쏟아냈다. 항복한 비무장 도시를 향해 무자비한 폭격을 감행하여 3,000명이 넘는 시민이 희생당했다는 것이다. 5월 15일, 즉 로테르담 폭격이 있었던 바로 다음 날, 영국 내각은 처음으로 폭격기를 독일 후방의 인구 밀집 도시에 보냈다. 글러브를 벗은 것이다.

비슷한 일은 또다시 발생했다. 1940년 8월 24일 영국 템스강 인근의 정유소 폭격 임무를 맡았던 독일 폭격기가 항로를 벗어나 런던 주택가에 폭탄을 투하하는 사건이 일어났다. 당시 히틀러는 보복을 피하기 위해 런던 폭격은 엄격히 금지한다는 지침을 내려놓고 있던 상태였다. 영국은 다음 날 바로 베를린을 폭격했고, 닷새 뒤에는 여섯 번의 공습을 실시했다. 그러자 히틀러도 입장을 바꿨다. "만약 당신들이 계속 이러면 우리는 100배로 이를 갚아줄 것이다. 폭격을 멈추지 않는다면 우리는 런던을 칠 것이다." 처칠 역시 독일 도시에 대한 폭격 수위를 높였다. 영국 입장에서는 히틀러의 선공에 대한 반격이었고, 히틀러 입장에서는 영국의 폭격에 대한 보복이었다.

전략폭격이 시작된 초기, 영국에선 표적 선정과 관련된 내부 논쟁이 있었다. 도심 폭격을 한다는 점은 공통 전제였지만, 전략폭격의 중심을 '시민들의 전쟁 의지 말살'에 둘 것인지 아니면 '전쟁을 뒷받침하는 군수 능력 파괴'에 둘 것인지에 대한 시각 차이가 존재했던 것이다. 초기에는 군수공장이 주된 표적이었다. 독일의 방공 능력은 취약한 편이었고, 영국 항공기들은 비교적 낮은 고도로 비행이 가능했다. 따라서 마을의 특정 지역, 군수공장을 정밀 타격하는 것이 가능하다고 여겨졌다. 특히 야간 작전의 경우엔 격추의 위험이 없다는 장점까지 있었다. 그러나 시간이 흐를수록 의도한 대로 정확히 폭탄을 투하하는 것이 거의 불가능하다는 점이 드러나기 시작했다. 폭격 후의 정찰 사진이 보여준 바에 따르면 폭탄의 약 3분의 1만이 표적 반경 5마일(약 8킬로미터) 내에 떨어졌다는 것이 확인되었다. 탄약공장, 정유소, 볼베어링공장을 정밀 타격하는 것은 불가능했던 것이다.

그러자 왕립 항공군은 철도와 병력 집결지, 그리고 교차로 등 운송시설로 표적을 이동시키기 시작했다. 문제는 이들 교통 인프라의 경우 도시 한가운데에 위치한다는 점이었다. 탄약공장이나 정유소처럼 도시 외곽에 자리 잡고 있지 않았다. 즉, 운송시설을 표적으로

할 경우 민간인 피해는 불가피하게 늘어날 수밖에 없었다. 영국 공군은 이 점을 불가피한 현상으로 받아들였다. 민간인이긴 하지만 적국의 민간인이고, 일부는 전쟁을 돕는 이들이었다. 도시 공습 과정에서 희생되는 민간인은 '보너스'라고 불렸다. 1941년 당시 영국 공식 문서에 이런 문장이 나온다. "만약 전략폭격이 있다면 민간인들이 희생될 것이다. 병원, 교회, 그리고 문화적 기념물이 공격받을 것이다. 군사 표적을 때린다는 주 임무를 수행하는 과정에서 나오는 부산물인 한, 이는 불가피한 것이고 또한 바람직한 것이기도 하다."[81] 다시 말해, 원래 의도만 그렇지 않다면 민간인이 죽어도 괜찮다는 말이었다.

시간이 흐르면서 이마저도 달라졌다. 민간인 희생을 '부수 피해'가 아닌 애초의 '목표'로 삼는 전쟁 수행 방식이 공식화된 것이다. 군사 시설에 대한 정밀 타격이 너무 어려웠고, 표적을 확인하면서 폭탄을 투하할 때 독일 방공포에 격추될 확률이 너무 높아졌기 때문이다.[82] 1942년 2월 14일 영국 공군 부참모총장 N. H. 바털리 소장은 폭격사령부에 서한을 보내 다음과 같은 작전 지침을 하달했다. "작전의 주된 목표는 이제 적국 시민들의 사기, 특히 군수 노동자에 초점을 맞춘다. 첨부된 표적은 이런 목표하에 선정된 것이다." 첨부된 표적 리스트에는 에센, 뒤스부르크, 뒤셀도르프, 쾰른 등 라인란트 지역 4개 도시가 포함되어 있었다.[83] 공장이나 특정 시설이 아니라 도시 자체가 표적으로 공식 선포된 것이다. 물론 전쟁이 끝날 때까지 미국과 영국 정부는 이런 사실을 대중에게 알리지 않았다. 만약 민간인 희생자에 대해 언급해야 될 때면 늘 똑같은 입장이 반복되었다.

맞습니다. 전쟁에서 죄 없는 사람들이 죽기도 합니다. 이것이 바로 전쟁의 본질입니다. 이건 언제나 그래왔습니다. 사실은 독일이 이런 종류의 작전을 시작해왔다는 점이 중요합니다. 그들은 공격적인 전쟁을 하고 있습니다. 그들이 시작했고, 그들은 이제 자신들이 저지른 일을 돌려받고 있는 것입니다.[84]

물론 "그들이 시작했다"고 말했을 때의 '그들'이 나치 지도부를 말하는 것인지 독일 민간인들도 포함된다는 것인지는 분명치 않았다. 또한 민간인 희생에 대해서도 줄곧 이런 논조였다. '우리는 민간인 희생을 줄이기 위해 최선을 다하고 있습니다. 이는 우리의 근본적 가치를 반영합니다. 우리는 공장, 정유 제련소, 항만시설을 공격할 때, 할 수 있는 최선을 다해서 정밀하게 타격하고 있습니다.' 그러나 이건 사실이 아니었다. 1942년 2월 14일의 지침은 분명히 도심 자체를 파괴하는 것이 전쟁의 주요 방식이라고 밝히고 있었다. 영국과 미국의 폭격으로 희생된 독일 민간인의 숫자는 50만 명이 넘었다. 도시 공격을 비판하는 목소리에 대해 영국 정부는 이렇게 대응했다. 1945년 3월 29일, 폭격사령부의 아서 해리스Arthur Harris 사령관은 공군 본부에 자신의 입장을 이렇게 밝혔다.

도시에 대한 공격은 그것이 전략적으로 정당화되지 않는 한 다른 모든 전쟁행위와 마찬가지로 용납될 수 없습니다. 그러나 도시 폭격이 전쟁을 단축시키고 연합군 병사의 생명을 보호하는 한 그것은 전략적으로 정당화됩니다. 도시 폭격이 이런 효과가 없다는 것이 확실해지지 않는 한 우리에게는 이걸 포기할 권리가 없습니다.

나는 독일 도시 전체가 우리 영국 보병 한 명의 뼈보다 가치 있다고
여기지 않습니다.[85]

전략폭격의 비극은 단순히 민간 표적 선정에 그치는 것이 아니라
그 수행 방식의 끔찍함에 있었다. 왕립 공군은 야간 도심 폭격을 진
행하면서 점차 폭발 자체보다 화재가 큰 효과를 발휘한다는 것을 발
견했다. 특히 중상류층이 사는 교외 주택가보다는 도심의 밀집된 건
물들의 경우 전략폭격이 일으키는 불의 위력이 컸다. 당시 영국 공
군이 사용하는 폭탄은 마그네슘이 포함되어 있어서 물로는 끌 수 없
었고 오직 모래로 산소를 차단해야 진화가 가능했다. 영국 공군은
만약 폭탄이 밀집된 건물에 투하된다면, 그리고 폭탄을 의도적으로
시차를 두고 떨어뜨린다면 소방관이 불길을 잡는 것이 매우 어렵다
는 것을 알아냈다. 다시 말해 고폭탄이 아니라 화재 발생이 도시를
파괴하는 더 좋은 방법이라는 것을 발견한 것이다. 여기서 1943년
공군은 '불기둥' 이론을 고안해냈다.[86] 이 이론에 따르면 소이탄을
일정한 패턴으로 사용해 대규모 지역을 폭격하게 되면 많은 수의 불
이 동시다발적으로 발생하고 불기둥이 만들어진다. 화염으로 뜨거
워진 공기가 위로 올라가면 저기압이 발생해 주변의 산소를 빨아들
이는데, 이를 통해 마치 도시 전체가 하나의 용광로로 변하게 된다
는 것이다.

불기둥 이론은 1943년 7월 27일 함부르크에서 성공적으로 실시되
었다. 불기둥 효과로 주변 온도가 섭씨 1,500도까지 올라갔고, 아스
팔트는 녹아내렸으며, 소방차는 발이 묶였다. 화염을 피해 도망치는
사람들은 아스팔트 위에서 그대로 타 죽었다. 방공호 속에 있던 사

람들은 질식해서 사망했다. 이 정도 온도면 시멘트에 있는 탄산칼슘이 분해되는 데다 콘크리트 속의 규산도 녹아 흘러내렸기 때문이다. 영국 항공부대의 한 장교는 단 한 번의 작전으로 4만 명을 죽였으며 아군 폭격기는 단지 12대만 손실되었다고 기뻐했다. 1945년 2월 13일, 드레스덴에서도 비슷한 작전이 실시되었으며 적어도 3만 5,000명이 죽었다. 불에 타 그 자리에서 죽은 사람들은 인간의 형상을 유지한 채 잿더미로 변했다. 시체들은 양동이에 담을 수 있을 정도로 인형만 한 크기만큼 오그라들었다.

　아무리 절박한 전쟁 상황이라고 하지만, 어떻게 이런 끔찍한 작전이 광범위하게 수행될 수 있었을까? 임무를 감당한 항공 장교들은 어떤 생각을 했을까? 도덕적 불편함에 괴로워하지는 않았던 것일까? 그러나 항공 작전의 특성상 폭격기 승무원들은 지상의 민간인들과 감정적 연결이 미약했다. 2차 대전이 끝난 후 영국의 한 항공 장교는 이런 말을 남겼다. "비행은 상당히 냉정한 임무다. 이륙한 뒤에 격추당하지 않거나 아무 일이 생기지 않으면, 비교적 문명화된 세계로 다시 돌아올 수 있었다. 비행하는 동안에는 분명히 위험하지만, 전차 안에 있는 경우만큼 주변 상황에 감정이 개입되지는 않는다."[87] 항공 장교들은 5킬로미터 상공에서 폭탄 투하 버튼을 눌렀을 뿐이었으므로 이런 현실 이탈감이 가능했던 것이다. 독일의 도시를 폭격했던 한 조종사는 작전 당시의 감정을 이렇게 묘사하기도 했다.

　정말 멋진 광경이었다. 아래에는 소이탄 수천 발이 떨어지며 붉은 카펫이 펼쳐지고, 폭탄 특히 1,800킬로그램짜리 폭탄이 지붕에 떨어지면 노란색 거품이 생기는 듯하다. 마치 붉고 뜨거운 잿더미를

보는 것 같은데, 중간중간 폭발로 인해 갑작스럽게 불빛이 격렬하게 터진다.[88]

　미국도 전략폭격에 동참했다. 그들 역시 초기에는 독일 방공망을 피해 고고도로 비행하면서 독일 산업시설을 정밀 파괴하려고 시도했다. 하지만 결과가 신통치 않았다. 악천후, 공장에서 나오는 연무, 적의 대공포 공격 등으로 인해 조종사가 폭탄을 정확하게 투하하기 어려웠기 때문이었다. 20퍼센트만이 의도한 표적 구역에 떨어졌는데, 이는 80퍼센트 이상의 폭탄이 1,000피트(약 305미터) 이상의 오차를 보였다는 의미였다.[89] 특히 전투기의 호송 없이 독일 후방에 깊이 침투할 경우 폭격기의 손실이 너무 컸다. 1943년 8월 17일 로젠버그 작전에서 미군은 전체 폭격기 346기 중 60기가 격추당했고, 나머지 60기도 복구 불가능한 피해를 입었다. 손실 없이 정밀하고 신속하게 적의 중심을 마비시킨다는 전략폭격 독트린이 이론처럼 쉽지 않다는 것이 드러난 것이다. 그러자 미 육군항공대도 점차 야간 비행을 하여 어느 한 지역을 폭격하는 것으로 옮아가기 시작했다. 1943년 1월 무렵에는 과거 미 국무부가 법과 인간의 원칙에 위반된다며 비난했던 바로 그 정책을 미국도 받아들인 상태였다.[90]

　미국의 경우 전략폭격에 관한 한 유럽보다는 일본이 주 무대였다. 일본은 유럽보다 화재에 취약했다. 목조가구가 빽빽이 밀집해 있었고 한 번 불이 붙으면 도시 전체로 불이 번져나갈 위험이 있었다. 연합군은 1923년 간토 지방에서 대지진과 그에 따른 화재로 엄청난 피해가 있었음을 잘 알고 있었다. 다음 해에 이루어진 미군의 피해 조사 보고서는 일본의 도시가 "밀집되어 있고", "종이와 나무, 그리고 다른 인화성 물질"로 건축되어 있다고 지적했다. 자연재해로 증명된 효과를 이제는 인위적으로 만들어낼 차례였다.

일본을 불태울 책임자로 선정된 사람은 르메이였다. 르메이는 엄정한 군기, 솔선수범, 용기라는 단어가 따라붙는 군인이었다. 그는 격추가 두려워 비행 대열에서 이탈하는 조종사가 있으면, 반드시 군법회의에 회부했고 절대 용서하지 않았다. 위험한 작전에는 그도 항상 함께했고 조종사들과 똑같이 임무를 완수했다. 목표 지점을 향해 어떤 회피 기동도 없이 똑바로 날아가는 것을 선호했으며, 가장 효율적인 동선으로 임무를 완수하는 것을 최우선시했다. 그에 따르는 위험은 기꺼이 감수했고, 이를 부하들에게도 강요했다. 서부 전선에서 이런 명성을 얻고 있던 르메이는 1945년 1월 마리아나에 주둔한 11폭격기사령부 사령관으로 임명되었다. 당시 육군항공대 사령관 아널드 장군이 일본에 대한 전략폭격을 책임질 새로운 사령관으로 그를 지명한 것이다. 그때까지 사령관을 맡았던 인물은 헤이우드 한셀Haywood Hansell 준장이었는데, 그는 무차별 도시 폭격은 군사적으로 효과적이지 않고 도덕적으로 용납될 수 없다는 신념을 갖고 있었다. 그래서 그의 휘하에서는 일본의 산업시설에 대한 정밀 타격만 이루어지고 있었다. 1945년 1월 6일, 육군항공대 참모장 노스태드Lauris Norstad는 사령부가 있는 괌을 방문하여 예고 없이 한셀 사령관을 해임하고 르메이를 후임으로 지명했다.

도쿄 공습은 1945년 3월 9일과 10일 양일에 걸쳐 실시되었다. 공습에 앞서 르메이는 조종사들에게 폭격 역사에 없던 특이한 지침을 내렸다.[91] '요격을 피할 수 있는 고고도 비행이 아니라 아주 저고도로 비행하라. 목표 지점까지 똑바로 날아가라. 전투기 호송도 없다.'

방공망에 의해 격추되거나 적 전투기와 마주치게 될지도 모르는 매우 위험한 전술이었다. 르메이가 생각한 목적은 단 하나였다. '연료를 아껴서 최대한 많은 폭탄을 실어야 한다. 그래서 최대한 많이 도쿄를 불태워야 한다.' 심지어 르메이는 폭격기에 장착되는 기관총과 탄약도 떼어버렸다. 폭탄을 한 개라도 더 싣기 위해서였다. 이런 전술은 자칫 큰 낭패를 볼 수도 있는 위험한 도박과 같았다. 만약 일본군의 방공망이 생각보다 강력하다면, 또는 기습적인 폭격이 어려워져서 상대 전투기가 나타난다면 큰 희생이 따를 가능성이 있었다. 르메이는 이 모든 위험을 자신이 혼자 짊어지기로 했다. 도쿄 공습을 한다는 사실 외에는, 구체적인 전술에 대해선 상부에 일절 보고하지 않았다. 만약 결과가 안 좋게 되어 작전이 실패할 경우 육군항공대 수뇌부를 보호하기 위한 조치였다. 수뇌부가 살아남아야 그들이 육군에서 독립할 수 있고, 전략폭격 독트린도 살아남을 수 있다고 생각한 것이다.

결과는 대성공이었다. 300대가 넘는 B-29 폭격기가 엄청난 폭탄을 투하했고, 때맞춰 시간당 45킬로미터의 강풍까지 불면서 불기둥이 사방으로 퍼졌다. 조종사들은 수백 킬로미터 밖에서도 도쿄 상공이 붉게 물들고 있음을 알 수 있었다. 구름이 마치 피로 적신 목화털처럼 보였다. 함부르크 때보다 온도가 더 높아서 무려 1,800도에 달했다. 방공호 속의 사람들은 질식해 죽었고, 빠져나온 사람들은 녹아내린 아스팔트에 묶여 순식간에 숯처럼 타 죽었다. 도심에 흐르는 운하들은 금세 펄펄 끓는 물이 되었고 수천 명의 사람들이 끓는 물에 삶겨 죽었다. 그날 도쿄 중심지 40제곱킬로미터가 불타면서 주민 8만 명이 사망하고 4만 명이 부상을 당했으며, 건물 25만 채가 파괴되었다.[92] 폭격기 승무원들은 5,000피트(약 1.5킬로미터) 상공 위에서도 산소 마스크를 벗을 수 없었다. 지상에서 인육이 타는 역겨운 냄새를 견딜 수 없었기 때문이다.

아널드 사령관은 작전이 끝나고 난 후 르메이에게 축전을 보냈다. "축하하네. 이번 임무는 귀관의 부하들이 진정 용기가 있었음을 보여주고 있네." 작전에 참가한 비행기 334대 가운데 손실이 14대에 불과했으므로 작전적으로는 분명 엄청난 성공이었다. 상관의 칭찬을 받은 르메이는 그러나 여기서 안주할 사람이 아니었다. "나는 그냥 여기에 앉아 있을 수 없습니다. 인간이 할 수 있는 한 나는 계속 해나갈 겁니다." 1965년 르메이가 도쿄 공습 당시를 회고하며 한 말이다. 실제로 이후 5개월 동안 도쿄 외에 63개 도시가 불태워졌고, 이로 인해 24만 명이 죽고 30만 명이 부상을 입었으며, 800만 명이 삶의 터전을 잃었다.[93] 르메이는 정말로 일본의 모든 산업 도시를 파괴할 생각이었고, 17개의 인구 밀집 도시를 후보군으로 선정해놓았다. 또한 그다음 50개 도시도 염두에 두고 있었다.

2차 대전은 인도주의적 호소로 시작했지만, 그 끝은 이렇게 야만적인 민간인 살상으로 물들었다. 도시 폭격은 전쟁 수행의 불가분한 요소로 간주되었고, 이 과정에서 발생하는 희생은 불가피하다고 여겨졌다. 더 나아가 도시 자체를 마비시키고 불태우는 것이 작전목표로 수용되었다. 이 점은 독일이나 연합국이나 차이가 없었다. 민주주의 선도 국가인 미국과 영국 정부도 루스벨트 대통령이 야만으로 비난했던 그 행위를, 그리고 국제법이 전쟁 범죄로 규정한 바로 그 행위를 저질렀다. 이것이 바로 1차 대전 이후에 등장한 국가 총력전의 비극적 모습이었다. 전쟁은 더 이상 군과 군 사이의 무력 충돌이 아니라, 국가가 가진 모든 자원과 수단을 동원하여 상대국의 사회 전체를 공격하는 무제한적인 성격으로 변모했던 것이다.

징벌에서 복권으로

청일전쟁 이후 승승장구하던 일본의 기세는 태평양전쟁으로 단숨에 꺾였다. 이제 일본은 패전국의 굴욕과 구속을 감내해야 하는 처지로 떨어졌다. 전쟁이 끝나자마자 바로 전범 체포가 시작되었고 1946년 5월부터 도쿄에서 국제재판이 진행되었다. 도조 히데키를 비롯한 정치 지도자 7명에게는 교수형이 선고되었고, 나머지 18명은 징역형을 선고받았다. 잔학행위를 저지른 수천 명의 장교들도 고발되었다. 요코하마 법정에선 700여 명이 사형 선고를 받았고, 300여 명이 각종 징역형을 언도받았다.[94]

　구질서의 핵심 세력들에 대한 공직 추방도 단행되었다. 정부, 언론, 기업, 교육계를 망라하여 21만 명의 인사들이 공적 영역에서 쫓겨났다. 재벌들에게도 책임을 물었다. 전쟁을 도발하고 그 과정에서 이익을 취했다는 이유에서였다. 향후 일본의 경제민주화에 장애가 된다는 판단도 있었다. 자회사를 결합해 만든 모회사는 해체되었으며, 주식은 대중에게 매각 처분되었다. 전쟁 장비가 해체되고 국내 군수품과 군사기지들도 철저히 파괴되었다. 200만 명 이상의 사람들이 무장해제되었으며, 1868년 이후 일본이 획득한 모든 해외 영토는 박탈되었다. 가장 가혹했던 것은 다시는 군사력을 뒷받침하지 못하도록 일본 경제의 기초를 파괴한다는 방침이었다. 일본의 생산시설은 용도를 전환하거나, 다시 국가로 이전하거나, 아니면 고철로 만들어버렸다. 일본 경제에 필요한 최소한도 이외의 모든 것은 제거한다는 방침이었다. 여기서 최소한이란 일본이 침략한 아시아 국가들의 경제 수준보다 높지 않아야 함을 의미했다. "일본인의 생활 수준이 조선인, 인도네시아인, 베트남인보다 더 좋아야 할 어떤 이유도 없다"는 것이 에드윈 폴리Edwin Pauley 배상위원장의 생각이었다.[95] 한마디로 미국의 대일 배상 정책은 철저히 징벌적인 기조 위에 서 있었던 것이다.

전쟁의 목적은 상대국의 헌법을 바꾸는 것이라고 하세베 야스오長谷部恭男 도쿄대 교수는 지적한 바 있다.[96] 헌법이란 한 국가의 권력 구조와 정부 형태는 물론 정치, 경제, 사회 모든 분야의 틀을 규정한 국가의 최고 규범체계다. 승전국이 헌법을 바꿀 수 있다는 것은 패전국 나라 전체를 바꾼다는 것을 의미했다. 연합국 총사령부가 일본에 강요한 평화헌법이 바로 그랬다. 1946년 공개된 신헌법은 일본 내각의 안案으로 포장되었지만, 내용은 연합국 총사령부가 직접 작성한 것이었다. 양원제 형태의 내각제로서 수상은 중의원에서 선출되며 민간인 의원만 가능하도록 규정되었다.[97] 1946년 2월 연합국 총사령부 민정국장 휘트니Courtney Whitney는 일본 관리들을 한자리에 불러 모았다.[98] 연합국 총사령부가 만든 헌법 초안을 받아들이라고 설득하는 자리였다. 휘트니는 신헌법을 받아들여야 당신들이 권력에서 살아남을 수 있다고 압박했다. 휘트니의 말대로 헌법안을 수용했던 당시 외상 요시다 시게루는 석 달 뒤에 수상으로 뽑히며 권력을 유지했다. 신헌법의 핵심은 평화조항 제9조였다. 맥아더 사령관이 직접 주도해서 삽입한 것으로 알려진 제9조는 다음과 같다.

> 국권의 발동으로서의 전쟁과 무력에 의한 위협 또는 무력의 행사는 국제분쟁을 해결하는 수단으로서는 영구히 이를 포기한다. 전 항의 목적을 달성하기 위하여 육·해·공군과 그 밖의 전력을 보유하지 않는다. 국가의 교전권은 인정하지 않는다. [99]

군대를 보유할 수 없는 나라, 교전권이 박탈된 나라로 만들어버린 것이다. 그나마 이것도 의회 심의 과정에서 보수파의 요구로 완화된 것이었다. 당초 연합국 총사령부가 만든 초안에는 자위를 위한 전쟁도 불허하는 엄격한 내용이었다. 즉, "일본은 분쟁 해결의 수단으로서도, 스스로의 안전보장 수단으로서도 전쟁을 포기한다"고 되어 있었다. 그리고 일본의 방위는 "세계를 움직여가고 있는 숭고한 이상에 맡기도록 한다"는 것이었다. [100]

미국의 전후 대일 전략 기조가 이대로 유지되었다면 일본의 역사는 지금과 많이 달라졌을지도 모른다. 전쟁 책임 세력들이 영향력을 상실하고 역사적 과오를 받아들이는 책임 있는 국가로서 전후 일본이 재탄생했다면 어떻게 되었을까? 전후 독일이 나치의 과오를 통렬히 반성하고 유럽 안에서 자신을 정화시켜나갔듯이, 일본도 자신이 괴롭혔던 아시아 각국의 용서를 구하고 진정한 화해를 모색했다면 어땠을까?

그러나 역사는 언제나 아이러니와 반전의 연속이었다. '일본 사회의 민주성 강화', '자유주의 정치 지원'이라는 미국의 초기 대일 정책 기조는 1948년에 오면서 급격히 변하기 시작했다. 미·소 냉전이 심화됨에 따라 공산주의 세력을 막는 일본의 전략적 가치가 중시되었기 때문이다. 냉전은 1947년부터 본격적인 모습을 드러내기 시작했다. 1947년 3월 트루먼 독트린*이 나왔고, 6월에는 서유럽의 부활을 위해 마셜 플랜**이 발표되었다. 같은 달 소련의 베를린 봉쇄*** 위기가 터졌고, 1949년엔 국공 내전****이 마오쩌둥의 승리로 끝나면서 아시아에 인구 5억이 넘는 공산국가가 등장했다. 그러자 일본과 독일에 다시 한 번 기회를 줘야 한다는 주장이 미국 내에서 제기되기 시작했다. 후버Herbert Hoover 전 대통령은 일본과 독일이야말로 서구 문명의 최전선이자 공산주의의 파도를 막는 이데올로기 방파제라고 역설하기도 했다. 1948년 1월 케네스 로열Kenneth Royall 육군장관은 일본의 경제 규모가 전쟁 전 40퍼센트 수준밖에 회복하지 못했다며, 향후 전체주의 세력과의 전쟁에 대비할 수 있도록 일본의 역량을 재건시킬 것을 강조하고 나섰다. '최소한'의 수준으로 일본 경제의 기초를 약화시킨다는 초기의 징벌적 기조와는 완전히 다른 방침이었다. 이때부터 대일 정책은 여러 방면에서 수정되기 시작했다. 먼저 공직에서 쫓겨났던 구세력들의 복귀가 허용되었다. 전범으로 재판

* 트루먼 대통령이 그리스와 터키에 대한 긴급 지원 과정에서 선언한 미국 외교정책의 원칙. 공산주의 확대를 저지하기 위한 미국의 경제적·군사적 원조를 강조했다.
** 2차 대전 이후 황폐화된 유럽 동맹국을 위해 미국이 계획한 재건·원조 계획.
*** 소련이 서베를린에 대해 단행한 전면적인 물자공급 봉쇄 조치.
**** 국민혁명군과 인민해방군이 중국 대륙의 패권을 두고 벌인 전쟁.

받고 형무소에 갇혀 있던 인사들까지 풀려나 복권되었다. 1952년 10월 총선거에서 중의원 의석을 차지한 이들 중 42퍼센트가 공직 추방에서 해제된 구세력 인사들이었다.

이 중엔 A급 전범으로 체포되어 스가모 구치소에 갇혀 있던 기시 노부스케岸信介도 있었다. 옥중에서 소련 기관지 〈프라우다〉를 읽었던 그는 1946년 8월 파리 강화회의에서 미·소 간의 상호 비난 연설 소식을 접하고 냉전이 도래하고 있음을 알아차렸다. "냉전은 우리에게 유일한 희망이었다. 미·소 관계가 악화되기만 하면 처형당하지 않고 나갈 수 있다고 생각했다"고 기시는 훗날 증언했다.[101] 옥중에 앉아서 세계 정세의 변화를 감지하고 그것을 미국의 대일 정책과 자신의 처지에 연결시켰던 것이다. 스가모 구치소에서 석방된 기시는 7년 만에 전범에서 수상으로 변신했는데 그 배후에는 미국이 있었다. 미 CIA는 1960년대 초반까지 일본 정치가들에게 매년 200만 달러에서 1,000만 달러에 이르는 거액을 제공했는데, 그중 기시가 핵심 수혜 인물이었다.[102] 아베 신조安倍晋三 전 총리의 외조부 기시는 이렇게 극적으로 권력에 복귀했다.

냉전의 심화와 미국의 대일 정책 변화는 미·일 관계와 일본의 성격에 중대한 영향을 미쳤다. 1950년 이후 일본의 민주화 및 비군사화에 역행하는 정치·사회적 흐름을 '역코스reverse course'라고 부른다. 전범을 비롯한 구세력들이 의회, 내각, 기업 등 권력의 중심으로 다시 복귀했고, 이들을 중심으로 보수적인 자민당 장기 집권 체제가 만들어진 것을 일컫는다. 이른바 '55년 체제'가 성립된 것이다.[103] 즉, 자민당-관료-재벌의 삼각 연합으로 운용되는 보수 체제가 일본을 지배하게 된 것이다. 각종 개혁 조치도 뒤집혀졌다. 중앙정부 권력을 약화하기 위해 단행되었던 경찰력의 지방 분산이나 내무성 폐지 등도 재검토되었다. 지자체 경찰을 중앙정부의 국가 경시청 산하로 다시 귀속시켰고, 분산된 내무성 기능을 자치청으로 다시 환수했다. 이로써 일본은 전쟁 책임과 역사적 과오 문제를 깨끗이 청산하지 못하고 어정쩡한 상태로 국제사회로 복귀하게 되었다. 집권 여당뿐 아니라 일본 사회 전체에 걸쳐 전쟁 책임 세력이 복권됨에 따라 초래된 결과였다. 나카소네 야스히로中曽根康弘 전 수상조차도 공직 추방 정책이 뒤집힌 것에 대해 비판적 견해를 밝힌 바 있다. "어찌되었든지 저 전쟁의 지도자에게는 일본인 스스로가 확실히 결착을 해야 했음에도 불구하고, 냉전이 시작되어 다른 온풍이 흘러들어왔기 때문에 엉거주춤하게 끝나버리고 말았다"고 지적한 것이다.[104]

결과적으로 일본은 전쟁 책임 국가로서 응당 치러야 할 정치적·법적·도덕적 책임을 충분히 감당하지 않은 채 국제사회에 복귀했다. 전범들이 뉘른베르크 재판에서 처벌받고 국가 전체가 전쟁 책임 문제를 감당했던 독일과는 다른 경로를 밟은 셈이었다. 미국이 너무 쉽게 일본을 국제사회에 무임승차시켰다는 비판도 제기되는 대목이다. 태평양전쟁의 기억이 냉전의 압력 속에서 너무 쉽게 약해진 것이 근본 이유였다.

군사 재무장의 유혹

역사 청산이 부족한 상태에서 출발한 일본이었지만, 전후 국가전략 기조는 군사력 강화보다는 미국의 보호 아래 경제발전에 집중하는 노선을 택했다. 군사력은 방위비를 GDP의 1퍼센트 이내로 제한하는 경무장輕武裝 정책을 선택했다. 또한 장거리 미사일을 보유하지 않는 등 국방력은 방어 목적에만 부합하게 제한했다. 일명 '요시다 독트린'이다. 그러나 냉전 종식 이후의 내외 환경 변화는 요시다 독트린을 더 이상 유지하기 어렵게 만들었다. GDP 세계 2위의 경제 대국으로 올라선 일본이 정치적·군사적 지위에도 눈을 돌렸기 때문이다. 패전국으로서 미국과 소련이 만들어놓은 국제질서에 순응할 수밖에 없던 국가에서 국제질서를 스스로 창출하고 그에 영향을 미칠 수 있는 국가로 거듭나야 한다는 인식이 싹튼 것이다. 일본의 경제적 위상에 상응하는 외교적·안보적 역할을 해야 한다는 보통국가론도 이런 맥락에서 제기되었다.

외부 환경도 일본의 새로운 국가전략 담론을 자극했다. 1990년대 이후 북한의 핵위협이 대두하면서 일본인들의 안보불감증에 경종이 울렸다. 특히 1998년 일본열도 위로 날아간 북한의 대포동 미사일에 일본은 큰 충격을 받았다. 2010년대부터는 중국의 부상으로 동아시아 안보질서가 흔들리기 시작했다. 일본과 중국의 경제력 규모가 역전됨은 물론, 중국의 군사력 현대화와 팽창적 전략 개념들이 일본에게 국가적 불안감을 불러일으켰다. 평화헌법의 구속하에 소극적·방어적 국방 태세에 안주해서는 안 된다는 위기의식을 불러온 것이다. 이후 방위력 재정비, 해병대 창설, 집단적 자위권 용인 등의 변화가 잇따랐다.

더 중요하고 심각한 변화는 수정주의적 역사 인식의 대두였다. 2013년 4월 23일 참의원에서 아베 당시 총리는 일본의 전쟁 과오를 전면 부인하는 듯한 발언을 했다. "침략의 정의는 학계에서도, 국제적으로 정해져 있지 않다. 국가 간의 관계에서 어느 쪽으로 보는가에 따라 다르다"라는 것이었다. 그 이전까지만 해도 일본 정부는 중일전쟁, 태평양전쟁에 대해 일정 수준의 부채 의식을 갖고 있었다. 제국주의 시대에 일본이 아시아 민족에게 입힌 피해를 인정한 무라야마 담화 등이 대표적이다. 그런데 이제 대놓고 일본이 일으킨 전쟁을 정당화하고 옹호하는 주장이 총리의 입에서 나온 것이다. 이후 일본이 수행한 전쟁은 침략 전쟁이 아니라 서구 세력의 동아시아 진출에 대한 방어 전쟁이었다는 수정주의적 사관이 일본 사회에서 적지 않게 확산되었다.

일본의 본격적 재무장과 안보전략 수정은 2차 아베 내각과 스가菅義偉 내각에서 더욱 분명해졌다. 방위비를 2027년까지 GDP의 2퍼센트까지 확대한다는 방침으로서 향후 5년 동안 2배로 늘린다는 계획이다. 이렇게 되면 일본 국방비는 미국, 중국에 이어 세계 3번째로 높은 수준이 될 것이다. 더 중요한 변화는 '적 기지 반격 능력' 보유의 추진이다. 미국에서 토마호크 순항 미사일을 구매하고 일본산 지대지 유도탄을 개량하는 등의 노력을 통해 유사시에 적 기지를 타격할 수 있는 능력을 갖춘다는 것이다. 헌법상 전쟁이 금지되어 있는 나라가 반격 공격을 할 수 있는 근거를 마련한 것으로, 전수방위專守防衛 원칙을 사실상 폐기한 거나 다름없다는 비판을 받고 있다.

일본은 단순히 군사력 확충에 그치는 것이 아니라 인도·태평양 구상을 내놓으며 자신만의 그랜드 전략을 추진하고 있다. 미일동맹 강화는 물론이고 영국, 프랑스, 독일 등 유럽의 군사 강대국들과 합동 군사훈련을 확대하는 한편, 상대방 군대의 자국 입국 절차를 간소화하는 원활화협정RAA도 체결하고 있다. 대규모 군사훈련과 유사시의 상호 파병을 용이하게 하는 조치다. 또한 아베 내각은 호주, 인도, 일본, 미국을 연결하는 쿼드^{QUAD}*를 주도적으로 추진했다. 일본의 안보협력 관계를 동맹, 준동맹, 전략적 파트너십 등 다양한 스펙트럼으로 확대하여 인도·태평양 지역에서 다층적 안보 아키텍처를 구축하겠다는 구상이다. 미국을 중심으로 이른바 '허브 앤드 스포크$^{hub \&}$ ^{spoke}'** 체제로 유지되어온 아시아 안보질서에서 일본이 스포크 역할에 만족하지 않고 이제는 안보 아키텍처의 허브 국가가 되겠다는 의도로 해석된다.

이 같은 일본의 안보전략 변화는 불확실한 국제질서를 헤쳐 나가려는 전략적 사고의 산물이다.[105] 북한의 핵위협과 중국의 굴기^{崛起}라는 안보 환경 변화에 직면하여 더 이상 부전^{不戰} 국가에 머물기 힘들다고 판단한 것이다. 평화 국가라는 자기 구속과 결별하고 안보를 스스로 돌볼 수 있는 나라로 거듭나겠다는 의미다. 아울러 미일동맹 지상주의에 대한 비판적 각성도 작용하고 있다. 동맹을 경시하고 극단적 고립주의 성향을 보였던 트럼프$^{Donald Trump}$ 대통령의 등장은 일본에 큰 충격을 주었다. 미국의 동아시아 정책이 언제, 어떻게 변할지 모른다는 불확실성을 확실히 자각한 것이다. '미국은 창, 일본은 방패'라는 역할 분담에 안주하기보다 이제 일본 스스로 자체적인 반격 능력을 갖추어야 한다는 인식이 대두되었다.[106]

걱정스러운 것은 일본의 재무장과 보수 우경화가 동아시아의 안보딜레마를 악화시킬 수 있다는 점이다. 일본의 적 기지 반격 능력

---

* 4개국으로 결성된 안보협의체로서 중국 견제 성격이 강하다.
** 미국이 중심에서 허브가 되고 아시아 동맹국들은 자전거 바퀴의 부챗살과 같은 역할을 하는 개별적인 양자동맹 방식.

추구는 가뜩이나 과열되고 있는 동아시아의 미사일 군비 경쟁을 더욱 자극할 가능성이 있다. 남북 간, 중·일 간, 한·미·일 대 북·중·러 간의 억제력 경쟁이 중층적으로 영향을 미치며 가속화할 수 있기 때문이다. 더구나 과거사에 대한 일본의 퇴행적 사고가 개선되지 않는다면 독일·프랑스 관계에서 나타났던 진정한 화해는 한·일 간, 중·일 간에 기대하기 어려울 것이다. 소수 의견이긴 하지만, 일본 내에서도 우경화 외교에 대한 반대의 목소리가 있다. 일본이 아시아를 민주와 독재 진영의 대립으로 나누려는 움직임에 동조해서는 안 되며, 미국과 협력하되 전적으로 의존하지 않는 진정한 '중견국 외교'를 수행해야 한다는 것이다.[107] 다만 일본의 재무장과 우경화가 동아시아 세력균형을 흔들 만큼 불안정성을 야기하지는 않을 것으로 예상된다. 중국과의 경제적·군사적 역학 관계를 역전시키는 것이 어렵기 때문이다. 과거 군국주의 시대의 일본은 허약한 한반도와 중국 대륙이 있었기에 가능했다. 당시 일본의 팽창하는 힘이 중국 대륙과 동남아 전역으로 퍼져나갔다면, 지금은 힘의 근원지가 중국 대륙에 있다는 점에서 상황이 다르다.

일본은 메이지유신 이후 한반도와 중국, 그리고 동남아와 서태평양 일대까지 아우르는 제국적 구상을 펼쳐보았던 나라다. 청나라와 러시아는 물론 독일, 영국, 미국 등 당대 강대국을 상대로 지정학적 게임을 벌이며 전쟁까지 불사한 경험을 갖고 있다. 중국이 부상하자 미국보다 앞서 인도·태평양 전략을 고안해낸 것만 보더라도 일본이 얼마나 지정학적 사고에 능한지 알 수 있다. 어쩌면 패전 후 반세기 동안 샌프란시스코 체제에 안주했던 것이 오히려 예외적 기간일지 모른다. 동아시아 세력균형이 흔들리는 불확실한 시대를 맞아 일본은 이제 경제 대국, 평민 대국에 만족하지 않고 군사 역량까지 갖춘 정치 대국을 추구해갈 것으로 보인다. 어떻게 보면 강국이 될 잠재력이 있는데 이를 포기하고 스스로 제어하는 것 자체가 자연스러운 것이 아니다. 이제 일본의 지정학적 역할을 상수로 상정하고 동아시아의 미래를 그려야 할 때가 되었다.

2부

우크라이나전쟁

유 라 시 아 지 정 학 과 글 로 벌 충 격

우크라이나전쟁이 글로벌 질서에 충격을 주고 있다. 불과 몇 년 전
만 해도 유럽 한복판에서 강대국의 대규모 영토 정복 전쟁이 벌어지
리라고 예상한 사람은 거의 없었다. 충격에 빠진 서방은 나토를 중
심으로 결속하고 있고, 대서양 지역과 인도·태평양 간의 연계도 부
쩍 강조되고 있다. 반면 중국과 러시아의 전략적 연대도 그 어느 때
보다 심화되고 있고, 북한까지 이 대열에 적극 가담하는 형세다. 한
편 우크라이나전쟁은 진영 선택을 거부하며 독자 노선을 모색하는
남반구의 존재감을 더욱 부각시키고 있다. 인도, 브라질, 사우디아라
비아 등 자신들의 이익에 따라 유연하고 기회주의적으로 움직이는
이들 남반구 국가들을 향해 민주·권위주의 진영 모두가 구애 경쟁을
하는 모습도 관찰되고 있다. 우크라이나전쟁이 가져올 여파는 어디
까지 미칠 것인가? 전쟁이 언제, 어떤 방식으로 끝나든 상관없이 우
크라이나전쟁은 심각한 국제정치적 질문들을 제기하고 있다. 또한
전쟁이라는 창은 평시에는 잘 드러나지 않던 국제정치의 폭력성과
위계성을 그대로 노출시키고 있다. 우크라이나전쟁의 원인, 처리 방

식, 그리고 전후 설계에 대한 온갖 주장들이 제기되고 있다. 유라시아 질서의 현재와 미래를 이해하기 위해 냉전으로 거슬러 올라가는 우크라이나전쟁의 기원과 국제정치적 함의를 살펴본다.

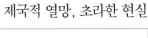

05   제국적 열망, 초라한 현실

러시아의 국가적 특성과 정체성은 러시아 외교를 이해하는 기본 토대다. 이것만으로 러시아의 선택을 설명할 수는 없지만, 러시아라는 국가를 도외시하고 특정 사건이나 정책을 논하는 것은 불완전할 수밖에 없다. 러시아는 고난과 팽창의 역사 속에서 강대국주의를 내면화한 거대 제국이지만, 다른 한편으론 자연 경계물이 없는 지리적 조건과 피침략의 경험으로 인해 안보 불안 심리에 시달리는 나라이기도 하다. 또한 냉전의 종식에 따른 제국의 해체, 그리고 불어닥친 국가적 위기와 방황도 현대 러시아를 규정하는 중요한 경험들이다. 우크라이나전쟁의 역사적 맥락을 이해하기 위해 러시아가 겪었던 탈냉전 초기의 혼란과 빈곤, 그리고 정체성 위기의 경험을 먼저 살펴본다.

러시아라는 나라

러시아라는 국가를 이해하는 첫 번째 열쇠는 엄청난 크기의 영토다. 러시아의 영토는 무려 1,700만 제곱킬로미터로 지구 육지 면적의 6분의 1에 해당한다. 한반도와 비교하면 77배에 달하는 규모이며, 같은 나라에 11개의 시간대가 존재한다. 모스크바에서 블라디보스토크까지 연결되는 시베리아 횡단 철도의 길이는 9,000킬로미터에 달하고, 러시아 해안선의 길이는 3만 7,000킬로미터로 지구 둘레의 80퍼센트에 해당한다. 1991년 소연방이 해체되기 전의 영토는 더 어마어마했다. 당시 소련 영토는 2,240만 제곱킬로미터로서 캐나다와 미국을 합친 것보다도 컸고, 한반도의 100배에 해당하는 크기였다. 그러던 것이 우크라이나, 벨라루스, 발트 3국 등 소련 영토의 4분의 1이 떨어져나가면서 현재에 이른 것이다.

러시아는 서쪽 발트해에서 시작해 동쪽으로는 베링해까지 뻗어 있고, 북으로는 북극해부터 남으로는 카스피해에 걸쳐 있다. 따라서 서쪽으로는 유럽 국가들, 동쪽으로는 중국을 비롯한 동북아시아 국가들, 그리고 남쪽으로는 중동 및 중앙아시아 국가들과 지정학적 영향을 주고받을 수밖에 없는 위치에 존재한다. 지정학의 선구자인 영국의 지리학자 해퍼드 매킨더Halford Mackinder는 일찍이 유라시아 심장 지대를 강대국 지정학 경쟁의 핵심 지역으로 파악했다.[1] 그러면서 러시아가 "심장 지대 전역을 지배하는 세력으로 세계의 운명을 좌우할 수 있는 기반을 갖춘 국가"라는 주장을 편 바 있다. 매킨더의 관점에서 보면 현재의 우크라이나전쟁도 유럽과 러시아 간의 심장 지대 장악을 위한 오랜 투쟁의 일부기도 하다.

러시아의 광대한 영토는 16세기 후반부터 본격화된 엄청난 팽창주의적 욕구의 산물이다. 당시 러시아는 중앙아시아, 캅카스, 동유럽, 스칸디나비아, 발트해로 뻗어나갔고, 동남 방면으로는 청과 국경 분쟁을 겪으며 확장해갔다. 동쪽으로 뻗어나가다 중국과 부딪힌 러시아는 1689년 네르친스크 조약으로 러시아-청 국경을 확정했으나, 이후 1858년 아이훈 조약으로 아무르강 서쪽 지방을 빼앗았으며 다시 1860년에는 제2차 아편전쟁의 혼란을 겪고 있는 청으로부터 태평양 연안의 영토를 획득했다. 이때 러시아가 그토록 열망하던 부동항, 즉 대양으로 진출할 수 있는 얼지 않는 항구를 확보했으니, 바로 블라디보스토크였다. 이로써 러시아는 한반도와도 약 20킬로미터에 달하는 국경선을 접하게 되었고, 동해를 통해 한반도와 일본을 바라보는 위치를 점할 수 있었다.

16세기 중반부터 시작된 러시아의 팽창은 1917년 볼셰비키혁명으로 제정 러시아가 붕괴될 때까지 지속되었는데, 매년 평균적으로 10만 제곱킬로미터의 영토가 불어났다. 웬만한 유럽 국가들보다 큰 땅이 러시아 영토로 해마다 편입된 것이다. 본능에 가까울 정도로 집요하게 추진된 러시아의 팽창주의를 17세기 중반 외무장관 오르딘나시초킨Afanasy Ordin-Nashchokin은 다음과 같이 표현했다. "모든 방향으로 국가를 확대하는 것, 이것이 외무부의 할 일이다."[2] 러시아는 정복을 통해 획득한 영토를 제국의 일부로 편입시켰다. 서유럽 제국주의가 모국에서 멀리 떨어진 곳에 식민지를 개척하면서 주로 상업적, 자원 획득의 관점에서 접근한 것과 다른 점이다. 그것은 러시아가 바다 방면의 출구가 막혀 있는 대륙 국가이면서, 외부의 침입에 취약한 지리적 조건을 갖고 있기 때문이었다. 공격적 현실주의 이론이 설명하는 것처럼 가장 안전해지는 길은 패권국이 되는 것이다. 러시아도 팽창을 통해 안전을 확보하고자 했고, 편입된 식민지에는 새로운 제국 신민의 정체성을 주입하려고 노력했다.

러시아를 이해하는 두 번째 키워드는 안보 불안 심리다. 러시아의 집요한 영토 확장의 근저에는 러시아가 처해 있는 자연 환경과 그로 인한 안보 취약성이 작용하고 있다고 할 수 있다. 러시아 영토의 대부분은 자연적 경계가 거의 없는 대평원으로 이루어져 있다. 유럽과 아시아를 가르는 위치에 있는 우랄산맥 정도가 평지에서 솟아 나온 지형인데, 평균 높이가 800~1,000미터 정도다. 서울의 북한산과 비슷하다. 이 우랄산맥부터 폴란드, 헝가리까지 쭉 평지로 연결되어 있으니, 나폴레옹이나 히틀러 모두 이 대평원을 달려 러시아로 진군해 들어올 수 있었다. 자연적 방어막이 없다 보니 유럽의 강국이 침략해올 때 아주 취약할 수밖에 없었던 것이다. 우랄산맥 동쪽도 마찬가지다. 태평양 가까이에 있는 동시베리아 산맥까지 시베리아 벌판이 모두 통으로 뚫려 있다. 이 대평원 고속도를 달려온 몽골제국에 침략당한 러시아는 240년 동안이나 킵차크 칸국의 지배를 받았다. 한국과 중국도 몽골의 지배를 받았지만, 그 기간은 상대적으로 짧아서 중국의 경우 원나라 시기 117년, 한국에선 고려시대 원 간섭기가 97년이었다. 러시아가 겪었던 수탈의 시기가 중국과 한국에 비해 2배 이상 길었던 것이다. 러시아는 이 기간을 "타타르의 멍에" 또는 "몽골의 멍에"라고 부른다.

러시아인들의 뇌리에 가장 생생하게 각인되어 있는 피침략의 기억은 2차 세계대전이다. 2차 대전에서 러시아인 사망자 숫자는 군인과 민간인을 합해 2,900만 명에 이르는 것으로 추산된다. 전 세계 2

차 대전 희생자 숫자의 거의 절반에 가까운 것으로서 희생자 숫자가 많은 폴란드나 독일에 비해서도 5배 정도로 압도적이다. 특히 독일과 싸운 유럽 전선에서만 800만 명 이상의 러시아 군인이 전사했다. 미·영 연합군의 서부 전선 전사자가 40만 명 정도이니, 그에 비해 20배가 넘는 희생이다. 2차 대전의 유럽 전선은 사실상 독일과 러시아 간의 전쟁이었다고 할 만하다. 베를린 점령에 러시아가 30만 명을 희생해야 했다면, 이에 비해 미·영 연합군은 베를린에 걸어 들어간 것과 다름없었다. 마을 단위로 따져본다면 전쟁에 나갔다가 살아 돌아온 러시아 청년은 100명 중 10명에 지나지 않고, 그중 사지가 온전한 사람은 1명 정도에 불과했다. 심지어 '러시아인들이 바다처럼 흘린 피에 히틀러가 빠져 죽었다'는 표현이 나올 정도였다.

그만큼 끔찍한 스토리도 많다. 독일군에 의해 871일 동안 포위되었던 상트페테르부르크도 그중 하나다. 당시 레닌그라드로 불리던 이 도시에서 시민들은 끝까지 투항을 거부했고, 그 결과 도시 인구의 3분의 1이 굶어 죽는 대가를 치러야 했다. 혁대, 책상, 나중엔 인육까지 먹으며 버텨야 했던 처절한 상황이었다. 2차 대전 당시 끔찍했던 경험, 그리고 영웅적 항쟁의 기억은 러시아인들의 일상에서 계속 소환되고 있다. 미술관에는 2차 대전을 그린 대형 그림들로 가득차 있고, 핏빛 하늘 아래서 독일 기관총 위로 몸을 던지는 러시아 국민들이 그려져 있다. 또한 러시아는 매년 모스크바에서 2차 대전 승전을 기념하는 전승 기념일을 자랑스럽게 개최한다. 이런 연유로 러시아는 침략에 대해 과대망상에 가까운 공포심을 갖고 있고, 정복과 팽창의 욕구는 그러한 안보 불안감과 깊이 연결되어 있다.

광대한 영토, 안보 불안, 피침략과 팽창의 역사… 이들 요소들이 결합하여 러시아인들의 의식 속에 깊이 착근되어 있는 정신은 강한 패권성과 이념 지향성이다.[3] 러시아는 끊임없이 침략을 당한 국가인 동시에, 줄기차게 팽창하며 정복에 나선 국가이기도 하다. 초기 슬라브족 시절엔 비잔틴 제국과 게르만족 국가들의 침략에 시달렸고, 이후 몽골의 지배를 받았으며, 나중엔 나폴레옹의 말발굽, 히틀러의 군대가 러시아 영토를 유린했다. 몽골 지배의 경험은 굴욕과 수탈의 시기인 동시에 러시아인들에게 제국에 대한 기호를 심어준 시절이기도 했다. 특히 몽골의 절대주의와 군사주의적 정치 제도는 러시아에 깊은 영향을 미쳤다.

러시아가 강대국주의를 본격 내면화하기 시작한 것은 18세기 스웨덴과의 북방전쟁, 나폴레옹전쟁 등 강대국과의 전쟁에서 승리를 경험하면서부터다. 특히 나폴레옹전쟁으로 모스크바의 80퍼센트가 불타버렸음에도 불구하고, 전쟁 후 개최된 빈회의에서 러시아는 당시 유럽 대륙의 가장 강력한 국가로 등장했다. 황제 알렉산드르는 신성동맹Holy Alliance 결성을 주도했고, 나폴레옹이라는 적그리스도로부터 유럽을 구원한 구세주를 자처했다. 러시아 외교에 스며 있는 이념 지향성, 일종의 '러시아 메시아니즘'의 발현이었다. 이는 일찍이 몽골 침략으로부터 기독교 세계를 방어해온 고난의 민족이라는 의식, 비잔틴 제국 몰락 이후 정교의 수호자라는 책임감과도 연결된 정서다. 이렇게 러시아는 북방전쟁, 나폴레옹전쟁, 그리고 2차 세계대전을 겪으며 강대국의 지위를 획득했을 뿐 아니라 강대국주의를 내면화했다. 냉전 시대에 와서는 사회주의 혁명의 모국으로서 자본주의와 제국주의로부터 사회주의 인민과 제3세계 국가의 등불이 되어야 한다는 의무감으로 나타났다.

러시아는 끊임없이 팽창해온 제국이지만, 러시아의 국가적 정체성과 외교적 지향성을 특정해서 규정하는 것은 쉽지 않다. 러시아는 너무도 큰 나라이며, 동서로는 유럽부터 시작해 태평양까지 뻗어 있고, 남북으로는 북해, 중동, 남아시아, 중국과 접하고 있다. 유럽과 아시아 대륙에 모두 걸쳐 있는 나라로 흔히 튀르키예가 거론되지만, 튀르키예 영토는 러시아의 22분의 1에 불과하다. 러시아에 대하여 하나의 국가로서 지정학적 방향성과 자기 정체성을 규정하는 작업이 어려운 이유다. 실제로 러시아의 외교는 유럽과 아시아를 오가는 '방황'의 경향성을 보여왔다. 유럽을 선망하며 유럽화를 추진했지만 유럽으로 온전히 받아들여진 적은 없었고, 간헐적으로 동진 정책에 관심을 보였으나 아시아에 동화될 수도 없었다. 이는 러시아인들 스스로가 잘 알고 있다. 특히 러시아는 바다로의 출구를 찾기 위해 부단히 노력하는 과정에서 해양 강국들과 항상 긴장을 겪어왔다. 갈등의 장소와 형태는 다양했다. 흑해와 발칸반도, 아프가니스탄과 중앙아시아에서 영국과 이른바 그레이트 게임을 벌였고, 만주와 조선반도 문제를 두고 일본과 러일전쟁을 치렀으며, 소련 시기에는 미국과 냉전을 수행했다.

완전히 붕괴된 거대 제국

소련이라는 제국의 몰락, 그 과정에서 있었던 일들은 오늘날 유럽의 안보질서를 규정했을 뿐 아니라 현재 벌어지고 있는 우크라이나 전쟁의 배경이기도 하다. 소련의 붕괴와 동서 냉전의 해체는 그야말로 한 편의 드라마였다. 1989년 11월 10일 베를린 장벽이 무너졌고, 1990년 10월 3일 독일 통일이 이루어졌으며, 1991년 12월 26일 소련이 해체되었다. 수십 년에 한 번 일어날까 말까 한 사건들이 1년마다 연이어 터졌던 셈이다. 영국의 한 역사학자는 '역사의 미친 듯한 질주, 강대국 협상의 동시다발적 돌진'이라고 이 시기를 표현할 정도였다.[4]

돌이켜보면 이런 급작스러운 사건들이 전쟁이나 무력 충돌 없이 매끄럽게 마무리되었다는 것이 놀랍기만 하다. 핵무기로 상대를 겨누며 실존적 투쟁을 벌여왔던 냉전이 총 한 방 쏘지 않고 끝이 났으니 말이다. 또한 독일 통일과 연이은 동유럽 위성국가들의 이탈로 소련은 제국적 영향력을 상실했을 뿐만 아니라, 우크라이나, 벨라루스, 발트 3국 등 소련 영토의 4분의 1에 해당하는 연방 국가들이 떨어져나갔다. 피로 얻은 제국적 영향력과 주권의 핵심인 영토를 이렇게 자발적으로 포기한다는 것은 국제정치 문법에서는 상상하기 어려운 일이다. 도대체 무슨 일이 있었던 것일까?

냉전의 해체에서 가장 핵심적인 사건은 독일 통일이었다. 분단된 독일, 특히 베를린의 4강 점령 체제는 냉전의 상징이자 본질이었다. 미·소 세력권은 독일을 사이에 두고 형성되어 있었으며, 만약 제3차 세계대전이 발발한다면 베를린발 위기일 가능성이 가장 높았다. 독일이 통일되지 않는 한 냉전의 벽은 존재할 수밖에 없었는데, 마법에라도 걸린 것처럼 소련이 구동독에서 자발적으로 철수하며 통일 독일을 승인했던 것이다. 고르바초프Mikhail Gorbachev 소련 서기장이 헬무트 콜Helmut Kohl 서독 총리와 마지막 담판에서 독일 통일을 용인한 이후 소련은 병력 50만 명, 군수물자 270만 톤, 그리고 전차 1만 2,000

여 대를 동독에서 철수시켰다. 만약 소련이 동독에서 군사적 지위와 권리를 순순히 포기하지 않았다면 독일 통일은 쉽지 않았을 것이다. 적어도 지금 역사에 기록된 방식대로 평화적으로 이루어지지는 않았을 가능성이 높다. 소련의 전직 외상은 이를 두고 "소련 외교사의 가장 증오스러운 일"이라고 탄식했고, 독일 평론가는 "2차 세계대전 이후 세계 역사에서 외교가 거둔 가장 위대한 승리"라고 칭송했다.

독일 통일은 역사를 만들어낸 주역들에게도 의외의 돌발적 사건이었다. 1989년 봄까지만 해도 동독은 동유럽 국가 중 가장 부유하고 안정적인 나라였다. 폴란드나 헝가리와 같은 군중 시위도 거의 없었고, 동독 정부의 통제 메커니즘도 잘 작동하고 있는 듯이 보였다. 호네커^{Erich Honecker} 정권에 대한 반대가 없었던 것은 아니지만 어디까지나 일부 지식인들을 중심으로 표출되는 냉소적인 좌절감의 수준을 넘지 않았다. 서독 콜 총리조차 독일 통일을 "판타지와 같은 이야기"라고 간주할 정도였다. 콜 총리는 1988년 10월 고르바초프와 정상회담 후 열린 기자회견에서 한 기자가 독일 통일 가능성에 대해 묻자 "나는 공상과학 소설을 쓰지 않소"라고 일축했다. 동·서독 양진영에 미국과 소련 양측 군대가 수십만씩 주둔하고 있고, 주민들도 분단의 현실에 안주하고 있던 시기였다. 어느 모로 봐도 소련이 나치 독일과의 투쟁에서 피로 얻은 전리품인 동독을 포기한다는 것은 모든 이들의 상상력을 뛰어넘는 일이었다.

무엇보다 독일 통일을 상상하기 어려웠던 것은 이른바 '독일 문제 ^{German Problem}'라는 역사적·심리적 장벽이 존재했기 때문이었다. 1871년 통일된 이후 독일은 언제나 유럽에서 "전쟁을 일으킨 방아쇠"였다.[5] 빌헬름 2세가 대영제국의 패권에 도전하는 과정에서 터진 1차 세계대전은 1,000만 명의 인명을 앗아갔다. 나치 독일이 일으킨 2차 세계대전에서는 무려 4,700만 명이 목숨을 잃었다. 유럽은 잿더미가 되었고 전쟁의 참혹함에서 자유로운 국가는 아무도 없었다. 이 모두가 독일이 강했을 때, 독일이 통일되었을 때 벌어진 일이었다. 1차 대전 후에 국제사회가 베르사유 체제를 통해 독일을 징벌하며 약화시키려 한 것은 이런 이유 때문이었다. 2차 대전 후의 조치는 더 근본적이었다. 1945년 6월 5일, 독일 패망의 주역인 미·소·영·프 4개국 대표는 폐허로 변한 베를린에 모여 독일을 4강의 통치하에 둔다는 문서에 서명했다. 아예 독일을 갈라놓음으로써 국제사회의 불안 요인으로 재기하지 못하도록 한 것이다. "우리는 독일인을 너무 사랑하기 때문에 독일은 많을수록 좋다"는 풍자가 있을 정도로 유럽의 이웃 국가들은 독일에 대한 두려움을 갖고 있었다. 이것이 바로 독일 문제였다.

독일은 강해지면 항상 문제를 일으켜왔다. 특히 독일의 통일과 재무장은 소련에 악몽과도 같았다. 분단된 독일은 소련인이 흘린 피에 대한 정당한 대가이자 전리품이었고, 따라서 당당히 주장할 수 있는 권리에 속했다. 이 점은 연합국의 시각에서도 다르지 않았다. 독일 통일을 노골적으로 반대했던 마거릿 대처Margaret Thatcher 영국 수상은 "독일 통일이 너무 성급하게 이루어지고 있다"며 조지 부시George H. W. Bush 미국 대통령에게 불만을 터트린 바도 있었다. 독일 통일을 지원했던 미국도 독일을 억누르고 견제할 필요성은 인식하고 있었다. 나토에 서독을 가입시키고, 이후 통일독일을 나토에 받아들인 것 자체가 나토라는 틀 안에서 독일을 관리하기 위한 포석이었다. 즉, 한편으로는 소련을 봉쇄하고, 다른 한편으로는 독일을 봉쇄하는 이중 봉쇄의 성격이 있었던 것이다. 이런 시각에서 보면 독일은 분단되어 있는 것이 바람직하고 응당 그러해야 했다. 역사적으로 보면 독일 분단이 그렇게 비정상적 상태가 아니라는 관점도 있었다. 통일된 독일은 비스마르크가 이룬 1871년 독일 제국 선포부터 1945년 나치 독일의 패망까지 75년에 불과했다. 나폴레옹전쟁 이전의 독일 지역은 350개가 넘는 작은 나라와 도시로 구성되어 있었고, 그 이후에도 16개 소국으로 구성된 연합의 형태를 띠고 있었다. 긴 역사적 관점에서 볼 때 분단 상태는 그렇게 이상한 것도 아니고 반드시 복원되어야 할 비정상적 상황도 아니었다는 것이다.[6] 독일 통일에 대한 반감과 우려는 이 정도로 뿌리 깊은 문제였다.

베를린 장벽의 붕괴가 독일 통일의 발단이었는데, 그 과정 자체도 역사의 아이러니였다.[7] 1989년 여름, 헝가리가 오스트리아와의 국경을 개방한 것이 드라마의 시작이었다. 헝가리-오스트리아 국경을 가로막는 철책이 제거되자, 헝가리를 통해 서독으로 망명하려는 동독 주민들이 줄을 이었다. 서독 국경을 넘는 동독인 숫자가 1989년 9월까지 4만 명을 넘을 정도였다. 동독 정부는 황급히 헝가리 여행을 금지했지만, 자유를 향한 동독 주민들의 열망은 식을 줄 몰랐다. 헝가리 대신 체코가 망명 경유지로 선택되었고, 이에 따라 프라하 주재 서독 대사관 앞마당에 5,000명이 넘는 동독 국민들이 모여들기도 했다. 10월 9일에는 라이프치히에서 대규모 군중집회가 열렸는데 그 숫자가 7만 명이 넘었다. 동독의 호네커 정부는 이를 강제 진압하려 했으나, 고르바초프의 소련이 이를 만류하는 바람에 손을 쓰지 못했다. 소련의 만류뿐 아니라 동독 국가인민군의 초급 장교와 병사들까지 진압에 회의적인 태도를 보였다. 할 수 없이 호네커가 물러나고 에곤 크렌츠Egon Krenz가 후임 총리가 되어 사태를 수습하며 온건 개혁 조치들을 모색했다.

 그중 하나가 출국 규제 완화 법령이었는데, 외국 여행에 대해 조건 없이 출국 비자를 발급해주어야 한다는 것이 그 골자였다. 1989년 11월 9일 저녁 6시, 귄터 샤보프스키Günter Schabowski 사회주의통일당 대변인이 크렌츠에게서 받은 서류를 들고 기자회견장에 나섰다. 그는 거의 1시간 동안 법률의 내용을 줄줄 읽어나갔다. 그런데 새 법률엔 중대한 허점이 있었다. 새 법률은 모든 동독 국경에 적용된다고 규정되어 있었는데, 거기에 베를린 장벽이 포함될 수 있다는 것을 그 누구도 생각하지 못했다. 즉 4강의 관할에 속해 있던 베를린 장벽은 동독 정부가 마음대로 처리할 수 없는 장소임에도 불구하고, 법률 개정 과정에서 이를 짚어내지 못했던 것이다. 게다가 샤보프스키 대변인은 기자의 질문에 올바로 대답하지 못했다. 새 법률이 언제부터 적용되는 것인지 질문을 받았을 때 그는 서류를 뒤척이다 그냥 "즉시, 지체 없이"라고 말해버렸다. 원래 법령에는 11월 10일 아침 발효로 명기되어 있었지만, 그가 갖고 있던 기자회견 자료에는 이런 내용이 빠져 있었던 것이다.

 기자회견이 끝나자 모든 여행 제한이 풀렸다는 소문이 급속히 퍼져나갔다. 새 법률의 원문을 구할 수 없었던 기자들도 거의 소설에 가까울 정도로 허겁지겁 기사를 송출했다. 그러자 수천 명의 사람들이 베를린 장벽에 몰려들기 시작했다. 장벽을 지키는 군인들도 상황 파악이 안 되기는 마찬가지였다. 상부의 설명도 없었고, 어떻게 대응하라는 지침도 없었다. 밤이 깊어 갈수록 군중들의 숫자는 점점 불어났다. 경비대는 결국 물러서는 쪽을 택했다. 군중들은 벽을 넘었고, 동·서독 주민들은 서로를 얼싸안았다. 냉전의 상징이 군중의 힘으로 하룻밤 사이에 무너져내렸다. 벽을 허문 것은 자유를 향한 갈망이었지만, 여기에는 동독 정부의 어처구니없는 실수도 있었던 것이다. 베를린 장벽이 붕괴된 후 동독 정부는 사실상 통제력을 상실했다. 공공기관이 시민에게 습격당하는 일이 발생했고, 군대와 경찰의 기능도 정상적으로 작동하지 않았다. 하루에 2,000명이 넘는 동독 주민들이 서독으로 넘어갔고, 동독 마르크화의 가치는 10분의 1로 곤두박질쳤다. 그러나 국가 기능의 마비에도 불구하고 이것이 독일 통일로 연결되는가는 별개의 문제였다. 소련이 용인하지 않는 한, 즉 동독에서 소련 군대를 철수해주지 않는 한 통일은 불가능했다.

서독 콜 정부와 미국 부시 행정부는 모스크바를 향한 회유와 압박, 치밀한 속도전을 전개했다. 부시 팀이 고안해낸 것은 '2+4 형식 two plus four format'이었다. 다시 말해 동독과 서독, 그리고 미국, 소련, 영국, 프랑스가 모여 4강의 권리를 어떻게 종식시킬 것인지 논의하는 형태를 만든 것이다. 다만 부시의 NSC 팀은 소련이 발언권을 갖는 2+4 회담에서는 중요 어젠더를 가급적 포함시키지 않으려고 애썼다. 베를린에 대한 4강의 권한, 통일독일의 국경 문제 등은 2+4 회담에서 논의했지만, 나토 잔류 문제, 통일독일의 군대 규모 등은 논의에서 배제했다. 미국과 유럽의 안보에 중요한 영향을 미치는 주제에 대해 소련이 거부권을 갖지 못하도록 하기 위함이었다. 부시 팀이 보기에 소련은 독일 통일에 제대로 준비되지 않은 상태였다. 전면적 반대인지 조건부 찬성인지, 그때그때 생각이 다르고 일관된 전략을 확립하지 못한 상태로 보였다. 따라서 통일을 오래 끌기보다는 빠르게 진척시켜 기정사실로 만드는 전략이 필요하다고 보았다. 소

런에게 시간을 주면 나토 문제, 핵무기 배치 문제, 유럽 주둔 미군 규모 등 모든 이슈가 협상 테이블에 올라갈 우려가 있다고 본 것이다. '소련에 무언가 할 수 있다는 느낌은 주지만, 사실상 할 수 있는 힘은 주지 않겠다'는 것이 부시 행정부의 전략이었다.

그러나 적절한 회유책이 없다면 일을 그르칠 수도 있었다. 소련에 고르바초프라는 개혁적 지도자가 있다는 점이 다행이었지만, 크렘린에는 아직도 보수 강경파들도 건재한 상황이었다. 또 소련을 너무 밀어붙일 경우 부작용이 있을 수도 있었다. 당장은 소련을 굴복시킬 수 있을지 모르지만, 불만에 가득 찬 현상 변경 국가를 유라시아 대륙에 남겨놓는다는 것은 큰 부담이 될 수 있기 때문이었다. 소련을 회유하기 위해 그들은 유럽 전역의 병력 규모에 대해 협상을 시작하고, 나토 전략도 새로이 검토했다. 그중 가장 핵심적인 쟁점은 통일독일의 나토 가입 문제였다. 부시 행정부는 처음부터 독일이 포함된 나토의 존속에 대해 양보할 생각이 없었다. 통일독일을 억제하면서 동시에 유라시아의 불확실한 미래에 대비하기 위해 미국이 유럽에 군사적 관여를 하는 것이 필수적이라고 본 것이다.

소련의 태도는 확고하지 못했다. 초기 고르바초프의 생각은 나토는 변형되고 독일은 중립화되어야 한다는 것이었다. 고르바초프는 이상적 개혁가답게 '모든 유럽인들의 집'이라는 꿈을 꾸었다. 국가들이 각기 적대적인 진영에 속하지 않고 공존하는 유럽, 소련도 그 안에서 유럽과 불가분의 관계를 갖는 '공동의 집'이 가능하리라는 비전이었다. 이때 통일독일은 소련의 정당한 안보 이익을 위해 군사적으로 중립화되어야 한다는 것이 그의 생각이었다. 그러나 통일독일이 제기하는 안보 우려를 어떻게 해결할 것인지에 대해서는 고르바초프 스스로도 명확한 해법이 없었다. 1990년 2월 모스크바를 방문한 제임스 베이커^{James Baker} 미 국무장관이 고르바초프에게 이 점을 단도직입적으로 물었다. 나토 외부에 있는 독일과 나토와 연계된 독일, 어느 쪽을 선택하겠느냐는 질문이었다. 나토 외부에 있으면 통일독일이 다자적 견제 틀을 벗어나게 되는 문제가 있었고, 나토 회원국이 되면 반소련 진영에 가입하게 된다는 문제가 있었다. 고르바초프는 아직 생각 중이라고 답변할 수밖에 없었다.

이때부터 미국은 나토가 더는 확장하지 않겠다는 약속을 소련에 강조했다. "나토의 관할권이 현 위치에서 1인치도 동쪽으로 이동하지 않는다는 보장"을 해주는 조건으로 나토 안에서 독일 통일을 수용하라고 설득한 것이다. 1990년 2월 9일 당시 고르바초프에게 전달한 베이커 국무장관의 이 발언은 미국 조지워싱턴대학 국가안보자료실에 그대로 보존되어 있다. 나토의 동진 배제는 이후 서방의 여러 지도자들이 반복적으로 확인한 방침이었다.[8] 콜 총리는 베이커와의 서신 교환에서 "우리는 나토의 활동 영역을 넓혀서는 안 된다고 믿습니다"라고 했고, 한스디트리히 겐셔^{Hans-Dietrich Genscher} 서독 외무장관도 공개 연설을 통해 "나토가 동쪽의 소비에트 국경으로 접근하는 시도를 배제해야 한다"고 주장했다. 프랑스 미테랑^{Francois Mitterrand} 대통령은 1990년 5월 25일, 고르바초프에게 "군사 블록을 점진적으로 해체"하는 것이 자신의 입장임을 강조했다. 나토의 수장인 만프레트 뵈르너^{Manfred Wörner} 사무총장도 1991년 7월, "소련이 유럽공동체로부터 고립되는 상황을 허용치 않을 것"이라며 나토 확장 반대 입장을 분명히 했다.

고르바초프는 선택해야 했다. 크렘린 강경파들은 거세게 반발하고 있었다. 1990년 2월 공산당 정치국 회의에서 예고르 리가초프^{Yegor} Ligachyov 등 보수파는 고르바초프의 노선에 반기를 들었다. 소련이 독일에 유화책을 취하는 것을 제2의 뮌헨*에 비유하며, 나토가 소련 국경으로 접근하고 있다고 비판했다. 동유럽에서 소련은 아무런 대책도 없이 후퇴하고 있으며 그동안 쌓아온 막대한 인적·물적 투자를 속절없이 잃고 있다는 경고였다. 그러면서 나토 확장은 100만 대군을 움직여서라도 막아야 한다고 주장했다. 만약 고르바초프가 강경파의 주장을 수용했다면 베를린에서 위기를 만들어 독일 통일에 제동을 거는 한편, 동유럽의 동요도 막고 제국의 위상이 흔들리는 것을 늦출 수 있었을지도 모른다. 그러나 그럴 경우 서방과 일궈온 협력 관계는 파탄이 날 것이고, 고르바초프 자신이 추구해온 소련의 개혁·개방도 물거품이 될 것임이 분명했다. 고르바초프는 둘 중 하나를 선택해야 했다. 국내 개혁에 필요한 서방의 지원과 지지인가, 아니면 유럽에서의 권력 유지인가?

고르바초프의 선택은 1990년 7월 15일 서독 콜 총리와의 정상회담에서 마무리되었다. 회담 전날 발렌틴 팔린^{Valentin Falin} 소련 외무차관은 고르바초프를 설득하기 위해 마지막까지 매달렸다. 자정을 15분 남긴 시간, 간신히 고르바초프와의 전화 통화에 성공한 팔린 차관은 그에게 동독 흡수통일과 통일독일의 나토 가입은 절대 수용해서는 안 된다고 강조했다. 다음 날 회담이 역사적인 마지막 담판이

---

* 나치 독일과 직접적 군사적 충돌을 피하고자 했던 영국과 프랑스는 1938년 9월 30일 독일 뮌헨에서 당시 체코의 영토였던 주데텐란트 지역의 병합을 묵인해 주는 협정을 체결했다. 히틀러의 위장평화에 속았던 것으로서 뮌헨의 양보는 이후 유화 정책을 비판하는 대표적 사례로 거론된다.

될 것임을 팔린 차관도 감지하고 있었던 것이다. 그러나 고르바초프의 반응은 시큰둥했다. "잘 알겠네. 하는 데까지 해보겠지만 기차는 이미 떠난 것 같군"이라며 전화를 끊었다. 결국 다음 날 회담에서 고르바초프는 놀라운 양보를 했다. 소련군의 동독 철수, 통일독일의 나토 가입, 통일 완성 후 4강 권리의 완전한 종식 등 서독과 미국이 밀어붙인 목표를 완벽히 수용한 것이다. 이후 전개는 콜-고르바초프 회담을 추인하는 절차에 불과했다. 1990년 8월 31일 통일조약이 베를린에서 서명되었고, 9월 12일엔 2+4조약을 통해 4강으로부터 통일을 승인받고 베를린의 주권을 되찾았다. 그리고 마침내 1990년 10월 3일 독일 통일이 선포되었다.

　독일 통일 이후, 역사는 소련에 그 이상을 요구했다. 오래전부터 고르바초프의 개혁 노선에 불만을 품어온 소련 강경파가 1991년 8월 쿠데타를 일으켰고, 그 처리 과정에서 고르바초프는 지도력에 깊은 상처를 입었다. 쿠데타 실패로 감금 상태에서 풀려났지만, 고르바초프는 두마 회의 석상에서 옐친Boris Yeltsin에게 공개적인 조롱을 받았고, 소련의 해체로 이어지게 되는 문서에 서명하도록 강요받았다. 그가 새롭게 탈바꿈시키려 했던 소련이라는 나라 자체가 사라졌고, 그 역시 역사의 무대에서 내려와야만 했다. 역사의 물줄기를 바꾼 위대한 개혁가로서는 너무나 급작스럽고 치욕적인 퇴장이 아닐 수 없었다. 거의 패전국이 항복 문서에 서명하듯 미국의 요구를 수용하며 냉전 구조의 해체에 협력했으나 그가 꿈꾼 세상은 오지 않았다. 러시아를 기다린 건 혼란과 모멸감, 긴 방황의 시간이었다.

혼란과 정체성 위기

소련 붕괴 이후 러시아는 국가적 대변혁을 거치면서 심각한 혼란과 정체성 위기를 겪게 된다.[9] 제국의 기억이 생생한 대국이었지만 러시아는 여러모로 새로운 세상에 내던져진 신생 국가나 다름없었다. 공산당 일당 독재를 벗어나 정치적 민주화를 추진해야 했고, 계획경제에 젖어 있던 경제 시스템을 시장화해야 했다. 동시에 국가 주도의 시스템 개조와 사회적 다원화도 추진되었다. 러시아라는 국가가 탄생한 이후 전혀 경험해보지 못한, 생소하고 가보지 않은 미지의 세계였다. 결과는 좋지 않았다. IMF의 처방에 따라 가격 및 무역 자유화 등 급진적 시장경제 개혁을 단행했으나, 돌아온 것은 살인적인 초인플레이션, 루블화 가치 폭락, 10년 이상 계속된 마이너스 경제성장뿐이었다. 1990년대 인플레이션은 무려 2,000퍼센트에 달했으며 루블화의 가치는 폭락했다. 국영기업이 헐값에 매각되는 과정에서 올리가르히oligarch라 불리는 신흥 과두재벌이 등장했고, 공권력 공백을 틈타 마피아 현상도 나타났다. 러시아 일반 국민들이 겪은 고통은 극심했다. 기초적인 생필품조차 구하기 어려워 매대가 텅 빈 상점 앞에 긴 줄로 늘어서는 것이 일상적 모습이 되었다. 혼돈과 무질서 속에 경제는 망가졌고, 러시아는 길을 잃은 듯이 보였다.

탈냉전 이후, '역사의 종언'이 선포되고 서구의 발전 노선이 인류의 보편적 모델로 부각되었다. 친서방, 자유주의 노선을 따라가면 러시아도 서구 세계와 정치·경제적으로 통합되고 부와 안정이 찾아올 것으로 기대되었다. 이것이 고르바초프의 꿈이었고, 옐친 1기의 외교 노선이기도 했다. 그러나 옐친 정부의 무능력과 경제위기가 겹치면서 러시아가 지향해야 할 국가 노선에 대해 치열한 논쟁이 터져나왔다. 초라하다 못해 재앙적인 개혁의 성적표 앞에서 코지레프^{Andrei} ^{Kozyrev} 외무장관 등 옐친 정부의 친서방주의자들은 집중 공격을 받기 시작했다. 서구적 발전모델을 지향한 자유주의적 개혁파가 가져온 것이라곤 혼란, 빈곤, 굴욕감뿐이기 때문이었다.

이에 대항하는 반대파는 러시아 문명의 전통에 기반한 애국민족주의를 강조했다. 일방적인 서방 추종은 러시아를 러시아답게 만들지 못한다고 믿는 이들 애국민족주의 진영은 하나의 정치이념으로 뭉친 세력은 아니었다. 여기엔 전통주의, 극우민족주의 등 다양한 정치세력이 포함되어 있었는데, 이들을 묶어준 것은 반서구, 반개혁, 보수적 가치에 대한 공감대였다. 1993년 의회 선거에서 '위대한 러시아의 재건'이라는 구호를 내걸고 약진한 세력이 애국민족주의 진영이었다. 옐친 정부 2기에 등장한 예브게니 프리마코프^{Yevgeny Primakov} 외무장관은 미국 주도의 단극질서에 맞서 다극주의를 주창하며 동방 정책을 추진했는데, 이 역시 옐친 초기의 친서방 외교에 대한 러시아 내의 자성과 비판을 반영한 결과였다.

또 다른 정치세력은 친서방주의와 애국민족주의를 절충한 현실주의적 방향성을 보였다. 이들은 영·미의 해양 세력과 러시아·중국으로 대표되는 대륙 세력 간의 균형을 추구했다. 현실주의 세력은 서구의 완전한 시장주의가 아니라 국가의 관여하에 경제발전에 성공한 일본, 한국, 중국 등을 러시아가 참조해야 할 모델로 삼았다. 결국 핵심은 서구주의와 유라시아주의 중 어느 노선을 선택할 것인지가 문제였다. 냉전에 패배한 만큼 러시아의 후진성을 받아들이고 자유민주주의와 자본주의 시장경제로 국가를 재탄생시킬 것인가, 아니면 러시아의 전통과 유라시아 제국 정체성을 보존하면서 강대국의 위신을 회복할 것인가.

소련 붕괴 이후 벌어진 국가 발전 논쟁은 권력 투쟁을 넘어 국가 정체성을 둘러싼 혼란과 위기감을 반영하고 있었다. 소련은 광활한 영토에 128개의 다민족이 소련 인민이라는 끈으로 묶여 있던 공동체였다. 그런데 제국이 무너지자 이런 허구의 연대감 역시 함께 무너졌고, 이제 러시아라는 국가는 무엇인가라는 근본적 질문을 맞닥뜨리게 된 것이다. 러시아는 유럽 국가인가, 아시아 국가인가? 아니면 어디에도 속하지 않은 유라시아 국가인가? 17세기 표트르 1세는 아시아적 관습을 모두 끊어내고 강력히 서구화 개혁을 추진한 바 있다. 사회, 정치, 문화, 군사 모든 분야에서 유럽화가 표트르 1세가 추구한 방향이었다. 표트르에 이어 러시아를 이끈 예카테리나 여제는 "러시아는 유럽 국가다"라고 외치기도 했다. 그러나 러시아의 이런 노력에도 불구하고, 러시아가 온전히 유럽의 일원으로 받아들여진 적은 없었다. 유럽인들이 보기에 러시아는 "비잔틴 제국의 예절과 아시아의 야만적인 덕목"이 섞여 있고, 뭔가 알 수 없는 경외심과 불안감을 불러일으키는 이질적인 존재였던 것이다.[10]

러시아가 처한 현실만 보면 표트르 1세의 문제의식을 이어받는 서구화 개혁 노선이 현명한 선택일 수 있었다. 소련 모델은 분명히 실패한 모델이었고, 세계화의 흐름 속에서 미국과 서방이 주도하는 국제질서를 거스르는 것은 역주행과 다름없었다. 카터[Jimmy Carter] 행정부 시절 안보보좌관을 지낸 브레진스키[Zbigniew Brzezinski]는 범대서양적 유럽과 건설적 관계를 맺는 것이 탈냉전 시대 러시아에 허용된 유일한 옵션임을 강조한 바 있다.[11] 러시아의 근대화를 위해서는 미국·유럽의 지원과 협력이 필수적이므로 EU와 나토의 확대를 받아들이고 제국적 전통과는 명확히 단절하라는 요구였다. 그러나 과연 러시아가 제국적 전통과 완전히 결별할 수 있을까? 연방 해체로 축소되긴 했지만, 러시아는 여전히 세계에서 가장 큰 영토를 갖고 있고, 미국에 버금가는 핵 강대국이며, 유엔 안보리 상임이사국이다. 수백 년 동안 러시아인들의 자의식에 깊이 뿌리 내려 있는 강대국 정체성, 제국 의식은 과연 희미해질 수 있을까?

특히 체제 전환 와중에 러시아가 겪은 굴욕감과 상실감도 문제였다. 소련 해체로 독립한 옛 연방 국가들에는 많은 러시아인들이 흩어져 살고 있었는데, 이들은 소련 붕괴로 갑자기 노골적인 차별 대우에 시달리는 2등 시민으로 전락하고 말았다. 소련 시절 소수민족을 강제 이주시켰던 역사에서 이제는 반대로 러시아인 디아스포라 문제가 발생한 것이다. 무엇보다 서방과 대등한 파트너십 구축을 통해 서구형 선진국으로 탈바꿈할 수 있다는 기대 자체가 환상에 불과했음이 드러나기 시작했다. 독일 통일 과정에서 약속받은 대로 중부유럽은 나토의 깃발이 꽂히지 않는 중립 지역으로 남겨둘 줄 알았으나, 이후 나토는 러시아 국경을 향해 거침없이 동진하기 시작했다. 나토 확장 움직임에 대해 1994년 옐친은 클린턴^{Bill Clinton} 대통령에게 강력히 항의했다. "왜 불신의 씨를 뿌리나? 유럽은 차가운 평화에 빠질 위험에 처해 있다." 이듬해 5월 모스크바를 방문한 클린턴 대통령에게 옐친 대통령은 더 노골적으로 러시아가 느끼는 배신감을 토로했다. "계속 이런 식으로 한다면 러시아에 대한 모욕일 뿐이다. 우리의 안보를 위해서는 낡은 것이 아니라 새로운 범유럽 구조가 필요하다. 다른 것은 나와 러시아 국민에 대한 배신이다."[12]

그러나 러시아는 항의 말고는 할 수 있는 일이 없었다. 냉전에서 패배한 패전국이었고, 미국의 약속 위반을 실력으로 저지할 힘이 없었기 때문이었다. 미국은 러시아와 권력을 공유할 생각이 없었고, 미·러 밀월과 대등한 파트너십이라는 것은 순진한 환상에 불과하다는 것이 분명해졌다. 불평과 원망만으로 해결될 수 있는 문제가 아니었다. 결국, 현재 러시아에 어떤 선택지가 허용되는지, 그중 어떤 길을 갈 것인지, 그리고 이를 실행할 크렘린의 주인공은 누구일지가 관건이었다.

악몽에서 깨기 위한 러시아의 선택

소비에트 연방 붕괴 후에 러시아의 지정학적 위상은 급속히 추락했다. 먼저 발트해를 통해 바다로 나가는 출구에 문제가 생겼다. 발트 3국(라트비아, 리투아니아, 에스토니아)이 떨어져나갔고, 더욱이 이들 국가가 나토에 가입함에 따라 북쪽 방면에서 포위당하는 형국이 초래되었다. 구소련 시절 상트페테르부르크와 나토 회원국 간의 국경은 약 1,600킬로미터 떨어져 있었는데, 이제 그 거리가 10분의 1로 축소된 것이다.

가장 큰 문제는 우크라이나의 상실로 인한 지정학적 손실이었다. 우크라이나는 풍부한 농업 기반과 함께 공업 생산력을 갖춘 인구 5,000만이 넘는 광대한 국가다. 러시아 남서쪽 국경의 대부분이 우크라이나와 접해 있고, 러시아의 흑해 접근을 보장하는 핵심 요충 지역이다. 흑해 연안의 항구 오데사는 지중해 방면 교역을 위한 필

수 창구이며, 세바스토폴은 러시아 흑해함대가 주둔하는 군사 요충
지다. 더구나 우크라이나는 단지 예전 소연방 국가의 하나가 아니다.
수도 키이우(키예프)는 러시아 국가가 탄생한 뿌리이며, 러시아 정교
회의 문화적 기반이기도 하다. 우크라이나는 친러시아, 친서방 인사
가 번갈아 권력을 잡았으나 2004년 오렌지혁명 이후 갈수록 유럽
지향적인 노선을 분명히 하고 있었다. 러시아로서는 흑해 접근이 종
식되고 나토 군대와 서쪽 국경을 맞대는 지정학적 악몽을 걱정해야
하는 상황이 도래한 것이었다.

　카스피해 지역에서도 변화가 발생했다. 아제르바이잔, 카자흐스
탄, 투르크메니스탄이 독립함에 따라 카스피해가 '소련의 호수'라는
건 옛말이 되고, 러시아는 이제 카스피해 자원을 두고 경쟁하는 다
섯 국가 중의 하나로 전락해버린 것이다. 또한 중앙아시아에서의 영
향력도 당연시할 수 없게 되었다. 우즈베키스탄, 카자흐스탄 등 이슬

람적 정체성을 갖는 나라들이 독립하여 민족주의적 성격을 띨 경우 러시아 남부에 대한 통제력도 심각하게 훼손될 가능성이 있었다.

그렇다면 러시아에 주어진 지정학적 옵션은 무엇이 있을까?[13] 첫째, 서방을 지향하는 서향 대안이다. 여기에는 다시 미·러 관계를 중시하는 대서양주의와 독자적 유럽과의 협력을 강조하는 대유럽주의가 있다. 미·러 관계 중시 노선은 고르바초프와 옐친 초기에 추진했던 친서방 기조를 말한다. 서방의 지원으로 러시아를 다시 부강하게 하고, 미국과 대등한 파트너로서 세계를 경영한다는 희망적 사고에 기반한 노선이지만, 그것이 이루어질 수 없는 환상임은 얼마 지나지 않아 분명해졌다. 전략무기 감축 등 미·러 협조로 성과를 낸 분야도 있었으나, 나토의 동진에서 나타났듯이 러시아는 미국이 필요한 분야에서의 주니어 파트너일 뿐이었다. 물론 9·11테러 이후 러시아와 미국 간에 일부 분야에서 협조하는 국면이 연출된 바는 있었다. 오바마 행정부에서도 리셋reset 정책을 통해 대러 관계 개선을 시도하자 러시아의 서향 대안에 가능성이 비춰지기도 했다. 그럼에도 불구하고 강한 러시아를 지향하는 푸틴의 러시아가 미국과 순조로운 협조 노선을 구축하는 것은 처음부터 쉽지 않은 일이었다.

한편 대유럽주의는 미국의 영향력에서 벗어난 유럽과 건설적 관계를 맺는 노선을 지향한다. 러시아를 유럽의 일원으로 위치시키되 이는 미국 의존적인 유럽이 아니라는 점을 전제로 한다. 이를 통해 미국의 유라시아 패권을 견제할 수 있다는 계산이다. 실제로 아프가니스탄 및 이라크전쟁에서 나타난 미국의 독주는 유럽이 독자적 목소리를 내는 배경으로 작용했다. 통합 유럽을 주도하고 있는 프랑스와 독일이 대표적이다. 2000년 5월 EU는 러시아와의 공동성명에서 러시아의 WTO 가입을 지지했고, 푸틴은 유럽의 신속대응군 창설 움직임에 강력한 지지 입장을 표명하기도 했다. 다만 유럽이 러시아와의 관계를 위해 미국과의 관계를 희생시킬 가능성은 높지 않다는 것이 대유럽주의의 근본적 한계다. 우크라이나전쟁 이전만 해도 독일을 중심으로 러시아와 긴밀한 경제 협력 구조를 유지했지만, 그렇다고 유럽의 지정학적 우선순위가 바뀐 것은 아니었다. 대유럽주의는 유럽의 탈미국화가 이루어지기 전에는 실현되기 힘든 구상인 것이다. 더욱이 우크라이나전쟁이 초래한 나토와 서방의 결속으로 대유럽주의의 비현실성이 더욱 분명해졌음은 물론이다.

두 번째 옵션은 중향 대안이다. 구소련에 속했던 근외 지역[near abroad]에서 러시아의 위상을 재정립하는 시도를 말한다. 러시아를 중심으로 유라시아 지역에서 정치, 경제, 안보를 아우르는 협력 구조를 구축하는 것이 목표다. 벨라루스, 카자흐스탄, 키르기스스탄 등 러시아에 우호적인 국가들을 규합하여 유라시아연합을 결성한다는 것으로 유라시아경제공동체가 대표적이다. 당장은 기능주의에 입각해 공동의 경제 공간을 창출하는 것이 목표지만, 궁극적으로 유럽연합과 같은 지역통합, 더 나아가 러시아 주도의 제국적 통합 구상과 연결된다. 문제는 러시아가 유라시아 중간 지대의 국가들을 하나로 묶을 수 있는 힘과 매력이 있느냐는 것이다. 이 지역엔 러시아에 우호적인 국가들도 있지만, 조지아, 우크라이나, 아제르바이잔, 몰도바 등 탈러시아 성향을 보이는 독립적 국가들이 다수 포진해 있다. 러시아 세력권에 포섭되는 것에 거부감을 가진 이들 국가들을 향해 러시아가 자신의 의지를 강요할 정치적 힘이 있는지, 돈과 자원으로 이들을 유인해낼 매력이 있는지가 관건이다. 향후 러시아의 경제발전과 정치적 안정성이 변수가 되겠지만, 러시아의 외교 전통상 자신의 인접 외국에 대한 통합 정책은 포기할 수 없는 유력한 옵션이 될 것이다.

마지막 세 번째 지정 전략 옵션은 유라시아 동쪽으로 눈을 돌리는 동향 대안이다. 즉, 아시아 국가들과 관계 강화를 통해 범세계적 러시아 영향력을 증대시키는 전략을 말한다. 중국, 인도, 이란과의 전략적 협력 관계 구축을 통해 미국의 일극주의에 반대하는 유라시아 반미연대를 결성하겠다는 의미다. 앞서 말한 친서방 노선은 무망하고, 인근 외국을 중심으로 독자적 세력권 구축이 지체되자, 부상하는 지역 강국인 중국, 인도, 이란에 주목한 것이다. 유라시아 반미연대가 강성 유라시아주의라 한다면, 동향 대안에는 동아시아 국가들과 경제 협력을 중시하는 연성 유라시아주의도 포함된다. 기본적으로 1996년 옐친 2기 프리마코프 이래 푸틴 정부에서는 유라시아주의에 입각한 전방위 외교 기조를 유지하고 있다. 중국의 부상으로 지정학적 중심이 아시아로 이동한 데다 서쪽에서 나토의 압력이 증가하자 러시아의 지정 전략에도 동향성이 강조되고 있다고 볼 수 있다. 또한 안보적 고려뿐 아니라 동시베리아와 극동지역을 개발하려는 내적 동기도 작용하고 있다.

중국과의 전략적 협력 관계 구축은 성과를 내고 있다. 탈냉전기 미국의 패권을 견제하기 위해 1996년 중·러 전략적 동반자 관계가 선포된 이후 양국은 미국 견제를 위해 더욱 밀착하고 있는 형국이다. 앞으로도 다극주의를 지향하는 중·러의 지정학적 이해가 일치하는 만큼 러시아 외교의 동향성은 당분간 계속될 것으로 보인다. 다만 중·러 협력에는 양국 간의 문화적 이질감, 인종적 편견, 전략적 불신 등 한계가 내재되어 있는 것도 사실이다. 중국의 압도적 인구와 우월한 경제력에 대해 러시아가 두려움을 갖고 있고, 중국에게 있어 러시아는 대미, 대유럽 관계에 비해 지정학적 중요성이 높지 않다. 중·러 협력의 미래는 미국의 대러, 대중 정책이 계속 압박 기조로 갈 것인지, 그리고 중·러 양국이 미국과의 대결을 위해 얼마나 상대에 대한 불신과 이질감을 극복할 수 있는지에 달려 있을 것이다.

앞서 살핀 세 개의 지정 전략 옵션 중 러시아가 선택한 노선은 중국과 연대하는 가운데 구소련 근외 지역 국가들과 연합하는 유라시아 전략으로 보인다. 즉, 동향 대안과 중향 대안의 복합 전략이라고 할 수 있다. 유럽을 향한 서향 대안은 갈수록 선택지에서 멀어지고 있다. 브레진스키는 유럽과 미국이 러시아에 위협이 아님을 강조하면서 범대서양적 유럽과 건설적 관계를 맺으라고 충고한 바 있다. 그러나 제국적 전통과 단절하라는 폴란드 출신 미국 전략가의 제언은 러시아로서는 받아들이기 힘든 설교에 가깝다. 제국임을 포기하는 것이 항복이 아니라 해방이라니, 제국의 시민임에 자부심을 느끼고 그 제국을 운영해온 러시아 엘리트들로서는 교만과 위선에 가득 찬 말로 들릴 뿐이었다.

더욱이 2000년 이후의 러시아는 소련 해체 이후 술에 취해 비틀거리던 옐친 시대의 러시아가 아니다. 푸틴이 권력을 잡은 이후 러시아는 중앙정부의 통제력을 강화하며 국가의 기틀을 다시 잡아나갔다. 시장화 초기 혼란을 틈타 부와 권력을 축적한 올리가르히 세력에 대한 철퇴가 가해지고, 대신 군, 경찰, 정보기관 출신들이 새로운 권력 집단으로 부상했다. 여기에 2000년대 초부터 에너지 가격이 상승한 것도 도움이 되었다. 푸틴 집권 이후 오랜 마이너스 성장 시기를 마치고, 연 7퍼센트 내외로 성장하는 시대가 돌아왔다. 공교롭게 이 시기 미국은 이라크 정책 실패, 금융위기 등으로 고전했고, 푸틴은 이를 활용해 중국, 인도 등과 전방위적 외교를 펼치는 데 성공했다. 러시아의 재부상이었다. 아울러 푸틴은 러시아 정교회, 가족, 국가 등 러시아의 전통적 가치를 강조했다. 동성애 금지법이 두마에서 통과되었고, 친서방 정책이 초래한 가치의 혼란과 오염을 정화하고자 했다.

또한 고르바초프, 옐친 시기의 혼란과 모멸을 경험한 이후 러시아 엘리트들은 다시 지정학에 주목했다. 러시아 지정 전략을 설파한 알렉산더 두긴^{Alexander Dugin}이 그중 한 명이다. 두긴은 《지정학의 기초: 러시아의 지정학적 미래》라는 책을 저술했는데, 장교 집단은 물론 군 최고위층까지 그의 주장에 열렬히 호응했다.[14] 핵심 논지는 해양 패권 미국에 대항하여 신新유라시아주의를 구축해야 한다는 것이었다. 러시아-독일 간 협력을 기초로 중부 유럽과의 연대를 강화하고, 동아시아에서는 모스크바-도쿄 연결 축을 구축하자는 것이다. 유라시아 남부를 향해선 모스크바-테헤란 축, 즉 이란과의 동맹을 통해 캅카스, 카스피해 동북부, 중앙아시아, 몽골까지 러시아 영향권으로 흡수해야 한다고 주장했다. 독일, 일본을 미국에서 떼어내어 러시아 진영에 합류시킨다는 사고는 다분히 과대망상에 가깝지만, 미국의 일극 지배를 약화시키기 위해 가능한 모든 지정학 옵션을 구사해야 한다는 것이 그의 핵심 주장이다.

무엇보다 두긴은 탈냉전 전후 러시아가 범한 외교적 실수에 대해 통렬히 비판했다. 고르바초프가 아무리 신사고新思考 외교를 추진해도, 소련이 바르샤바조약기구를 해체하고 동독에서 철수해도, 미국과 유럽은 결코 러시아를 서방의 일원으로 받아들이지 않는다는 지적이었다. 강대국은 언제나 지정학적 관점에서 세상을 보고 다른 강대국을 대하는데, 당시 소련은 미국과 나토를 잠재적인 적으로 보지 못한 오류가 있었다는 것이다. 러시아가 굴욕적으로 경험한 나토의 동진과 미국 주도 일극 질서의 도래도 결국은 지정학적 관점을 상실한 러시아의 외교 실책이 부른 결과에 불과하다는 것이 그의 주장이었다. 푸틴이 구사하는 외교가 두긴의 제언과 일치하는 것은 아니다. 푸틴의 행보가 모험주의적이고 기회주의적이긴 하지만 두긴보다는 오히려 현실적·실용적 측면이 강하다. 다만 두긴이 '푸틴의 브레인'으로 불릴 정도로 러시아 외교에 대한 두 사람의 문제의식은 비슷한 면이 많다. KGB 출신의 푸틴은 '유럽인의 집'을 꿈꾸었던 고르바초프와는 확실히 다른 인물이다. 푸틴의 러시아는 철저하게 지정학적 관점에서 움직이고 있다.

우크라이나전쟁 이후 자유주의 진영과 권위주의 진영 간 대결 구도가 더 첨예화되는 양상이다. 그러나 자세히 살펴보면 세계는 양분된 것이 아니라 훨씬 복잡하게 분열되어 있는 쪽에 가깝다. 크게 보았을 때 세계는 서방 진영Global West, 중·러 진영Global East, 그리고 남반구Global South로 삼분되어 있는 형국이다. 서방 진영엔 미국을 비롯한 나토 회원국, 아시아의 미국 동맹국(한국, 일본, 호주, 뉴질랜드) 등이 속해 있고, 중·러 진영엔 중국과 러시아를 위시하여 이들과 가까운 시리아, 벨라루스, 북한, 그리고 중앙아시아 일부 국가들이 포함되어 있다. 그리고 남반구라 하면 인도, 브라질, 사우디아라비아 등 아시아, 남미, 중동, 아프리카에 걸쳐 있는 비서방 개발도상국들을 일컫는다. 물론 이런 분류가 엄격한 블록으로 간주될 정도로 행동이 통일되고 응집력이 강한 것은 아니다. 같은 진영 내의 국가들 사이에는 분명한 차이가 존재하고, 때로 진영을 넘어선 엇갈린 행보를 보일 때도 있다. 그러나 큰 틀에서 보면 이들 세 개의 진영이 분명히 다른 정체성과 관점으로 국제정치에 임하고 있는 것이 사실이다.

규칙 기반 국제질서에 대한 정면 도전

우크라이나전쟁이 러시아가 일으킨 침략 전쟁이라는 데는 의문의 여지가 없다. 러시아는 2021년 겨울부터 우크라이나 접경 지역에서 군사훈련을 명분으로 무력시위를 펼치다 2022년 2월 24일 전격적으로 우크라이나를 침공해 들어갔다. 푸틴의 명령이 떨어지자 우크라이나 북쪽인 벨라루스, 동쪽의 돈바스, 그리고 남쪽 방향의 크림반도에서 일제히 진격해 들어가는 전면적인 침공 형태였다. 푸틴은 전쟁이란 용어 대신 '특별군사작전Special Military Operation'이란 이름을 사용했지만, 주권 국가인 우크라이나의 영토적 존엄성을 침해한 명백한 유엔 헌장의 위반임에는 이론이 있을 수 없다.

푸틴의 침공 결정은 지난 8년 동안 진행되어온 돈바스 내전의 연속선상에 있었다.[15] 당시 유로마이단 시민혁명으로 친러 성향의 빅토르 야누코비치Viktor Yanukovych 대통령이 축출되고 친서방 세력이 정권을 잡자, 러시아 주민 비율이 높은 동부의 돈바스 지역에서 분리독립 무장투쟁이 일어났다. 우크라이나 중앙정부 뒤에는 미국이, 돈바스 반군의 배후에는 러시아가 있는 일종의 대리전이자 내전의 성격이었다. 그런데 바이든Joe Biden 행정부 들어 미국의 지원을 배경으로 돈바스 반군이 수세에 몰리며 우크라이나군이 2021년 12월엔 러시아 접경까지 접근한 상황이 도래했다.[16] 그러자 푸틴 대통령이 우크라이나 국경선에 병력을 보내 무력시위를 펼쳤는데, 미국과 타협을 보지 못하자 마침내 전면 침공이라는 강수를 둔 것이다.

미국을 비롯한 서방은 러시아의 침공을 주권과 영토 존엄성이라는 국제규범에 대한 도전으로 간주한다. 단순히 우크라이나를 지키는 문제를 넘어 '규칙 기반 국제질서rule-based international order'를 수호하는 전쟁으로 생각한다.[17] 2차 세계대전 이후 발발한 첫 대규모 영토 정복 전쟁으로서 국제사회의 평화와 안정을 근본부터 뒤흔드는 도전으로 보는 것이다. 핵을 가진 강대국이 이웃 약소국가를 이렇게 뻔뻔하게 유린할 수 있다는 것 자체가 그야말로 충격이며 분노를 자아냈다.

러시아는 우크라이나의 나토 가입 문제를 거론하지만, 서방은 이를 핑계에 불과한 것으로 치부한다. 냉전이 끝난 마당에 나토가 러시아에 군사적 위협이 된다는 주장 자체를 어불성설이라고 반박한다. 나토가 러시아를 침공할 가능성이 조금이라도 있는가? 나토가 러시아에 가하는 위협의 실체가 무엇인지 서방은 반문한다. 나토라는 커뮤니티는 유럽연합과 함께 민주주의 가치와 시장경제, 그리고 사회적 다원화를 존중하는 국가들의 자발적인 정치·안보 공동체임을 서방은 강조한다. 유럽의 어느 국가라도 참여할 수 있고, 기존 회원국이 동의하면 문이 열려 있는 개방적 공동체라는 것이다. 우크라이나가 서구 편입을 열망하는 것은 우크라이나 국민의 주권적 결정이다. 이를 러시아가 가상의 위협을 근거로 응징할 권리가 어디 있는가? 우크라이나는 러시아를 공격한 적이 없는데 러시아가 우크라이나를 일방적으로 침공했으니, 이는 그야말로 '이유 없는 공격unprovoked war'에 해당한다고 주장한다. 이것이 서방이 러시아의 주장과 우크라이나 침공에 대해 갖고 있는 기본 인식이다.

우크라이나 침공 두 달 전인 2021년 12월 15일, 크렘린은 러시아의 안보 우려 해소를 요구하는 8개 항목의 입장문을 백악관에 전달했다. 우크라이나의 나토 가입이 영구적으로 없을 것이라는 확답과 동유럽에 나토 자산이 증강되지 않도록 하는 것이 그 핵심 내용이었다.[18] 우크라이나와 동부 유럽에 대한 러시아의 지정학적 이익을 존중하라는 요구였다. 바이든 행정부는 이를 일축했다. 푸틴의 요구를 수용한다는 것은 유럽 안보질서 형성에 크렘린의 거부권을 인정한다는 의미이고, 이는 일종의 세력권 분할과 다름없기 때문이었다. 백악관이 보기에, 자칫 푸틴이 지시를 내리는 위치에 서게 될지도 몰랐다. 어느 나라는 나토에 가입할 수 없다든지, 나토의 전략자산은 동쪽 어디까지 배치할 수 있다든지 하는 식으로 말이다. 혹은 최소한 나토 정책에 대해 미국이 일일이 러시아와 협상해야 할 수도 있다. 이렇게 되면 유럽에서 워싱턴의 지도력에 큰 흠집이 날 수밖에 없다.

워싱턴은 우크라이나에 대한 러시아의 요구를 푸틴이 꿈꾸는 '위대한 러시아의 부활', 즉 과거의 강대국 지위를 복원하려는 제국적 열망의 일단이라고 해석한다. 푸틴은 소련의 붕괴가 "20세기 지정학적 재앙"이라고 믿는 사람이다. 냉전에 지면서 러시아가 일개 패전국으로 부당하게 대우받았다는 분노와 모욕감이 푸틴 사고의 근저를 형성하고 있다. 따라서 우크라이나가 푸틴의 종착역이 아니라는 것이 서방의 진단이다. 우크라이나를 손에 넣으면 그다음은 몰도바, 그다음은 조지아 등 유라시아 지도를 다시 그리려 할지 모른다는 것이다. 서방은 체임벌린Neville Chamberlain 영국 수상이 히틀러Adolf Hitler에게 당했던 '뮌헨의 양보' 같은 실책이 되풀이되어서는 안 된다는 생각을 갖고 있다. 주데텐란트만 양보하면 히틀러가 멈출 것이라 기대했던 체임벌린의 유화 정책이 결국 히틀러의 체코슬로바키아 전면 침공, 폴란드 침공으로 이어지지 않았던가. 서방이 보기에, 푸틴에게 양보하는 것은 러시아를 더욱 대담하고 공격적으로 만들 뿐이다.

더 나아가 푸틴이 우크라이나에서 성공하면 대만에 대한 시진핑의 야심을 부추길 수 있다고 우려한다. 권위주의 강대국이 무력으로 현상 변경을 시도하는데 이를 국제사회가 저지하지 못한다면, 그것이 유럽에 그치지 않고 동아시아에서도 재현될 수 있다는 것이다. 따라서 푸틴의 침공이 실패해야 하는 것은 단순히 윤리적·규범적 차원을 넘어 글로벌 질서의 안정을 위한 것이며, 이를 위해 전 세계가 단결해야 한다는 것이 서방의 입장이다.[19]

실제로 서방은 결속하고 있다. 나토가 거듭나고 있는 것이 대표적이다.[20] 우크라이나전쟁 이후 핀란드가 먼저 나토 회원국이 되었고, 이어 200년 중립국 스웨덴에게까지 나토 가입의 문이 열렸다. 스웨덴의 나토 가입을 반대해온 튀르키예가 입장을 바꿈에 따라 장애물이 사라진 것이다. 러시아 입장에서 볼 때 핀란드와 스웨덴의 나토 가입은 분명 전략적 압박을 준다. 러시아의 대서양 진출로인 발트해가 나토에 의해 둘러싸이는 모양새가 되고, 발틱함대의 주둔지인 칼리닌그라드도 봉쇄당할 위험이 있기 때문이다. 더욱이 핀란드와 러시아가 접한 국경의 길이는 1,340킬로미터에 달한다. 에스토니아, 라트비아와 국경을 짧게 맞대고 있던 러시아가 이제는 본격적으로 나토와 국경을 접하는 상황을 맞은 것이다.

나토는 신규 회원국인 핀란드와 스웨덴 등 북유럽 국가들을 적극 활용할 계획이다. 2024년 개통될 예정인 스웨덴-핀란드 간 철로를 유사시 나토의 장비와 물자를 실어 나르는 병참 자산으로 운용한다는 게 그중 하나다. 개통될 열차의 종착역인 케미야르비는 러시아 국경에서 불과 1시간 거리에 있어 전략적 가치가 상당할 것으로 나토는 보고 있다. 스웨덴과 노르웨이는 잠수함 전력도 보강할 계획이다. 발트해 연안에서 러시아 해상전력을 추적, 봉쇄함으로써 북극해에서 대러 군사력을 강화하기 위해서다. 아울러 나토는 러시아를 겨냥한 유럽 방위전략을 재정립했다. 러시아와 충돌이 발생할 경우 병력 30만 명을 30일 이내에 러시아 국경 근처의 동부 전선에 배치한다는 것이 주요 내용이다. 집단적 대응이라는 원칙적 규정만을 갖고 있던 나토가 긴급 사태 발생시에 취할 구체적인 병력 동원 계획을 냉전 이후 처음으로 마련한 것이다. 트럼프 대통령에 의해 과거의 유물이라고 조롱받던 것에 비하면 놀라운 변화다.

나토가 결속하고 재무장한다는 것은 유럽이 오랜 평화주의에서 깨어난다는 의미다. 나토는 냉전 이후에도 존속했지만, 그 존재 이유와 정체성에 대한 논란은 지속되고 있었다. 소련이라는 눈앞의 적이 사라지자, 나토 회원국들은 모두 병력을 줄이고 국방비를 삭감해왔다. 오랫동안 미국을 중심으로 나토 회원국들이 방위비를 GDP의 2퍼센트로 확대할 것을 독려했지만, 2022년 기준 그 지침을 달성한 나라는 30개국 중 9개국에 불과했다. 그도 그럴 것이 탈냉전 이후 나토는 코소보, 아프가니스탄 등 역외 전쟁에서만 그 모습을 드러낼 뿐 본연의 목적인 집단안보에 대한 헌신은 희미했다. 유럽이 자신의 안보를 미국에 무임승차한다는 비판이 끊이지 않았던 까닭이다.

그런 유럽에 우크라이나전쟁은 지정학적 각성의 계기였다. 러시아가 부담스럽기는 해도 설마 유럽 한복판에서 영토 정복 전쟁을 일으키리라고 생각한 나라는 많지 않았다. 특히 서유럽 국가들, 그중 독일은 러시아를 군사적 위협보다는 경제적 파트너로 보는 시각이 강했다. 독일은 러시아의 값싼 천연가스를 수입해서 제조업 경쟁력을 유지했고, 러시아는 독일을 중심으로 유럽에서 안정적인 자원 수출 시장을 확보했다. 독일이 "안보는 미국에, 에너지 수요는 러시아에, 수출 주도 성장은 중국에 아웃소싱했다"는 지적까지 들을 정도였다.[21] 독일 숄츠Olaf Scholz 총리가 우크라이나전쟁 직전까지 러시아-독일 간의 가스관 연결 프로젝트인 노르트스트림-2에 강한 집착을 보인 것도 이런 사정 때문이었다.

그런 독일이 우크라이나전쟁이 터지자 대러 관계와 국방력 건설에서 근본적 방향 전환을 시도하고 있다. 노르트스트림 프로젝트가 종료된 것은 물론이고, 상호의존 관계에 있던 독·러 경제 협력도 대러 제재로 종지부를 찍었다. 또한 독일은 특별방위기금 1,000억 유로 조성을 승인하는 한편, GDP의 2퍼센트를 군비로 지출하는 등 방위력 증강을 위해 노력하고 있다. 러시아를 대하는 유럽 국가들의 시각이 그동안 일치했던 것은 아니었다. 다소 이완된 태도를 취하고 있던 서유럽에 비해 폴란드, 체코슬로바키아, 발트 3국 등은 훨씬 더 심각한 대러 위협 인식을 갖고 있었다. 역사적 경험과 지리적 위치에 기인한 차이였다. 동유럽 및 북유럽 국가들은 러시아의 위협에 대해 오랫동안 강조해왔다. 이러한 경고가 그간 서유럽 사람들에게는 양치기 소년의 거짓말처럼 치부되어왔지만, 이제는 우크라이나전쟁으로 온 유럽이 각성하며 깨어나게 되었다.[22]

우크라이나전쟁이 유럽에 미친 영향이 긍정적인 것만은 아니다. 유럽이 스스로의 안보에 대해 좀 더 책임감 있는 태도를 갖게 된 것은 바람직한 일이다. 그러나 대러 관계의 파탄은 유럽에게 경제와 안보 두 축에서 모두 부담으로 작용할 전망이다. 먼저 에너지 안보와 산업 경쟁력 측면에서 큰 타격이 불가피할 것으로 보인다. EU는 전체 에너지 수요의 4분의 1을 러시아의 수입에 의존해왔다. 가스와 석탄은 전체 수요의 40퍼센트, 원유는 20퍼센트에 해당한다. 유럽과 러시아 간에는 이렇게 에너지 수입과 시장 수요처라는 상호의존 관계가 형성되어 왔는데, 이는 냉전이 극에 달했던 1960년대에 시작되어 50년간 지속되어온 것이다. 저렴한 러시아 가스 수입과 대러 투자를 통한 수익 창출 모델이라고 할 수 있다. 그런데 이것이 우크라이나전쟁으로 파탄을 맞았으니, 러시아는 물론 유럽으로서도 타격이 적지 않다. 특히 독일이 받는 타격이 클 것이다. 러시아의 가스 공급 감축으로 벌써부터 독일의 화학산업과 자동차산업이 위축되고 있다는 분석도 나오고 있다.

이런 와중에 유럽은 나토의 재무장이라는 안보적 부담도 감당해 내야 한다. 4,500여 개의 핵탄두를 보유하고 있는 유라시아 대국인 러시아와 본격적인 적대 관계로 접어든다는 것은 경제와 안보에 이중 부담이 될 수밖에 없다. 한편 미국 의존도가 커지고 유럽의 자율성이 제약받는다는 부작용도 있을 수 있다. 러시아 위협이 부각될수록 유럽에서 미국의 발언권이 강해질 수밖에 없고, 미국의 외교 안보 노선에 동조하라는 압박감이 커질 우려가 있기 때문이다. 당장 중국 견제에 전념하고 있는 미국이 유럽의 동참을 유도하고 있는데, 이처럼 유럽의 자율적 공간이 점점 더 협소해질 것으로 보인다. 결국 유럽으로서는 러시아의 위협에 대처하면서도 어떻게 안정적인 안보질서를 구축하고 장기적인 경제 번영의 동력을 확보할 수 있을 것인지가 앞으로의 숙제가 될 것이다.

한편 우크라이나전쟁은 대서양 동맹인 나토와 인도·태평양을 연계시키는 효과도 낳고 있다. 이는 서방의 자유주의 진영과 중국·러시아 등 권위주의 진영이 벌이는 전략적 경쟁이 대서양과 인도·태평양 지역에서 중첩되는 양상을 보이고 있기 때문이다. 스톨텐베르그 Jens Stoltenberg 나토 사무총장은 현대의 많은 위협은 지리를 초월한 것임을 강조하며 사이버 위협과 팬데믹은 국경을 존중하지 않는다고 지적한다. 특히 나토는 부쩍 중국의 위협에 주목하고 있다. 2022년 나토는 처음으로 중국을 나토의 이익, 안보, 가치에 대한 "체계적인 위협systemic threat"이라고 규정했다. 대서양 동맹인 나토가 동아시아 국가인 중국에 대해 왜 이런 인식을 갖게 되었을까? 무엇보다 일대일로一帶一路 전략으로 인해 나토의 뒷마당에도 중국의 그림자가 더욱 짙게 드리워지고 있기 때문이다. 이미 유럽 전역에서 항만, 도로 등 여러 형태로 중국이 존재감을 드러내고 있다. 나중에는 확장된 경제적 이익을 보호한다는 명목으로 어쩌면 중국 군대까지 나타날 수도 있다. 따라서 나토 회원국 중 프랑스, 영국, 독일 등은 미국과 함께 인도·태평양 지역에서 중국을 견제하는 데 이전보다 더 적극적인 모습을 보이고 있다. 영국은 인도·태평양 연안 기지 재정비, 남중국해 합동 순찰, 퀸엘리자베스 항공모함 파병 등의 활동을 전개하고 있고, 프랑스도 일본·필리핀 해군과 '항행의 자유' 순시 활동을 하는 등 인도·태평양 지역에서 군사적 존재감을 높여가고 있다.

인도·태평양 국가들의 나토 접근도 인상적이다. 한국, 일본, 호주, 뉴질랜드 등 이른바 AP4 국가 정상들은 연이어 나토 정상회의에 초청되어 안보협력을 심화해나가고 있다. 윤석열 정부 들어 한국도 처음으로 나토 정상회의에 참석했고, 2023년 7월 리투아니아에서 열린 나토 정상회의에서는 나토 주도 훈련에 한국군이 참여하는 등 실질적인 협력을 전방위적으로 확대해 나가기로 했다. 11개 분야 한-

나토 협력 프로그램에 서명한 윤석열 대통령은 "대서양 안보와 인도·태평양 안보가 분리될 수 없다"고 강조했다. 윤 대통령은 또한 나토 정상회의 직후 키이우를 전격 방문해서 젤렌스키 대통령과 회담하며 지지를 표명했다. 전쟁 중인 일방 당사국을 방문하는 것은 대러 제재에 동참하는 것과는 또 다른 차원이다. 가치와 정체성에 기반한 외교를 천명해온 윤석열 정부가 대러 관계의 부담을 무릅쓰고 대한민국이 글로벌 웨스트에 속해 있음을 분명히 한 것이다. "우크라이나는 내일의 동아시아가 될지 모른다"고 지적하며 키이우를 방문해 자유주의 연대를 과시했던 일본의 기시다岸田文雄 총리와 마찬가지의 행보를 보였다고 할 수 있다.²³ 한국, 일본, 호주, 뉴질랜드와 같은 인도·태평양 국가들이 나토와의 협력을 강조하는 것은 대중국 억지력의 국제화 수단으로 나토와 협력할 유인이 있기 때문이다. 미국과의 양자동맹을 넘어 서방 선진국들과 중층적 안보 네트워크를 구축하여 불확실한 미래에 대처하고자 하는 것이다.

미국 입장에서 우크라이나전쟁은 부담인 동시에 전략적 기회이기도 하다. 무엇보다 우크라이나전쟁은 수세에 몰렸던 미국에게 전 지구적 질서를 재편할 수 있는 기회를 제공하고 있다. 트럼프 시절 훼손된 미국의 대외 리더십과 대유럽 관계를 복원하는 것은 바이든 행정부의 목표이자 구호였다. 또한 민주 대 반민주 구도로 중국과의 전략경쟁 프레임을 짜려는 게 미국의 전략이다. 대서양과 인도·태평양을 연계시키는 것도 같은 맥락이다. 그런데 이 모든 과제가 우크라이나전쟁 '한 방'으로 해결되고 있다. 구호와 논리, 설득과 압박만으로 되기 어려운 작업이 지정학적 충격 하나로 척척 진행되는 형국인 것이다. 미국으로서는 더 바랄 것이 없다. 유럽에 대한 미국의 장악력도 높아졌다. 가시같이 여겨지던 독일과 러시아의 에너지 협력도 파탄이 났다. 러시아 파이프라인을 통해 유럽으로 공급되던 가스 대부분이 이제는 미국산 액화천연가스를 실은 선박을 통해 공급된다. 미국의 에너지 기업이 수혜를 입고 있고 방산업체도 활기를 띠고 있다.

물론 바이든 행정부로서도 고민은 있다. 전쟁이 장기화되면서 인적·물적 손실이 늘어나고 있고, 미국과 동맹국들은 전쟁에 지쳐가고 있다. 전쟁에 대해 바이든 행정부는 우크라이나를 끝까지 지원한다는 입장을 견지하고 있지만, 초기에 형성된 초당적 지지는 점차 균열을 보이고 있다. 미국의 우크라이나 지원이 지나치다고 여기는 응답자의 비율이 2022년의 3월에는 7퍼센트에 불과했으나, 2023년 6월에 이르러서는 28퍼센트까지 상승했다. 특히 친공화당 성향 유권자의 절반 가까이(44퍼센트)는 미국의 '지나친' 우크라이나 지원에 불만을 표시한 것으로 조사되었다. 2023년 2월 플로리다주 공화당 맷 게이츠Matt Gaetz 하원의원은 우크라이나에 대한 모든 군사 및 재정 지원을 중단하는 내용의 결의안을 발의하며 이를 "우크라이나 피로 결의안Ukraine Fatigue Resolution"이라고 불렀다.[24]

미국은 어느 순간에는 젤렌스키를 설득, 압박해서 전쟁의 출구를 찾아야 할 책임이 있고, 바이든 행정부는 이를 계속 고민하고 있을 것이다. 특히 핵을 보유한 러시아가 관련된 전쟁인 만큼 자칫 핵전쟁으로 비화되지 않도록 관리해야 하는 부담도 있다. 잘못하면 나토가 직접 개입하는 제3차 세계대전이 될 위험을 완전히 배제하기 어렵기 때문이다. 우크라이나전쟁이 초반에는 미국이 원하는 지정학 질서에 유리하게 작용한 것은 맞지만, 향후 위험 관리, 출구 전략 모색, 전후 질서 구축 등 여러 난제들이 미국 앞에 기다리고 있다.

미국 자유주의 패권에 대한 반격

우크라이나전쟁을 미국의 유라시아 패권 장악에 대한 반격이라고
보는 시각도 존재한다. 매킨더와 스파이크먼Nicholas Spykman 등 지정전략
가들의 용어로 표현한다면 림랜드rimland 나토의 세력 확장에 유라시
아 심장부 국가 러시아가 통제권을 회복하려는 시도라는 것이다.[25]
러시아는 물론 중국 등 러시아의 우방, 그리고 서방에서도 국제정
치 현실주의자들이 이런 관점을 갖고 있다. 냉전 종식 이후 나토 확
장을 계속해온 미국이 이제 러시아 안보의 임계점에 해당하는 우크
라이나까지 건드리자, 푸틴 대통령이 어쩔 수 없이 반격에 나섰다는
것이다. 우크라이나를 침공한 지 석 달 뒤 개최된 제2차 대전 전승
기념일에서 푸틴은 우크라이나전쟁이 "서방의 공세에 선제 대응"을
한 것으로서 "불가피"한 조치였음을 강조했다. 받아들일 수 없는 미
래를 수동적으로 기다리기보다는 오늘 행동해야 한다는 '예방전쟁'
의 논리다.

　다시 말해 서방과 우크라이나가 그간 러시아를 충분히 자극하고
도발했다고 보기 때문에 우크라이나전쟁을 '이유 없는' 침략 전쟁으
로 보는 서방 주류의 시각과는 정반대 입장이다. 우크라이나는 2019
년 나토 가입을 헌법에 명시했을 뿐 아니라 거의 준회원국 수준으로
나토와의 협력을 심화시켜왔다. 2015년 이후 우크라이나 영토, 흑해
등지에서 여러 차례 나토와 연합 훈련을 실시했고, 훈련센터라는 명

목으로 나토 군사기지를 영토에 배치해왔다. 흑해 오데사에 건설된 나토 군용 비행장, 크림반도 인근 오차키우항에 설치된 미국 해병 작전센터 등이 그 사례들이다. 자신의 코앞에서 적대적 국가들이 군사훈련을 하고 기지를 확장해가는데, 이를 수수방관하는 것은 강대국의 반응이 아니다. 그래서 존 미어샤이머John Mearsheimer나 스티븐 월트Stephen Walt와 같은 현실주의 이론의 대가들은 우크라이나전쟁 발발에 미국의 책임이 크다고 지적하는 것이다.

더욱이 러시아가 느끼는 위협감과 포위되었다는 인식은 단순히 군사적 차원으로 한정되지 않는다. 나토의 동진은 단순히 군사동맹의 확장이 아니라 서구 민주주의 블록이 러시아의 국경으로 접근해오는 것을 의미한다. 미국은 냉전 종식 이후 구소련공화국들을 민주주의와 시장경제 체제로 변모시키기 위해 노력해왔다. 친서방 NGO들이 구소련공화국 내부의 시민혁명을 지원했고, 여기에 미국과 유럽 정부의 자금이 유입되었다.[26] 우크라이나, 아제르바이잔, 조지아, 몰도바 등이 구암GUAM이라는 탈러시아 성격의 다자 연합을 결성하는 데도 미국의 적극적 후원이 있었다. 우크라이나 시민들이 친러 지도자 야누코비치를 축출시킨 2004년의 오렌지혁명은 이런 흐름 속에서 발생한 사건이었다. 2014년에 일어난 유로마이단 혁명은 더 노골적이었다. 겉으로는 선거 부정에 항의하는 시민 봉기였지만, 그 배후에는 CIA의 자금과 영국 정보부의 공작이 작용했다는 게 러시아의 시각이다.

푸틴이 나토의 팽창에 대해 본격적으로 제동을 걸기 시작한 것은 2007년 뮌헨 안보회의 연설부터였다. 이때쯤이면 이미 과거의 무기력한 러시아가 아니었다. 너무 약하고 분열되어 있던 탈냉전 초기의 러시아는 미국의 유라시아 패권 확장을 지켜볼 수밖에 없었지만, 2000년 이후 푸틴의 등장으로 다시 강대국의 귀환이라는 논조가 등장하던 시기였다. 푸틴은 독일 통일 과정에서 서방이 약속했던 것들이 위반되고 있는 현실을 정면으로 거론했다.

나토 팽창은 상호 신뢰를 좀 먹는 심각한 도발입니다. 우리는 이렇게 질문할 권리가 있습니다. 이 팽창은 누구를 겨냥하는가? 바르샤바조약기구 해체 이후 우리의 파트너들이 했던 약속은 어떻게 된 것인가? 선언문들은 지금 다 어디로 가버렸나? 아무도 그것을 기억조차 못 합니다.[27]

다음 해인 2008년, 부쿠레슈티 나토 정상회의에 푸틴은 다시 한 번 우크라이나에 대한 러시아의 지정학적 이해관계를 강조했다. "우크라이나 인구의 3분의 1이 종족상 러시아인이다. 공식 인구통계에 따르면 4,500만 명 중 1,700만 명이 러시아인으로 분류된다. 오직 러시아인만 사는 지역도 있다. 크림반도의 경우 주민의 90퍼센트가 러시아인이다. 누가 우크라이나에 러시아의 이익이 없다고 말할 수 있는가?" 그러나 서방은 푸틴의 주장을 일축했다. 부쿠레슈티 나토 정상회의는 "우크라이나와 조지아의 나토 가입 열망을 환영한다"는 결의문을 채택하면서 막을 내렸다. 이때부터 러시아와 나토는 본격적인 충돌의 경로로 들어섰다. 2008년 8월 러시아는 조지아를 침공했고 2014년엔 크림반도를 합병했다. 크림반도에는 러시아 흑해함대가 주둔하는 세바스토폴 군항이 있다. 지중해, 대서양, 인도양으로 진출할 수 있는 부동항으로서 유럽, 중동, 아프리카 지역으로 힘을 뻗칠 수 있는 지정학적 요충지다. 그런데 유로마이단 혁명으로 친서방 세력이 우크라이나를 장악함으로써 러시아의 이런 사활적 이익이 위태롭게 되자 푸틴이 행동에 나선 것이다.

그러나 당시만 해도 푸틴의 대응은 크림반도에서 멈추고 더 이상 나아가지는 않았다. 우크라이나 영토 내부로 깊숙이 들어가는 대신 루한스크주와 도네츠크주의 반군 독립운동을 배후 지원함으로써 돈바스 지역을 우크라이나 내의 특별 지위로 남겨두는 전략을 선택한 것으로 보였다. 동부 돈바스 지역의 러시아 주민을 보호한다는 명분 아래 우크라이나를 분쟁 지역화함으로써 나토 가입의 장애물을 심어놓기 위해서였다. 그러나 돈바스 지역에 특별 지위를 부여하며 휴전을 유도한 2차 민스크 협정이 붕괴됨으로써 푸틴의 전략에 차질이 생기기 시작했다. 특히 바이든 행정부 들어 미국의 지원에 힘입은 정부군이 돈바스 반군을 국경 밖으로 밀어낼 기세를 보이자 푸틴은 궁지에 몰린 형국이 되었다. 우크라이나 국경 근처에 대규모 러시아군을 배치해 무력시위를 벌이면서 미국에 타협안을 제시했으나 미국은 요지부동이었다. 백악관은 푸틴이 제시한 '우크라이나의 나토 가입 불허', '동유럽에 나토 자산 증강 금지' 등을 일축했다. 푸틴으로서는 군대를 물리고 돈바스가 넘어가는 것을 지켜보거나 군사적 실력 행사라는 양자택일에 몰린 것이다. 우크라이나전쟁이 미국의 유라시아 패권 장악에 대한 러시아의 반격이라는 시각은 바로 이런 맥락을 강조한 해석이다.

러시아 외무장관 세르게이 라브로프Sergey Lavrov는 우크라이나전쟁이 러시아로서는 '강요된 결정forced decision'이었다고 항변한다. 민스크 협정에 대한 미국과 우크라이나의 사보타주로 러시아는 다른 선택지가 없었다는 것이다. 푸틴이 체면을 살릴 어떤 명분이나 출구도 제공하지 않은 바이든 행정부와 우크라이나에 책임이 있다는 주장이다. 러시아의 항변을 어떻게 평가하든 전쟁이 러시아에 많은 어려움을 초래한 것은 사실이다. 지정학 관점에서는 유럽과의 단절이 뼈아프다. 경제적으로 러시아와 유럽은 식량, 자원과 상품, 기술을 주고받는 긴밀한 관계였다. 특히 독일은 러시아산 석유와 가스의 최대 수입국이었고, 대신 러시아는 독일로부터 기계와 기술을 수입해왔다. 러시아 무역의 절반 이상을 EU가 차지할 정도로 러시아와 유럽의 무역과 경제구조는 탄탄히 연계되어 있었다. 문화적 측면은 말할 것도 없다. 러시아를 완전한 유럽 국가로 보긴 어렵지만 그 문화적·국가적 정체성이 유럽과의 교류 속에서 발전해온 데에는 이론이 없다. 기독교 문명, 고대 그리스와 로마의 유산, 그리고 계몽시대 유럽을 거쳐 현대에 이르기까지 러시아의 음악, 무용, 예술은 다분히 유럽적이다. 톨스토이Lev Tolstoy, 체호프Anton Chekhov, 차이콥스키Pyotr Tchaikovsky를 유럽의 문화예술과 떼어놓고 생각하는 것은 불가능하다.[28] 특히 표트르 대제 이후 유럽의 문물과 제도를 배우려고 노력한 서구화 정책의 영향이 컸다. 볼셰비키혁명이 터지고 동서 냉전이 형성되면서 서구와의 거리가 멀어졌으나, 냉전 종식 이후엔 다시 서방의 일원이 되고자 노력해온 러시아였다. 그런데 우크라이나전쟁으로 이 모든 게 바뀌는 상황이 도래했다. 유럽의 주요 국가들이 모두 나서서 대러 제재에 동참하고 있고, 우크라이나에 대한 재정적·군사적 지원을 아끼지 않고 있다. 러시아가 전투는 우크라이나와 하고 있지만 사실상 서방 전체와 힘겨운 전쟁을 벌이고 있는 형국이다.

러시아로서는 유럽에 대한 선망과 접근을 접고 다른 선택지를 모색할 수밖에 없는 상황에 몰렸다. 서쪽이 막혔으니 손을 뻗칠 곳은 동남 방향밖에 없다. 구소련이 속했던 근외 지역에서 자신의 위상을 재정립하는 가운데 중국, 이란 등 미국의 패권에 반대하는 세력과 공동 전선을 구축하는 전략이다. 특히 중국과의 전략적 연대에 공을 들이고 있다. 2022년 베이징 올림픽에서 중국과 러시아는 양국의 우정에 "한계가 없음"을 강조했고, 2023년 3월 푸틴 대통령과 시진핑 주석은 다시 한 번 "한계 없는" 양국 파트너십을 부각시켰다. 실제로 2022년 중·러 간 교역액은 1,900억 달러로 전년의 1,470억 달러에 비해 크게 증가했다. 2023년 들어서도 이런 흐름은 유지되고 있다. 가스관 건설 프로젝트도 한창이다. 2014년 건설된 시베리아 가스관을 만주 지역으로 연결시킨 동부 노선을 통해 러시아 천연가스가 만주 지역에 공급되도록 한 바 있고, 현재는 남서부 시베리아 알타이 지역에서 신장까지 이어지는 2,700킬로미터 길이의 가스관 건설 프로젝트가 진행 중이다.[29] 유럽이 그랬듯이 중국이 러시아에 소비재를 수출하고 대신 러시아산 석유와 천연가스를 수입하는 형태다.

군사적으로도 중·러 양국은 부쩍 가까워지고 있다. 중국은 많은 현대 무기를 자체 생산할 수 있을 정도로 발전했지만, 아직 미사일, 전투기 엔진, 잠수함 등의 분야에서 러시아의 첨단 군사기술을 필요로 한다. 10년 전만 해도 크렘린은 중국과 첨단 군사기술을 공유하는 것을 꺼려했지만, 지정학적 고립을 타개하고 든든한 우방을 확보하기 위해 예전의 인색함에서 벗어나는 모양새다. 시진핑과의 정상회담을 위해 베이징을 방문한 푸틴의 수행 인원 중 세르게이 쇼이구 Sergei Shoigu 국방장관, 과학기술 담당 체르니셴코 Dmitry Chernyshenko 부총리 등 절반 이상이 러시아 무기와 군사기술 책임자였다는 것도 시사적이다.[30] 중·러 간 합동 군사훈련도 활발하다. 발트해, 블라디보스토크 인근 동해, 극동 시베리아 등 장소를 가리지 않고 대규모 해상 및 지상 훈련을 벌이고 있다.

중국과 러시아가 가까워지는 것은 양국 모두 서로를 필요로 하기 때문이다. 러시아는 유럽과의 단절을 보상해줄 수 있는 지정학적 우군과 가스·석유 등의 수요처가 필요하고, 중국으로서는 러시아의 군사기술 그리고 말라카해협을 거치지 않는 안전한 에너지 공급원이 필요하다. 양측은 또한 4,300킬로미터의 긴 국경을 맞대며 주변국을 공유하고 있다. 카자흐스탄, 키르기스스탄, 타지키스탄, 몽골 등 이웃 국가와 원만한 관계를 유지하는 차원에서도 중·러 관계의 안정적 관리가 필요하다. 무엇보다 중·러 양국은 미국의 자유주의 패권에 공동 대항하는 전략적 목표를 공유하고 있다. 미·중 전략경쟁이 심화될수록, 우크라이나전쟁으로 인한 대러 압박이 심해질수록, 중·러 양국을 묶어주는 유인은 강력해질 수밖에 없다.

다만 중국과의 연대가 러시아를 구원해줄 수 있는 출구인지는 미지수다. 현재는 현실적 필요 때문에 손을 잡고 있으나, 양국 협력의 미래에는 근본적 한계가 있다. 러시아의 동진으로 비롯된 16세기 말부터의 영토분쟁, 1950년대 말 흐루쇼프-마오쩌둥 간의 이데올로기 논쟁, 1960년대 후반 국경충돌 등을 겪어온 양국 사이에는 깊은 불신감이 저변에 깔려 있다. 블라디보스토크항을 중국과 공유하도록 한 최근 러시아의 조치에 대해서도 중국인들은 고마움을 느끼지 않는다. 중국의 동해 진출 차원이라면 두만강 접근이 이미 오래전부터 이루어졌어야 했다고 생각하며, 무엇보다 중국이 동해 진출을 상실했던 것 자체가 허약했던 청나라 시절 러시아가 베이징 조약을 통해 헤이룽장-우수리강 영토 150만 킬로미터를 중국으로부터 빼앗은 결과라는 점을 잊지 않고 있다.[31] 인종, 종교, 문화적 이질감도 심해서 차가운 손익계산 외에는 중국인과 러시아인을 묶어주는 끈끈한 유대감이 없다.

무엇보다 중·러 협력을 바라보는 양국의 비대칭적 입장이 문제다. 양국 모두 전략적 협력 필요성은 느끼지만, 그 정도에는 분명히 차이가 있다. 중국이 볼 때 러시아는 중요한 국가이긴 하지만 운명을 같이할 정도로 중요한 나라는 아니다. 러시아에 중국은 제2위의 무역 상대국인 데 비해, 중국에게 러시아의 무역 비중은 10번째에 불과하다. 중국 입장에서는 미국, 유럽, 일본이 러시아보다 훨씬 중요하다. 우크라이나전쟁 와중에 러시아를 지지하면서도 중국이 직접적인 대러 군사 지원을 삼가고 있는 것도 유럽과의 관계가 망가지는 것을 염려하기 때문이다.[32]

반대로 모스크바도 베이징과의 협력이 절실히 필요하기는 하지만, 다른 한편으로는 중국에 대한 두려움과 거부감도 상당하다. 알렉산더 두긴과 같은 전략가는 티베트, 신장, 몽골이 러시아 안전보장의 벨트임을 지적하며, 중국이 유라시아 러시아에 위협 세력이라고 단정한다.[33] 일단 경제력과 인구 면에서 나타나는 압도적 격차를 신경 쓰지 않을 수 없다. 극동 시베리아의 러시아인 인구는 620만 명에 불과한데, 만주에 거주하는 중국인 인구는 그 15배에 달한다. 중·러 접경 지역이 자연스럽게 중국화되는 것을 러시아는 두려워할 수밖에 없다. 중국의 힘이 커질수록 러시아의 전통적 세력권인 중앙아시아에서조차 중국과 힘겨운 영향력 경쟁을 해야 할지도 모른다.

러시아가 직면한 어려움은 다른 어떤 것보다 러시아 그 자체다.

유럽과의 단절, 중·러 협력의 불확실성이 외부적 도전이라면 국가 경쟁력의 저하는 내적 도전이다. 러시아 경제가 창조와 혁신 대신 자원 의존적인 구조에 안주하는 한 러시아의 미래는 밝지 않다. 핵무기와 상임이사국 지위라는 자산만으로는 강대국의 지위를 유지하고 발전시키기 어렵다. 러시아의 과도한 지정학적 위상도 부담이 될 수 있다. 경제는 중국의 12분의 1, 미국의 18분의 1에 불과한데, 우크라이나, 벨라루스, 아르메니아-아제르바이잔 분쟁, 시리아 내전 등 과도하게 지역 문제에 관여하고 있다. 로마제국, 소련제국이 겪었고, 탈냉전 시대 미국 외교의 문제로도 거론되는 과잉 팽창의 문제다. 물리적 힘이 뒷받침되지 않은 상태에서 진행되는 해외 모험주의와 팽창은 결국 국력의 소진을 가져오고, 주변국의 반발과 공포만 유발하는 역효과를 낳는다.

선택하지 않는 남반구 국가들

우크라이나전쟁으로 세계가 양분된 것처럼 보인다. 미국을 중심으로 한 자유주의 진영과 중·러를 위시한 권위주의 진영 간의 반목과 대결이 더욱 부각되고 있다. 전쟁 발발 1주년 기념 연설에서 "우크라이나는 세계를 하나로 묶었다"고 젤렌스키 대통령은 선언했다. 젤렌스키가 언급한 세계를 서방으로 한정한다면 이는 틀린 말이 아니다. 그러나 외견상 서방의 단결과 중·러의 대응에도 불구하고 세상은 양분된 것이 아니라 훨씬 복잡하게 분열되어 있는 것에 가깝다.[34] 서방과 중·러 사이에 끼인 많은 국가들이 존재하기 때문이다.

우크라이나전쟁이 발발하자 유엔은 대러 규탄과 제재에 착수했다. 유엔 총회에서 러시아 침공을 규탄하는 결의안이 141 대 5의 압도적 차이로 통과되었다. 외견상 보면 러시아가 고립되어 있고 젤렌스키의 언급처럼 세계가 우크라이나 지지로 연대한다는 인상을 준다. 그러나 47개 국가는 기권하거나 불참하는 쪽을 택했다. 이후에도 40여 개 국가가 러시아 규탄 결의에 반복적으로 기권하거나 반대 입장을 견지하고 있다. 이는 세계 인구의 절반에 해당하는 규모다. 침략 규탄에는 동조했지만, 제재에 미온적 반응을 보인 국가는 더욱 많다. 제재에 적극적인 나라는 유럽과 호주, 뉴질랜드, 한국, 일본의 AP4 등 미국의 동맹 또는 우방국밖에 없다. 다시 말해 세계의 절반 이상이 어느 한 편에 서기를 거부하며 일종의 방관자 입장에 머물러 있는 상황이다.

선택을 거부하는 나라들의 분포와 구성은 다양하다. 이들은 인도, 인도네시아, 베트남, 브라질, 아르헨티나, 이집트, 남아프리카 등 아시아, 남미, 중동, 아프리카에 모두 걸쳐 있다. 권위주의 국가도 있지만 인도, 브라질과 같이 민주주의 국가들도 포함되어 있다. 이들 국가의 인구는 전 세계의 45퍼센트를 차지하며, 전 세계 GDP에서 차지하는 비중은 18퍼센트에 달한다. 국제정치에서의 영향력이 결코 작지 않다. 자유주의와 권위주의 진영 대결이 심해지는 현 국제정세에서 독자적 활로를 모색하는 국가들을 통칭해서 통상 글로벌 사우스(남반구)로 부른다. 남반구라는 표현은 아시아, 아프리카, 라틴아메리카의 개발도상국을 지칭해 제3세계라고 부르던 역사적 연원과 관련이 있다. 지금도 산업화된 북반구 선진국들과 대비해 경제적 불평등에 초점을 맞추는 경향이 있다. 또한 냉전 시대 비동맹 외교 전통을 이어받은 측면이 있다. 다만 현재의 남반구 진영은 인도와 같은 경제 대국, 사우디아라비아와 같은 부유한 권위주의 국가, 튀르키예와 브라질과 같은 주요 지역 행위자들도 포함하고 있다. 한마디로 남반구는 엄격한 블록으로 간주될 정도로 행동이 통일되고 응집력이 강한 집단은 아니다. 그러기엔 국력, 정치 체제 등 이질적인 것이 너무 크다.

다만 이들의 대외 행동에 남반구만의 독특한 관점과 정체성이 깔려 있음은 분명하다. 이들 국가들은 대단히 실용주의적이며 때로는 기회주의적인 행동도 서슴지 않는다.[35] 브라질, 인도, 남아프리카공화국, 그리고 중동의 많은 나라들은 오로지 자국의 이익에 따라 엄격히 행동하고 있다. 사우디아라비아는 전통적인 친미 국가임에도 불구하고 대러 제재에 불참했고, 석유 증산을 요청하는 바이든의 요구를 들어주지 않았다. 오히려 시진핑 주석과 정상회담을 하며 원유거래를 위안화로 결제하는 등 독자적 활로를 모색하고 있다. 쿼드 QUAD의 일원인 인도는 대러 제재 불참은 물론 대폭 할인된 가격으로 러시아 원유를 대량으로 구매하고 있다. 우크라이나전쟁으로 오히려 반사이익을 챙기고 있는 것이다. 이들 국가에게 윤리와 가치, 국제규범을 호소하는 서구의 노력은 효과를 보지 못하고 있다.

우크라이나전쟁을 보는 시각에서 이 점은 명확히 드러난다. 서구의 입장에서 우크라이나전쟁은 자유를 위한 투쟁이며 국제질서를 수호하기 위한 전쟁이다. "유엔 안보리 상임이사국이 이웃 국가를 침략한 것은 전 세계에 영향을 미치는 위협"이라고 규정한 카야 칼라스Kaja Kallas 에스토니아 총리의 발언이 대표적이다.[36] 단순한 유럽 전쟁이 아니라는 뜻이다. 숄츠 독일 총리도 "러시아의 우크라이나 침략 전쟁으로 한 시대가 막을 내렸다"고 선포한 바 있다.[37] 서구가 그만큼 우크라이나전쟁을 폭정에 맞서는 전 지구적인 투쟁이며 국제질서의 미래가 걸려 있는 세기사적 사건으로 본다는 것을 의미한다. 남반구 국가들은 여기에 동의하지 않는다. '우크라이나전쟁은 기본적으로 유럽에서 터진 유럽 전쟁이다. 유럽의 문제를 전 세계의 문제로 확대하지 말라'는 것이 이들의 기본적 생각이다.[38] 따라서 전 지구적인 대러 투쟁에 동참하라는 서방의 요구는 이들에겐 어불성설이다. 유럽의 지역 분쟁에 왜 아시아와 아프리카, 남아메리카 국가들이 말려 들어가야 하느냐고 이들은 반문한다. "우크라이나가 내일의 동아시아"가 될 수 있다는 일본 기시다 총리의 발언은 이들에겐 공감을 불러일으키지 못하고 있다.

남반구 국가들이 보기에 국제정치엔 항상 무질서와 폭력, 전쟁이 점철되어왔다. 2000년 이후만 해도 미국이 주도한 아프가니스탄전쟁, 이라크 침공이 있었고 2011년엔 나토군의 리비아 개입이 있었다. 중동에선 2011년에 터진 시리아 내전이 10년 넘게 계속되면서 최소한 30만 명의 희생자와 200만여 명의 난민이 발생했고, 에티오피아에서는 극심한 유혈 분쟁으로 60만 명이 넘는 사망자가 발생했다. 이런 지정학적 사건들과 인도적 재앙에 둔감했던 서방이 유럽 한복판에서 벌어진 우크라이나전쟁에 유독 특별한 의미를 부여하는 것에 대해 남반구 국가들은 공감하지 못한다. 남반구 국가들이 푸틴의 침략을 옹호하는 것은 아니다. 이들도 주권 국가 침공에 반대하며 비인도적인 전쟁범죄 문제를 지적한다. 다만 우크라이나전쟁이 마치 역사에 없었던 특별한 사건인 양, 전대미문의 대사건인 양 떠드는 것에 공감을 표시하지 않는 것뿐이다.

강대국은 자신의 필요에 따라 언제든지 자의적으로 무력을 행사해왔다. 나토의 유고슬라비아 폭격, 러시아의 조지아 침공, 미·영·프·러의 시리아 내전 개입이 다 그런 사례들이다. 우크라이나전쟁도 강대국이 벌여온 자의적 무력 행사의 또 다른 사례일 뿐이라는 게 이들의 시각이다.[39] 난민에 대한 반응도 마찬가지다. 중동, 북아프리카, 남아시아 분쟁을 피해 유럽을 찾은 난민들에게는 무관심하거나 적대적인 반응을 보였던 유럽이 우크라이나 난민들에게는 훨씬 따뜻한 태도를 보이고 있다. 이를 두고도 인종적·문화적 친밀감에 따른 차별적 대우가 아니냐는 것이 남반구의 반응이다.

서방이 강조하는 '규칙 기반 국제질서'에 대해서도 남반구 국가들은 냉소적인 반응을 보인다.[40] 미국과 유럽은 규칙 기반 질서 덕분에 국제정치가 위험하고 자의적인 무정부 상태를 극복할 수 있다고 강조한다. 규칙이 없다면 국제정치는 강자의 폭력에 노출된 정글과 다름없기 때문이다. 현재의 규칙 기반 질서가 단순히 서구의 구조가 아니라 "전 세계가 공유하는 열망을 반영한 것"이라는 블링컨 Tony Blinken 미 국무장관의 발언은 이를 지적한 것이다.[41] 규칙 기반 질서가 현재 너무나 자명한 진리처럼 회자되고 있지만, 사실 이 표현은 1990년대 들어서야 사용되기 시작한 새로운 용어다.[42] 냉전이 끝나고 자유주의 패권이 전 세계로 확장되면서 등장한, 미국이 추구하는 글로벌 질서의 정신을 담고 있는 프레임워크다. 당연히 서구식 자유민주주의 요소가 기본적 작동 원리고, 그 이면에는 미국의 이해와 패권이 작동하고 있다. 세계은행과 IMF만 봐도 이 점은 명확하다. 지분 구조는 사실상 미국과 유럽의 지배력을 보장하고 있고, 총재는 세계은행의 경우 미국인이, IMF는 유럽인이 독점하고 있다. 남반구 국가들이 누가 규칙을 제정했는지, 누구의 이해에 복무하는 규칙인지를 묻는 것은 이 때문이다.

남반구 국가들이 서방의 호소에 공명하지 못하는 것은 서방이 그동안 보여온 이중 잣대와 위선 때문이다. 규칙 기반 질서가 서방의 이해를 반영하고 있는 불평등도 문제지만, 서구 강대국들은 언제나 자신들의 편의에 따라 그 적용을 회피하거나 아예 규칙을 바꿔왔음을 남반구 국가들은 지적하고 있다.[43] 미국 우선주의를 기치로 강화되고 있는 보호주의적 정책이 대표적이다. 미국 제조업 경쟁력 강화를 위해 보조금을 지급하고, 관세·비관세 장벽을 높이는 현재 미국의 정책은 자유무역 정신에 정면으로 반한다. 과거 같았으면 모두 WTO 제소감이다. 그런데 미국은 거침없이 반자유주의적인 정책을 펼치고 있다. 미국 내 제조업 공동화空洞化, 미·중 경쟁 격화가 그 배경이지만, 기존 규칙을 훼손하고 있는 것은 분명하다. 그러자 유럽도 질세라, 핵심 산업의 역외 유출을 방지하기 위해 보조금 지급을 확대하고 있다. 지난 수십 년 동안 세계는 자유무역이라는 국제규범을 구축하기 위해 노력해왔는데, 미국과 유럽 스스로가 이런 규칙을 깨고 있다고 비판받는 이유다. 미국이 내세우는 가치 외교도 비판의 대상이다. 인권과 자유를 중시하는 명분과 달리 그 이면에는 미국의 지정학적 이해관계가 우선하기 때문이다. 국제인권단체 프리덤하우스가 전 세계 국가 중 50개 국가를 독재국가로 분류한 바 있는데, 2021년 기준 미국은 이 중 35개 국가에 군사 원조를 제공하고 있다.[44] 미국의 이익에 부합한다면 민주니 독재니 하는 가치는 뒷전에 밀리고 있는 셈이다.

이라크 침공도 잊히지 않고 소환되는 미국의 치부다. 미국은 존재하지도 않은 대량살상무기의 위협을 근거로 이라크를 침공한 전력이 있다. 유엔의 결의가 없었음은 물론이다. 이로 인해 이라크에서는 혼란과 무질서, 종파적 충돌이 이어졌고, 30만 명이 목숨을 잃고, 600만 명의 난민이 발생했다.[45] 국제규범을 무시한 이 엄청난 사건에 대해 사과하거나 책임을 지는 사람은 아무도 없었다. 이런 기억이 있는데, 우크라이나전쟁을 "인류에 대한 공격"으로 규정한 해리스Kamala Harris 부통령의 연설이 남반구 국가들에 먹힐 리가 없다.[46] 유엔의 승인 없이 해외 군사 개입을 자행한 경우는 이라크 침공뿐이 아니다. 미국은 종종 다른 국가의 내정에 속하는 정치 체제의 전환을 시도했고, 이는 주권의 불가침성이라는 국제규범 밖에서 이루어진 행동들이었다. 1999년 나토의 유고슬라비아 공습도 유엔의 승인 없이 이루어진 군사작전이었다. 더욱이 유럽은 과거 제국주의 국가였다는 원죄가 있다. 남반구 많은 국가들은 유럽의 식민 지배를 당했던 국가들이다. 그러니 이런 나라들에게 푸틴의 전쟁이 제국주의적 모험이라고 비난하는 것은 설득력이 약할 수밖에 없다.

규칙 기반 질서가 호소력을 갖지 못하는 가장 대표적인 지역이 아프리카이다.[47] 아프리카의 대부분 국가들은 제재에 참여하지 않고 러시아와 무역 관계를 유지하고 있다. 아예 러시아 규탄 결의안 자체에 참여를 거부한 나라만 17개국이나 된다. 아프리카의 이런 태도는 서방의 반발을 샀다. 2022년 7월 마크롱Emmanuel Macron 프랑스 대통령은 카메룬을 방문한 자리에서 아프리카 국가들이 전쟁을 전쟁이라 부르지 않는다고 비판했다. 아프리카가 보인 중립성은 국제규범에 눈을 감는 배신행위라는 것이다. 그러나 아프리카 국가들은 서방이 이런 말을 할 자격이 있는지 반문한다. 그들은 서구가 아프리카에 행했던 수탈의 역사를 기억하고 있다. 노예무역, 식민지, 인종차별을 당해왔고, 현재는 부패한 아프리카 엘리트와 결탁해 대륙의 자원을 착취하고 있다고 생각한다. 또한 아프리카의 불안정과 혼란의 배후에는 자유와 민주주의의 이름으로 행한 강대국의 군사 개입이 있다는 비판의식도 있다. 알카에다와 IS 등 폭력적인 극단주의 이슬람 세력은 이라크, 시리아 침공을 계기로 힘을 얻었고, 이후 아프리카 전역으로 퍼져나갔다. 차드, 말리, 니제르 등 국가 관리 역량이 약한 국가들이 일차적 희생자가 되었고, 케냐, 소말리아 등 동아프리카 지역에도 이슬람 테러리즘이 뿌리를 내렸다. 강대국이 시작한 전쟁 때문에 애꿎은 아프리카인들이 고통을 받고 있다는 비판이다. 이런 국가들에게 국제질서 수호를 외치는 것은 공허하게 들릴 뿐이다. 아프리카 어느 나라도 규칙 기반 질서에 아프리카의 입장이 반영되어 있다고 생각하지 않는다. 또 그 규칙이 강자의 변덕과 탐욕을 제어해주는 일관된 원칙임을 믿지 않는다.[48] 요컨대 그것은 지배자의 질서일 뿐이라는 게 많은 아프리카인들의 생각이다.

남반구 국가들이 보이고 있는 이중 외교를 잘 보여주는 대표적 사례가 인도다. 인도는 호주, 일본과 함께 쿼드의 일원으로서 미국의 핵심 우방국이다. 미국의 중국 견제 필요성이 커질수록 인도의 지정학적 가치는 커질 수밖에 없다. 미국의 인도·태평양 전략 자체가 인도 없이는 성립할 수 없다. 바이든의 초청으로 워싱턴을 방문한 모디Narendra Modi 인도 총리는 더할 나위 없는 극진한 대접을 받았다. 그런 인도가 러시아를 규탄하거나 제재에 동참하라는 미국의 요구는 단호히 거절하고 있다. 더 나아가 우크라이나전쟁 이후 할인된 가격으로 러시아 원유를 더 많이 사들이고 있다. 서방 입장에서 보면 러시아의 전쟁 자금을 고갈시키기 위해 취해진 대러 제재에 구멍을 내는 배신행위다. 당연히 미국을 비롯한 서방은 실망감과 당혹감을 감추지 못하고 있다. 기회주의적 행동을 비판하는 서방에 대해 인도는 어떻게 대응하고 있는가? 우크라이나전쟁을 보는 뉴델리의 시각은 무엇인가?

물론 인도가 우크라이나 침공 자체를 두둔하는 것은 아니다. 모스크바가 주권 국가의 영토를 침범한 것이 국제규범 위반이라는 사실은 인도도 인정하고 있다. 다만 규칙을 위반한 국가는 러시아만이 아니라는 게 인도의 지적이다. 미국도 여러 차례 국제규범을 공공연히 위반해온 전력이 있고, 그때 인도는 미국을 비난하거나 제재하지 않았음을 상기시킨다.[49] 있는 그대로의 국제정치 현실, 그 안에서 인도의 국익만을 생각한다는 게 뉴델리의 기본 입장이다. 인도가 러시아를 저버리지 못하는 데에는 냉전 시대까지 거슬러 올라가는 인도-러시아 간의 특별한 관계가 있다. 파키스탄과의 전쟁 등 어려움에 처했을 때 인도를 도와준 나라는 미국이 아니라 러시아였다. 지금도 인도는 군수물자의 60퍼센트 이상을 러시아에 의존하고 있다. 러시아와 우호적 관계를 형성하지 않고서는 러시아제 무기체계와 장비의 기본적 운영 유지도 어려울 수가 있다. 지정학적 관점에서도 러시아가 고립되는 것은 인도에게 부담이다. 러시아와 중국 간의 밀착을 심화시켜서 중국을 관리하는 것이 더욱 버거워질 수 있기 때문이다.

인도는 마치 '역사의 옳은 편'에 서라는 듯한 미국의 설교를 들으려 하지 않는다. 로런스 서머스Lawrence Summers 전 재무부 장관은 "역사의 옳은 편에 서지 않는 사람들이 점점 더 다양한 구조로 뭉치고 있다"고 지적한 바 있다.[50] 중국과 러시아의 밀착을 가리키는 말이다. 그러나 인도의 DNA에 '역사의 옳은 편'을 추종한다는 생각은 아예 없는 것 같다. 인도 초대 총리 자와할랄 네루Jawaharlal Nehru는 "우리는 러시아 편도 아니고 미국 편도 아니다. 우리는 인도 편이다"라고 일갈한 적이 있다.[51] 고대 문명의 발원지로서, 역동적으로 성장하는 인구 대국으로서 인도는 미국의 2중대 역할을 할 생각이 전혀 없다. 미·중 경쟁이든 우크라이나전쟁이든, 명분과 정당성으로 포장된 강대국의 이익에 휘둘릴 마음이 없다는 게 인도의 입장이다. 이런 면에서 인도는 솔직하다. 자신은 인도의 국익만을 생각할 뿐 미국처럼 세계를 향해 도덕적 설교를 하지 않는다는 것이다. 하지만 국제정치엔 이익도 있지만 정당성도 중요하다. 진영 대결이 노골화된 세상에서 이른바 줄타기 외교를 계속하면 양측 모두로부터 소외될 우려도 있다. 그러나 인도는 자신이 갖고 있는 경제적 가치, 지정학적 위상을 충분히 활용하는 데 거리낌이 없어 보인다. 우크라이나전쟁 와중에도 '눈치 보지 않는 외교', '선택하지 않는 외교'를 인도는 분명하게 보여주고 있다.[52]

남반구 국가들은 우크라이나전쟁의 잘잘못을 따져 어느 한 편을 편드는 데 관심이 없다. 규칙 기반 질서 자체에 깊은 회의감을 갖고 있는 이들은 미국과 유럽을 위해 자신들의 이익을 희생할 이유가 없다고 생각한다. 푸틴의 침공으로 우크라이나인들이 고통받고 전 세계의 식량위기가 고조된 것은 이들도 인정한다. 그러나 서방의 대러 제재는 공급망 교란과 곡물 위기를 악화시킬 뿐이며 전쟁이 끝나지 않는 데에는 서방의 계산도 작용하고 있다는 게 남반구 국가들의 생각이다. 이들은 누가 승리하는지에 대해서는 큰 관심이 없다. 빨리

전쟁이 종식되어 세계 경제가 안정되는 것이 이들의 주요 관심사다. 서방과 중·러 진영, 그리고 남반구로 세계가 그야말로 삼분되어 있는 형국이다.

07   국제정치의 폭력성에 대하여

서방의 주류적 시각은 러시아의 우크라이나 침공을 전후 유엔 체제 및 탈냉전 규칙에 대한 유례없는 정면 도전으로 간주한다. 즉 20세기 이전 횡행했던 영토 정복 전쟁이 다시 21세기 유럽 한복판에서 재현되고 있다는 점에서 국제정치 안정의 기본 토대가 위험에 처해 있다고 경고한다. 국제평화와 안전을 담보해야 할 유엔은 제 기능을 상실한 채 마비되어 있고, 비핵 국가인 우크라이나에 대한 반복적인 핵사용 위협으로 비확산 규범도 훼손되고 있다는 지적이다. 자유주의 학파를 대표하는 존 아이켄베리^{John Ikenberry} 교수에 따르면 규칙 기반 질서를 구성하는 세 가지 핵심 원칙이 있는데, 그것은 첫째, 무력을 통한 영토 변경 금지, 둘째, 민간인에 대한 폭력 불용, 셋째, 핵무기 사용 위협 배제로 구성된다. 아이켄베리는 푸틴이 이 세 가지 원칙을 가장 노골적이고 폭력적인 방식으로 위반했음을 강조한다.[53] 실제로 러시아는 발전소, 병원, 학교 등에 대한 폭격을 서슴지 않고 있으며, 핵무기 사용 시사와 핵무기 부대 경계태세 격상 등 핵사용 위협을 반복한 바 있다. 아이켄베리 교수는 미국의 이라크 침공 전

력과 관련해서는 미국의 실수였다는 점에는 동의하면서도 이라크와 우크라이나를 같은 선상에서 볼 수 없다고 반박한다. 과연 그럴까? 러시아의 우크라이나 침공은 국제정치에서 얼마나 예외적 사건인가? 국제정치에 내재되어 있는 폭력성을 보다 깊이 이해하기 위해 아이켄베리로 대변되는 서방의 통념적 시각을 역사적 맥락 속에서 검토해본다.

주권국을 침공하는 강대국들

러시아의 우크라이나 침공은 명백히 유엔 규범을 위반했고 주권 국가 시스템에 대한 공격이다. 문제는 유엔의 권능 밖에서 일방적인 무력 행사가 역사적으로 많이 자행되어왔다는 점이다. 서방은 자유주의 국제질서가 전 세계에 안정을 부여하는 토대라고 생각한다. 그러나 자유주의 국제질서도 생각만큼 안정적이거나 규범성에 기초한 것만은 아니다. 미국만 해도 유엔의 승인 없이 해외 군사 개입을 자행한 경우가 상당히 많았다. 냉전 시절 미국이 다른 주권 국가의 체제 전환을 시도한 사례가 무려 72번에 달한다.[54] 나토의 경우 1999년 코소보전쟁, 2011년 리비아 개입이 있었다. 러시아 역시 서방과 마찬가지로 시리아에 개입한 바 있다. 무엇보다 2003년 미국이 이라크 침공은 두고두고 논란이 되는 미국의 수치이자 뼈아픈 실수다. 아이켄베리를 비롯해 서방의 많은 인사들은 미국의 이라크 침공과 러시아의 우크라이나 침공을 동일선상에서 비교하는 것을 좋아하지 않는다. 두 전쟁은 질적으로 다른 사건이며, 다르게 취급되어야 한다

는 게 이들의 생각이다. 그러나 과연 두 전쟁은 다른 종류의 폭력이
었는가?

부시 행정부의 이라크 침공도 유엔의 결의 없이 미국이 주도하는
자발적 연합국^{coalition of the willing}들이 감행한 자의적인 전쟁이라는 점에
서는 차이가 없었다. 전쟁 명분은 이라크가 대량살상무기를 보유하
고 제조한다는 것이었으나 침공 이후 국제원자력기구가 이라크 전
역을 샅샅이 뒤졌음에도 아무것도 나오지 않았다. 콜린 파월^{Colin Powell}
합참의장이 유엔에서 후세인^{Saddam Hussein} 정권이 대량살상무기를 보유
하고 있다는 증거를 보고했던 것도 거짓으로 판명되었다. 강대국이
합당한 이유 없이 국제규범을 무시하고 벌인 전쟁이라는 점에 대해
미국으로서도 할 말이 없는 셈이다. 러시아의 우크라이나 침공은 흔
히 '이유 없는 침공'이라고 비난받는다. 우크라이나가 러시아를 도발
하지 않았는데 러시아가 전쟁을 시작했다는 의미다. 이는 물론 젤렌
스키가 취한 나토 참여 움직임이나 돈바스 지역의 특별지위 부정 등
의 러시아 자극 행위를 도발에 포함시키지 않았을 때의 얘기다. 이
런 기준으로 보면 후세인도 미국을 자극했을 수는 있어도 침공이 정
당화될 만큼 도발을 했다고 보기는 어렵다. 이라크 침공의 정당성
문제는 전쟁 시작 전부터 국제사회의 논쟁을 불러일으켰다. 나토 동
맹국인 프랑스와 독일조차 부시 행정부의 군사 행동을 공개 비난했
다. 우크라이나전쟁으로 유엔이 마비되었다는 비판과 위기의식이
있으나, 안보리의 분열과 유엔 시스템의 무력화 논란은 2003년에도
마찬가지로 존재했다.

이라크전쟁과 우크라이나전쟁의 차이를 강조하는 인사 중에는 전
쟁의 당사자와 목적이 다르다는 점을 지적한다. 민주적으로 선출된

지도자를 갖고 있는 우크라이나와 사담 후세인의 억압과 폭정에 시달리는 이라크가 같을 수 없다는 것이다. 물론 침공을 당한 두 나라의 정치 체제는 다르다. 우크라이나는 여러 흠결에도 불구하고 엄연한 민주주의 국가이고, 이라크는 최악의 독재국가 중의 하나였다. 그렇지만 이것이 절대적 문제인가? 이라크가 폭정에 신음하던 나라였다는 것은 맞지만, 독재국가는 유엔 결의 없이 강대국이 자의적으로 침공해도 되는가? 독재국가도 엄연히 주권 국가라는 점을 받아들인다면, 미국의 이라크 침공도 주권 국가 시스템에 대한 위반이었다는 점에 반론이 있기 어렵다.

러시아의 우크라이나 침공은 영토적 야심이 결부되어 있고, 미국의 이라크 침공은 그렇지 않다는 반론도 있다. 푸틴은 단순히 주권 국가를 침공한 것에 그치지 않고, 우크라이나의 영토 일부를 영구히 빼앗는 것을 목표로 하고 있다는 것이다. 이에 반해 미국의 경우 이라크에 대해 영토 욕심은 전혀 없었다. 단지 이라크 정치 체제를 민주정으로 전환한 것에 지나지 않았다. 미국이 이라크 침공의 군사 작전명을 '이라크 자유 작전'으로 부른 것도 이와 무관치 않다. 그러나 주권 국가의 정치 체제 변화가 내부 구성원의 선택이 아니라 외부 세력의 침공에 의해 이루어지는 것은 영토의 약탈 못지않은 폭력이다. 사담 후세인은 2006년 12월 교수형으로 처형되었다. 만약 러시아가 우크라이나 키이우를 장악하고 친러 정권을 수립한 이후에 젤렌스키 대통령이 처형된다면 국제사회의 반응이 어떨까? 우크라이나 영토에 손을 대지 않은 채 이런 정치적 목적만 추구했다면 이것을 더 온건한 국제규범 위반으로 부를 수 있을까? 이라크전쟁으로 희생된 사람은 최소 30만 명에 이르고, 전쟁에 쏟아넣은 돈만 3조

달러로 추산되고 있다. 또한 600만 명의 이재민이 발생했으며, 이라크는 종파 분쟁으로 엄청난 학살과 혼란에 시달렸다. 실수라고 하기에는 그 대가가 너무 큰 재앙이라고 할 수밖에 없다.

태생부터 한계를 내장한 유엔

우크라이나전쟁으로 유엔의 권위가 붕괴되었고 안보리가 마비되었다는 지적도 유엔 시스템에 대한 일면적인 이해에 불과하다. 유엔은 집단안보의 정신에 의해 창설된 기구다. 집단안보는 구성원 중 누구든 어느 한 나라를 공격할 경우 나머지 전체 회원국이 공동 행동을 통해 침략국을 응징하는 시스템을 말한다. 평화에 대한 위협, 파괴, 그리고 침략 행위를 규정한 유엔 헌장 제7장이 이를 다루고 있다. 유엔이 우크라이나전쟁에 대해 제 기능을 다하지 못한다고 보는 이들은 침략국 러시아에 대해 유엔의 존재 이유인 집단안보가 작동되지 않는 점을 개탄스럽게 생각한다.

그러나 간과하지 말아야 할 것은 유엔 헌장은 평화유지의 책무를 유엔 총회가 아니라 안전보장이사회(안보리)에 위임하고 있으며, 안보리의 5대 상임이사국에 대해서는 거부권을 부여했다는 점이다. 거부권 부여의 논리는 강대국 전쟁 방지에 있다. 핵을 보유한 P5 국가에 대해 무력 응징이 이루어진다면 제3차 세계대전 내지 핵전쟁으로 비화될 수 있기 때문이다. 또한 거부권^{veto}이란 특권이 보장되지 않았다면 국제연합 창설 자체가 어려웠을 것이다. 2차 대전 전승국인 5대 강국이 자신의 주권을 제약하는 국제기구에 참여할 리가 없기 때문이다.

따라서 현재 유엔의 무기력한 모습은 얄타에서 유엔을 설계한 전승국들이 처음부터 의도해온 바라고 할 수 있다. 안보리의 마비는 제도의 결함도 아니고 특정 국가의 악용 때문에 발생하는 문제도 아니다. 원래 유엔은 그런 의도로 만들어진 것이고, 지금 설계된 대로 작동하고 있는 것뿐이다. 상임이사국의 의사에 반해 유엔의 집단안보가 작동하길 기대하는 것은 제도 자체의 취지에 반한다. 만약 그럴 경우 세계평화와 안정을 오히려 위협할 수도 있다. 1945년 겨울 크림반도의 얄타에서 루스벨트, 스탈린, 처칠 등 전승국 지도자가 뜻한 바가 지금 2020년대에 나타나고 있는 것이다.

유엔의 집단안보가 작동하기 위해서는 어떤 행동이 침략에 해당하는가에 대해 회원국들의 합의가 있어야 한다. 합의가 있은 다음에는 회원국들의 공동 행동을 이끌어낼 수 있어야 한다. 그러나 이런 조건은 좀처럼 쉽게 충족되지 않는다. 국제정치에서는 이미 친구와 적을 사전에 구분하고 있는 경우가 대부분이다. 주권 국가들은 자신이 처한 상황에 따라 각자 자신만의 관점이 있고 국익이 있다. 따라서 평화와 정의의 이름으로 무조건 행동에 나선다는 건 지나친 기대다. 미국의 이라크 침공에 대해 일부 우방국이 불만을 표시할 수는 있어도 제재에 나설 서방 국가는 없다. 러시아의 우크라이나 침공에 대해 인도, 브라질 등 대부분의 남반구 국가들이 중립적 입장을 견지하는 것도 마찬가지 이유다. 적어도 강대국의 이해가 관련된 사안에 대해서는 합의도 이루어지기 어렵거니와 단결된 제재와 응징은 더더욱 실현되기 어렵다.

강대국의 거부권으로 국제분쟁에 유엔이 무력했던 사례는 수도 없이 많다. 1957년 인도와 파키스탄 분쟁에 대해 소련은 거부권을 행사했고, 1970년대 미국은 이스라엘과 남아프리카공화국에 대한 결의안 채택을 막은 바 있다. 1956년 소련의 헝가리 침공이나 1960년대 미국의 베트남전쟁에서도 유엔은 무기력함을 드러냈다. 유엔의 전신인 국제연맹도 마찬가지였다. 체코슬로바키아 분할, 독일의 로카르노 조약 무시, 일본의 중국 침략 등 시대의 결정적 사건들을 관리하는 데 집단안보는 제 역할을 전혀 하지 못했다. 역사상 유엔의 집단안보가 성공적으로 작동한 것은 아주 예외적으로, 사실상 한국전쟁과 걸프전, 두 차례뿐이었다. 이 경우도 유엔의 결정에 따라 회원국의 공동 행동이 도출된 것이 아니고, 먼저 미국의 결정이 있고 난 다음에 유엔은 이를 추인하는 역할에 가까웠다.[55] 최근 2023년 12월 8일 이스라엘과 하마스의 즉각적인 휴전을 촉구한 유엔 결의안도 미국의 거부권으로 안보리 문턱을 넘지 못했다.

물론 강대국의 이해가 일치하는 경우에는 유엔이 움직일 공간이 생긴다. 냉전 시대 거의 마비 수준에 있던 유엔이 1990년대 이후엔 평화유지 활동을 적극적으로 전개한 것이 대표적이다. 유엔은 캄보디아, 동티모르 위기 때 적극적으로 활동했으며, 말리, 남수단, 아이티 위기에도 관여했다. 또한 환경, 공중 보건, 국제 형사사법 등에 관한 문제 해결에도 적극 나서고 있다. 모두 미국, 러시아, 중국 등 안보리 상임이사국들이 의견 일치를 이룬 덕분이다. 상임이사국으로서는 자신들의 핵심 이익만 침범되지 않는다면 특권이 보장된 유엔 자체가 무력해지는 것을 원치 않는다.[56] 이 때문에 유엔 시스템의 본질이 집단안보가 아니라 강대국 협조 체제에 가깝다는 견해도 있다. '1국 1표'가 주어지는 유엔 총회의 민주적 원칙과 달리 국제평화 유지의 핵심기구인 안보리는 철저히 강대국 중심의 불평등한 구조로 이루어져 있기 때문이다.

따라서 우크라이나전쟁으로 유엔이 작동을 멈췄다거나 위기에 처했다는 지적은 유엔 시스템 자체에 대한 몰이해에서 비롯된 측면이 크다. 유엔은 예나 지금이나 한계도 뚜렷하고, 효용도 있다. 분명한 것은 국제평화를 유지하는 핵심 기제는 집단안보가 아니라 힘의 균형과 노련한 외교라는 점이다. 유엔을 탓하며 개탄하기보다는 전쟁과 평화에 대한 안목과 분별력을 갖추는 것이 난세를 헤쳐가는 출발이자 지정학적 중간국인 한국에 요구되는 소양이 아닐까? 전쟁의 문턱이 낮아진 위험한 시대, 국제정치의 본질을 다시 한번 생각해보게 된다.

현대전의 상수가 된 민간인 폭격

전쟁이 장기화되면서 그 피해와 고통이 말할 수 없이 커지는 가운데, 특히 민간인 희생에 대한 국제적 비난 여론이 높다. 발전소, 병원, 학교 등에 감행되는 러시아의 무차별 폭격이 전투와 관련이 없는 민간인들까지 희생시키고 있기 때문이다. 유엔은 대부분의 민간인 사상자가 '광역 효과가 있는 폭발물 무기 사용'에 의해 발생했다고 밝히고 있다. 러시아는 부인하고 있지만, 우크라이나는 이를 두고 민간인에 대한 의도적 공격이며 학살이자 전쟁 범죄라고 강력히 비난하고 있다. 서방의 많은 관찰자들이 우크라이나전쟁을 국제규범에 대한 특별한 위험으로 간주하는 이유가 여기에 있다. 민간인 희생에 무감각할 뿐 아니라 민간인 희생을 전쟁의 수단으로 삼는 행태가 러시아의 작전술에 나타나고 있기 때문이다.

아이켄베리의 지적처럼 민간인에 대한 폭력은 전쟁 중이라도 정당화될 수 없다. 이는 엄연한 전쟁 범죄다. 전투원과 비전투원은 구분되어야 하며 전쟁 중이라도 허용되지 않는 행위가 있다는 관념은 17세기 이래 널리 받아들여지고 있는 국제법 규범이기도 하다. 그러나 인정하기 힘든 슬픈 사실은 국제법 규범과 현대전의 실체가 많이 다르다는 점이다. 키이우와 마리우폴에서 벌어지고 있는 일들은 사실 2차 대전 당시 런던과 베를린에서 훨씬 더 끔찍한 수준으로 자행된 바 있다. 태평양전쟁 때는 일본의 도시 자체를 불태우는 것이 미 항공대의 작전목표였을 정도다. 히로시마와 나가사키의 원폭 투하는 가장 비극적인 사례다. 히로시마 시민 7만여 명이 그 자리에서 즉사했는데, 희생자 대부분은 군수 노동자를 포함한 민간인들이었다. 원폭 투하 전에 핵무기의 위력을 일본에 경고하기 위해 공개 시연하자는 의견도 나왔으나, 결국 직접 사용하는 것으로 결론이 났다.[57]

도시 폭격은 2차 대전이나 냉전 시절의 예외적 현상이 아니었다. 냉전이 종식된 이후 1999년에 발발한 코소보전쟁도 마찬가지다. '고귀한 모루 작전'이라고 불리는 나토의 세르비아 공습은 78일간 1일 평균 452회, 총 3만 5,000여 회에 걸쳐 이루어졌는데, 이로 인해 500여 명의 민간인이 사망했다. 그중에는 실수로 인한 오폭도 있었지만, 발전소 변압기, 방송국 등 전략적으로 중요하다고 여겨지는 민간시설에 대한 의도적 폭격도 있었다.[58] 민간인 희생에 대해 서방 내부에서 비판이 없었던 것은 아니었다. 히로시마 원폭의 위력을 넘어서는 1만 개 이상의 폭탄이 퍼부어지면서 민간인 희생이 늘어가자, 서방 언론과 동맹국 내에서도 비판과 이견이 노출되기 시작했다. 유엔 난민고등판무관실에서는 나토의 공습이 "너무 무차별적이고 산만하게" 이뤄지고 있다고 공개 비판할 정도였다. 그러나 전쟁은 전쟁이었다. 나토 입장에서는 밀로셰비치^{Slobodan Milosevic} 유고 대통령의 인종 청소를 막아야 했고 코소보의 평화를 달성하기 위해 폭격을 멈출 수는 없었다. 이번 푸틴 한 사람의 만행으로 치부하기에는 그만큼 도시 폭격의 역사는 깊고, 어찌 보면 현대전의 비극적인 특징이라고도 할 수 있다.

정도의 차이는 있지만 민간인 희생에 대한 윤리적 자제는 나토 측에서도 무너지고 있는 모양새다. 2023년 9월 6일 바이든 행정부는 '더러운 폭탄^{dirty bomb}'으로 불리는 열화우라늄탄을 우크라이나에 지원한다고 발표했다. 열화우라늄탄은 우라늄 농축 과정에서 추출된 원료로 만든 포탄으로 화학적 독성 때문에 유해성 논란이 끊이지 않는 무기다. 폭발 과정에서 나온 방사능 먼지가 악성 종양, 선천적 기형, 불임을 초래한다는 지적이 있으며, 토양 및 지하수를 오염시킨다는 비난을 받아왔다. 냉전 시대에 개발되어 1991년 걸프전 때 처음 등장했고, 1998년 코소보전쟁에서도 사용되어 논란을 빚은 바 있다. 이런 윤리적 문제와 논란에도 불구하고 미국이 열화우라늄탄을 지원하기로 한 것은 폭탄의 높은 관통력 때문이다. 우크라이나의 대반격이 기로에 서 있는 상황에서 러시아의 요새화된 방어선을 뚫기 위해서는 장갑차나 전차의 철판을 뚫을 수 있는 보다 강력한 무기가 필요했던 것이다.

이보다 두 달 전인 7월, 미국은 집속탄^{cluster bomb}을 우크라이나에 지원하기로 결정한 바도 있었다. 하나의 폭탄 안에 수백 개의 자탄^{子彈}

이 들어 있는 집속탄은 모(母)폭탄이 상공에서 터진 뒤 그 속에 있던 새끼 폭탄이 쏟아져나와 사방으로 흩뿌려지면서 광범위한 파괴를 내는 무기다. 집속탄 1개만으로 축구장 3배 면적을 초토화시킬 정도로 파괴력이 크다. 집속탄이 문제가 되는 것은 소형 자탄의 상당수가 불발탄으로 남아 마치 지뢰처럼 민간인을 희생시킨다는 점이다. 새끼 폭탄의 불발률은 최대 40퍼센트에 달하는데, 2차 대전 이후 집속탄으로 인한 민간인 사상자는 5만 5,000~8만 6,000명에 이르는 것으로 알려져 있다. 베트남전쟁 때 사용된 집속탄으로 라오스에서는 2008년까지 연간 수백 명이 사고를 당했으며, 현재도 터지지 않은 불발탄이 시한폭탄처럼 곳곳에 남아 있다. 이런 문제에도 불구하고 바이든 행정부가 집속탄 지원을 결정한 것은 우크라이나의 탄약 부족 문제를 계속 외면할 수 없었기 때문이다.

일단 전쟁이 터지면 전략적 요구 앞에 윤리적 고려는 밀릴 수밖에 없는가?[59] 미국 내부와 일부 우방국의 반대에도 불구하고 바이든 행정부는 연이어 비윤리적 무기를 우크라이나 전장에 투입하고 있다. 이 때문에 러시아에 대해 누려오던 미국의 도덕적 우위가 훼손된다는 비판도 나오고 있다. 미국만이 아니다. 나토 회원국 중 열화우라늄탄을 우크라이나에 처음 지원한 나라는 영국이었다. 지난 3월 영국의 지원이 알려지자, 러시아는 핵충돌이 가까워졌다고 반발한 바 있다. 물론 국제법을 위반하고 전쟁 규범을 가장 노골적으로 무시한 나라는 러시아다. 애초에 주권 국가의 영토적 존엄성을 무시하며 침공을 감행했고, 이후 민간인 학살 등 러시아의 잔학행위를 고발하는 사례도 잇따랐다. 집속탄의 경우도 러시아는 이미 무차별적으로 우크라이나를 향해 사용하고 있다는 의혹을 받고 있다. 2022년 여름부터 전개된 바흐무트 격전 등 동부 도시 초토화 과정에서 집속탄이 광범위하게 사용되었다는 것이 국제인권단체들의 주장이다. 따라서 정도의 차이일 뿐 전쟁이 장기화되면서 윤리적 고려는 점차 뒷전으로 밀리는 모양새다.

아이켄베리가 지적한 세 번째 국제규범의 위반, 즉 푸틴의 핵사용 위협도 국제정치에서 새로운 문제는 아니다. 우크라이나 침공 이전부터 현재까지 푸틴은 여러 차례 노골적으로 핵사용을 위협해왔다. 핵탄두 미사일의 우크라이나 국경 배치, 특별 경계태세 발령, 직접적인 핵사용 경고 등 여러 방식을 통해 핵위협을 서슴지 않았다. 냉전 종식 이후 상상할 수 없었던 일로 여겨지던 핵무기 사용이 다시 가능성의 영역으로 들어온 것이 아니냐는 국제사회의 우려가 높아지고 있다. 이를 두고 많은 사람들은 러시아의 위협적 언동이 핵 비확산 국제규범을 약화시키는 전례 없는 행동이라고 비난하고 있다. 핵보유국이 비핵국가에 핵사용 위협을 하는 것은 NPT(핵확산금지조약) 규정과 정신을 저버리는 행위라는 데 이론이 있을 수 없다. 러시아의 노골적 핵사용 위협이 비확산 규범을 약화시키고 핵사용 금기를 허물 위험이 있다는 지적도 틀린 말은 아니다.

그러나 핵의 역사에서 푸틴의 핵위협은 전혀 새로운 현상이 아니다. 히로시마와 나가사키 이후 핵위협은 수없이 이루어져왔다. 케네디 행정부 시절 핵 작전계획 수정에 깊이 관여했던 대니얼 엘즈버그 Daniel Ellsberg는 이 문제를 정면으로 제기한 바 있다. "핵전쟁 기획가의 고백"이란 부제가 달린 책에서 그는 역대 미국 대통령이 행사한 25번의 핵사용 위협 사례를 적시했다.[60] 한국전쟁과 베트남전쟁뿐 아니라 베를린 봉쇄 위기(1948년 6월), 대만해협 위기(1954년 9월~1955년

4월), 수에즈 위기(1956년), 판문점 도끼만행 사건(1976년 8월), 중동에서의 카터 독트린(1980년 1월) 등이 그 사례들이다. 냉전이 끝난 후에도 마찬가지다. 이라크전 '사막의 폭풍' 작전(1991년 1월), 북핵 1차 위기(1994년), 그리고 리비아의 지하 화학무기시설에 대한 공개 경고(1996년) 과정에서 핵사용 위협이 있었다는 것이다.

미국의 역대 모든 대통령은 이런 핵사용 위협을 미국 외교의 정당한 수단으로 간주해왔다. 외교·안보적 목표를 달성하는 데 있어 때로는 효과적이고 필요한 옵션으로서 배제할 수 없다는 믿음 때문이다. 이는 핵무기에 대한 대통령의 개인적 혐오감과도 별개였다. 케네디 대통령이나 존슨 대통령과 같이 핵에 대한 거부감이 강했던 인사들도 필요한 경우엔 핵위협을 마다하지 않았고, 핵 없는 세상의 비전을 제시한 오바마 대통령도 '선제 핵사용nuclear first use' 옵션을 끝내 포기하지 않았다. 현재까지도 미국 대통령은 필요할 경우 핵무기를 선제 사용할 수 있는 옵션을 그대로 유지하고 있다. 즉, 미국과 동맹국에 대한 잠재적 핵공격을 억제하는 데 한정하지 않고, 유사시에는 미국이 상대보다 먼저 핵사용을 불사한다는 것이 냉전 시대부터 이어져온 미국 핵독트린의 요체다. 이 선제 핵사용 옵션이 바로 각종 재래식 전쟁이나 국제적 위기 과정에서 미국의 핵사용 위협으로 나타났던 것이다.

한반도에 전개되는 미국의 전략자산도 마찬가지다. B-52 전략폭격기가 한반도 상공을 날고 전략핵잠수함SSBN이 부산항에 기항하는 것은 북한을 향한 핵사용 위협이다. 핵확산금지조약을 위반한 사실상의 핵보유국 북한을 상대로 한 한·미의 억제 노력의 일환이지만, 그 본질이 핵 보복 응징 위협이라는 점은 분명하다. 북한이 핵을 가지지 않았던 냉전 시대에도 미국은 핵우산 공약을 한국에 제공해왔고, 1991년 철수 이전까지 미국의 전술핵이 한반도에 배치되어 있었다. 다시 말해 푸틴의 핵사용 위협을 마치 전례 없는 특별한 사건인 것처럼 간주하는 것은 핵전략의 역사에 비추어볼 때 정확한 인식이 아니라는 것이다. 푸틴의 핵위협이 바람직하지 않다는 점에는 의문의 여지가 없다. 다만 비확산 체제의 안정성과 핵전쟁의 위험성 문제는 규범적 비난이 아니라 핵억제의 실효성과 전략적 안정성이라는 보다 본질적인 차원에서 다루어질 필요가 있다.

전쟁 종식의 딜레마

우크라이나전쟁이 장기 소모전에 접어든 지 오래다. 전쟁 발발 2주년 기준 양측의 희생자 숫자는 수십만 명에 이르며, 우크라이나 민간인 희생자만도 2만 5,000여 명에 이를 것으로 추산되고 있다. 약 1,230만 명의 우크라이나인은 삶의 터전을 잃고 국내외로 흩어지며 난민 신세가 되었다. 우크라이나 경제는 30퍼센트가 넘게 쪼그라들어 빈곤과 황폐함이 사람들을 괴롭히고 있다. 우크라이나인들의 처절한 항전에도 불구하고 전망은 갈수록 어두워지고 있다. 서방으로부터 장거리 미사일과 전차 등 공격무기를 지원받은 우크라이나가 2023년 6월부터 대반격을 개시했으나, 결과는 성공적이지 못했다. 이후엔 군사적 교착에 빠져 전선이 거의 움직이지 않는 상태가 지속되었다. 러시아가 초기에 키이우 점령에 실패하고 나서 우크라이나 동남부 점령으로 작전의 중점을 전환한 이래, 당시의 군사 지형이 사실상 굳어진 것이다. 더욱이 2024년 들어서는 병력과 물자의 부족에 시달리는 우크라이나의 열세가 분명해지고 있다. 승리의 전망이 보이지 않는 가운데 우크라이나는 언제까지 저항을 계속할 것인가? 전쟁은 과연 어떤 모습으로 종결될 것이며 이에 대한 서방의 출구 전략은 무엇인가?

전쟁이 쉽게 끝나기 어려운 이유는 우크라이나와 러시아 양측의 입장이 타협점을 찾기 어렵기 때문이다. 젤렌스키 대통령은 "우리는 우크라이나를 1991년 국경으로 되돌릴 때만 멈출 것이다. 우리는 우크라이나의 모든 구석구석에 우크라이나 국기를 되찾을 것이다"라고 선언한 바 있다. 다시 말해 2022년 침공으로 러시아가 점령한 동남부 4개 주(헤르손, 자포리자, 루한스크, 도네츠크)는 물론, 2014년에 합병된 크림반도까지 모두 찾아와야 한다는 주장이다. 이외에도 젤렌스키는 러시아의 전쟁 배상금 지급, 전쟁 범죄 처벌 등을 협상 조건으로 내세우고 있다. 침략당한 우크라이나로서는 당연히 요구할 수 있는 사항이다.

그러나 현실적으로 러시아가 이를 수용할 가능성은 거의 없다는 것이 문제다. 푸틴이 실각하고 러시아가 완전히 패배하는 조건에서나 가능한 얘긴데, 이런 시나리오를 믿는 사람은 거의 없다. 물론 1차 대전 당시 볼셰비키혁명이 발생하는 바람에 러시아가 전쟁에서 발을 뺀 것처럼 역사에는 항상 의외의 일이 발생하곤 한다. 그러나 미국의 최고위 장성조차 이런 가능성에 희망을 걸지 않는다. 2022년 11월, 당시 마크 밀리[Mark A. Milley] 미 합참의장은 우크라이나 전황을 제1차 세계대전에 비유하며 "군사적으로 더 이상 이길 수 없는 전쟁이 벌어지고 있다"고 공개 발언을 한 바 있다. 그러면서 "협상의 기회가 있을 때, 평화를 이룰 수 있을 때 그것을 잡아야 한다. 기회를 포착해야 한다"고 강조했다.[61] 나토의 직접적인 군사 개입이 없는 한 우크라이나가 서방의 무기 지원만으로 러시아군을 격퇴하는 것은 역부족이기 때문이다.

푸틴의 전략은 전쟁으로 인한 국내정치적 부담을 최소화하면서 지구전을 압박하는 것이다. 이를 통해 크림반도와 동남부 4개 주를 러시아에 영구 병합하는 것이 최소한의 목표일 것이다. 즉 침공으로 확보한 점령지를 얻어내 새로운 국경선을 그으려고 할 것이다. 이제 돌이킬 수 없는 적대 국가가 된 우크라이나가 전략적 요충지인 크림반도에 접근하는 것은 막아야 하기 때문이다. 푸틴은 동남부 4개 주 편입을 통해 크림반도와 러시아를 연결하는 육로 회랑을 만든다면 이 문제를 해소할 수 있다고 생각할 것이다. 또한 우크라이나의 중립, 즉 나토 가입 불허도 종전 협상이 개시되면 관철시키고자 할 것이다. 러시아가 처음부터 전쟁을 무릅쓰고 확보하고자 했던 것이 서방과 러시아 사이에 완충지대를 설정하는 것이었기 때문이다. 아니면 러시아가 더 극단적으로 우크라이나를 점령하는 군사적 해법을 밀어붙일 가능성도 제기되고 있다. 탄약과 물자 부족에 시달리는 우크라이나군이 급속히 무너질 경우에 발생할 수 있는 비관적 시나리오다.

침략당한 주권 국가가 쉽게 타협하는 바는 없다. 자신의 영토를 침략자에게 떼어주는 건 상상하기 어렵고, 외교·안보 정책에 대한 거부권을 다른 나라에 허용하는 것도 용납하기 어렵다. 우크라이나가 러시아의 요구를 일축하고 완전한 영토 수복을 외치는 것은 이런 면에서 너무 당연하다. 미국을 비롯한 서방 진영도 우크라이나가 패배하는 것을 두고 보기 어렵다. 러시아의 영토 정복 전쟁이 성공한다면 유럽의 국경선이 흔들릴 수도 있다. 우크라이나의 나머지 영토가 위협받을 수도 있고 중동부 유럽 국가들도 안전을 확신할 수 없게 된다. 미국의 신뢰도가 떨어지고 규칙 기반 질서에 대한 믿음이 훼손되는 전 지구적 파급 효과도 우려된다. 미국으로서는 2024년 대선이라는 정치 일정도 주요 변수다. 무한정 전쟁을 지속하는 것도 부담이지만, 섣불리 타협과 유화책에 나서는 것은 정치적으로 너무 위험하다는 것이 바이든 행정부의 생각으로 보인다.

그러나 더 이상의 교착이 의미가 없고 오히려 전황이 불리하게 흘러간다면 어떻게 출구를 찾아야 할까? 전쟁 초반 우크라이나의 반격에 고무되었던 서방은 한때 푸틴에게 좌절을 안겨주는 모종의 승리에 집착했던 것이 사실이다. 그러나 시간이 갈수록 현실적인 방안을 거론하는 목소리가 커지고 있는데 그중 하나가 '한반도 모델'이다. 1953년 종전 이래 한반도는 평화를 유지하고 있지만 법적으로는 엄연히 전쟁 지속 상태다. 영구적인 평화협정을 맺지 않았고, 단지 전투행위를 멈추는 데 합의했을 뿐이다. 당연히 국경선이 아니라 당시의 전투 경계선을 따라 휴전선이 그어졌다. 우크라이나전쟁도 영구적 전쟁 종식과 평화협정 체결이 어렵다면 한반도처럼 현재 상태에서 전쟁을 동결시켜버리는 것이 현실적이라는 게 한반도 모델의 아이디어다. 민감한 쟁점에 대한 최종 결정을 미루는 일종의 미봉책이다. 이럴 경우 휴전선은 현재의 군사적 대치선인 동남부 4개 주가 될 것이다. 영토 수복이라는 우크라이나의 목표는 달성되지 않겠지만, 푸틴에게 영토 할양이라는 확실한 선물을 안겨준 것도 아닌 잠정 타개책의 성격이다. 물론 우크라이나가 이를 받아들이기란 쉽지 않다. 잠정적 분단선이라고 하지만 결국 영구적 국경선으로 굳어질 우려가 있고, 우크라이나는 영토의 약 5분의 1에 해당하는 지역을 사실상 상실한 것이나 다름없기 때문이다.

그럼에도 불구하고 한반도 모델이 제기되는 이유는 더 좋은 다른 대안을 찾기 어렵기 때문이다. 서방의 지원이 무한정 계속될 수는 없으며 우크라이나 국민 입장에서도 실현 불가능한 목표를 달성하기 위해 자신을 파괴하는 위험을 감수하는 것은 현명하다고 할 수 없다. 종전 조건이 불만족스럽고 불완전한 평화에 불과하지만, 현재와 같은 고강도 분쟁보다는 낫다고 볼 수 있다. 한반도도 종전협정 이후 70년간 전쟁 없이 평화를 유지하고 있고, 대한민국 국민은 자유와 번영을 누려왔다. 따라서 성공을 재정의하자는 게 출구 전략을 주장하는 이들의 생각이다.[62] 이미 모스크바에는 침략 전쟁이 결코 값싸게 성공할 수 없다는 교훈을 안겨주었다. 압도적 군사력 격차 때문에 러시아의 조기 승리가 예견된 것과는 반대로 수모에 가까울 정도로 러시아군은 고전을 면치 못하고 있다. 서방의 일치된 단결과 대러 제재로 러시아 경제가 심각히 위축되는 곤란도 겪고 있다. 따라서 우크라이나가 1991년 기준으로 영토를 회복해야만 규칙 기반 질서가 유지된다는 강박에서 벗어날 필요가 있다는 게 서방 일각에서 나오고 있다.[63] 푸틴의 성공이 시진핑의 야욕을 자극한다는 우려가 있지만, 이미 중국은 군사적 모험주의가 얼마나 위험한지 깨닫고 있을 수도 있다는 것이다. 그렇다면 우크라이나도 불만족스럽지만 종전을 수용함으로써 더 이상의 희생을 막고, 대한민국처럼 서방의 일원으로서 재건과 번영의 기초를 다지는 게 바람직할지 모른다.

물론 정전도 쉬운 일은 아니다. 한국전쟁 당시 휴전 회담은 양측 모두 결정적 승리가 불가능하다는 것을 깨달은 1951년 중반에야 시작되었다. 부산까지 밀렸던 연합군이 압록강까지 진격했다가 다시 38도선을 따라 피비린내 나는 교착이 이루어지고 나서야 회담장이 열린 것이다. 게다가 1953년 7월 17일 정전 협상이 타결된 것은 휴전 회담이 시작된 지 2년이나 지나서였다. 그동안 양측은 뺏고 뺏기는 진지전을 계속했고, 연합군은 공산군 측이 협상에 미온적일 때마다 대규모 공습으로 압박했다. 협상이 시작되어 마무리되기까지 2년 동안의 격렬한 전투 과정에서 희생된 인원이 연합군의 경우 15만 명, 공산군은 25만 명에 달했다. 더욱이 승기를 잡았다고 판단한 러시아가 군사적 해법을 밀어붙이려 한다면 협상을 통한 종전 자체가 어려워질 수도 있다.

우크라이나전쟁에서 휴전 협상을 시작하는 것 자체가 어렵겠지만, 시작된 이후에도 협상 과정은 치열한 전투를 동반할 것이고 결코 손쉽게 마무리되지 않을 것이다. 관련 당사국 간 고도의 수싸움으로 많은 고비를 넘겨야 할 것이다. 한국전쟁과 마찬가지로 우크라이나전쟁은 일종의 대리전쟁이다. 전투는 우크라이나군이 하고 있지만 결정적 열쇠는 모스크바와 워싱턴이 쥐고 있다. 강대국의 지정학적 계산에 따라 언제, 어떤 조건에서 전쟁을 마무리할 것인지에 대한 큰 틀의 윤곽이 잡힐 것이다. 결국 핵심 질문은 이렇다. 얼마만큼 더 버텨야 더 이상의 전투가 무의미하다는 게 모든 당사자에게 명확해질까? 가능성은 적지만 숭고한 목표를 위해 물러서지 말아야 하는가, 아니면 불완전하지만 타협책을 받아들여야 하는가? 어떤 방향이 더 전략적인가? 어떤 선택이 더 윤리적인가? 전쟁의 성격이 다차원적인 것만큼이나 우크라이나전쟁은 종식 문제에 관해서도 국제사회에 어려운 질문을 던지고 있다.

전쟁을 어떻게 끝낼 것인지만큼 어렵고 중요한 문제가 유라시아 질서의 미래다. 전쟁이 끝나고 난 후 우크라이나와 러시아는 어떻게 될 것인가? 전쟁은 유럽을 어떻게 바꿀 것이며, 러시아와의 관계를 어떻게 설정하게 될 것인가? 전쟁의 결과를 정확히 예측할 수는 없지만, 분명해 보이는 건 모두가 패자이며 승자는 없다는 것이다. 우크라이나가 입은 피해와 희생은 너무 자명하다. 러시아 역시 군사적 승패와 상관 없이 전략적으론 패자에 가깝다. 우크라이나 동남부 4개 주를 편입하여 전략적 요충지 크림반도와 연결시킨다면 이는 전쟁의 과실에 해당한다. 그러나 그렇다고 러시아가 더 안전해진다고 할 수 있을까? 폐허로 변한 우크라이나 영토 5분의 1이 러시아를 지켜주는 완벽한 완충지대라고 하기는 어렵다. 오히려 전쟁으로 인한 반러시아 정서가 우크라이나는 물론 유럽 전반에 퍼졌고, 러시아는 이제 2022년과는 완전히 다른 적대적 국가들을 서쪽 국경에 두게 되었다. 특히 핀란드와 스웨덴의 나토 가입으로 발틱함대가 포위된 것은 엄청난 안보적 손실이다. 또한 유럽과 경제적·사회적·문화적으로 단절된 채 유라시아 중·동향 방면밖에 활로가 없다는 점도 러시아로서는 아픈 부분이다. 따라서 러시아는 당분간 중국의 하위 파트너로서 생존을 모색하면서 권토중래를 노릴 수밖에 없을 것이다. 유럽 역시 러시아와 경제 협력 모델이 파탄 난 데다가 군사화의 부담을 겪을 전망이다. 트럼프 재선 변수와 러시아 위협의 이중고 속에서 안보와 경제의 이중 부담이 유럽을 짓누를 것으로 예상된다.

모두가 패자인 전쟁, 그렇다면 질문을 던지지 않을 수 없다. 전쟁을 막을 수는 없었을까? 무엇이 잘못된 것인가? 전후 질서를 구상하기 위해서라도 역사의 복기가 필요한 시점이다. 크게 두 가지 관점이 대립한다. 먼저 억제론자들은 러시아의 우크라이나 침공을 '억제의 실패' 관점에서 접근한다. 2008년 러시아가 조지아를 침공했을 때, 그리고 2014년 크림반도를 합병했을 때 서방이 유약하게 대응했다고 이들은 지적한다. 푸틴이 국제 규범을 무시하고 현상 타파를 시도했음에도 불구하고 이에 대해 단호히 응징하지 못했을 뿐 아니라 곧 아무 일도 없었던 것처럼 모스크바와 관계를 유지했다는 것이다. 이로써 서방의 결의에 대해 크렘린에 잘못된 메시지를 전달했던 것이고, 우크라이나 전면 침공이란 푸틴의 오판도 이런 맥락에서 발생했다는 게 억제론자들의 진단이다. 단호해야 할 때 유약한 반응을 보임으로써 푸틴의 현상 타파 욕구를 자극했다는 것으로, 전형적인 억제 모델에 입각한 설명이다. 논란이 되는 나토 확장에 대해서도 이들 억제론자들은 단호하다. 탈냉전 이후 유라시아 안보의 불확실성에 대비하고자 했던 나토의 확장은 옳은 결정이었고, 우크라이나 전쟁이야말로 나토 확장이 왜 필요했는지를 보여주는 증거라고 강조한다. 반대로 국제정치 현실주의자들은 러시아의 안보적 민감성을 무시한 나토 확장이 잘못된 선택이라고 비판한다. 우크라이나 침공을 '이유 없는 공격'으로 간주하는 것도 서방의 자기중심적 사고에 불과하다는 것이다.

논란의 중심에는 크게 두 가지 쟁점이 존재한다. 첫째, '러시아의 안보적 민감성을 얼마나 존중해야 주어야 하는가?'라는 질문이 제기된다. 러시아는 냉전 시대의 소련과는 다른데, 왜 과거와 같은 세력권 존중, 강대국 대접이 필요한가라는 의문을 말한다. 둘째, 러시아의 현상 변경 시도를 우크라이나에서 저지하지 못할 경우 유럽의 안보가 위험에 처한다는 우려가 있다. 소련 붕괴 이후의 지정학적 재앙을 만회하려는 푸틴의 제국적 열망이 유럽의 국경선을 불안하게 만들 수 있다는 것이다. 우크라이나전쟁의 원인, 탈냉전 이후 미국 외교정책에 대한 평가, 그리고 향후 국제질서 구축은 모두 연결되어 있는 문제다. 이하에서는 전후 질서와 관련하여 제기되는 핵심 문제들을 주로 국제정치 현실주의자들의 관점에 입각해 점검해보고자 한다.

역키신저 전략은 가능한가

우크라이나전쟁으로 나토가 다시 활성화되고 서방의 결속이 강화되는 것은 미국으로선 바람직한 일이다. 유럽과 인도·태평양 지역을 연결시키려는 바이든 행정부의 구상도 힘을 얻고 있다. 그러나 반작용도 있다. 중국과 러시아가 급속히 가까워지면서 유라시아 대륙에서 미국에 적대적인 연합세력이 등장하고 있다. 유라시아 대륙이 단일 패권에 넘어가는 것을 방지하는 것이 미국 지정학 전략의 핵심인데 이와 유사한 일이 벌어지고 있는 것이다. 물론 중·러 연합을 단일 패권으로 보기에는 무리가 있다. 전략적 협력 관계가 공고화되는 것이지, 양국이 동맹으로 묶이거나 단일 세력으로 행동을 일체화하는 것은 아니기 때문이다. 그럼에도 불구하고 중·러 연대 심화가 미국에게 지정학적 부담이 되는 것은 분명하다. 다루기 힘든 중·러 블록이 탄생해서 유라시아 대륙과 그 주변 지역을 향한 세력 확장이 우려되기 때문이다.

현실주의 이론가들은 중·러 연대를 약화시키는 것이 미국의 지정학적 이익에 부합한다고 입을 모은다. 키신저는 트럼프 대통령에게 러시아와 협조해 중국을 견제하라고 조언했고, 미어샤이머 교수는 우크라이나전쟁에 대한 서방의 책임을 부각시키며 대러 전략의 재조정 필요성을 강조했다. 찰스 쿱찬Charles Kupchan 교수도 무슨 수를 써서라도 중국과 러시아를 분리시켜야 한다고 주장한다. 미국이 직면한 가장 큰 전략적 도전이 중국과 러시아라는 점에는 큰 이견이 없다. 다만 러시아가 당장의 위협이라면, 미국과 우위를 다투는 중장기적 라이벌은 단연 중국이다. 여기서 지정학 논리가 개입된다. 복수의 위협이 있을 때 그중 하나와 연합해서 가장 위험한 국가에 대처하는 것이 지정학 사고의 핵심이다. 미국에게 중국이 궁극적으로 가장 큰 위협이라면 러시아와 손을 잡을 필요가 있다는 것이다. 현실주의 이론가들이 전쟁을 일으킨 러시아와 협력하라는 불편한 주장을 펼치는 것은 이 때문이다.

실제로 이와 유사한 일이 냉전 시대에 벌어진 바 있었다. 1972년 2월 닉슨Richard Nixon이 중국을 방문해 20년간의 적대관계를 종식시킨 미·중 화해가 바로 그 사례였다. 미국이 사회주의 진영의 한 축인 중국을 소련에서 뜯어냄으로써 동서 냉전 구도가 달라졌다. 세력균형이 일거에 미국에게 유리하게 변경된 것이다. 냉전 시대의 이데올로기적 반감과 국내정치적 부담에도 불구하고 주도면밀하고 냉정하게 계산된 키신저 지정학 외교의 승리였다. 미·중 화해는 그러나 닉슨 행정부의 단독 작품은 아니었다. 미국이 중국을 원한 것 이상으로 베이징도 워싱턴의 손을 잡을 수밖에 없었는데, 그건 날로 악화되고 있던 중·소 분쟁 때문이었다.

중·소 관계에 문제가 생기기 시작한 것은 멀리 잡으면 1950년대 중반부터였다. 1953년 스탈린 사망 후 서기장에 오른 흐루쇼프^{Nikita} ^{Khrushchev}가 미국과 평화공존을 표방하며 노선 수정에 나서자, 마오쩌둥이 사회주의 종주국인 소련을 비판하고 나선 것이다. 마오쩌둥과 흐루쇼프는 누가 진정한 마르크스주의자인가를 놓고 이념 분쟁을 벌였고, 서로를 향해 수정주의, 교조주의라고 비난했다. 그러다 1962년 중-인도 전쟁에서 소련이 공개적으로 인도 편을 들자 갈등이 본격화하기 시작했다. 1966년엔 양국 공산당 관계가 완전히 단절되었으며, 국경 지역에는 대규모 병력이 대치하는 위험한 상황이 연출되었다. 소련은 1960년대 중반부터 시작해 1973년엔 45개 사단을 중국 국경 지대에 배치했고, 중국은 109개 사단 배치로 맞섰다. 마침내 1969년엔 북만주 헤이룽장 내의 작은 섬인 전바오다오에서 무력 충돌이 발생해 수십 명의 사상자가 발생했다. 서부 신장 지역에서도 군사적 충돌이 있었고, 헬리콥터와 탱크, 장갑차 등 중무장 장비가 동원되기도 했다.

심지어 1969년 8월 20일 주미 소련 대사 도브리닌^{Anatoly Dobrynin}은 키신저 안보보좌관을 만나 소련이 중국에 제한적인 핵공격을 할 경우 미국이 어떤 반응을 보일 것인지 타진했다. 키신저는 이를 언론에 유출하는 방법으로 미국의 입장을 분명히 했고 결국 핵전쟁 위기는 해소되었으나, 이 정도로 중·소 간 긴장은 심각한 상황이었다. 특히 1968년 8월 소련이 20만 병력으로 체코의 프라하에 진입해 개혁파 정치인들을 체포한 사건은 중국에 엄청난 충격을 주었다. 마오쩌둥은 브레즈네프^{Leonid Brezhnev} 서기장이 주장한 사회주의 제한 주권론에 대해 "새로운 형태의 제국주의"라며 강력히 반발했다. 이 정도 되면 중국이 느끼는 위협 인식은 달라질 수밖에 없었다. 1960년대 후반 미국은 베트남 철군, 닉슨 독트린* 등을 겪으며 쇠퇴하는 인상이 강했고, 오히려 중국에게는 소련의 팽창주의가 더 심각하게 느껴졌다. 즉 중·소 모순이 미·중 모순보다 심각하다는 게 베이징의 판단이었다. 그렇기에 닉슨이 내미는 손을 마오쩌둥으로서는 거절할 이유가 없었던 것이다. 다시 말해 지정학적 관점에서 현실주의 외교를 한 것은 키신저와 닉슨만이 아니라 저우언라이와 마오쩌둥도 마찬가지였던 것이다.

냉전 시대 미·중 화해로 미·소 냉전 구도를 유리하게 변경시켰듯이 미·러 관계를 회복함으로써 중국과의 전략경쟁에 집중할 수 있는 여건을 만드는 것은 가능할까? 견제해야 할 위협 그리고 손잡을 파트너가 바뀌었을 뿐 전략의 핵심은 동일하다. 가장 위험한 국가를 견제하기 위해 덜 위험한 국가와 연대하는 것이다. 적어도 위험한 두 세력이 손잡는 것은 막아야 한다는 논리다. 이런 역逆키신저 전략이 가능할 것인가? 중국과 러시아가 서로에게 깊은 불신감을 갖고 있는 것은 예나 지금이나 마찬가지다. 미 제국주의에 대항하는 러시아 지정 전략을 제시한 두긴도 중국이 유라시아 러시아에 위협임을 강조하고 있다. 티베트, 신장, 몽골, 만주는 러시아의 안전보장을 위한 완충지대이므로 이 지역을 중국에서 분할시켜야 한다고 두긴은 주장한다. 신장과 티베트가 중국에서 떨어져나오면 베이징은 카자흐스탄과 시베리아를 넘볼 수 없고 대신 남쪽으로 진출할 수밖에 없다는 논리다. 티베트, 신장 지역의 분리주의를 획책해서 중국을 약화시키고 지정학적 방향성을 분산시키고 싶어 하는 미국과 크게 다르지

* 아시아 각국의 안보는 당사국이 주도적으로 대처해야 함을 강조한 미국의 새로운 대외 정책 선언. 닉슨 대통령이 1969년 7월 25일 괌에서 발표했다.

않은 사고다. 그만큼 미국과 러시아의 이해가 일치하는 부분이 없지 않다.

그러나 러시아와 중국의 관계를 분열시켜 미·중 경쟁에 활용하는 전략은 현재로선 성공 가능성이 높지 않다. 중·러 관계에 불신과 한계가 있는 것은 분명하지만, 현재 양국을 묶어주는 미국 견제라는 전략적 목표만큼은 확고하다. 무엇보다 중·러 간의 긴장이 충분히 날카롭지 않다.[64] 닉슨의 미·중 화해 전략이 성공할 수 있었던 것은 중·소 갈등이 거의 전쟁으로 비화될 만큼 심각했기 때문이었다. 지금은 상황이 전혀 다르다. 중·러 간에 긴장의 소지가 있다 해도 중앙아시아, 시베리아 지역 등지에서의 영향력 경쟁에 불과하다. 따라서 미국이 러시아에 유화책을 쓴다고 해서 모스크바가 워싱턴의 손을 덥석 잡을 가능성은 적다. 냉전 이후 이미 서방으로부터 굴욕과 배신감을 경험한 러시아가 미국을 신뢰하는 것도 쉽지 않다. 미국의 유화책은 오히려 러시아에 잘못된 시그널을 줄 수도 있다. 우크라이나전쟁 종식과 이후 유라시아 질서 기획 과정에서 러시아가 미국의 양보를 활용하고자 하는 유혹만 부추길 가능성이 있기 때문이다.

따라서 미국은 당분간 유라시아 양 끝에서 러시아와 중국을 모두 상대하는 선택을 할 가능성이 높다. 중국과의 경쟁에 집중하기 위해 러시아에 양보를 하는 것은 유라시아 서쪽 지역에서 미국의 입지를 크게 약화시키는 비용을 치러야 하기 때문이다. 1940년대 초 미국에게는 나치에 집중하기 위해 일본에 유화책을 쓰는 방법이 있었음에도 불구하고, 루스벨트 대통령은 독일과 일본 모두를 상대하는 쪽을 택했다. 냉전 시대에도 미·중 화해가 중간에 있기는 했지만 상당 기간 중·소 모두를 봉쇄하는 이중 봉쇄 전략이 미국의 기본 입장이었다. 역량이 분산되는 부담은 있지만 다른 더 좋은 대안이 없을 때는 복수의 위협에 동시 대응하는 것이 불가피할 수도 있다. 미·중 경쟁과 우크라이나전쟁 와중에 미국이 선택할 수 있는 옵션도 넓지 않은 것이 현실이다.

현실주의자들의 충고

러시아를 반중으로 돌리는 것은 불가능하다. 현재는 역키신저 전략이 먹힐 수 있는 조건이 성숙되어 있지 않다는 의미다. 그렇다고 러시아를 고립시켜 중국과의 연대를 부추기는 현재 미국의 정책이 최선이라고 말하기는 어렵다. 유럽의 지정학적 불안정이 해소되지 않을 뿐 아니라 유라시아와 인도·태평양 지역에서의 강대국 경쟁 구도가 서방에 유리하지 않게 전개되기 때문이다. 마크 밀리 미 합참의장도 러시아와 중국이 군사적으로 밀착하는 것은 미국의 이익에 부합하지 않으며, 이를 저지하기 위해 최선을 다해야 한다고 강조한 바 있다. 특히 국제정치 현실주의자들은 미국이 우크라이나전쟁 처리 문제뿐 아니라 대러 정책 전반을 재점검해야 한다고 주장한다. 균형과 절제에 기반하여 유라시아 대륙에서 러시아의 입지를 일정 부분 인정해주는 것이 유럽의 전략적 안정성은 물론 중동 질서의 유지와 부상하는 중국의 관리에도 도움이 된다는 것이다.

스티븐 월트, 존 미어샤이머 같은 국제정치 현실주의자들은 미국이 지나치게 푸틴을 악마화하는 오류를 범하고 있다고 비판한다. 서방의 주류적 시각에서 보면 우크라이나전쟁과 러시아의 모든 패권적 행동의 근원에는 푸틴이라는 권력자가 있기 때문에 푸틴이 물러나는 것이 모든 문제의 해결이다. 한마디로 푸틴이 모든 상황을 만들고 있으므로 그가 사라지면 문제가 해결될 것으로 믿는 경향이 있다. 바이든 미국 대통령은 러시아가 우크라이나를 침공한 지 한 달 뒤 "제발, 이 사람(푸틴)은 권력을 유지할 수 없게 해야 한다"고 실언에 가까운 말을 내뱉은 바 있었다. 러시아 정권 교체를 시사한 바이든의 발언은 미국 정부에 의해 서둘러 봉합되었지만, 이는 러시아를 바라보는 서방의 일반적 시각을 반영한 것이었다. 젤렌스키 대통령도 2022년 9월 러시아에 새로운 지도자가 등장할 때까지 평화 회담을 배제하겠다고 발언한 바 있다. 즉 미국과 유럽의 엘리트 사이에는 푸틴이 권좌에 있는 한 서방과 러시아의 관계는 개선될 수 없다는 뿌리 깊은 공감대가 형성되어 있는 것으로 보인다. 물론 푸틴 치하의 러시아가 전향적 태도를 보일 것으로 기대하기 어렵다는 진단은 옳다. 푸틴의 장기 집권 체제에서 러시아가 점점 비민주적이고 억압적으로 변해가고 있다는 데는 이견이 거의 없는 상황이다.

그러나 우크라이나전쟁이나 러시아 외교의 패권적 측면을 모두 푸틴 한 사람의 문제로 치환하는 것은 러시아라는 국가에 대한 서방의 몰이해에 불과하다고 현실주의자들은 비판한다. 푸틴의 제거, 러시아의 항복만이 해결책이라고 믿는 것은 강대국으로 대접받고자 하는 러시아인들의 열망을 이해하지 못한 처사라는 것이다. 소련 제국의 붕괴, 탈냉전 이후 체제 전환 과정에서 러시아는 치욕과 모멸감을 경험했다. 그러나 그때 러시아는 너무 약했기 때문에 반발할 수 없었다. 나토의 발칸 개입, 조지아와 우크라이나의 색깔혁명, 시리아의 친러 아사드 정권 퇴진 요구 등 서방이 러시아의 입장을 무시하고 독주할 때 모스크바는 거의 저항하지 못했던 것이다. 현재는 상황이 달라졌다. 러시아는 제국 붕괴 직후 방황하던 혼란기를 지났고, 미국은 팍스 아메리카로 불렸던 힘의 절정기에서 내려왔다. 따라서 우크라이나전쟁도 이런 역사적 맥락 속에서 이해해야 한다는 것이 현실주의 이론가들의 지적이다. 즉 러시아의 공세적인 대외 행동은 푸틴 개인의 신념뿐 아니라 러시아 엘리트들과 국민들이 공통으로 품고 있는 강대국 정서와 열망을 반영하고 있다는 것이다.

역사적 경험으로 보면 푸틴이 실각하는 시나리오에 기대는 것은 현실적이지 않다.[65] 냉전 이후 데이터에 따르면 20년 이상 집권한 권위주의 지도자 중 쿠데타로 축출된 경우는 10퍼센트에 불과하다. 특히 권위주의 지도자가 자신이 일으킨 전쟁의 와중에 권력을 잃는 경우는 거의 없었다. 본래 전쟁은 애국심을 고취시키고 지도자를 중심으로 국가를 결속시키는 효과가 있다. 러시아에서도 우크라이나전쟁 이후 푸틴의 지지도는 오히려 상승하고 있다는 여론조사 결과가 나오고 있다. 물론 러시아 권력 구조에 갈등의 요소가 없는 것은 아니다. 러시아 엘리트는 크게 테크노크라트^{technocrat}*, 보안국, 통합러시아당 실력자, 지역 주지사, 그리고 프리고진$^{Yevgeny\ Prigozhin}$** 같은 '애국자'로 나뉜다. 이들은 모두 성향과 비전이 다른 이질적 그룹으로서 권력 투쟁을 벌일 가능성이 없지 않다. 그러나 다른 집단을 압도하고 푸틴을 대체할 만큼 강력한 대안 세력이 없다는 점에서 쿠데타

* 과학적이고 전문적인 지식을 지닌 기술관료.
** 러시아 기업인이자 용병부대 수장으로서 민간 군사 기업인 바그너 그룹을 통솔했다. 우크라이나 전쟁 와중에 푸틴에 반기를 든 바 있고, 2023년 8월 항공기 추락 사고로 사망했다.

가능성은 현실적으로 높지 않다. 또한 전체 시스템이 무너지는 것은 이들 엘리트 그룹이 원하는 것이 아니기 때문에 극단적 상황이 아니라면 행동할 유인이 적다. 앞서 살폈듯이 푸틴의 대외 정책 노선이 러시아 엘리트 그룹의 세계관과 충돌하는 것도 아니다.[66]

따라서 현실주의자들은 러시아를 있는 그대로 받아들이고, 그 바탕 위에서 대러 정책을 수립해야 한다고 충고한다. 고르바초프와 옐친 초기 러시아는 친서방 노선을 걸었지만 결코 민주국가가 되지 않았다. 앞으로도 서구식 자유민주주의가 러시아에 정착될 가능성은 크지 않다. 러시아가 미국에 대한 기대를 버렸듯이 미국도 러시아에 대한 환상을 버릴 필요가 있다는 것이다. 또한 러시아에 대해서는 지나친 두려움도 금물이지만 과소평가도 경계해야 한다. 물론 러시아는 더 이상 초강대국이 아니다. 경제력은 중국의 8.3퍼센트, 미국의 5.5퍼센트에 불과하다. 러시아 경제는 제조업이 아닌 천연가스와 원유 등 자원 채굴에 의해 유지되고 있다. "국가를 가장한 주유소"라는 비하적인 소리까지 듣기도 한다. 첨단기술 강국이 아니라 점점 더 부패하고 독재적으로 퇴행하고 있는 측면은 분명히 존재한다.[67]

그러나 러시아는 여전히 무시할 수 없는 강대국이다. 유라시아 대륙 전체에 영토가 걸쳐 있는 대국이며, 중앙아시아, 중동, 인도, 튀르키예에 영향을 미치는 글로벌 행위자다. 2008년 조지아 침공, 2014년 크림반도 합병, 2022년 우크라이나 침공 등 러시아는 자신의 안보적 완충지대 확보를 위해서라면 힘을 행사하는 데 거리낌이 없었다. 중동 지역에 대해서도 러시아는 건재함을 과시하고 있다. 시리아 내전에 개입해서 알아사드 정권을 지켜주었고, 이집트, 사우디아라비아와도 새로운 관계를 구축하고 있다. 모두 미국의 지정학적 이해에 깊은 영향을 미치는 지역들이다. 따라서 서방이 러시아를 배척할 수는 있어도 세계로부터 고립시키는 것은 불가능하다.[68] 러시아를 고립시키려는 서방의 노력은 러시아를 힘들게 할 수는 있어도 서방 역시 이에 대한 대가를 치러야 한다. 사실 중국을 제외하고는 러시아만큼 미국에 전략적으로 중요한 나라는 없다. 유라시아 대륙의 중심부에 위치한 대국으로서 유럽, 중동, 아시아에 직접적 영향력을 행사할 수 있는 위치에 있다. 그리고 그 힘의 근원에는 핵억제력이 있다. 우크라이나전쟁이 증명하듯이 서방은 절대 러시아와 직접적인 군사 충돌을 감수할 수 없다. 미국을 30분 만에 재로 만들 수 있는 나라는 지구상에 러시아가 유일하다.[69]

그렇다면 서방은 러시아를 어떻게 대해야 하는가? 현실주의자들은 먼저 미국과 러시아 사이엔 구조적인 이해관계의 충돌이 있음을 인정하고 이에 대한 타협이 필요하다고 주장한다.[70] 러시아의 안전감각은 국경지대에 완충지역을 요구한다. 자연적 경계물이 없는 지리적 특성과 오랜 외침에 시달렸던 역사적 경험 때문이다. 또한 다인종 국가, 권위주의적 체제라는 정치적 특성 때문에 정권안보도 예민하게 생각한다. 때문에 우크라이나가 반러시아, 친서방 노선을 걷는다는 것은 모스크바로서는 국가안보의 문제이자 정권안보의 문제로 간주된다. 우크라이나는 유럽과 발칸을 향한 관문인데, 미국이 나토 확장을 통해 러시아를 유럽에서 몰아낸다고 보는 것이다.

현실주의자들의 첫 번째 주문은 미국이 더 이상의 나토 확장을 중단해야 한다는 것이다. 우크라이나에 나토 가입이 불가능함을 인지시키고, 이를 바탕으로 러시아와의 관계를 재구축해야 한다고 제언한다.[71] 현실주의 이론가들은 탈냉전 시대에 나토를 확장하는 것 자체에 대해서 비판적이다. 소련제국이 해체되고 상대역인 바르샤바 조약기구가 없어졌는데, 승리주의 분위기에 젖어 미국 패권을 계속 유라시아 대륙 동쪽으로 확장해간 정책이 과오였다는 것이다. 물론 나토 확장을 추동한 데에는 동유럽의 안보적 두려움이라는 요인도 있었다. 러시아의 영향력 회복에 대한 두려움과 유럽으로의 복귀 열망이 동유럽 국가들로 하여금 나토의 문을 두드리게 한 것이다. 또한 동유럽 및 발칸 지역에서 파생되는 불안정을 통제해야 한다는 탈냉전 시대 유럽 안보의 새로운 도전 요인도 나토 확대의 배경이었다. 이렇듯 변화된 환경과 동유럽의 자발적 결정이 나토 확대를 추동한 측면이 분명히 있었다.

그러나 역시 제일 중요한 것은 미국의 선택이었다. 미국의 전략적 판단이 없었다면 나토가 현재와 같이 32개국으로 구성된 거대 다자동맹으로 확장되는 것은 불가능했다. 그 전략적 판단이란 다름 아닌 '유라시아 대륙에서의 미국 헤게모니 유지' 논리였다. 즉 미국이 유럽에 관여하는 것을 보장하고 러시아의 부상 등 불확실한 미래에 대비하기 위하여 공들여 만들어놓은 정치·안보적 기제를 포기하고 싶지 않았던 것이다. 봉쇄정책이라는 냉전의 전략을 설계했던 조지 케넌^{George Kennan}도 냉전 종식 후에 이루어진 나토 확장에 대해 매우 비판적이었다. 1997년 2월, 케넌은 폴란드, 체코슬로바키아, 헝가리의 나토 가입을 강력히 반대한다는 견해를 밝혔다.

나토 확장은 탈냉전 시기 전체를 통틀어서 미국 외교정책의 가장 치명적인 실책이 될 것이다. 그 결정은 러시아에서 민족주의, 반서구주의, 군사주의 경향에 불을 붙이고 민주정치 발전에 부정적 영향을 미칠 것이다. 또한 동서 신냉전 분위기를 조장하며 러시아의 외교정책을 결단코 우리가 원치 않는 방향으로 몰고 갈 것이다.

25년 전 그의 경고는 거의 현실로 나타나고 있다. 이 점에서 나토 확장에 대한 역사적 평가는 극명하게 갈린다. 서방의 주류 시각에서 보면 우크라이나전쟁은 나토의 존치와 확대가 옳았음을 입증하는 사건이다. 러시아의 부활이라는 불확실성에 대비해서 섣불리 나토를 해체하거나 약화시키지 않았던 당대의 결정이 현명했다는 것이다. 반면 현실주의자들은 나토의 확장이 오늘날의 푸틴을 만들었고 우크라이나전쟁의 구조적 원인을 제공했다고 비판한다. 주류의 시각은 원인과 결과를 혼동한 것이라는 지적이다.

두 관점 모두 나름의 근거가 있지만, 중요한 것은 냉전 종식 후에 러시아를 포함한 지속 가능한 유라시아 안보질서를 구축하는 데 서방이 실패했다는 점이다. 유라시아 질서에서 러시아의 적절한 위치에 대한 합의가 없었던 것이 주요 이유였다. 러시아의 안보적 민감성을 얼마나 존중해주어야 하는가? 이른바 러시아의 정당한 안보적 우려를 인정해준다면 유라시아의 안정은 담보되는 것인가? 서구 주류의 반러시아 진영은 러시아에 대한 양보는 미봉책일 뿐 서방은 더 큰 양보와 위험에 처하게 될 것이라고 주장한다. 히틀러에 속았던 체임벌린의 오류를 반복해서는 안 된다는 것이다. 우크라이나가 넘어가면 그다음은 몰도바가 될 수도 있고, 조지아가 될 수도 있다. 일종의 도미노 이론이다. 그러나 역사는 도미노 이론이 적중하지 않았던 여러 사례를 가르쳐주고 있다. 베트남은 공산화되었지만 동남아시아 대부분은 그렇지 않았다. 이라크를 억지로 민주화시켰지만 중동 민주화가 이루어지지 않은 것도 마찬가지다.

과연 현대 유럽에서는 어떤 일이 벌어질까? 주류 진영의 걱정처럼 푸틴과 그의 지정전략가들은 제국의 부활과 러시아의 영향력 확장을 꿈꾸고 있을 것이다. 그러나 문제는 러시아의 역량이다. 러시아가 자신의 안보적 완충지역을 확보하는 것을 넘어서 지정학적 세력권을 확장할 수 있을까? 폴란드, 체코슬로바키아, 헝가리와 같은 동유럽 국가들은 물론 발트 3국 등 대서양의 32개 국가가 이미 나토의 보호막 안에 위치해 있다. 러시아가 미국과의 직접적 충돌을 감수하지 않는 한 건드려볼 만한 유럽 국가가 거의 없는 상태다. 또한 냉전 시대와 달리 힘의 균형은 유럽 쪽으로 확실히 기울어져 있다. 푸틴의 제국적 야심은 그의 머리와 가슴 속에 살아 있을지 모르지만, 현실은 이를 뒷받침하지 못하고 있다. 따라서 서방은 러시아를 과소평가해서도 안 되지만 지나친 두려움에 사로잡혀 일체의 양보를 거부하는 경직된 태도를 버릴 필요가 있다는 게 현실주의자들의 주장이다. 러시아가 갖고 있는 힘의 실체와 함께 그 한계도 명확히 인정함으로써 대러 정책에 있어 미국이 보다 자신감을 갖자는 것이다.

우크라이나전쟁에 대한 현실주의자들의 충고는 탈냉전 시대 미국 외교 전반에 대한 비판과 맥이 닿아 있다. 현실주의자들은 냉전 이후 수십 년 동안 미국이 일련의 재앙적 실수들을 저질러왔다고 비판한다. 미국은 2001년 아프가니스탄전쟁, 2003년 이라크 침공, 2011년 리비아전쟁, 2011년 시리아 내전 개입 등 이상주의적 자유주의 외교에 몰두하는 과오를 범했다는 것이다. 특히 9·11테러 이후 중동 민주화에 집착했고, 전 세계에 자유를 전파해야 한다는 이념적 성향이 미국 외교에 뚜렷해졌다. 조지 부시 대통령은 두 번째 임기를 시작하며 이렇게 선언했다. "오늘, 미국은 전 세계 사람들에게 새롭게 말합니다. (…) 미국은 여러분의 억압을 무시하거나 억압자들을 변명하지 않을 것입니다. 여러분이 자유를 위해 일어설 때 우리는 여러분과 함께할 것입니다." 학계에서는 '민주평화론democratic peace theory'이 유행했다. 민주주의 국가 간에는 전쟁이 발생하지 않는다는 경험적 데이터에 근거하여 민주주의를 확산시키는 것이야말로 세계평화와 안정을 위한 근본적 해결이 될 것이라는 주장이었다. 그러나 결과는 비참했다. 중동은 폭력과 혼돈에 시달렸고, 민주주의와 평화는 요원해 보였다. 대테러 전쟁에 몰두하는 바람에 미국은 힘을 엉뚱한 곳에 소진했고, 러시아의 귀환, 중국의 부상을 방치하는 지정학적 손실이 발생했다는 비판도 제기되었다.

따라서 세계를 구원하기 위해 총검을 겨누는 오만한 자유주의 패권 외교를 버리고 절제된 세력균형 외교로 돌아와야 한다는 것이 현실주의자들의 주장이다. 자유주의자들은 세상을 좋은 국가와 나쁜 국가로 구분해서 보는 경향이 있으며, 외교의 사명은 평화와 번영, 그리고 정의의 구현을 위해 자유주의 질서를 확대하는 데 있다고 본다. 세력균형을 중시하는 현실주의 이론에서는 찾기 어려운 도덕적 확신과 미래에 대한 긍정적 비전을 담고 있다. 문제는 자유주의에 기반한 외교는 선과 악의 대결, 타협을 거부하는 십자군식 투쟁으로 흐를 수 있다는 점이다.[72] 정의가 걸린 싸움에서 양보와 절제는 미덕이 아니기 때문이다. 국제정치 현실주의자들은 바로 이 점을 지적한다. 세력균형, 절제, 신중함을 강조하는 현실주의는 비록 유토피아적 비전을 제시하지는 못하지만, 적어도 위험한 세상을 더욱 폭력적으로 만드는 과오는 범하지 않는다는 것이다.[73]

현실주의자들은 대러 정책도 분노와 적대감이 아니라 미국과 러시아가 가진 힘에 대한 냉철한 평가에 기반해야 한다고 주장한다. 침략과 잔학행위에 대한 분노는 정당한 것이지만, 이것이 대러 정책의 기반이 되어서는 안 된다는 것이다. 따라서 나토는 우크라이나전쟁 이후 러시아와 어떤 관계를 설정할 것인지 미리 고민할 것을 주문한다. 숙명처럼 맞닿아 있는 지정학적 현실을 인정하고 유럽과 러시아가 상호 수용할 수 있는 미래를 그려야 한다는 것이다. 푸틴은 당분간 사라지지 않을 것이므로, 현존 지도자를 상대하지 않고서는 러시아를 상대할 수 없다. 또한 푸틴이 사라지더라도 러시아는 사라지지 않을 것이다. 미국의 힘은 무한정하지 않으므로 절제와 균형이 필요하다.[74] 동시에 러시아는 강하면서도 매우 약한 국가다. 미국이 상대의 힘에 대한 존중과 함께 자신감을 갖고 현실주의 외교로 복귀해야 한다는 것이 현실주의자들의 주장이다.[75]

유라시아를 둘러싼 쟁투

우크라이나전쟁은 유라시아 지각판을 흔든 충격파다. 미·중 전략경쟁으로 촉발된 세계의 진영화, 파편화가 더욱 심해졌고, 그 파급 효과도 인도·태평양을 넘어 유라시아 대륙으로 번지고 있다. 먼저 전쟁은 바이든 대통령이 "자유세계"라고 부르는 민주 진영을 재결속시켰다. 나토의 재무장을 가져왔고, 유럽의 대러·대중 인식에 변화를 촉발시켰다. 특히 2022년 나토의 전략 개념이 중국을 잠재적 안보 도전으로 명시한 바와 같이, 중국을 파트너에서 경쟁자로 인식하는 면모가 강해졌다. 인도·태평양 전략에 유럽의 관여를 높이려는 바이든 행정부로서는 환영할 일이다. 또한 호주, 영국, 미국이 참여하는 오커스AUKUS 협정이라는 앵글로색슨 협의체도 탄생했다. 비확산 규범 위반 논란에도 불구하고 호주에 핵추진잠수함 건조를 지원함으로써 중국과의 전략경쟁에 호주를 완벽히 미국 진영으로 끌어들인 조치였다.

유라시아 동쪽의 아시아에서도 미국의 동맹 네트워크는 활기를 띠고 있다. 일본은 방위비 2배 인상, 적 기지 반격 능력 확보 등 전후 평화주의 기조를 사실상 뒤엎는 일대 방향 전환을 시도하고 있다. 2차 대전 이후 일본의 안보적 기여를 갈망해온 미국도 이를 적극 지지하고 있다. 여기에 미국 외교의 숙원이라고까지 할 수 있는 한·미·일 안보협력이 가시화되고 있다. 한·미·일 정상은 2023년 8월 캠프 데이비드에 모여 단합을 과시했다. 특히 이 자리에서, 지역의 안보적 위기가 발생할 경우에 공동 협의를 하도록 하는 의무 조항을 명시했다. 대만해협 문제 등 동아시아 지역에서 위기가 발생하면 이는 단지 미국의 문제가 아니라 한·미·일 공동의 문제라는 점을 분명히 한 것이다. 더 나아가 대서양 동맹과 태평양 동맹을 연결시키고자 하는 미국의 전략도 힘을 얻고 있다. 영국, 프랑스, 독일 등이 인도·태평양 지역에 대한 관여와 군사훈련 빈도를 높여가고 있고, 한국, 일본, 호주, 뉴질랜드 등 이른바 AP4 국가는 나토 정상회의에 잇따라 참석하고 있다. 쿼드, 오커스, 한·미·일 안보협력, 나토 등 미국의 전 지구적 동맹 또는 안보협력 메커니즘이 대러·대중 투쟁을 위해 촘촘히, 유기적으로 완성되어가는 형국이다.

반대 진영의 결집 현상도 강화되고 있다. 중·러 간의 전략적 연대를 넘어 이란, 북한이 더욱 노골적으로 가세하고 있다. 북한과 러시아의 관계는 평양의 대러 포탄 판매, 모스크바의 대북 군사기술 공유라는 양방향으로 발전하고 있다. 러시아와 이란 사이에서도 본격적인 국방 파트너십이 구축되고 있다. 이란이 러시아가 절실히 필요로 하는 드론, 포병, 미사일을 제공하고 있으며, 모스크바는 향후 테헤란에 Su-35 전투기, 방공 시스템 기술 등을 제공할 가능성이 있다. 중·러 간에는 더욱 활발해진 연합 훈련, 무기 이전, 기술 협력 등이 일어나고 있고, 이란과 북한 간의 미사일 협력 역시 오래된 역사를 갖고 있다.

군사 분야뿐 아니라 국제 무역 분야에서도 재편이 이루어지고 있다. 러시아와 이란 간에는 서방의 제재를 우회하여 카스피해를 통과하는 남북 수송 회랑 사업이 활기를 띠고 있고, 중국과 러시아 간에는 북극항로를 개발하기 위한 협력이 강화되고 있다.[76] 러시아-이란 무역은 우크라이나전쟁이 발발한 이후 급증하고 있으며, 러시아와 중국 간에 석유와 컴퓨터칩을 주고받는 무역이 크게 확대되고 있다. 아직 상징적인 수준이긴 하지만 2023년 2월 위안화가 달러를 추월해 모스크바 거래소에서 가장 많이 거래되는 결제 수단으로 올라서기도 했다.

여기에 중·러를 주축으로 한 지역기구로서 브릭스와 상하이협력기구의 강화 움직임도 주목을 받고 있다. 2023년 8월, 5개국으로 구성된 브릭스BRICS(브라질, 러시아, 인도, 중국, 남아프리카공화국)는 사우디아라비아, 이란, 아랍에미리트, 이집트, 에티오피아 등 6개국을 신규 회원국으로 받아들였다. 기존 회원국만으로 전 세계 인구의 42퍼센트, 영토의 26퍼센트, GDP의 23퍼센트를 차지하던 브릭스에 중동의 전통 강국들과 남미 아르헨티나까지 가세하면서 세계 정치·경제에서 차지하는 비중이 더욱 커지게 됐다. 구매력 평가 기준으로는 세계 GDP의 37퍼센트를 차지하여 서구 선진국 클럽인 G7을 능가하는 규모다. 더욱이 이번엔 회원국이 되지 못했지만, 가입 신청을 했던 인도네시아, 나이지리아, 멕시코 등 나머지 16개국이 브릭스 문밖에서 대기하고 있다.

브릭스를 향한 이런 높은 관심은 남반구 국가들이 폭넓게 공유하고 있는 정서에 기반하고 있는데, 그것은 바로 글로벌 질서가 너무 서구 중심적으로 구축 및 운영되어왔다는 불만이다.[77] 남반구 국가들이 해결을 갈망하는 개발 소요, 기후 위기, 보건, 농업 등의 문제에 기존 국제기구가 한계를 보여왔다는 것이다. 브릭스 확장은 어떤 면에선 글로벌 남부의 반서방 분노를 파고 들어가는 중·러(글로벌 이스트)의 전략이 먹히고 있다는 의미로 해석할 수 있다.[78] 중·러, 파키스탄, 중앙아시아 국가 8개국으로 구성된 상하이협력기구[SCO]도 회원국 확장이 논의되고 있다. 이란, 사우디, 튀르키예, 이집트, 아랍에미리트 등 중동 국가뿐 아니라 벨라루스와 같은 독립국가연합 국가가 그 후보국들이다. 베이징에 본부를 두고 중국인 사무총장이 이끄는 상하이협력기구는 기본적으로 반서방 블록이다. 유라시아 중심부의 권위주의 블록이 확장되고 심화되는 양상이다.

유라시아 지정학에서 중요한 축을 구성하는 나라들은 변방의 스윙 국가*들이다.[79] 브라질, 인도, 인도네시아, 사우디아라비아, 남아프리카, 튀르키예 등이 대표적이다. 이들은 모두 G20 회원국이며

---

* 강대국 어느 한쪽에 경사되지 않는 외교정책을 전개하며, 경제·안보 협력 파트너를 취사선택하는 전략적 유연성을 추구하는 국가를 가리킨다.

자신이 속한 지역에서 리더를 자처하고 있다. 이데올로기적 친화성이 없으며, 외교정책은 다분히 거래적 성격을 띠고 있다. 자유 진영과 권위주의 진영 간 대결이 심화되면서 스윙 국가들의 지정학적·지경학적 중요성은 갈수록 높아지고 있으며, 이들은 국제질서가 자신들에게 부여한 전략적 기회를 십분 활용하고 있다. 특히 미·중 간 공급망 단절과 프렌드쇼어링friendshoring 현상*이 발생하면서 남반구 스윙 국가들이 반사이익을 톡톡히 보고 있다.[80] 탈중국 기업들이 남반구 지역에 생산 기지와 공급망을 재구축함에 따라 이들 지역은 새로운 무역 허브로 떠오르고 있다.

인도가 대표적이다. 쿼드에 참여해서 대중 견제 효과를 누리면서도 러시아로부터 원유와 무기를 구매하는 이득은 포기하려 들지 않는다. 미국의 전통적 우방인 사우디아라비아도 더는 워싱턴에 고분고분하지 않다. 빈살만Mohammed bin Salman 왕세자는 우크라이나전쟁 와중에 에너지 가격 안정을 위해 석유 증산을 해달라는 바이든 미 대통령의 요구를 완전히 무시했다. 그러면서 오히려 원유에 대한 위안화 결제를 허용하는 등 중국과 연대하는 모습도 보이고 있다. 브라질, 인도네시아도 리튬, 니켈, 알루미늄 등 핵심 광물의 중요성이 부각되면서 국제무대에서 독자적 목소리를 내고 있다. 튀르키예는 더욱 특이하다. 나토의 일원임에도 불구하고 러시아 방공 시스템을 도입하고 대러 제재에 미온적인 입장을 보이는 등 이중 게임을 하고 있다.

모두 이들 국가가 위치한 지정학적 가치, 혹은 자원 부국이란 강

---

* 국제질서의 진영화로 지정학적 리스크가 커지자, 생산시설과 공급망을 우방국 중심으로 재편하려는 흐름.

점 때문에 미·중 경쟁에서 지렛대가 높아졌기 때문에 가능한 일들이다. 이제 미·중 전략경쟁은 양자 대결을 넘어 변방의 기회주의 국가들의 협력을 누가 더 이끌어 내느냐에도 영향을 받을 수밖에 없다. 미국이 유라시아 동서쪽 양 끝에 구축하려고 하는 방어선이 튼튼할 것인지, 아니면 여기저기 구멍이 뚫린 허술한 것이 될 것인지는 이들 스윙 국가들의 선택에 달려 있다. 중요한 것은 스윙 국가들의 협력을 확보하는 방법인데, 이데올로기 공세만으로는 부족하다. 민주적 연대에 대한 호소는 남반구 국가들에 호소력이 약하다. 무언가이들이 원하는 것을 미국이 줄 수 있어야 한다. 실질적 혜택을 제공해야 한다는 점에서 다분히 거래적 외교를 구사하지 않을 수 없다.

유라시아를 둘러싼 현재의 경쟁은 새로운 것이 아니다. 유라시아는 북미 대륙의 미국을 제외하고는 전 세계 인구와 부가 집중된 글로벌 요충지다. 역사는 언제나 유라시아 대륙을 장악하기 위한 강대국 경쟁의 역사였다. 1차 세계대전에서는 독일 제국의 부상을 영국, 프랑스, 러시아 3국 연합이 굴복시켰고, 2차 세계대전은 유라시아 대륙 양 끝에서 팽창을 시도한 독일과 일본을 연합군이 진압하는데 성공한 전쟁이었다. 냉전은 유라시아 심장부에 위치한 소련의 팽창과 유라시아 주변부에 위치한 자유 진영의 봉쇄가 충돌했던 역사였다. 세부 내용은 달랐지만, 모두 유라시아 대륙에서 지정학적 우위를 차지하기 위한 투쟁이란 점은 동일했다.[81] 현재도 마찬가지다. 미·중 경쟁은 미국이 유라시아 변방에 위치한 민주 진영 국가들을 결합해 중심부의 중·러 연합과 맞서고 있는 전형적인 지정학 대결 양상을 보이고 있다. 냉전 때 비동맹 국가가 그랬듯이 지금은 남반구 국가들이 양대 세력의 지정학적 투쟁 사이에서 전략적 행보를 보이고 있다는 점도 유사하다.

　유라시아 질서의 기본적인 지정학 동향은 이미 윤곽이 잡힌 상태로, 당분간 강대국 및 변방국들이 얽혀 치열한 경쟁과 투쟁을 계속할 가능성이 높다. 유럽과 러시아 사이에 관계 개선이 이루어진다고 하더라도 상당히 제한적인 수준에서 그칠 가능성이 높고, 2022년 2월 이전으로 돌아가는 것은 불가능할 것이다. 현재 흐름을 보면 유라시아 지정학은 크게 블록 간 경쟁, 스윙 국가들의 기회주의적 선택이 복잡하게 상호작용하는 3각 게임의 형태를 띨 것으로 보인다. 즉 서구 민주 연합, 중·러 권위주의 진영, 그리고 기회주의적 변방 국가들이 핵심 행위자로 등장해서 연대, 경쟁, 각자도생이 복잡하게 얽히는 세상이 될 것으로 예상된다. 장기적으로는 미국의 선택이 결국 핵심이다. 러시아와 중국을 모두 견제하는 이중 봉쇄 전략이 불가피하다는 워싱턴 주류의 입장이 계속 유지될 것인가? 아니면 미·중 경쟁에 집중하기 위해 대러 관계는 소강 내지 복원 국면으로 전환해야 한다는 현실주의 논리가 힘을 얻을 것인가? 여기에 전후 러시아의 위상에 대한 유럽 각국의 미묘한 견해 차이가 어떻게 전개될 것인지도 중요하다. 우크라이나전쟁으로 유라시아 게임의 판도가 크게 흔들렸고, 지금은 혼돈과 불확실성으로 가득 차 있다. 유라시아 세력 판도가 다시 안정적 균형에 도달하려면 상당한 진통의 시간이 필요할 것으로 보인다.

3부   대만전쟁

비극적 충돌인가, 지정학적 대타협인가

대만을 둘러싸고 미국과 중국이 군사적으로 충돌한다면 그 경제적 대가는 어마어마할 것이다. 전면 충돌에 앞서 봉쇄만 이루어져도 무역로 차단으로 인한 운송비용 상승, 상품 부족, 보험료 급등 등의 손실이 발생할 것이다. 만약 실제 충돌이 발생할 경우 핵심 인프라 피해는 물론, 에너지 및 핵심 자원에 대한 접근 제한, 제조 허브인 미·중의 생산 능력 감소, 그리고 이에 따른 전 세계적인 상품 부족과 인플레이션 초래가 불가피하다. 외국인 투자 감소, 공급망 대혼란, 생산 기지 이전 등 중장기적 비용도 천문학적으로 쌓일 것이다.[1] 2016년 랜드연구소가 추산한 바에 따르면 대만에서 1년간 전쟁이 계속될 경우 중국의 GDP는 25~35퍼센트 감소될 것으로 예측되었다.[2] 특히 세계 최첨단 컴퓨터칩의 90퍼센트를 생산하는 대만이 파괴될 경우 세계 경제에 어떤 피해를 입힐지는 가늠하기조차 쉽지 않다. 자동차, 핸드폰 등 전자기기의 공급 부족으로 우리의 일생생활부터 영향을 받을 것이며, 이는 "계산이 불가능한" 피해를 입힐 것으로 보인다.

경제적 비용뿐 아니라 인도주의적 재앙도 불가피하다. 대만 충돌을 상정한 각종 위게임에 따르면 전쟁 초반에만 미국과 중국은 수백 척의 함정과 수십, 수백 기의 항공기를 잃고, 인명 피해도 최소 수만 명에 이를 것으로 추산된다. 그런데 이것이 끝이 아니다. 이런 비용 계산은 어디까지나 전쟁이 재래식 전쟁으로 그칠 경우의 예상이다. 만약 대만해협을 둘러싼 충돌이 핵전쟁으로 비화된다면 이런 피해 추산 자체가 무의미할 정도로 재앙적 결과를 낳게 될 것이다. 인류 역사상 핵을 보유한 강대국이 대규모 전쟁으로 직접 부딪힌 사례는 없었다. 냉전 시대 미국과 소련이 대리전을 치르긴 했지만, 핵전쟁의 위험성 때문에 직접적 충돌은 억제되었다. 우크라이나전쟁에서도 나토가 직접 개입을 회피하고 재정적·군사적 무기 지원만 하는 것 역시 강대국 핵전쟁의 가능성을 두려워하기 때문이다. 그런데 대만에서 미·중이 충돌한다면 핵강대국이 상대의 군함과 전투기를 격추시키게 된다. 더 나아가 서로의 본토를 공격할 가능성도 배제할수 없다. 간과해서는 안 될 것은 대만전쟁은 모든 단계가 핵전쟁의 그림자 아래서 치러질 것이라는 점이다. 이런 위험한 전쟁이 과연일어날까? 디커플링de-coupling, 디리스킹de-risking이라는 용어가 회자될 정도로 미·중 전략경쟁이 치열하지만, 세계 경제는 이미 떼려야 뗄 수없게 촘촘하게 얽혀 있다. 이런 상호의존의 세계에 전쟁이 과연 현명한 것이며 가능한 것일까? 더욱이 핵전쟁의 위험성까지 있다면 말이다.

1900년대 초 유럽에서는 대규모 전쟁이 더 이상 불가능하다는 주장이 제기된 바 있었다. 노만 에인절Norman Angell이 쓴 당대의 베스트셀러 《위대한 환상The Great Illusion》이 그중 하나였다. 에인절은 밀접해진 경제적 상호의존으로 인해 유럽 대륙에서 대규모 전쟁은 생각할 수 없다고 강조했다.[3] 승자와 패자 모두 전쟁으로 인한 이득보다 막대한 피해를 입을 것이 명확한 상황에서 어리석게 전쟁을 일으킬 국가는 없다는 것이다. 이 책은 11개 국어로 번역되어 유럽 전역의 대학에서 읽힐 정도로 폭넓은 호응을 받았다. 또한 영국 전쟁위원회 의장이던 에셔Esher 역시 "공격적인 전쟁이 얼마나 어리석은 짓인가는 새로운 경제적 변수들을 통해 분명하게 증명할 수 있다"는 주장을 폈다. 그러나 평화의 시대를 설파한 이런 주장들에도 불구하고 1914년 제1차 세계대전이 터지고 말았다. 1,000만 명이 목숨을 잃고 2,000만 명이 부상을 당한 대재앙이었다.

대만의 지정학적 중요성에도 불구하고 현재 전쟁을 원하는 나라는 없다. 미국과 중국 모두 전쟁의 위험성을 잘 알고 있다. 그러나 이는 1차 대전 때도 마찬가지였다. 불가피한 침략의 동기가 있었다기보다 단지 양보와 후퇴에 대한 두려움이 당시의 지도자들을 전쟁으로 몰아넣었던 측면이 강했다. 현재는 1914년 여름과 다를 것인가? 오늘날의 지도자는 당시의 군주나 재상보다 현명하다고 기대해도 좋을까? 대만해협에 걸려 있는 이익이 무엇인지, 충돌로 인한 위험을 어떻게 평가할 것인지, 그리고 전쟁을 막고 평화와 안정을 유지할 방법은 없는지 살펴본다.

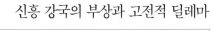

2022년 골드만삭스의 예측에 따르면 2035년 중국의 GDP가 미국을 추월할 것이며, 2050년경 세계 경제 지도는 중국, 미국, 인도의 순서가 될 것으로 예측되었다. 독일, 일본, 영국, 프랑스 등 현재 5위권 내에 있는 전통적 경제 강국들은 인도네시아에도 밀려 간신히 10위권에 머무를 것으로 전망되었다. 이런 경제 규모의 지각변동은 지정학질서에는 어떤 변화를 가져올까? 2차 대전 이후 압도적 1위를 유지하던 미국의 위상 변화는 무엇을 의미하는가? 현재의 국제질서를 창출했던 서구 사회는 불안감을 감추지 못하고 있다. 미·소 냉전의 틀로 미·중 경쟁을 바라보며 중국과의 대결을 실존적 투쟁으로 간주하는 목소리도 터져나오고 있다.

폼페이오^Mike Pompeo 미 국무장관이 2020년에 행한 '공산주의자 중국과 자유세계의 미래'라는 연설이 대표적이다. 그는 "중국 공산당은 마르크스·레닌주의 정당이며, 시진핑 총서기는 파산한 전체주의 이념의 신봉자"라고 규정하면서 "공산당 통치자들의 궁극적 야심은 미국과의 교역^trade이 아니라 미국을 습격^raid하는 것"이라고 단정했다.

"자유세계가 중국을 바꾸지 못하면 공산 중국이 우리를 바꿀 것"이기 때문에 "민주주의 국가들의 새로운 동맹a new alliance of democracies 결성"이 필요하다는 것이다. 마이크 갤러거Mike Gallagher 미 하원의원도 2023년 2월에 열린 중국 특위 청문회에서 중국과의 경쟁을 "21세기의 삶이 어떤 모습일지에 대한 실존적 투쟁"이라고 강조했다.[4] 미·중 경쟁이 "예의를 차리는 테니스 경기가 아니"라며, "중국 공산당이 인권을 마음대로 결정하는 전체주의 감시사회가 도래하지 않도록" 해야 한다는 것이었다.

현재 워싱턴의 주류는 다분히 냉전적 프리즘으로 중국을 바라보고 있다. 중국이 세계 지배를 추구하고 있고, 미·중 간에는 치명적이고 화해할 수 없는 갈등이 존재한다는 사고다. 미·중 경쟁을 민주주의와 권위주의 사이의 승자 독식 투쟁으로 바라보는 것이다. 동서 냉전이 바로 이와 같았다. 소련이 세계 지배를 달성하려는 열망으로 움직인다고 확신했기 때문에 냉전의 군사화는 피할 수 없었다. 봉쇄정책의 설계자 조지 케넌은 군사 일변도의 강경책을 경계한 소수파에 속했다. 미 국무부의 초대 정책기획국장을 맡은 케넌은 서구의 대응은 어디까지나 정치적·경제적 연합과 대응이 중심이 되어야 한다고 생각했다. 지나친 공포나 과잉 군사력 증강은 장기적인 경쟁이 될 냉전을 수행할 최선의 방법이 아니라고 믿었기 때문이다. 그러나 1949년 이후 대소 정책을 주도한 인물은 애치슨 국무장관과 케넌의 후임자였던 폴 니츠Paul Nitze와 같은 강경론자들이었다. 애치슨과 니츠가 작성한 NSC-68 보고서는 "크렘린의 세계 지배 의도"를 강조했고, 서구의 군사력이 "위험할 정도로 불충분하다"고 지적했다.[5] 당장의 군사력이 아니라 체제의 우월성과 내구력이 냉전의 승패를 좌우

할 거라는 케넌과는 확실히 다른 접근이었다.

신흥 강국이 부상할 때, 그래서 알 수 없는 불안과 공포가 몰려올 때 강경책에 의존하는 것은 역사적 통례다. 기원전 432년, 아테네 주도의 델로스 동맹과의 전쟁을 앞두고 스파르타 측 대표는 이런 연설을 했다.

> 우리는 가차 없이 노예로 전락하리라는 것을 각오해야 합니다. 겁이 많고 나약해서 선조만 못하다는 오명을 달게 받는다고 조롱당할 것입니다. (…) 한 폴리스가 독재자처럼 여러 나라 위에 군림하는 것을 좌시하게 됩니다.[6]

타협할 경우 노예가 되기 때문에 전쟁을 해야만 한다는 논리였다. '투키디데스 함정'이라 불리는 예방전쟁의 올가미에 걸린 것이다. 태평양전쟁 말기에도 비슷한 논리가 등장했다. 일본의 패배가 돌이킬 수 없을 정도로 명확해졌는데도 불구하고, 당시 일본의 지도자와 언론은 '전쟁에서 지면 노예가 된다'는 말로 국민을 겁주었다. 2차 대전 당시 처칠도 영국 국민의 항전 의지를 고취하기 위해 노예 논리를 폈다.

> 지금 독일과 화평을 추구하는 일이 끝까지 맞서 싸우는 것보다 더 좋은 조건을 손에 넣을 것이라는 생각은 그야말로 잘못이다. 독일인은 우리의 함대를 내놓으라고 할 것이고 해군기지 등을 넘기라고 할 것이다. 그렇게 되면 결국 우리는 노예가 된다.[7]

중국이 세계 제1위의 부국이 되면 우리는 어떤 세상에 살게 될까? 중국이 경제력을 바탕으로 군사력을 키워가고 그래서 마침내 유라시아 대륙을 제패하는 패권국이 될 수 있을까? 그렇게 되면 중국식 시스템, 이데올로기, 그리고 중화문화가 세계를 압도하게 될까? 미국의 패권도 경제, 기술, 군사력의 바탕 위에 문화적 헤게모니가 합쳐져 작동한다. 만국 공통어인 영어, 할리우드 영화, 애플·마이크로소프트·구글 같은 미국 기업 브랜드가 모두 문화적 힘이다. 민주주의, 인권, 신자유주의, 시장과 같은 제도와 가치도 미국이 보유한 소프트 파워다. 중국도 힘이 커지면 다르지 않을 것이다. 특히 현재 중국이 보이고 있는 행태를 보면 서구의 불안감이 근거가 없다고 하기 어렵다. 중국은 아시아인프라투자은행ᴬᴵᴵᴮ의 창설, 일대일로의 추진, 남중국해의 공세 등 자신의 세력권을 넓히려는 시도를 서슴지 않고 있다. 중국의 경제력과 군사력이 커지면서 대외 전략이 '도광양회韬光养晦'(빛을 감추고 때를 기다린다)에서 '주동작위主動作爲'(할 일을 주도적으로 한다)로 대담해지고 있는 모습이다. 도전을 받는 미국이나 세력권 확장에 영향을 받는 주변국 입장에서는 이러한 중국의 부상에 위협을 느낄 수밖에 없다. 또한 시진핑 시대 들어 중국의 정치와 사회가 더욱 권위주의적으로 후퇴하는 모습도 보이고 있다. 홍콩과 신장 인권 문제 등 서구 사회가 수용할 수 없는 억압적인 행태를 보이고 있는 것도 사실이다. 중국의 부상을 막지 못할 경우, 결국 서구식 정치경제 시스템은 물론 삶의 방식 모두가 송두리째 바뀌게 될 것인가?

서구의 우려에 중국은 강력히 항변한다. 중국이 아시아 지배를 꿈꾼다든지, 미국을 축출하고 새로운 패권국을 도모한다든지 하는 말은 서구가 만들어낸 순전히 근거 없는 주장이라고. 무엇보다 미·중

간에는 화해할 수 없는 사활적 이익의 충돌이 없다고 중국은 강조한다. 영토분쟁도 없고, 서로 죽고 사는 제로섬식 갈등과 모순이 존재하지 않는다는 것이다. 시진핑 지도부는 세계가 100년 만의 대변혁기에 처해 있으며, 중국은 패권주의의 횡포에 맞서 중국 특색을 띤 사회주의의 길을 가겠다는 점을 분명히 하고 있다. 자유민주주의와 시장경제 체제에 근거한 서구식 근대화와는 다른 중국식 노선을 걷겠다는 것이다. 자립자강, 공동부유共同富裕를 강조하며, 필요하다면 미국과 체제 및 이념 경쟁도 불사한다는 태도다. 그러나 중국이 내세우는 대미 강경 기조는 미국의 압박에 저항하는 프레임이며, 중국 스스로 패권을 추구하지 않는다는 점은 일관되게 부각시키고 있다. 특히 미국과 달리 중국은 선교적 사명에 매달리지 않는다는 점도 강조한다. 보편적 가치를 강조하며 세계를 진보시키겠다는 열망은 미국 외교의 전통일지는 몰라도 중국식 사고는 아니라는 것이다.

중국의 논리는 설득력이 있는가? 중국의 항변을 믿을 수 있을까? 다시 말해 중국 패권은(만약 그것이 이루어진다면) 어떤 모습일까? 베이징 지도부가 반복적으로 강조하는 중국의 선의는 그 자체로는 거짓이 아닐 수 있다. 패권을 추구할 의도가 없다는 말이 진심에서 우러나오는 약속일 가능성도 있다. 그러나 문제는 의도가 변할 수 있다는 점이다. 현세대 중국의 리더들이 한 말을 후세대 베이징의 주인들이 지킨다는 보장이 있는가?[8] 개인이 능력이 커지면 야망도 커지듯이, 국가도 힘을 갖게 되면 정체성과 목표가 달라질 수 있다. 도전국이 그 이전에 무어라 했든 일단 패권을 확립하고 나면 다른 국가들은 패권국의 선의에 의존해야 한다. 패권국이 이전에 했던 약속을 지키며 존중과 자기절제로 주변국을 대해줄 것이라고 기대하는 수밖에 없다.

　이것이 바로 신흥 강대국의 부상이 던지는 고전적 딜레마다. 도전국을 반드시 전략적 위협이라고 단정할 필요는 없지만, 최악의 상황에 대비하지 않는 것은 너무나 위험하다. 반면 최악을 가정하고 행동한다면, 그 자체로 최악을 기정사실화하는 함정에 빠지게 된다.[9] 빠져나오기 힘든 딜레마다. 1차 대전 전, 독일의 부상에 직면한 대영제국의 외무관리 에어 크로Eyre Crowe가 천착한 질문도 바로 이것이었다.[10] 독일의 궁극적 목표는 무엇인가? 경제력에 걸맞은 정치적 대우, 경제·문화적 이익의 향유인가, 아니면 해양 대국으로서 유럽의 헤게모니를 장악하려는 것인가? 크로가 내린 결론은 비관적이었다. 독일의 진정한 의도는 알 수 없지만, 그는 이것이 중요치 않다고 보았다. 독일이 무슨 목표를 갖든, 어떤 맹세를 하든 차이가 없다는 것이다. 독일이 일단 강력한 해군을 갖게 되면, 이는 그 자체로 대영제국의 해양 패권을 위협하기 때문이다. 크로는 런던으로서는 최악의 가정하에 행동할 수밖에 없다고 결론 내린다. 너무나 많은 것이 걸려 있어서 리스크를 감당할 여유가 없다는 논리였다.

　크로의 논리를 따라가면 미·중 관계의 전망도 매우 어둡다. 현재 워싱턴의 시각처럼 중국의 부상을 미국의 패권과 양립할 수 없는 것으로 간주하고 행동할 수밖에 없다. 도광양회를 강조한 덩샤오핑의 진심이 무엇이든 간에 언젠가 중국은 '능력 감추기'를 그만둘 것이기 때문이다. 중국이 지역 패권국이 된 후 어떤 행동을 보일지는 현재 알 수 없다. 다른 나라의 내정에 간섭하려 할지, 얼마나 무자비하게 자신의 이익을 우선시할지 가늠하기 어렵다. 대영제국의 존립이 걸려 있던 1900년대 초나 미국의 패권이 걸려 있는 2020년대나 마찬가지다. 최악의 상황을 가정하는 것이 안전하다는 주장이 설득력을 얻는 이유다. 이런 논리로 영국은 1차 대전에 뛰어들었고, 미국은 중국과 치열한 전략경쟁을 벌이고 있는 것이다.

문제는 최악의 가정하에 행동하는 것이 최선의 정책은 아닐 수 있다는 점이다. 최악을 전제하면 대결과 충돌의 위험은 불가피해진다. 때로 그 비용은 재앙적이다. 중국과 건설적 관계를 포기한다면 최악의 상황을 스스로 앞당기는 문제도 생긴다. 모든 제국이 주변에 억압적이고 비관용적이었던 것은 아니다. 로마는 당근과 채찍을 모두 동원해 팍스 로마나를 창출했다. 미국 패권도 멕시코와 카리브해 연안 국가들과 큰 충돌 없이 관계를 유지하고 있다(종종 불만이 표출되긴 하지만). 중국이 아시아에서 주도적 위상을 확립하게 된다면, 이는 어떤 모습일까? 갈수록 중화주의에 탐닉하며 주변국을 무시하는 억압적 제국이 되려 할 것인가, 아니면 인도·일본 등 지역 국가들에 의해 견제받는 지역 강국으로 머무르게 될 것인가? 그리고 도전국의 부상을 억제하는 데 어느 정도의 위험을 감수하는 것이 현명한가? 1914년부터 4년간 유럽의 한 세대가 참호 속에서 스러져갔다. 빌헬름 시대 독일의 팽창을 막지 못했다면 그 결과는 얼마나 끔찍했을까? 그건 1,000만 명의 생명과 맞바꿀 정도로 절박했는가? 중국의 부상은 세력균형이 변할 때 부각되는 국제정치의 고전적 질문을 다시 제기하고 있다.

미·중 경쟁이 격화되는 근본 이유는 미국이 장악하고 있는 기존 국제질서에 중국이 균열을 내며 도전하고 있기 때문이다. 지정학적으로는 중국의 군사력이 팽창하면서 미국의 세력권과 부딪히는 것이 핵심이다. 미·중 경쟁을 추동하는 힘은 양국 정치 체제의 차이가 아니라 중국 해군력의 성장이 본질이라는 뜻이다.[11] 직설적으로 표현한다면 태평양은 한 세기 넘도록 미국의 바다였다. 국제법적으론 항행의 자유가 보장되는 공해公海지만, 그것은 엄연히 미 해군의 경찰력에 의해 질서가 유지되는 지역이었다. 태평양전쟁은 일본의 제국적 열망이 서태평양까지 넘쳐흘러 발생한 사건이었으며, 2차 대전 이후로는 어느 나라도 미국의 태평양 패권에 도전할 엄두를 내지 않았다. 동아시아와 서태평양의 주요 국가들은 단지 미 패권이 제공하는 공공재의 혜택을 누리며 안전과 번영의 길을 걸어왔던 것이다. 그런데 중국이 부상하면서 이 기본 전제에 변화가 발생하고 있다. 특히 지정학적 관점에서 보았을 때 미국과 중국의 세력권이 갈수록 중첩, 경합하고 있다는 점이 문제다. 중국이 추진하고 있는 일대일로 전략, 특히 해양 실크로드 전략은 미국이 구축해놓은 동아시아-서태평양 패권과 긴장 관계에 있다. 도로, 항만, 해군기지 등 중국의 인프라가 동남아, 남아시아, 중동, 아프리카에 걸쳐 깔리고 있고, 이는 유라시아 대륙과 그 연안 지역에 중국의 그림자를 짙게 드리우는 요인이 되고 있는 것이다. 중국은 무슨 목적과 동기로 이러한 팽창을 추구하고 있는 것일까? 미·중 패권 충돌의 성격과 미래를 가늠하기 전에 중국이 처한 상황과 동기를 정확하게 파악하는 것이 필요해 보인다.

일대일로 전략과 '진주 목걸이'

중국은 지리적 환경 면에서 강대국이 되기 위한 훌륭한 조건을 갖추고 있다.[12] 풍부한 광물과 자원이 나오는 거대한 대륙 국가인 동시에 1만 4,000킬로미터 길이의 해안선을 보유한 해양 국가이기도 하다. 북위 50도선 이남의 온대에 속해 있어 러시아와 달리 부동항이 대부분이라는 것도 강점이다. 석유, 광물, 농산물 등 자원만 안정적으로 공급된다면 유라시아 대륙과 인도·태평양 방면으로 뻗어나갈 수 있는 좋은 조건이 아닐 수 없다.

그러나 지리적·지정학적 도전 요인도 만만치 않다. 중국은 전 세계에서 주변 국가의 상황이 가장 복잡한 나라 중 하나다. 15개 국가와 내륙 국경선을 접하고 있고, 7개 국가와 공통의 해상 경계선을 갖고 있다. 몽골, 파키스탄, 라오스 등 11개 국가와는 오랜 국경 문제를 해결하는 데 성공했지만, 아직도 부탄, 인도 등과는 영토 문제가 남아 있다. 해상 경계 문제는 더욱 심각하다. 남중국해 영유권을 둘러싼 주변국과의 마찰이 대표적이다. 파라셀군도(중국명 시사군도), 스프래틀리군도(중국명 난사군도) 등을 둘러싸고 타이완, 베트남, 필리핀, 말레이시아, 브루나이 등과 영유권 갈등을 빚고 있다. 동중국해에선 센카쿠열도(중국명 조어도)를 둘러싸고 일본과 영유권 분쟁을 겪고 있다. 복잡한 해양 경계선 문제가 없는 미국에 비해 불리한 조건이다. 대서양, 태평양에 의해 안전하게 보호받고 있는 미국은 북쪽으로는 캐나다, 남쪽으로는 멕시코 등 육지 방면에서도 안보 위협을 제기하지 않는 국가와 접하고 있다.

중국의 지정학적 조건이 복잡한 것은 주변국과의 영토 분쟁과 아울러 아시아 지역의 정치적·경제적·문화적 복잡성이 크기 때문이다. 중국 주변국엔 일본, 한국, 싱가포르 등 선진 자본주의 국가가 있는가 하면, 라오스, 미얀마, 방글라데시와 같은 극빈 국가도 존재한다. 이슬람교, 힌두교, 불교, 개신교, 천주교 등 종교적 다양성과 긴장도도 높다. 인도, 파키스탄, 북한 등 핵확산금지조약[NPT] 체제 밖에서 핵을 보유하고 있는 국가가 존재하고, 한국, 일본 등 핵 보유 열망을 포기하지 않는 나라도 이 지역에 위치하고 있다. 인도-파키스탄, 한반도, 대만 등 고강도 전쟁이 터질 수 있는 화약고도 존재한다.

이런 상황에서 중국이 관심을 갖는 것은 '어떻게 하면 국가의 안전보장을 도모하면서 지속적인 경제성장을 담보할 수 있는가'로 모아진다. 14억 인구를 먹이고, 이들에게 안정적인 생활수준을 보장하는 것은 간단한 일이 아니다. 중국의 영토가 넓다고는 하나 농지는 7퍼센트에 불과하다. 경제를 돌리기 위해 필수적인 석유, 천연가스, 광물 등의 자원은 페르시아만, 아프리카, 남아메리카 등으로부터 안정적으로 공급받아야 한다. 이를 위해선 사우디아라비아, 앙골라, 탄자니아, 브라질 등 자원 부국과 좋은 관계를 유지해야 하며, 해당 지역 광산 개발에 직접 참여할 필요가 있다. 이런 면에서 중국의 팽창 동기는 기본적으로 경제적 성격이다. 완충지대를 확보하기 위해 영토 확장에 집착했던 러시아와는 다르다. 자유와 민주주의 확산 등 선교적 사명을 띠었던 미국과도 다른 점이다. 물론 경제적 동기로 추동되고 있는 중국의 팽창 역시 결과적으로는 지정학적 함의를 띨 수밖에 없다. 해상, 육상 교통로를 안정적으로 확보한다는 것은 지정학적 요충지역에서 힘의 균형을 중국에 유리한 방향으로 변화시킨다는 것을 의미하기 때문이다.

중국이 자신이 처한 조건에 대한 고민과 국가적 열망을 담아 탄생시킨 지정 전략이 일대일로다. 일대일로 구상은 시진핑 주석이 2013년 9월 카자흐스탄 나자르바예프대학교 강연에서 실크로드 경제 벨트를 제안한 것이 그 시초였다. 그해 10월엔 인도네시아 국회 연설을 통해 다시 21세기 해상 실크로드 개념이 제시되었다. 유라시아 대륙의 내륙 국가인 카자흐스탄을 방문해선 육상 루트 건설을 제안했고, 유라시아 연안의 해양 국가 인도네시아를 방문해선 해상 루트 구축을 제안했다. 이것이 합쳐져 발전한 개념이 일대일로 구상이다. 육상 루트는 중국 시안에서 시작해서 몽골, 중앙아시아, 러시아를 잇는 회랑과 중동 방면으로 파키스탄, 이란, 튀르키예까지 연결하는 경제회랑으로 이루어져 있다. 해상 루트는 동남아 방면에서 시작해 서남아의 방글라데시, 인도를 거쳐 흑해와 지중해를 통해 아프리카와 유럽까지 연결된다. 육상 루트를 연결하기 위해 도로, 철도, 석유 및 가스 수송로가 건설되고 있고, 해상 루트를 확보하기 위해 항만 건설, 항구 운영권 인수, 해외 기지 건설 등이 진행되고 있다.

　일대일로는 야심 찬 구상이다. 2023년 9월 현재 유엔 193개 회원국의 80퍼센트에 해당하는 154개국이 참여하고 있는 세계에서 가장 길고 폭이 넓은 경제회랑이다. 중앙아시아와 동남아시아는 모든 국가가 참여하고 있으며, 아프리카와 중동 지역도 90퍼센트 이상이 참여하고 있다.[13] 일대일로에 참여하지 않는 지역은 미국을 비롯한 북미 대륙, 서유럽, 그리고 남미의 일부 국가에 한정된다.

　일대일로가 제공하는 차이나 머니에 '부채 함정'이 있다는 비판이 있다. 잠비아가 중국은행으로부터 빌린 66억 달러를 갚지 못해 2020년 국가부도 사태를 맞았던 것이나, 스리랑카가 빚을 갚지 못해 함반토타 항구 지분의 80퍼센트를 중국에 넘긴 것이 대표적 사례다. 그러나 인프라 개발 수요가 많은 저개발 국가들로서는 일대일로가 좋은 기회일 수밖에 없다. 일대일로를 통해 자금 유입의 혜택을 본 케냐, 나이지리아와 같은 나라에서는 중국에 대한 호의적 평가가 상당히 높은 편이다. 특히 1980년대 외채 위기 당시 IMF, 세계은행이 강제한 신자유주의 정책으로 고통을 겪은 바 있는 중남미 국가들의 경우 내정 불간섭을 내건 일대일로 자본이 매력적일 수밖에 없다.

　일대일로는 초기엔 인프라 투자를 통한 무역 편의성 제고가 목적이었지만, 중장기적으로는 중국이 주도하는 거점 경제권 형성과 중국의 지정학적 영향력 제고를 지향하고 있다. 일대일로가 추구하는 지정학적 방향성은 서남쪽이다. 아메리카 대륙을 향해 태평양으로 진출하는 것이 아니라, 남중국해와 인도양을 통해 중동과 아프리카에 접근하는 것이 목적이다. 중국과 유럽을 연결하는 유라시아 연대가 본래 일대일로의 초점인 것이다.[14] 베이징대 국제전략연구원

왕지스王緝思 교수는 2012년 1월 '서진 구상'을 발표한 바 있다.[15] 책 《서진: 중국 지정학 전략의 재평형》을 통해 미국의 세력권과 직접 부딪히는 동쪽 대신 서쪽으로 눈을 돌리자고 주장한 것이다. 시진핑 주석이 이듬해 발표한 일대일로 구상과 일맥상통하는 개념이다.

중국이 미국과의 불필요한 충돌을 회피하고 지정 전략의 중점을 서남쪽으로 틀었지만, 그렇다고 미국과의 충돌이나 긴장을 피할 수 있는 것은 아니다. 중국의 해상 실크로드 건설은 궁극적으로 중국 해군이 해상 통제권을 장악해야 완벽해진다. 중국은 이미 남중국해, 인도양, 아라비아해에 이르는 해역을 대상으로 해군력을 건설하고 있다. 2015년 파키스탄 과다르항을 43년 동안 장기 임차하는 계약을 체결했고, 2017년엔 동아프리카 지부티에 중국 역사상 처음으로 해외 군사기지를 건설하기도 했다. 스리랑카 콜롬보 항구에 대해서도 지배적 입지를 높이고 있는데, 향후 군함 이용 가능성 때문에 인도가 민감하게 반응하고 있다.[16] 이와 더불어 방글라데시 치타공, 미얀마의 벵골만 연안, 카메룬의 크리비 등이 중국 해양 실크로드의 전략적 거점으로 주목받고 있다.[17] 이 전략적 거점들을 연결하면 마치 진주 목걸이와 비슷하다는 의미에서 중국의 에너지 해상 네트워크 구축 움직임을 '진주 목걸이 전략'으로 부르기도 한다. 최근엔 UAE 공군기지에서 약 50마일 떨어진 곳에 중국이 비밀 군사시설을 건설하고 있다는 의혹도 제기되고 있다. 상업적 목적으로 시작한 일대일로 프로젝트가 이제 군사 자산으로 개조되고 있다는 지적이다. 전 세계 80여 개국에 수백 개의 군사기지를 운영하며 탄탄한 군사 네트워크를 구축해온 미국에 비할 바는 아니지만, 중국도 점차 해외 전략 거점을 확보하여 중국군 자산을 배치, 급유, 수리하는 전진기지

로 활용할 것으로 보인다.[18]

중국이 자신의 해상 교통로를 보호하고 주변 해역에서 세력균형을 유리하게 변경시키기 위해서는 이를 뒷받침하는 해군력 건설이 필수적이다. 중국이 역점을 두고 있는 반접근·지역거부[A2AD] 전략과 역량은 바로 이런 노력의 일환이다. A2AD 전략이란 서태평양 지역 미 해·공군력이 전장에 진입하는 것을 거부하고, 만약 진입하더라도 그 비용과 위험성을 높여 미군의 행동을 제약하겠다는 전략을 말한다. 미국은 동아시아와 서태평양 지역에서 군사적 위기가 발생할 경우 원거리에서 전장으로 군사력을 재배치해야 하는 불리함을 안고 있다. 대만해협에 문제가 발생하면 미국은 멀리 하와이, 괌 또는 오키나와 등에서 전력을 투사해야 한다. A2AD 전략은 바로 이런 취약성을 노리는 전략이다.

중국은 순항미사일 또는 탄도미사일로 서태평양 주둔 미군기지나 항공모함을 타격할 수 있고, 대위성 미사일로 미국의 위성 시스템을 파괴함으로써 미군의 C4ISR(지휘, 통제, 통신, 컴퓨터, 정보, 감시, 정찰) 교란과 작전 운용의 어려움을 초래할 수 있다.*

A2AD 전략을 뒷받침하는 중국군의 투사 반경도 더욱 커지고 있다. 일찍이 1980년대 중국 인민해방군 해군사령원 류화칭劉華清 제독

---

* 중국이 역점을 두고 발전시키고 있는 둥펑-16 탄도미사일, 둥펑-26C 탄도미사일, 둥펑-21D 대함미사일 등이 모두 A2AD 전략 구현을 위한 핵심 수단들이다. 또한 전략핵잠수함도 미 해군의 작전 비용과 위험 부담을 키우는 위협적 자산이다. 096형 핵추진잠수함에 탑재된 둥펑-21D 대함탄도미사일은 '항모 킬러'로 불리고 있고, 쥐랑-3 SLBM(잠수함 발사 탄도미사일)은 사정거리 1만 킬로미터 이내의 미군을 위협할 수 있다. 이외에 젠-20 스텔스기, 젠-16 전투기, 수호이 Su-35 전투기 등 공군 전력도 미 해·공군력의 작전 비용을 높이는 A2AD 전략의 수단들이다.

중국

오키나와

타이완

제1도련선

필리핀

사이판
괌

제2도련선

말레이시아

브루나이

인도네시아

파푸아뉴기니

은 태평양의 섬들을 사슬처럼 잇는 도련선 개념을 제시한 바 있다. 쿠릴열도에서 시작해 오키나와, 타이완, 필리핀, 말라카해협을 감싸 안는 것이 제1도련선, 오가사와라제도, 괌, 사이판, 파푸아뉴기니까지 연결되는 선이 제2도련선이다. 중국의 접근 거부 역량은 이미 제1도련선을 넘어 제2도련선으로 발전하고 있다는 것이 중론이다. 둥펑-21D 미사일(사거리 1,800킬로미터)은 제1도련선 내 표적을 타격할 수 있고, 둥펑-26 미사일(사거리 4,000킬로미터)은 제2도련선을 사정거리에 두고 있다.[19] 항공모함 전력도 계속 발전하고 있다. 현재 랴오닝, 산둥, 푸젠 등 3척의 항공모함을 보유 중인 중국 해군은 2035년까지 6척의 항모를 운용한다는 계획이다.*

* 아울러 055형 대형 순양함, 052D형 구축함 등은 원양 작전이 가능한 핵심 자산들이다. 중국 해군의 작전함 규모는 이미 250척을 넘어섰고, 잠수함 전력은 전략핵잠수함(SSBN), 핵추진공격잠수함(SSN)을 포함해 60척에 이른다.

과거 중국은 연안 방어를 중심으로 한 연해 방어 전략에 머물러 있었으나, 점차 원해 제해권 확보를 위한 원양 방위로 발전하고 있는 모습이다. 중국 해군의 목표가 세계적 수준의 해양 패권까지 노리는 것은 아니지만, 최소한 제1도련선, 그리고 제2도련선에 대해서는 제해권을 확보함으로써 대만 억지력과 해상 교통로 확보 능력을 확실히 갖추는 쪽으로 발전하고 있다. 서태평양 수역에 관한 한 미군의 군사력 우위를 장담할 수 없는 상황인 것이다. 2012년 2월 시진핑 당시 부주석은 〈워싱턴 포스트〉와의 인터뷰에서 "광대한 태평양은 중·미 양국을 수용할 만큼 충분한 공간을 가지고 있다"고 언급한 바 있다. 미·중 양국이 경쟁하고 충돌할 필요 없이 신형대국관계로 나아가자는 취지였으나 그 함의는 결코 간단치 않다. 적어도 서태평양을 중국에 양보하고 미국은 동태평양 방면으로 물러서달라는 도발적 제안을 점잖게 표현한 것과 다르지 않기 때문이다. 아메리카 대륙에 대한 유럽 열강의 간섭 배제를 선언했던 먼로 독트린의 중국판 버전이라고 할 수 있다.

인도·태평양 전략과 '안보 다이아몬드'

중국의 일대일로에 대응하는 미국의 지정 전략은 인도·태평양 전략이다. 인도·태평양을 하나의 지정학적 공간으로 처음 제기한 것은 일본이었다. 2012년 일본 아베 총리는 중국의 '진주 목걸이'에 대항하기 위해 미국, 일본, 호주, 인도가 연합하는 '안보 다이아몬드' 결성을 주장했고, 2016년 8월에는 '자유롭고 열린 인도·태평양 전략'을 발표했다. 그러다 2017년, 마땅한 아시아 전략이 없던 트럼프 대통령이 아시아 순방 길에 아베의 인도·태평양 아이디어를 수용해 사용한 것이 이후 미·중 경쟁의 핵심 슬로건이 된 것이다.

종래 미·중 간의 세력 경쟁은 주로 남중국해와 동중국해 등 태평양 서부 지역을 중심으로 논의되었고 인도양은 상대적으로 소홀히 여겨진 경향이 있었다. 그러나 인도양은 일대일로가 출발하고 끝나는 유라시아 대륙과 연안의 정중앙에 위치한 광활한 지역이다.[20] 동서로는 동남아시아의 말라카해협에서 아프리카 남단까지, 남북으로는 페르시아만에서 호주 남서부까지 30개의 대륙과 섬을 품고 있고, 26억 명의 사람들이 세계 GDP의 12퍼센트를 생산해내는 역동적인 지역이다. 특히 유럽-중동-아시아를 연결하는 교역로상의 주요 관문인 3대 해협이 인도양에 위치해 있다. 첫 번째 관문인 호르무즈해협은 전 세계 석유 5분의 2가 지나가는 페르시아만의 좁은 출구로서, 중동의 에너지가 동아시아로 가기 위해선 이곳을 꼭 통과해야 한다. 두 번째 관문은 아프리카 뿔 지역과 아라비아반도 사이에 있는 바브엘만데브해협이다. 홍해와 수에즈운하를 통과하는 관문으로, 동아프리카와 지중해 유럽으로 향하는 일대일로 노선의 서쪽 끝에 위치하고 있다. 마지막 관문인 말라카해협은 인도양과 태평양을 잇는 해운로로서, 중국이 수입하는 석유의 80퍼센트, 천연가스의 50퍼센트가 폭 2.8킬로미터의 이 좁은 해협을 통과한다. 이 요충지 3곳을 누가 장악하느냐에 따라 전략경쟁의 판도가 달라질 수 있다.

인도·태평양 전략은 미국이 인도의 지정학적 가치를 주목한 결과이기도 하다. 인도는 세계에서 가장 빠르게 성장하는 경제 지역 중의 하나다. 2023년 인도 GDP는 6.3퍼센트 성장했는데, 이는 전 세계 평균 2.9퍼센트의 2배가 넘는 수치다. 인구 숫자도 14억을 초과하며 이미 중국을 제친 세계 1위 인구 대국이다. 여기에 기업가 정신문화, 강력한 엘리트 교육의 전통을 갖고 있고, 전체 인구의 40퍼센트가 25세 미만인 젊은 국가라는 점도 강점이다. 인도에 대해 미국이 매력을 느끼는 것은 어찌 보면 당연하다고 할 수 있다.

물론 인도의 잠재력과 역할에 대한 부정적 견해도 적지 않다.[21] 분열적인 정치, 열악한 인프라, 종교적·계급적 갈등은 항상 인도의 발전을 가로막는 장애 요인이다. 특히 모디 총리의 힌두 민족주의가 무슬림 차별을 낳고 있고, 언론 탄압 등 민주주의가 눈에 띄게 후퇴하는 모습도 보이고 있다. 자유 진영과 권위주의 진영 구도로 미·중 경쟁을 이끌고 있는 바이든 행정부에 인도는 다소 부자연스럽고 거북한 대상이라는 지적이 그래서 나오고 있다.[22] 그럼에도 불구하고 인도는 미국의 중국 견제 전략에 빼놓을 수 없는 파트너다. 인도는 중국과 국경 분쟁이 남아 있는 전통적 라이벌이고, 인도양을 무대로 지정학적 야망을 갖고 있는 핵심 지역 행위자다. 경제력에 걸맞게 군사력 업그레이드도 이루어지고 있으며, 아시아 국가 중에는 중국의 전략 사고에 영향을 미칠 수 있는 유일한 핵보유국이기도 하다. 중국의 경제 활력이 저하되고 미·중 경쟁의 지정학적 비용이 높아질 경우 중국으로부터 이탈하는 자본과 산업이 인도에 큰 반사이익을 가져다 줄 수도 있다. 그럴수록 중국-인도 간의 국력 격차는 줄어들고 중국이 인도·태평양에서 차지하는 영향력은 제어되고 상쇄될 수 있을 것이다.

그러나 인도가 미국의 동맹국이 될 수는 없다. 쿼드의 일원이고 인도·태평양 전략의 핵심 파트너이긴 하지만 준동맹국으로 행동하길 기대하는 것은 어려울 수 있다. 인도는 자기 나름의 강대국 열망에 따라 미국과도 손을 잡고, 러시아와도 우호 관계를 훼손치 않으며, 중국과도 견제·협력의 이중적 관계를 유지하고 있기 때문이다. 바이든 행정부도 이 점을 충분히 인지하고 있다. 그럼에도 미국이 인도를 바라보는 까닭은 전략적 관점에서다. 인도가 미국의 입맛대로 움직여주길 기대하는 것도 아니고, 모디가 바이든이 바라는 이상적인 민주주의의 리더여서도 아니다. 중국 견제를 위해 최대한의 파트너를 확보하고자 하는 미국의 전략이 인도양의 전통적 강국이자 역동적으로 성장하고 있는 인도의 야심과 일치하고 있을 따름이다. 이런 양국의 전략적 이해관계가 존재하는 한, 미국-인도 간의 동상이몽 파트너십은 지속될 것으로 보인다.

　미국은 70년 역사의 태평양사령부 명칭을 바꾸었고, 반세기 전에 해체된 제1함대를 인도양에 부활시키는 구상도 갖고 있다. 또한 미 해군은 호주, 영국, 프랑스, 인도 등과 인도양 순찰을 늘려가고 있으며, 오커스 협정을 통해 호주 서부에 핵추진잠수함 기지를 건설할 계획이다. 중국 역시 해군력 현대화에 박차를 가하는 가운데 인도양 함대 창설도 논의하고 있다. 미국이 내놓은 '자유롭고 개방된 인도·태평양FOIP'이라는 비전은 지정학적 슬로건이다. 중국의 부상이 가져올 수 있는 공급망 차질, 해상 교통로 교란 등의 우려가 담긴 서방 측의 구호다. 반면 중국 관점에서도 14억 인구의 생존과 발전을 위해선 적대 세력에 의해 봉쇄되고 교란되지 않는 안정적인 교역로 확보는 사활적인 문제다. 결국 자유와 개방을 상대의 선의에 의존하지 않고 자신의 힘으로 담보하겠다는 의지가 인도·태평양이라는 지정학적 공간에서 펼쳐지고 있다고 할 수 있다.

"강대국 지위는 그것을 쟁취할 때처럼 폭력에 의해 상실된다. 강대국은 침대에서 죽지 않는다." 영국의 국제정치학자 마틴 와이트^{Martin} ^{Wight}가 1946년에 한 말로서 기존 강대국이 순순히 자신의 패권을 내려놓지 않음을 의미한다.[23] 이른바 투키디데스 함정이다. 이는 역사적 사례로도 증명된다. 고대 그리스 아테네와 스파르타 동맹이 맞붙었던 펠로폰네소스 전쟁부터 양차 세계대전, 태평양전쟁 등이 모두 신흥 강대국의 도전에 기존 패권국이 전쟁으로 응전한 경우다. 이렇듯 강대국이 권력의 정점에서 싸워보지도 않고 물러나는 경우는 흔치 않다. 물론 불변의 법칙은 아니다. 투키디데스 함정에 빠지지 않고 평화롭게 패권이 교체되거나 전쟁을 피했던 사례도 존재한다. 20세기 대영제국이 전쟁 없이 미국에 패권의 자리를 내어준 경우나, 미·소 냉전에서 소련제국이 총 한 발 쏘지 않고 무너진 사례가 이에 해당한다. 미·중 전략경쟁은 어떻게 귀결될까? 중국의 부상을 억제하는 데 미국이 성공할 것인가, 아니면 중국이 미국을 2등 국가로 끌어내리며 패권의 권좌에 오르게 될 것인가? 그리고 이 과정은 평화적일까, 폭력적일까? 사람마다 이 질문들에 다르게 대답할 것이다. 그러나 많은 사람들이 동의하는 한 가지가 있다. 미·중 패권 경쟁의 시험대로서 가장 위험한 화약고가 바로 대만해협이라는 것이다.

물러설 수 없는 요충지

왜 대만해협인가? 왜 대만해협이 가장 위험한 화약고인가? 그것은 대만의 지리적 위치로 인한 지정학적 함의 때문이다. 대만은 동중국해와 남중국해를 연결하는 위치에 있으며, 태평양으로 뻗어가는 전략적 요충지다. 일본열도 최서단에 위치한 요나구니섬과 대만 쑤아오까지 거리는 110킬로미터에 불과하고, 필리핀 루손섬의 북쪽 끝은 대만 최남단과 350킬로미터 거리에 있다. 동중국해와 남중국해 분쟁에 군사력을 투사하기 쉬운 위치에 대만이 자리하고 있는 것이다. 또한 대만은 중국의 해·공군력이 제1도련선을 돌파해 태평양으로 뻗어나가는 디딤돌이다. 현재는 면적 3만 6,200제곱킬로미터의 방파제가 중국 푸젠성 앞에 버티고 있는 형국인데, 만약 대만이 베이징 손에 떨어진다면 이는 중국으로선 광활한 태평양으로 나가는 관문이 열리는 것과 다름이 없다. 반대로 미국 관점에서 볼 때 대만은 중국의 태평양 진출을 막는 저지선과 방어선이다. 대만을 가리켜 "거대한 용의 목에 걸린 자물쇠"라고 표현하는 중국 군사 분석가도 있다.[24] 특히 대만을 발진기지로 삼는다면 미국은 상하이, 항저우 등 중국 중부 연안에 군사력을 투사할 수 있는 이점이 있다. 미국에게 대만은 침몰하지 않는 항공모함인 것이다.

대만의 지정학적 가치는 물리적인 것도 있지만 더 본질적인 것은 심리적·인식적 측면이다. 만약 미국이 대만을 지켜주지 못한다면 아시아에서 미국의 지위는 어떻게 될까? 대만을 포기한 미국이 필리핀이나 일본을 지켜준다는 것을 어떻게 설득할 수 있을까? 또는 대만을 둘러싼 미·중 충돌에서 미국이 승리하지 못한다면 어떻게 될 것인가? 만약 중국이 대만을 장악한다면 동아시아에서 미국의 지위는 크게 손상될 것이다. 동아시아 우방국에 대한 미국의 방위 공약은 의심받을 것이고 많은 나라들이 더욱 중국의 영향력에 취약해질 것이다. 결국 동아시아에서 미·중 간 세력균형이 베이징에 우호적인 방향으로 변경될 가능성이 농후하다. 대만을 양보한 이후에 동아시아에서 미국의 입지가 흔들리지 않으려면 적어도 두 가지가 필요하다. 첫째는 필리핀과 일본이 대만과 다르다는 점을 해당 국가에 설득할 수 있어야 한다. 타이베이는 포기했지만, 마닐라와 도쿄는 저버릴 수 없는 강력한 미국의 국익이 있다는 점이 설명될 수 있어야 대만 상실로 인한 손상을 극복할 수 있을 것이다. 둘째, 중국은 핵보유국이므로 만일의 경우 핵전쟁을 감수할 수 있다는 결의가 전제되어야 한다. 대만과 달리 필리핀과 일본이 핵전쟁을 감수해서 지킬 가치가 있음을 미국의 지도자와 국민들이 받아들여야 한다는 의미다. 만약 이 두 가지 조건을 충족하지 못한다면 대만 상실은 곧 동아시아와 서태평양에서 미국의 패권적 지위 훼손으로 이어질 가능성이 높다.

물론 현재까지 미국이 물러설 기미는 조금도 보이지 않고 있다. 미국은 '항행의 자유 작전FONOP'이라는 이름으로 대만해협을 수시로 통과하고 있고, 영국, 호주, 캐나다 등과 연합작전도 수행하고 있다. 남중국해와 대만해협이 중국의 호수가 되는 것을 좌시하지 않겠다는 의지의 표현이다. 또한 대만 요새화를 위한 노력도 진행 중이다. 2020년 8월 제4세대 전투기 F-16V 66대와 M1A2T 탱크 30여 대의 판매 계약을 체결하고, 슬램-이알SLAM-ER 공대지 미사일과 하푼 지대함 미사일의 판매를 승인한 것 등이 이런 조치의 일환이다. 미군이 특수부대와 해병대의 소수정예 병력을 대만에 배치해 대만군과 합동 군사훈련을 해왔다는 보도도 나온 바 있다. 미국이 대만에 첨단무기를 판매하는 데 그치지 않고, 대만군의 전술적 능력을 키우기 위해 대만 육군 부대의 훈련을 지원해왔다는 것이다. 2020년 이후 미국 고위직 인사의 대만 방문도 눈에 띄게 늘고 있다. 2020년 8월 트럼프 행정부의 에이자Alex Azar 보건장관이 대만 땅을 밟았는데, 이는 1979년 미·중 수교 이래 최초의 장관급 인사 방문이었다. 특히 바이든 행정부 들어서는 미국 의전 서열 3위에 해당하는 펠로시 하원의장이 대만 방문을 강행한 바도 있다.

서방은 대만의 미래를 미국 패권뿐 아니라 전 세계적 힘의 균형과 정치적 자유, 그리고 경제적 번영과 연결시켜 생각하는 경향이 있다.[25] 첫째, 서구의 많은 분석가들은 중국이 대만을 장악할 경우 인도·태평양 지역에서 새로운 패권국으로 등장하게 되고, 이는 궁극적으로 세계적 힘의 균형에 영향을 미칠 것으로 생각한다. 동아시아 국가들뿐 아니라 세계 많은 나라들이 점점 더 중국의 요구에 순응할 것이고 미국이 주도하는 국제질서는 허물어진다는 것이다. 둘째, 권위주의 국가인 중국이 신흥 초강대국이 된다는 것은 전 세계의 정치적 자유에도 암울한 영향을 미칠 것으로 지적되고 있다. 홍콩의 민주주의 열망을 짓밟았듯이 대만에도 일국양제一國兩制(한 국가 두 체제)를 허용하지 않을 것이며, 더 나아가 글로벌 권위주의 진영이 세를 확장할 가능성이 높다고 강조한다. 셋째, 서방의 주류 논조는 대만의 운명은 경제적으로도 전 세계 생활수준에 영향을 미치는 중대 사안이라고 강조한다. 전 세계 반도체의 60퍼센트 이상을 생산하고 있는 대만은 전 세계인의 일상생활과 경제가 돌아가는 데 필수적인 역할을 하고 있다. 따라서 대만전쟁으로 반도체 공장이 파괴되거나 이들 첨단기술과 시설이 중국 공산당에 의해 장악될 경우 전 세계 공급망이 교란되는 것은 물론 미국을 위시한 서방 기업이 가장 역동적인 인도·태평양 시장에서 축출될 위험이 있다는 것이다.[26] 다시 말해 대만은 미국만의 문제가 아니며 자유주의 진영이 함께 걱정하며 힘을 모아야 하는 문제라는 것이 서방의 시각이다.

중국의 관점은 정반대다. 대만을 흡수해 통일을 완성하는 것은 그 자체로 중국 인민들의 숭고한 목표라고 강조한다. 베이징에 있어 대만은 철저히 내정 문제이며 중국의 "핵심 이익 중에서도 핵심"이다. 중국은 인민의 생명과 안전, 국가 체제와 정체성 등과 관련한 사안을 핵심 이익으로 규정하고 있는데, 그중에서도 대만 문제는 가장 민감하고 중요한 사안이다. 중국 공산당조차도 대만 문제에 타협적 태도를 보여서는 체제 정당성을 유지하기 어렵다. 지정학적 가치에 대해서도 베이징은 충분히 인식하고 있다. 역사적으로 모든 강대국은 자신의 지역을 장악하는 데서 패권의 확장을 시작해왔다. 미국 역시 북미 대륙 석권을 완성하고 카리브해 연안에서 스페인을 축출하면서 아시아·태평양 국가로 발돋움한 바 있다. 중국도 동아시아와 서태평양을 장악하며 중화민국의 위대한 부흥을 이룩하기 위해서는 대만 문제를 언젠가는 해결하지 않을 수 없다.

물론 중국이 이를 꼭 전쟁이란 수단에 호소할 필요는 없다. 그보다는 미국의 의지를 시험하는 압박 전략을 통해 대만을 복속시키는 전략을 취할 것이다. 결국 미국이 중국의 압박을 계속 견딜 것인지, 중국이 어디까지 압박의 수위를 높일 것인지가 관건이다. 혹자는 대만전쟁을 운운하는 것 자체가 자기실현적 예언의 부정적 효과가 있다고 경계한다. 존재하지 않는 투키디데스 함정을 거론하면서 스스로 함정에 빠지는 우를 범할 수 있다는 것이다. 대만 문제는 지난 50년간 현상 유지 정책을 통해 잘 관리되어 왔다. 미국은 '하나의 중국' 원칙*을 수용하고 전략적 모호성 기조를 유지해왔다. 중국이 대만을 침공할 경우 미국이 어떤 대응을 할 것인지 의도적으로 모호하게 함으로써 중국의 침공을 억제하는 한편 대만의 독립 기도를 아울러 견제해왔던 것이다. 앞으로도 세심하고 균형 있게 문제를 관리해나간다면 대만전쟁이라는 재앙적 사태를 막을 희망이 분명히 존재한다.

문제는 대만의 현상 유지에 대한 암묵적 합의와 신뢰가 점점 약화되고 있다는 점이다. 중국의 힘이 커질수록 대만 복속에 대한 중국인의 열망도 커지는 모습이다. 중국은 2022년《대만 백서》에서 대만 문제 해결을 중화민족 부흥의 핵심 과제로 명시했고, 2022년 10월 20차 당대회에서 시진핑 주석은 무력 사용을 포기하지 않을 것임을 공언했다. 또한 중국은 반국가분열법을 통해 무력 사용의 레드라인이 될 3가지 조건을 제시하기도 했다. 대만의 독립 선언, 대만의 핵무기 개발, 그리고 미군의 대만 주둔이라는 상황 중 어느 하나라도 도래할 경우 힘의 행사에 나설 것이란 경고다.

* 본토 중국과 타이완, 홍콩, 마카오 등은 모두 중국의 일부이자 하나로서 나눠질 수 없다는 원칙. 중국은 타이완을 이탈한 하나의 성(省)으로 간주하고 언젠가는 다시 하나로 흡수 통일할 것이라는 입장을 견지하고 있다.

베이징의 강경한 태도는 어느 면에선 미국의 공세적 움직임에 대한 대응 측면도 있다. 앞서 언급했듯이 미국은 대만에 무기 판매를 확대하는가 하면 군사훈련, 고위직의 빈번한 방문 등 전례 없이 하나의 중국 원칙을 훼손하는 듯한 행보를 하고 있다. 2022년 5월 바이든 대통령은 중국의 대만 침공시 미국이 군사적으로 개입할 것인지를 묻는 기자의 질문에 "그렇다Yes"라고 딱 잘라 답변하기까지 했다. 전략적 모호성 기조를 분명히 뒤집는 발언이었다. 베이징 입장에선 하나의 중국 원칙을 흔드는 도발적 움직임으로 느껴질 터였다. 반면 워싱턴 입장에선 중국의 야심을 견제하는 억제 노력의 일환이었을 것이다. 푸틴의 우크라이나 침공으로 시진핑에 대한 서방의 의구심은 더욱 커진 상태. 시진핑 4연임이 시작되는 2027년이 중국의 대만 침공 시기가 될 것이라는 주장까지 나오고 있다.

한마디로 미·중 모두 현상 변경에 대한 상호 두려움에 사로잡혀 있는 모양새다. 양측 모두 억제력 경쟁을 하면서 상대의 계산식에 영향을 미치려 하고 있다. 문제는 이것이 예방전쟁의 압력을 높일 수 있다는 점이다. 미래가 암울하다고 판단되면 인내심이 약해지기 마련이다. 설사 극단적이고 위험한 방책이라고 해도 더 늦기 전에 행동을 해야 한다는 압박감이 심해지기 때문이다. 특히 2016년 이후 대만 정치는 친독립적인 민진당이 중국에 우호적인 국민당을 압도해왔다.[27] 2024년 1월 총통 선거에서도 대만 독립을 주장해오던 라이칭더賴清德가 당선됨으로써 양안 관계는 더욱 악화될 전망이다.

현재도 미·중 양국의 함정과 항공기가 조우하는 위험한 상황이 갈수록 증가하고 있다. 대만해협 상공에서 작전 중인 미 초계기에 중국 전투기가 달라붙는 상황이 발생하는 등 남중국해와 대만해협 수역은 점점 더 비좁아지고 있는 것이다. 전략적 상황이 암울해 보일 때 우발적 충돌이라도 발생한다면 특히 위험하다. 양측은 상대의 의중을 정확히 알 수 없고, 그럴 땐 최악의 시나리오를 상정하고 대응한다는 것이 군사 논리다. 이런 충돌이 재앙적이라는 것은 양측 모두 충분히 숙지하고 있다. 그럼에도 불구하고 상대에게 밀리는 것은 용납하기 어렵다는 점이 문제다. 이런 딜레마 속에서 미·중 양국은 어떤 전략을 취하고 있는가? 양측의 전략은 성공할 수 있을까?

미국의 전략: 반중 네트워크를 통한 억제

대만 문제에 대한 미국 군사 전략의 핵심은 억제다. 억제는 도발에 따르는 비용을 높임으로써 상대가 선을 넘지 못하도록 경고하는 전략을 말한다. 대만 침공으로 기대되는 이득보다 충돌에 따르는 비용과 위험이 압도적으로 높다면, 베이징의 모험주의는 억제될 수 있다는 의미다. 현상 변경 세력을 향해 현상 유지 국가가 사용하는 고전적인 군사 전략이다. 억제가 성공하려면 최소한 두 가지가 필요하다. 첫째, 상대가 감당할 수 없을 정도의 비용을 부과할 수 있는 힘이 있어야 한다. 즉, 군사적 선을 넘는 행동에 대해 미국이 처벌할 수 있는 능력을 갖춰야 한다. 둘째, 억제 전략은 신뢰성이 있어야 성공적으로 작동한다. 과연 미국이 유사시 대만을 도우러 올 것인가? 핵보유국 중국과의 충돌을 무릅쓰고 대만 및 동아시아의 우방국들과 행동을 함께할 것인가? 만약 이 점을 대만, 우방국 그리고 중국에 확신시키지 못한다면 억제 기반은 상당히 취약해질 수밖에 없다. 마크 밀

리 합참의장은 대만 문제에 대한 미국의 대응을 묻자 이렇게 대답했다.[28]

저는 우리 군을 중국이 이길 수 없다는 것이 압도적으로 명백할 정도로 현대화해야 한다고 생각합니다. 그게 한 가지입니다. 그리고 외교적·경제적 등 모든 올바른 조치를 취하여 이 지역의 우방과 동맹국들에게 우리가 그곳에 있을 것이며 중국의 군사적 침략을 억제하고 예방하는 데 도움이 될 것이라는 확신을 심어주는 것입니다.

미국의 전략은 합참의장이 말한 그대로다. 미군 전력을 현대화하여 대중 억제 능력을 높여야 하는 것은 물론이고, 중국을 억제하는 데 동맹국과 우방국을 끌어들여 견고한 반중 연합세력을 구축하는 것이 미국의 구상이다. 인도·태평양사령부가 2021년 미 의회에 제출한 '태평양 억지 구상$^{Pacific\ Deterrence\ Initiative}$'도 이러한 노력의 일환이다. 2022년부터 6년간 중국에 대한 미사일 봉쇄망 구축을 위해 274억 달러를 투입한다는 것으로, 2021년도 인도·태평양 지역 예산이 22억 달러였다는 것에 비추어볼 때 연간 2배 이상 증액된 큰 규모임을 알 수 있다. 태평양 억지 구상의 주요 투자 내용은 중국을 에워싸는 모양으로 생존성이 높은 정밀 타격 미사일 네트워크를 구축하는 것이다. 인도·태평양사령부를 중심으로 오키나와에서 필리핀을 잇는 제1열도선을 따라 지상 기반 미사일을 배치하는 것을 말한다. 중국의 A2AD로 인해 함정과 항공기가 제1, 제2도련선 내로 진입하는 것이 부담스러워지자 미국이 해·공군력 의존을 버리고 육상 기반 미사일 포대를 확대하는 것으로 전략을 수정한 것이다. 또한 중국이 A2AD

전략을 통해 미군의 진입을 거부하고 행동을 제약해오자, 역으로 중국의 태평양 진출을 거부하는 미국판 A2AD로 대응한 것으로도 볼 수 있다.

미국은 대만의 방어력을 높이는 데도 관심을 쏟고 있다. 우크라이나전쟁에서 보듯이 우방의 지원이라는 것도 먼저 당사국이 항전하며 버텨줘야 의미가 있다. 러시아 침공 초기에 우크라이나가 얼마 버티지 못하고 키이우가 함락되었다면 게임은 일찌감치 끝나버렸을 것이다. 대만의 경우 이 점이 더욱 중요하다. 우크라이나와 달리 대만은 전쟁 중에 무기와 군수품을 재보급하는 것이 매우 어렵다. 러시아는 나토가 우크라이나 서쪽 방향에서 전쟁 물자를 공급하는 것을 차단할 방법이 없는 반면, 중국은 대만을 쉽게 해상 봉쇄하는 것이 가능하기 때문이다. 미국이나 우방국이 직접 군사적 개입을 하기 전에는 대만이 홀로 초기 전투를 버텨줘야 하는 이유다. 이런 사정 때문에 대만에 무기를 판매하는 것뿐 아니라 대만의 군수품·필수품·에너지 비축량, 통신 인프라 등을 점검하고 대비책을 강구해야 한다는 제언이 나오고 있다.[29] 대만이 중국의 침략이나 봉쇄에 얼마나 오래 버틸 수 있는지 파악하고 개선책을 마련해야 한다는 취지다. 대만군에 대한 미군의 훈련 지원도 강조되고 있다. 양자·다자 훈련 실시, 대만군의 미국 초청 및 훈련, 미국 고위 장교의 대만 방문 등 작전 능력을 향상시키기 위한 다양한 방안이 논의되고 있다.

미국의 대중 억제 전략에서 가장 중요한 것은 인도·태평양 지역에 강력한 동맹 네트워크를 구축하는 것이다. 미국 홀로 중국과 부딪힐 수는 없고, 될수록 많은 우방국을 확보하여 견고한 반중 전선을 구축할 필요가 있다. 대만 문제의 향방이 서태평양 세력균형을 변경시키는 분수령이 될 수 있기에 더욱 그렇다. 역내 세력균형은 궁극적으로 누구의 군사력이 더 강한가에 따라 결정될 것이다. 반중 연합에 충분히 많은 국가를 포섭할 수 있다면 서태평양의 현상 변경을 거부하는 데 성공할 수 있다는 게 미국의 생각이다.[30] 미국의 구상은 어느 정도 현실적인 근거가 있다. 강대국이 부상할 때 주변국들의 반응을 보면 통상 힘을 합쳐 이를 견제[balancing]하는 것이 국제정치의 보편적 현상이다. 현상 변경에 대해 불안감을 느끼기 마련인 데다, 독립과 자율성을 확보하고자 하는 것이 국가의 기본 본능이기 때문이다. 강대국의 부상에 편승하는 전략도 가능하지만, 이럴 경우 미래에 신흥 패권국으로부터 어떤 대우를 받게 될지 모른다는 불확실성을 생각하지 않을 수 없다. 물론 균형과 편승은 이분법적 선택이 아니라 스펙트럼의 문제다. 각 국가는 자신이 처한 위치에 따라 밸런싱의 강도를 조절할 수도 있고, 어떤 선택도 회피한 채 무임승차 전략을 취할 수도 있다. 미국으로서는 견고한 반중 밸런싱 연합을 구축할 수 있느냐가 대중 억제 전략 성패의 핵심이다.

아울러 미국으로선 반중 연합 구축에 세심한 고려를 해야 한다.[31] 어떤 나라를 포함시키고 어떤 나라를 배제할 것인지 비용과 편익의 관점에서 계산이 필요하다. 반중 연합이란 유사시 미국을 돕는 자유 진영의 우군인 동시에, 미국이 희생을 무릅쓰고 지켜줘야 하는 안보 부담이기도 하다. 따라서 두 가지 판단 요소가 있다. 첫째, 특정 국가를 멤버로 포함시킬 경우 이 국가가 반중 연합 목적에 기여할 수 있는 억지력의 효과가 커야 한다. 기여도가 낮다면 굳이 반중 연합에 공을 들여 초대하고 관리할 필요가 없다. 둘째, 방어 가능성을 고려해야 한다. 미·중 충돌시 방어가 어려운 국가라면 미국 안보 공약의 신뢰도가 의심받을 수밖에 없고, 유사시에 미국의 비용이 너무 올라갈 우려가 있기 때문이다. 이 기준에서 보자면 중국 인근의 유라시아 대륙 국가들은 매력적인 대상이 아니다. 방어가 어렵고 억지력 기여 효과도 크지 않다. 따라서 미국의 반중 연합 파트너들은 반도와 해양 국가, 특히 제1도련선에 위치한 국가들로 모아진다.

미국의 가장 핵심적인 대중 억제 파트너는 일본이다. 동아시아에서 일본 없이 반중 연합은 성공할 수 없다. 중국 다음가는 동아시아 대국이며 중국 견제라는 전략적 목표를 미국과 공유하고 있는 동맹국이다. 최근 일본은 미국의 구상에 적극 부응하여 제1도련선에 군사력을 전진 배치하고 있다. 2023년 이시가키섬에 사정거리 200킬로미터의 지대함 유도탄 미사일 부대를 구축했고, 2024년엔 요나구니섬에 1,200킬로미터 토마호크 미사일을 추가로 배치할 계획이다. 오키나와 본섬에서는 여단 병력의 육상 자위대를 사단 급으로 격상하는 재편을 준비 중이며, 요나구니섬, 이시가키섬, 미야코섬 등에는 F-35 전투기가 이착륙할 수 있는 활주로를 확장하고 있다. 중국이 동중국해에서 태평양으로 나가는 길목에 자위대 병력을 확충하고 있는 모양새다.

호주도 미국의 반중 연합에 없어서는 안 될 주요 동맹이다. 호주는 이미 오커스 협정을 통해 미국의 대중 억제에 한층 더 깊이 발을 들여놓은 바 있다.[32] 중국과 지리적으로 이격되어 있어 방어가 상대적으로 쉽다는 이점도 있으며, 중거리핵전력INF 협정 폐기 이후 중거리 미사일을 아시아 지역에 배치할 경우 항상 매력적인 후보국으로 거론되고 있다. 한국도 포기할 수 없는 동맹국이다. 세계 10위권의 발전된 선진 경제를 중국에 내어줄 수는 없으며, 지정학적으로도 한국이 제외되면 일본이 바로 중국에 노출된다는 점도 부담이다. 필리핀은 반중 연합에 기여하는 능력은 제한되지만, 제1도련선상에 위치한다는 지정학적 가치가 있다. 필리핀이 열린다는 것은 제1도련선이 뚫린다는 의미이고, 그럴 경우 중국 입장에서는 태평양과 남태평양을 향한 힘의 투사가 용이해진다. 베트남, 태국, 인도네시아, 말레이시아, 싱가포르 등 제1도련선에 위치한 다른 나라들도 중요하다. 이들은 미국과 중국 사이에서 전략적 경쟁의 무대가 될 것으로 보인다. 미국은 또한 팔라우, 미크로네시아, 마셜제도 등 남태평양 군도국가들에도 공을 들이고 있다. 이들 국가가 직접 군사력을 제공하는 것은 아니지만 제2도련선에 위치하고 있어서 미군이 군사력을 전개하고 힘을 투사하는 데 활용도가 높다. 전략적 깊이가 있기 때문에 미군의 후방 기지 역할이 가능하며 방어가 어렵지 않다는 것이 장점이다.

그러나 유럽의 경우에 비해 아시아에 효과적이고 강력한 반중 연합을 결성하는 것은 도전적인 과업이다. 유럽에는 이미 나토라는 반패권 연합이 존재하고 있다. 동맹의 결속력도 강해서 나토 회원국을 건드린다는 것은 나토 전체에 대한 공격으로 간주되고 있다. 특히 나토의 군사력이 러시아를 압도하고 있기 때문에 유럽에 새로운 헤게모니 국가가 등장할 수 있는 구조가 아니다. 우크라이나전쟁이 충격을 주기는 했지만, 냉정하게 보면 나토 외곽에 완충 지역을 확보하고자 하는 쇠퇴한 제국의 힘겨운 저항일 뿐이다. 유럽에 반패권 동맹이 성공적으로 작동하고 있는 것은 지리적 여건 때문이다. 유럽은 좁은 지역에 많은 나라가 다닥다닥 붙어 있는 형태라 지역 안보는 불가분성의 속성을 갖고 있다. 폴란드가 공격받으면 독일이 안전하지 않고, 독일이 위험에 빠지면 프랑스에도 문제가 닥칠 수밖에 없다. 사실상 유럽은 하나의 전장theater이며, 이것은 나토라는 다자동 맹이 탄생할 수 있는 배경이기도 하다.

반면에 아시아는 너무 광활하며 각국이 처한 상황이 모두 다르다. 자국의 안보가 다른 나라들과 반드시 불가분 얽혀 있다고 생각하지 않는다. 유럽과 달리 다자동맹이 결성되지 않고 미국을 중심으로 자 전거 바퀴의 부챗살 같은 '허브 앤드 스포크hub & spoke' 형식의 양자동 맹 방식이 아시아에 자리 잡은 데에는 이런 배경이 있다. 중국의 부 상을 대하는 관점도 나라마다 다르다. 편승에 가까운 선택을 하는 나라도 있고, 밸런싱에 치중하는 나라도 있다. 선택을 거부하며 헤징 의 행태를 보이는 나라들도 있다. 국가 자율성도 중요하지만, 신흥 강국을 적대시할 경우 치러야 할 비용을 고민하는 것이다. 미국의 반중 연합 전략은 이런 어려움 가운데 추진되어야 한다는 게 큰 도 전이다.

억제 전략은 반중국 연합을 구성하는 데 그쳐서는 안 된다. 억제 가 깨질 경우 어떻게 대응할 것인지 복안이 있어야 억제 전략은 신 뢰성을 담보할 수 있다. 즉, 중국이 대만을 침공했을 때 미국이 어떤 군사적 대비책이 있는지 보여주지 못한다면 억제 전략 자체가 의심 을 받게 된다. 대만을 둘러싼 전쟁은 핵을 보유한 강대국 간의 전쟁 이다. 용인할 수 있는 수준을 넘는 위험이 있다면 곤란하다. 대만을 수호하는 것도 중요하지만 수백만, 수천만 명이 죽는 전쟁을 감수하 긴 어렵고, 만약 이런 전쟁이라면 애초에 중국을 억제하겠다는 구상 이 힘을 얻기 어려울 수 있다.

이런 이유 때문에 미국이 생각하고 있는 것은 제한전쟁이다.[33] 제한전쟁은 전쟁의 목표, 방식, 범위 등을 의도적으로 제한한 전쟁을 말한다. 상대를 붕괴시키거나 완전한 항복을 추구하지 않는 등 목표를 제한하고, 사용하는 무기나 군사력 운용 방식에 자제를 발휘하는 것을 의미한다. 핵보유국 중국과 제한 없는 전면전을 한다는 것은 비합리적이다. 따라서 핵사용 임계점을 넘지 않도록 폭력의 수위를 조절하는 가운데 전쟁을 수행해야 한다. 미·중 모두 본토의 대도시 타격을 삼가고 전장의 군사 표적만을 겨냥하는 방식의 전쟁을 생각할 수 있다. 제한전쟁론자들은 중국도 자멸을 원치 않는 만큼 무제한 확전은 자제할 것이라고 판단한다. 또한 치욕스러운 항복을 요구하거나 국가적 파멸을 강요하지 않는 한, 제한된 방식으로 전쟁을 수행하는 데 미·중 모두 이해가 일치함을 지적한다. 이런 조건에서 미국은 전장의 우위를 통해 제한적 승리를 목표로 해야 하며, 중국에 제한적 패배를 안겨줘야 한다는 것이다. 즉 대만 침공이 성공하지 못하는 선에서 전쟁을 유리하게 종결시키는 것이 미국의 목표가될 수 있다.

혹자는 제한전쟁이 전쟁의 개념 자체와 모순된다고 생각할지 모른다. 교전 당사자들이 자신의 힘을 모두 사용하지 않은 채 일종의 규칙을 지켜가며 싸운다는 관념이 부자연스럽기 때문이다. 그러나 제한전쟁론자들은 제한전이 그렇게 이례적인 전쟁 형태가 아니라고 강조한다. 한국전쟁도 만주 폭격을 자제한 제한전쟁이었으며, 베트남전쟁도 마찬가지였다. 우크라이나전쟁에서도 러시아는 전략무기를 사용하지 않은 채 제한전, 소모전을 구사하고 있다. 모두 정치적·지정학적 맥락에 따른 선택들이며, 이렇듯 인류 역사상 제한전은 뿌리가 깊다는 것이다. 무엇보다 대만 문제에 대해선 제한전쟁 외에 다른 합리적 방안을 찾기 어렵다. 제한전쟁의 한계와 성공 가능성은 차치하고서라도 무제한적인 미·중 전면전 자체가 난센스이기 때문에 현실적인 군사 전략을 강구해야 한다는 것이 제한전쟁론자들의 생각이다.

중국의 전략: 시간 벌기와 강압의 배합

과연 중국은 침공할까? 시진핑이 2027년까지 군에 준비태세 완료를 지시했다는 보도도 있다. 2027년이 시진핑 4연임이 시작되는 해이므로 통일을 자신의 치적이자 영원한 유산으로 삼을 것이라는 게 침공 임박설의 배경이다. 2021년까지만 해도 푸틴이 우크라이나를 전면 침공하리라고 예상한 사람은 거의 없었다. 그런데 유럽 한복판에서 영토 변경을 시도하는 20세기 이전의 전쟁이 눈앞에 펼쳐졌다. 영토적 열망과 군사적 능력 면에서 러시아에 결코 뒤지지 않는 중국이 언제까지 '대만 문제'를 지금처럼 놔둘 것인가? 이런 우려가 서방에서 점점 더 심각하게 제기되고 있는 상황이다. 실제 대만해협 부근에서 중국은 점점 더 공세적이고 도발적인 무력시위를 벌이고 있다. 포 사격, 방공식별구역ADIZ 진입, 대만 포위 훈련 등 중국 인민해방군이 벌이는 군사훈련은 점점 더 침략을 위한 예행연습처럼 보이는 것이 사실이다.[34]

그러나 중국의 전략은 침공보다는 강압에 방점이 있다고 보는 게 정확하다. 대만 침공은 미국과의 직접적 군사 충돌을 초래할 가능성이 상당하다. 따라서 미·중 전면전은 시진핑에게도 너무 위험한 선택이다. 대만 통일은 포기할 수 없지만 가능하다면 무력 충돌 없이 이를 달성하는 것이 중국으로서는 최선이다. 미·중 충돌을 감수하고 무력을 사용하는 것은 다른 옵션이 모두 소진된 경우에 취해질 가능성이 높다. 그렇다면 전쟁 없이 대만을 복속시키려면 무엇이 필요할까? 중국이 취하고 있는 방법은 서서히 힘의 균형을 바꿔서 관련 당사국들이 베이징의 의도에 저항하지 못하도록 하는 전략이다.[35] 바로 강압이다. 강압은 억제와 마찬가지로 상대의 비용·편익 사고에 영향을 미치려는 노력이다. 강압에 저항할 경우 비용이 너무 크다고 판단되면 상대는 행동을 바꾸게 된다. 억제가 상대에게 부작위를 강요하는 전략이라면, 강압은 특정 행동을 하도록 압박하는 전략이라는 점에서 차이가 있을 뿐이다.

중국이 원하는 특정 행동이란 대만에 대한 방위 공약 포기다. 미국은 물론 반중 견제에 참여하고 있는 아시아 국가들에게 이탈을 촉구하는 것이다. 강압 전략의 핵심은 처벌할 수 있는 능력이다. 특히 처벌 능력은 상당히 높은 벌금을 부과할 정도로 강력해야 한다. 정치적 압력이나 경제 제재 정도로는 불충분할 것이다. 외교적·경제적 불이익을 주는 것만으로는 미국의 행동을 변경시킬 수 없음은 물론 중국 견제 네트워크를 와해시키기 힘들기 때문이다. 따라서 벌금은 반드시 군사적 성격을 띠어야 한다.[36] 중국과의 군사적 충돌이라는 심각한 위험을 부과해야만 중국을 견제하려는 강력한 동기를 꺾을 수 있다. 중국이 도광양회의 모습에 머물지 않고 갈수록 공세적 태도를 보이는 것은 이런 이유 때문이다. 그냥 성장하는 것만으로는 부족하다. GDP가 커지는 것만으로 다른 나라들이 중국의 지역 패권을 순순히 수용하지는 않을 것이기 때문이다.[37]

중국의 강압 캠페인은 광범위하게 진행되고 있다. 중국 공군의 대만 방공식별구역 진입은 이제 일상이 되고 있다. 2020년 9월 침범 건수는 월별 69건이었는데, 2023년 7월엔 139건으로 급증했다.[38] 횟수만이 아니다. 2020년대 초반까지만 해도 정찰기 한두 대가 방공식별구역을 비행했던 것에 비해, 2023년에 들어서는 폭격기, 전투기, 전자전 항공기, 공중 급유기 등 중국 공군 전력이 대거 동원되는 모습을 연출했다. 대만해협 중간선에 대한 침범도 심각하다. 중국군과 대만군은 1955년 미군이 그은 분계선을 사실상의 경계선으로 수용하며 수십 년 동안 이를 지켜왔다.[39] 그러나 2022년 8월 펠로시 미 하원의장이 대만을 방문하자, 전례 없는 훈련을 통해 중앙선을 위반하며 중앙선 존재 자체를 부인하는 모습을 보였다. 중국 국영 TV는 인민해방군이 중앙선을 성공적으로 "파괴"했다고 보도하기도 했다.

당시 대만해협 인근에서 전개된 중국 해군 훈련에서는 항공모함 산둥함이 처음으로 참가하는 모습도 보였다. 특히 다른 함정들이 대만의 북서쪽에서 기동하는 동안, 산둥함은 대만 동부 해역에 위치해 J-15 전투기를 발진시키는 역할을 수행했으며, 이후 괌 서쪽 700킬로미터 해역까지 진출하는 모습을 보였다. 중국 항공모함이 제1, 제2도련선 사이 해역에서 작전할 수 있음을 과시함으로써 유사시 대만 봉쇄와 미·일의 개입 거부라는 이중의 역할을 할 수 있다는 메시지를 보낸 것으로 해석된다. 물론 작전적 관점에서 보면 중국 항공모함이 대만 동쪽까지 진출할 필요는 크지 않다. 중국 해안 본토 기지에서 미사일이나 항공기로 대만을 충분히 공격할 수 있고, 항모가 원해로 나갈수록 미군의 손쉬운 표적이 될 수 있기 때문이다. 그러나 확전의 부담을 미국에 넘기기 위해 분쟁 초기 해상 봉쇄를 취할 경우 항공모함의 효용성이 적지 않다. 무엇보다 힘은 과시해야 상대에게 먹히기 마련이다. 이런 점에서 산둥 항모의 제1도련선 너머 출현은 전형적인 '강압'과 '정치전'의 형태라고 볼 수 있다.[40]

　중국이 구사하고 있는 강압 전략은 일종의 '상상 속의 전쟁'을 수행하는 것과 다름없다. 중국의 패권을 가로막는다면 어떤 전쟁이 초래될지 관련국들이 충분히 인식하고 생생하게 느낄 수 있도록 한다는 의미다.[41] 대만해협에서 힘의 균형이 인식적 차원에서 중국 방향으로 바뀐다면, 중국의 부상은 불가피한 것으로 간주될 것이며 관련국들은 저항이 아니라 적응을 선택할 가능성이 높다. 이것이 바로 강압 전략이 노리는 바다. 미국은 중국과의 경쟁이 무력 충돌로 이어지지 않도록 가드레일 설치가 필요함을 강조하고 있다. 핫라인 운용, 위기관리 조치 등이 거론된다. 그러나 중국 입장에선 위험이 관리 가능하다는 인상을 주고 싶어 하지 않는다.[42] 미국이나 우방국들이 감내할 수 없는 수준으로 위험을 높여야 강압 전략이 효과를 발휘하기 때문이다. 베이징도 우발적 충돌의 위험성이나 위기관리의 필요성을 모르는 바는 아니지만, 반중 연합 국가들의 위험 감내 능력을 시험하면서 역내 세력균형을 중국에 유리하게 조작해나갈 필요가 있다.

　미국으로서는 이 점이 어려운 부분이다. 가드레일과 열린 소통을 이야기할수록 베이징은 강압 전략이 효과를 내고 있다고 판단할 것이다. 그렇다고 강경 대응도 쉽지 않다. 위기 고조 위험도 있지만, 무엇보다 중국의 강압 캠페인이 전면적 분쟁의 문턱 밑에서 이루어지고 있기 때문이다. 중국이 남중국해 영유권을 주장하며 2013년 이래 파라셀군도와 스프래틀리군도의 암초를 매립해 인공섬을 건설하고 이후 이를 군사기지화했을 때 미국은 효과적으로 대응하지 못했다. 미국의 무력 개입을 촉발하지 않는 수준에서 이루어진 일종의 회색지대 캠페인이었기 때문이다. 일각에서는 미국의 대중 군사 전략이 너무 전면적 대만 침공에만 초점이 맞추어져 있어서 베이징의 강압 캠페인, 회색지대 전략에 취약하다는 지적도 제기되고 있다.[43] 싸우지 않고 승리하는 것은 중국의 전통적인 전략 사고다. 손자의 전략 사고가 과연 21세기 대만에서도 통할 것인가?

대만 문제에 대한 미국의 전략은 '억제'이며, 중국의 전략은 '강압'이다. 한쪽은 레드라인을 넘지 말 것을 경고하는 것이고, 다른 한쪽은 레드라인을 서서히 지워나가겠다는 것이다. 레드라인을 지워나가는 시간적 프레임을 중국이 길게 잡고 있기 때문에 당장은 미국의 억제 전략과 충돌하지 않고 따라서 전쟁도 벌어지지 않는다. 그러나 장기적으로 미·중 양국의 전략은 양립하기 어렵다. 억제가 먹힌다는 것은 강압 전략이 효과가 없다는 뜻이고, 강압이 작동한다는 것은 억제가 무너지고 있다는 뜻이기 때문이다. 대만 문제에 대한 장기적 전망이 낙관적이기 어려운 이유가 여기에 있다. 대만해협에서 미·중 충돌이 발발한다면 그 전개 양상과 결말은 어떤 모습일까? 이하에서는 전쟁의 양상과 승패를 규정하는 변수를 식별하고, 다양한 전쟁 시나리오를 점검해본다.

대만전쟁의 특징

모든 전쟁은 각기 고유한 특징이 있다. 특히 전장이 위치한 자연적 조건이 결정적 영향을 미친다. 대만전쟁은 기본적으로 상륙작전이 절대적 비중을 차지한다. 중국이 대만을 복속시키기 위해서는 160여 킬로미터의 대만해협을 건너야 하고, 8시간 동안의 수송로에서 살아남아야 한다. 그러기 위해서는 미사일 포격, 제해권 및 제공권 장악, 헬기와 낙하산 병력 준비 등 상륙작전 수행에 필요한 모든 합동작전이 완벽히 준비되고 시행되어야 한다.[44] 대잠 작전도 필수적이다. 8척의 잠수함만으로 중국군 상륙부대 40퍼센트 파괴가 가능하다는 전문가 견해가 있을 정도로 대만해협 기동 중에 있는 중국 해상전력은 수중 공격에 매우 취약하다. 대만해협이 넓지는 않지만, 강풍, 안개, 격류 등의 기상 조건 때문에 상륙작전에 유리한 시기는 3~5월과 9~10월로 한정된다는 단점도 있다.

대만의 방어 태세도 만만히 볼 수 없다. 대만해협 중 상륙에 적합한 지점은 14곳 정도에 불과하며, 대만은 이미 해안가에 벙커와 터널을 건설하는 등 견고한 방어시설을 갖추어놓은 상태다.[45] 따라서 인민해방군의 상륙부대는 대만군이 부설해놓은 기뢰, 침몰선 등을 청소하면서 해안에 접근해야 하며, 엄폐된 장소에서 날아오는 대만군의 포병과 대함 미사일에 노출되는 위험을 감수해야 한다. 상륙 거점 확보에 성공했다고 끝이 아니다. 타이베이 등 핵심 지역에 도달하기 위해서는 험준한 지형을 뚫고 장기간 행군이 필요하며, 도시 장악을 하려면 시가전이라는 난관도 극복해야 한다.

상륙작전은 그 자체로 어렵다. 아무리 좁은 해협이라도 대규모 병력을 해상 이동시키는 것은 간단한 일이 아니다. 노르망디 상륙작전의 경우 영불해협 폭은 50킬로미터 정도에 불과했다. 그런데도 성공 여부는 불확실했고 대단히 위험한 작전이었다. 연합군 총사령관이던 아이젠하워 장군이 상륙작전 전날, 실패에 대비해 사임서를 써두었다는 일화도 있다.[46] 중국 인민해방군은 노르망디 상륙작전보다 더 험난하고 복잡한 160킬로미터의 대만해협을 건너는 위험을 극복해야 한다. 1949년에 중국이 본토에서 불과 3킬로미터 떨어진 진먼섬 점령을 시도한 적이 있는데, 이때 인민해방군 선발대 9,000명 대부분은 국민당 군대에 사살되거나 생포된 전례가 있다.[47] 그 후 중국은 노르망디 상륙작전, 인천 상륙작전, 영국의 포클랜드전쟁 등을 연구해왔다고 알려지고 있으나, 상륙작전에 내재된 본질적 어려움은 예나 지금이나 변화가 없다. 우크라이나전쟁과 비교해도 그 차이가 분명히 드러난다. 러시아는 우크라이나를 침공하기 전에 15만 병력과 물자를 국경 근처 여러 공격 진지에 사전 배치할 수 있었고, 그 이후에 육로로 진격해 들어갔다. 언제나 공격이 방어보다 불리하긴 하지만, 상륙작전의 어려움은 지상 침공에 비할 바가 아니다.

대만해협에서의 전쟁이 중국에만 힘든 것은 아니다. 섬인 대만은 침공하는 것도 쉽지 않지만, 외부에서 지원하는 것도 어렵기 때문이다. 우크라이나전쟁에서 나토는 직접 군사적 개입을 자제하면서도 많은 무기와 물자를 보내며 우크라이나를 지원하고 있다. 우크라이나 서부 국경에서 넘어오는 외부 지원을 러시아가 차단할 방법이 없는 덕분이다. 그러나 이런 우크라이나 모델을 대만에 적용하기는 어렵다. 즉 미국이나 동맹국이 군사적으로 직접 개입해서 중국과 제해권과 제공권을 다투지 않는 한 대만을 군사적으로 지원하는 것은 사실상 불가능하다. 대만의 항구는 전쟁 와중에 파괴될 것이며, 미사일이 쏟아지는 상황에서 대만으로 증원군이나 지원 물자를 보내는 것은 극히 어려울 것이기 때문이다. 따라서 미국이 직접 개입해서 군사적으로 의미 있는 성과를 내기 전까지는 대만이 홀로 버텨주는 것이 필수적이다.

전장의 위치가 비대칭적이란 것도 미국에 불리한 점이다. 대만해협이 중국 서부 해안에서 160킬로미터 거리에 있는 데에 반해, 미군 전력은 수천 킬로미터 먼 곳에서 출격해야 한다. 샌디에이고 미 기지에서 일본 이와쿠니까지의 거리는 약 9,600킬로미터에 달하며, 호주에서 대만해협으로 병력과 장비를 이동시키려고 해도 인도네시아, 필리핀을 거쳐 약 8,000킬로미터를 건너야 한다. 시간당 약 700갤런의 연료를 소모하는 F-35C 등 전투기에 대한 공중 급유가 필요하며, 탄약, 연료, 보급품 수송을 위한 안정적인 활주로 확보도 필수적이다.[48] 그런데 중국의 미사일 전력은 일본, 대만, 필리핀, 말레이시아를 포함한 제1열도선을 충분히 위협하고 있고, 더 나아가 괌의 앤더슨 공군기지까지 사거리를 넓혀가고 있다. 랜드연구소는 중국이 순항미사일 53발로 앤더슨 기지의 항공기 격납고를 파괴해 기지를 무력화할 능력이 있다는 분석을 내놓은 바도 있다.[49]

전투기 투입 비율도 문제다. 대만을 중심으로 반경 1,000킬로미터 원을 그려보면, 그 안에 들어오는 미군기지는 오키나와 공군기지 1개밖에 없다. 반면 중국은 북쪽의 난징, 남쪽의 홍콩과 마카오, 서쪽의 창사 등 수십 개의 공군기지를 보유하고 있다. 전술 항공기가 격렬한 전투를 수행할 수 있는 전투 반경이 수백 킬로미터에서 1,000킬로미터라는 점을 고려하면, 전장에 투입할 수 있는 공중 전력 면에서 중국이 수십 배의 우위를 갖고 있다는 의미다.[50] 또한 미국은 중국의 대공 미사일 사정권 밖에서 폭격기를 운용하고 싶어 할 텐데, 이 경우 미사일의 재고 확보가 관건이다. 200해리(약 370킬로미터) 이상을 날아갈 수 있는 장거리 대함 미사일의 경우 개전 일주일이면 소진될 것이기 때문이다.[51] 따라서 미국은 위험을 무릅쓰고 대만해협 방면으로 더 접근해야 하며, 결국 제해권과 제공권 장악이 관건이 될 수밖에 없다.

마지막으로 대만전쟁은 핵전쟁의 그림자 아래서 치러지는 재래식 전쟁이 될 것이다. 처음부터 핵이 사용될 가능성은 희박하지만, 전황의 전개나 기타 예측할 수 없는 변수에 의해 핵전쟁으로 비화될 가능성을 배제할 수 없다. 우크라이나전쟁도 유사한 면이 있다. 푸틴 대통령의 노골적 핵위협이 여러 차례 있었듯이, 러시아의 전술핵 사용 가능성과 이로 인한 핵확전은 서방 전략가들이 항상 염두에 두고 있는 위험 요소다. 그럼에도 핵확전의 위험은 대만전쟁이 더 심각하다. 나토의 개입이 간접적 방식에 머물러 있는 우크라이나전쟁과 달리 대만전쟁은 두 핵보유국인 미국과 중국이 직접 충돌하는 강대국 전쟁이 될 가능성 때문이다. 또한 우크라이나전쟁에서는 재래식 전력 면에서 우위에 있는 러시아가 전술핵을 사용할 유인이 크지 않은 데 비해, 대만 전장에서는 전황이 불리하게 전개될 경우 미·중 모두 핵사용 압박을 강하게 느끼게 될 것이다. 핵사용 옵션을 포기할 경우 굴욕적 패배를 감수해야 하는 탓이다. 더욱이 상대 본토를 공격하거나 전쟁이 장기화될 경우 핵확전 위험은 더 커질 것이다.

세 가지 개전 시나리오

시간 벌기와 강압이 중국의 대만 복속 전략이지만, 대만해협을 둘러싼 군사 충돌은 다양한 계기로 촉발될 수 있다. 만약 대만해협을 둘러싼 전쟁이 터진다면, 그 경로는 크게 세 가지 중의 하나가 될 것이다. 첫째는 억지의 실패 상황이다. 미·중 충돌을 최대한 늦추고 신중하게 행동하는 것이 중국의 이익에 부합하지만, 어느 시점에 이르러 베이징의 지도자가 이제는 때가 되었다고 판단하는 상황을 일컫는다. 중국의 군사력이 충분히 강해졌고 미국이 개입하기 어렵다고 판단한다면 중국이 군사 행동에 나설 수 있다는 뜻이다. 대만해협에 대한 미국의 현상 유지 의지를 평가절하한 중국이 의도적으로 선을 넘는 경우로, 전형적인 '억지의 실패deterrence failure' 상황이다. 푸틴 대통령은 미국의 강력한 경고에도 불구하고 2022년 2월 14일 우크라이나 전면 침공을 감행했다. 미국의 대러시아 억제가 실패한 것이다. 서방이 단결하여 우크라이나를 지원하고 있지만 어디까지나 간접 지원 방식이다. 러시아와의 직접적 충돌을 우려하여 나토는 직접 개입을 삼가고 있다. 푸틴으로서는 우크라이나에 대한 나토의 방어 의지가 제한적이라고 판단한 것이고, 이는 사실로 판명이 났다.

대만에 대해서도 이런 우려가 제기되고 있다. 대만인들은 미·중 군사력 균형이 변화하면서 미국의 억지력이 약화되고 있는 건 아닌지 불안해하고 있다. 특히 전쟁이 발발할 경우 미국이 어느 수준까지 대만을 지원할 것인지 의구심을 갖고 있다. 바이든 대통령은 여러 차례 미국이 직접 개입할 것이라고 발언했지만, 그때마다 행정부는 전략적 모호성이란 미국의 기존 입장에 변화가 없다고 물러서곤

274

했다. 억지 전략으로서는 좋지 않은 시그널이다. 2023년 5월 대만인 1,105명을 대상으로 미국의 대만 방어 확신에 대한 설문조사를 실시한 바 있다. 결과는 응답자 중 35.4퍼센트만이 미국의 방위 공약을 신뢰한다고 대답했다.[52] 한편 대만 전문가인 셰우 지양 박사는 미국의 간접적인 우크라이나 지원과 유럽의 동요가 대만에 좋은 징조가 아니라고 강조한다. "우리가 그렇게 생각한다면 중국도 그럴 것"이라고 그는 말한다.[53] 억지의 신뢰성에 대한 대만 전문가와 일반인들의 신뢰는 그렇게 높다고 할 수 없다.

두 번째 미·중 전쟁 시나리오는 '의도하지 않은 확전unintended escalation' 이다. 미국과 중국은 서로 억지력 경쟁을 펼치고 있다. 미국은 중국의 군사모험주의를 억제하려 하고, 중국은 미국의 군사 개입 가능성을 차단하려 한다. 문제는 이 과정에서 우발적 충돌이 발생하면, 상호 불신과 두려움이 겹치면서 의도하지 않은 확전 위험성이 커진다는 점이다. 시간이 갈수록 대만해협이 좁게 느껴질 정도로 미국과 중국의 함정과 항공기가 점점 위험하게 조우하는 사례가 늘고 있다.[54] 중국 전투기가 미국 초계기를 바짝 따라붙는다든지, 중국 군함이 미국과 캐나다 군함을 가로막는 위험한 장면이 연출되고 있다. 2001년 중국의 하이난 동남부 지역을 근접 정찰하던 미 해군 정찰기가 중국 전투기와 충돌하여 비상 착륙했던 것처럼 군사적 우발 사태가 언제 벌어져도 이상하지 않은 상황이다. 이 때문에 미국은 미·중 핫라인 가동, 고위급 소통 등 가드레일 설치의 필요성을 강조하고 있다. 그러나 중국은 미국에 물러설 것을 요구한다. "이런 일이 발생하지 않도록 하는 최선의 방법은 군함과 항공기가 우리 영해와 영공에 가까이 오지 않는 것이다"라고 2023년 당시 리상푸李尙福 중국

국방장관은 잘라 말한 바 있다.[55] 중국의 압박 전략에 밀리지 않으려면 미국도 위험을 감수할 준비가 되어 있어야 한다. 위험을 낮추려고만 하면 중국은 계속 그 틈을 파고들 수 있다. 그렇다고 강 대 강으로 부딪히면 우발적 충돌 위험이 높아지는 것은 피할 수 없다.

따라서 미국의 억지 태세는 베이징의 현상 변경 열망을 제어할 정도로 강력해야 하지만, 동시에 중국을 지나치게 자극하거나 우발적 사고를 야기하지 않을 정도의 세심한 균형이 요구된다. 역사에는 이런 미묘한 균형 유지에 실패해서 발생한 전쟁들이 많다. 제1차 세계대전이 대표적 사례다. 사라예보의 총성이라는 촉발 요인이 터지자, 그 이후엔 경직된 동맹 구조, 양보와 타협에 대한 두려움, 선제공격의 압박 등이 겹치면서 유럽은 전대미문의 대전쟁에 휩싸이게 되었다. "전쟁은 투키디데스가 말한 것처럼 엄청난 두려움, 자존심, 이해관계가 얽혀 있는 매우 감정적인 일입니다." 마크 밀리 전 합참의장이 대만해협에서의 위기관리 실패 가능성을 지적하며 한 말이다.[56] 그는 "확전되지 않는 것이 모두에게 이익이 됩니다. 그럼에도 불구하고 확전의 가능성은 매우 현실적입니다"라고 강조한 바 있다. 100여 년 전 발칸전쟁으로 그칠 수 있었던 분쟁이 유럽 강대국들을 모두 빨아들인 대재앙으로 번진 것처럼, 대만해협에서의 조그만 충돌이 미·중 격돌로 비화될 가능성을 지적한 것이다.

대만을 둘러싼 미·중 전쟁의 마지막 시나리오는 '예방전쟁preventive war'의 압력이다. 사실 이것이 가장 위험하고 가능성이 높은 시나리오다. 기회의 창이 닫히고 있다고 느낄 때, 다시 말해 미래가 암울하다는 비관적 전망에 사로잡히게 되면 국가는 절박해지고 위험한 선택도 불사하는 경향이 있다. 태평양전쟁이 대표적이다. 일본이 진주만 공습이라는 무모한 선택을 한 것은 미국의 금수 조치로 서서히 목 졸려 죽는 것을 기다릴 수 없었기 때문이었다. 중국도 대만과의 통일이 점점 멀어지고 있다는 초조함을 느낄 가능성이 있다. 시간이 흐를수록 대만인들의 정체성은 점점 대륙과 멀어지고 있으며, 민진당을 중심으로 한 독립파가 대만의 주류가 되고 있다. 특히 2024년 총통 선거에서 승리한 라이칭더 민진당 정부는 자유주의 국제연대와 탈중국화 노력을 강화할 것으로 보여 시간이 더 이상 중국 편이 아닐 수도 있다는 비관론을 자극할 가능성이 있다. 여기에 대만의 독립 움직임 가시화 등 촉발 요인이 겹친다면, 준비 상태와 무관하게 베이징이 군사 행동을 선택할 가능성을 배제할 수 없다.[57]

중국의 국력이 최고치에 도달했고 이제 쇠퇴 일로에 접어들었다는 '중국 정점Peak China' 이론도 예방전쟁의 논리와 같은 맥락이다. 할 브랜즈Hal Brands와 마이클 베클리Michael Beckley는 2022년 출간한 저서를 통해 중국 성장의 둔화는 역설적으로 중국을 더 위험하게 만든다는 주장을 폈다.[58] 중국이 "기존 질서를 공격적으로 파괴할 수 있을 만큼 강해졌지만, 시간이 자기 편이라는 자신감을 잃고 있는 시점"에 이르렀다는 것이다. 따라서 인내심을 갖고 장기적 현상 변경을 추구하던 중국이 전투적으로 변할 거라는 게 이들 비관론자들의 주장이다. 물론 중국의 국력이 과연 정점에 도달했는지, 미·중 국력 격차가 좁혀질 수 없는 것인지에 대해서는 논란이 있다.[59] 또한 설사 국력이 최고치에 도달했다고 해도 중국이 조바심을 이기지 못해 전쟁에 나설 거라는 전망도 얼마나 현실적인 것인지 논란의 여지가 있다. 다만 미래를 수동적으로 기다리는 게 인내할 수 없을 정도로 비관적이라면, 국가는 예방전쟁의 압력을 견디기 어렵다는 점을 간과해서는 안 된다.

　서방 일각의 우려처럼 중국이 시간표를 정해놓고 대만을 침공한다는 식의 시나리오는 과장된 것으로 보인다. 시진핑 주석이 장기 집권 명분으로 대만 침공 카드를 활용할 수 있다는 경계의 목소리가 있지만, 승패를 장담할 수 없는 전쟁이야말로 중국의 미래는 물론 시진핑 체제를 붕괴시킬 수 있는 극도로 위험한 선택이다. 더욱이 현재 중국에서 시진핑 체제는 유례없이 공고하다는 것이 중론이다. 따라서 중국 지도부가 궁지에 몰리지 않는 한 대만 문제의 군사적 해결에 당장 나설 것으로 보이지는 않는다. 푸틴의 우크라이나 침공이 자극한 시진핑의 대만 침공론, 즉 억지의 실패 프레임은 보다 신중하게 다루어질 필요가 있다. 다만 앞서 살핀 세 가지 시나리오는 현실에서는 복합적으로 상호작용할 가능성이 있다. 예를 들어 미래에 대한 비관 때문에 예방적 군사 행동의 압력이 높아지는 가운데 우발적 충돌이 발생할 수 있다. 이때 상대의 결의에 대해 오판하면 확전의 문턱이 낮아질 가능성은 얼마든지 존재한다.

군사 충돌은 이렇게 전개된다

촉발 요인이 어떤 것이 되건, 일단 중국이 무력 사용을 감행한다면 그 모습은 크게 네 가지로 상정할 수 있다.[60] 미사일 공격, 도서 점령, 해상 봉쇄, 그리고 전면 침공이다.* 먼저 미사일 공격은 대만의 독립

---

* 물론 무력 사용 카드를 꺼내들기 전에 중국은 사이버 공격, 전자전, 외교적 강압 등 비군사적 조치를 취할 것으로 예상된다.

움직임이 분명해질 때, 단순한 무력 시위만으로는 제어가 어렵다고 판단될 때 이루어질 수 있다. 베이징 지도부가 경고 목적에서 대만 대도시와 기간시설을 탄도미사일과 순항미사일로 타격하고, 대만이 중국 본토에 제한적으로 순항미사일 보복을 가하는 시나리오다. 이때 중국 입장에서 핵심은 대만의 독립 저지다. 따라서 대만이 독립을 실행한다면 중국은 침공을 불사하겠다고 엄포를 놓되, 일정 수준의 교전 후에는 군사 행동을 중단한다. 국제적 비난과 경제 제재는 피할 수 없겠지만, 미국과의 군사적 충돌 없이 대만 독립 움직임을 저지하는 성과를 기대할 수 있다.

둘째, 도서 점령은 대만 본섬을 침공하기보다는 대만이 통제하고 있는 연안 섬들 중 하나 이상을 점령하는 시나리오다.[61] 푸젠성 연안의 진먼, 마츠군도, 그리고 평후(페스카도레스)군도 등이 여기에 해당한다. 대만 외곽선 점령은 인명 피해가 적고 미군의 개입 가능성을 낮춘다는 장점이 있다. 대만을 방어하겠다는 미국의 의지가 높다고 하더라도 외곽의 작은 섬들에 대해서까지 미국의 공약이 강력한지

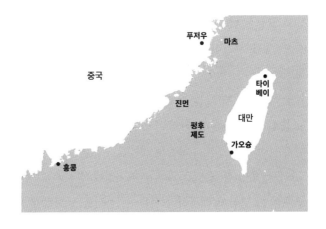

는 의문의 여지가 있기 때문이다. 또한 도서 점령은 대만군에 대한 추가 탐색은 물론, 점령의 기정 사실화, 향후 본토 침공의 교두보 역할 등 다양한 이점도 제공할 수 있다. 즉 미·중 충돌의 임계치 밑에서 전략적 이득을 보려는 일종의 회색지대 작전이다.

셋째, 해상 봉쇄도 중국이 시도할 수 있는 군사 옵션이다. 중국이 대만의 주요 항구를 봉쇄하며 물자의 이동을 전면 차단하는 시나리오다. 또는 대만 입·출입 선박과 항공기들이 중국 당국의 허가를 받도록 하는 제한적, 조건부 봉쇄를 선택할 수도 있다. 어느 경우든 고립된 대만인들에게 경제적 고통을 초래하여 중국의 의지를 강요하는 압박 전략이다. 해상 봉쇄는 확전의 부담을 미국에 넘긴다는 점에서 이점이 있다. 미국이 중국의 해상교통로를 맞차단하는 방법도 있겠지만, 결국 대만의 고립을 타개하기 위해서는 미국이 잠수함이나 대함 미사일로 중국 전함을 직접 공격하는 수밖에 없을 것이다. 또한 해상 봉쇄 옵션을 취할 경우, 적정 시점에 봉쇄를 해제하는 식으로 상황을 마무리하는 주도권을 갖는다는 이점도 있다.

이상 세 가지 충돌 시나리오가 가능하고 나름의 이점이 있지만, 모두 결정적 단점이 있다. 바로, 베이징이 기대한 대로 충돌이 통제될 수 있을지 자신할 수 없으며 대만 문제를 근본적으로 해결하는 것도 아니라는 점이다. 미사일이 타이베이에 떨어질 때 또는 대만 외곽 섬이 공격받았을 때 미국이 개입하지 않으리란 것을 어느 정도 확신할 수 있을까? 만약 충돌이 일어나서 양측에 사상자가 발생하기 시작하면 확전이 손쉽게 제어될 수 있을까? 미사일 공격, 외곽 섬 점령, 해상 봉쇄는 그 자체로 베이징에 엄청난 도박이다. 그런데도 문제를 말끔히 해결하지 못한 채 불씨를 남겨둬야 하고, 오히려 통일을 멀어지게 할 수도 있다. 지난 200년간 봉쇄로 주권을 포기한 나라는 없다는 것이 역사의 교훈이다. 따라서 만약 중국이 무력 사용이라는 칼을 뽑아 든다면 전면 침공 카드를 선택할 가능성을 무시할 수 없다. 어차피 다른 옵션에서도 확전의 위험을 배제할 수 없는 데다, 공연히 대만과 미국에 시간을 허용하여 전장의 주도권을 잃을 필요가 없기 때문이다.

대만 전면 침공은 대규모 미사일·로켓 포격으로 시작될 가능성이 높다. 상륙부대의 생존성을 높이기 위해 중·단거리 탄도미사일, 순항미사일, 장거리 로켓포로 비행장, 항구 등 대만의 해·공군 전력을 타격할 것이며, 레이더 기지, 통신 허브 파괴를 통해 대만군의 지휘 통제 체제와 방공망 무력화를 기도할 것이다.[62] 또한 중국은 대만군의 전쟁 수행 능력과 관련된 발전소, 물류 시스템 등 민간 인프라 파괴도 시도할 것이다. 이어 HQ-9, S-300, S-400 등의 방공 미사일과 공군 전력을 활용하여 대만해협의 제공권을 장악하려고 할 것이다.[63] 그러고서 중국은 대만의 주요 항구와 공항을 봉쇄하여 외부의 지원을 차단하는 수순을 밟을 것이다. 미사일 포격과 함께 중국군은 대만 북서부 해안에 상륙함을 보낼 것이고, 회전익 항공기를 통한 병력과 물자의 공중 투하도 시도할 것이다. 침공의 성패는 제해권, 제공권의 향배와 신속한 대규모 수송 능력에 달려 있다. 즉 중장거리 둥펑 미사일, 잠수함, 장거리 폭격기 등 그동안 중국이 발전시켜 온 A2AD 역량을 십분 활용해 미국의 군함과 항공기 행동반경을 최대한 제한하고 이를 통해 상륙작전을 성공시키는 게 중국 작전의 핵심이다. 중국군은 교두보 마련 후 상륙 병력을 투입하고자 할 것이며, 이때 대만군의 저항 강도에 따라 치열한 공방과 시가전이 전개

될 것으로 예상된다.*

중국의 A2AD 전략에 대응하기 위해 미국은 일종의 '화력 분산' 전법을 구사할 것으로 보인다.[64] 적 공격에 노출되는 것을 피하기 위해 전력을 분산시켰다가 공격시에 빠르게 집결시키는 방식이다. 항공기도 여러 지역에 산개해 있다가 전투가 이루어질 때 신속히 집결할 것이다. 수상함도 대만 인근 취약 해역에 머무르는 대신, 후방 기지에서 대기하다가 위험 지대를 잠깐씩 오가며 중국 함정과 항공기를 공격하는 펄스^{pulse} 전술을 구사할 것이다. 해병대의 경우 병력의 생존성을 높이기 위해 기지를 3개 개념으로 구분하는 전법이 구상되고 있다. 높은 수준의 보급과 지휘통제 능력을 갖춘 '허브^{hub}'는 중국 미사일 사정권 밖에 위치하고, 다음 '스포크^{spoke} 전진기지'는 중국 미사일 사정권 안에 소규모 임시 형태로 주둔시키며, 마지막 '노드^{nod}'는 연료, 무기, 신속 수리 장비 등을 두는 임시 지역으로 구분한다는 것이다.[65] 미 항공모함도 중국의 D-21D 미사일 등 A2AD 역량의 외곽에 위치하면서 장거리 공대함 공격을 구사하는 전법을 쓸 것으로 예상된다.[66]

산개전散開戰은 전력의 집중이라는 전쟁 원칙에 위배되는 것 같지만, 첨단 군사기술의 발전이 이러한 탄력적 대응을 가능하게 한다. 전투기, 함정, 드론 등 미군과 동맹군의 무기체계가 멀리 떨어져 있더라도 모두 단일 네트워크로 연결되고 인공지능의 도움으로 즉응적 협동작전이 가능해진 덕분이다. 연료와 탄약도 적절한 지역에 분

---

* 상륙 작전은 먼저 대만해협에 교두보를 마련해야 하는데, 대만군의 방어 태세와 지형을 고려할 때 대만섬 남쪽이 될 가능성이 클 것으로 평가된다. Tanner Greer, "Taiwan Can Win a War With China," *Foreign Policy*, September 25, 2018.

산 배치될 것이다. 즉 과거 항공모함을 필두로 한 육중한 전법과는 확연히 다른 모습이 될 것으로 예상된다. 특히 미국은 전면전 비화를 막기 위해 가능한 한 제한전쟁의 논리에 충실하고자 노력할 것으로 보인다. 중국 본토 공격을 자제하는 한편, 대만해협에서의 대규모 충돌보다 중국 지상군의 작전을 좌절시키는 전략에 집중하는 것을 말한다. 즉 인민해방군 상륙군에 대한 보급·수송로를 타격함으로써 중국의 대만 장악을 좌절시키고자 할 것이다. CSIS가 2023년 1월 발간한《대만전쟁 워게임》에서도 이와 같은 제한전쟁 양상을 보여주고 있다.

중국의 대만 침공이 성공할지, 대만전쟁이 어떤 모습으로 마무리될지 예측하는 것은 매우 어렵다. 전쟁의 향방에 너무 많은 변수가 작용할 수 있기 때문이다. 가장 중요한 변수는 대만의 저항 강도와 지속성 여부다. 즉, 대만인들이 얼마나 단호한 모습으로 항전할 것인지가 첫 번째 관문이다. 무엇보다 대만이 전쟁 초반에는 자력으로 버텨주어야 한다. 우방국의 군사적 지원과 개입에는 어느 정도 시간이 필요하고, 군사적 효과도 즉각적일 수는 없기 때문이다. 미국의 참전 여부와 시기도 중요하다. 대만의 전략적 가치로 볼 때 미국이 개입할 가능성이 높지만, 고립주의 성향의 대통령이 재등장하는 등 미국 국내정치 환경에 따라 달라질 여지도 있다. 미국이 참전을 결심하더라도 얼마나 즉각적으로 병력 파병이 이루어지는가의 문제도 있다. 동맹국의 선택이 어떻게 이루어지는가도 관건이다. 특히 일본의 선택이 중요한데, 중국이 침공을 개시한 초기부터 일본이 참전할지, 아니면 오키나와 본토의 미군기지가 공격받은 이후에 자위대가 전쟁에 뛰어들지가 관건이다. 이 외에 필리핀, 태국, 인도, 싱가포르, 호주, 한국 등의 선택도 중요하다. 이들 국가는 중립, 소극 지원 (영공 통과, 환적, 기지 접근 허용), 간접 개입(군수, 의료 등 후방지원), 직접 개입(전투행위 참가) 등 여러 선택지 가운데 입장을 정할 것이며, 이는 전쟁의 향배에 직간접적인 영향을 미칠 것이다.

대만 충돌 와중에 러시아, 이란, 북한 등이 군사적 도발을 감행하는 기회주의적 행태를 보일 가능성도 거론되고 있다. 예를 들어 북·중 간 모종의 교감하에 대만 침공 전후 북한이 남한을 향해 군사적 도발을 벌이는 시나리오를 말한다. 전쟁에 영향을 미치는 변수로는 관련 당사국들의 전략적 결정뿐 아니라 무기체계의 성능과 교전국의 역량도 중요하다. 먼저 중국의 상륙작전 역량이 어느 정도일지가 불확실하다. 중국은 1979년 베트남 침공 이래 전쟁이라고 부를 만한 대규모 전투를 치러본 적이 없다. 특히 대만 침공에 걸맞은 수준의 훈련과 준비가 갖추어져 있는지에 대해 회의적 견해가 많다. 노르망디 상륙작전만 해도 연합군은 이미 북아프리카, 시칠리아, 태평양 방면에서 100회 이상의 상륙작전 경험을 쌓은 상태였다. 중국 인민해방군이 노르망디보다 더 까다로운 대만해협에서 기대한 작전 능력을 보여줄 수 있을지는 미지수다. 한편 대만군의 훈련과 준비태세가 어떠한지도 실전을 통해서만 드러나는 불확실의 영역이다. 이 점에 대해서는 대만군의 훈련 상태가 미비하다는 비관론부터 조국 방어를 위해 고도의 전투 성과를 보일 거라는 낙관론이 팽팽히 맞서고 있다. 무기체계의 성능도 관건이다. A2AD 전력의 핵심인 중국의 둥펑 미사일이 분산 해양 작전을 수행하는 미 해군 전력에 얼마나 타격을 가할 수 있는지가 변수다. 미군 전력 중에는 미사일 재즘-이알 JASSM-ER 의 대함 능력에 따라 중국군의 상륙작전 성공 여부가 큰 영향

을 받을 것으로 분석되고 있다.[67]

대만 충돌과 관련한 많은 워게임과 전문가의 전망이 있고, 그 결과는 수행하는 기관과 참여 인사에 따라 다른 모습을 보였다. 어떤 워게임에서는 미국이 양호한 결과를 보였고, 다른 워게임에서는 미국이 중국의 침공을 막을 수 없다는 비관적 결과가 도출되기도 했다.* 전쟁의 향방은 다양한 변수가 어떻게 조합되어 적용되었는지에 따라 달라지기 때문이다. 그러나 한 가지 공통된 점이 있는데, 그것은 미국과 중국 어느 쪽도 손쉬운 승리를 거둘 수 없다는 예측이다. 즉, 전쟁은 속전속결과는 거리가 멀 것이라는 점이다. 미국은 며칠 만에 장거리 공대지 미사일 등의 무장을 소진하는 것으로 나타났고, 양측 모두 함정과 항공기 수백 대를 잃는 피해를 입을 것으로 예측되었다. 즉, 전쟁은 장기전protracted war으로 빠져들 가능성이 높다는 것이 대만전쟁에 대한 일반적 예측이다.

* CSIS가 2023년 1월 발간한 워게임도 대만 침공이 완전히 실패하는 낙관적 시나리오에서부터 대만 영토 일부가 중국에 장악되며 전황이 교착 상태에 빠지는 비관적 시나리오까지 다양한 전망을 제시하고 있다. Mark F. Cancian, Matthew Cancian and Eric Heginbotham, "The First Battle of the Next War: Wargaming a Chinese Invasion of Taiwan," *CSIS*, January 2023, pp. 83-102.

미·중 간의 전쟁이 임박했다는 서방 일각의 경고에도 불구하고 대다수 전문가들은 이에 동의하지 않는다. 2022년 미국 대학 국제관계 학자 979명에 대한 설문조사에서 응답자 중 72.5퍼센트가 중국이 대만에 군사력을 사용하지 않을 것이라고 답했다. 향후 10년 내 미국과 중국의 전쟁이 벌어질 것이냐는 질문에 대해서도 전문가들은 24.1퍼센트만이 그렇다고 반응했다.[68] 표면적으로는 전망이 그리 비관적이지는 않다. 그러나 전문가들의 신중한 견해가 중장기적 낙관론으로 연결되는 것은 아니다. 당장 미·중 충돌 가능성이 높지 않다고 보는 것은 중국이 군사 행동에 나설 급박성이 적다는 이유 때문이지, 장기적으로 현상 유지가 담보된다는 의미는 아니기 때문이다.

　중국으로서는 자신들이 계속 성장해가면서 자연스럽게 동아시아 세력균형을 유리하게 변경시키고 그 과정에서 대만을 복속시키는 것이 최선이다. 만약 군사적 해결이 불가피해서 전쟁을 결심해야 하더라도 그 시점을 가능한 한 뒤로 미루는 것이 유리하다. 대만해협에서 미·중 간의 군사력 균형은 시간이 갈수록 중국에 유리하게 바꾸고 있다는 판단 때문이다. 중국은 1990년대 후반 이후 국방예산을 연평균 9퍼센트 이상 늘려가며 군 현대화 프로그램을 야심 차게 추진해왔다. 2023년 중국의 국방비는 2,920억 달러로 미국의 8,770억 달러에 비해 아직 크게 뒤처져 있다. 그러나 중국은 경제성장의 둔화에도 불구하고 국방비 지출은 최근까지도 7퍼센트 내외로 비교적 높게 유지하고 있어 장기적으로 미국과의 격차는 줄어들 것이다. 더욱이 중요한 것은 서태평양 지역에서의 군사력 균형이다. 전 지구적 차원의 국방력을 비교하는 것이 아니라 동아시아, 서태평양 부근에서 힘의 균형이 어떻게 변하는지가 핵심이다.

동아시아에서 미·중 군사력 균형의 변화는 근본적인 질문을 제기한다. 힘의 균형이 역전되었는데 미국이 물러서지 않으면 어떤 일이 발생할 것인가? 대만해협에서 미·중이 충돌한다면 우크라이나전쟁을 훨씬 능가하는 전 지구적 재앙이 될 가능성이 높다. 직접적인 인명 피해와 물적 손실은 물론 글로벌 경제를 마비시킬 것이고 핵전쟁의 위험성도 배제할 수 없다. 따라서 대만전쟁을 깊이 생각할수록 다음과 같은 질문을 피해갈 수 없다. 대만 문제에 걸려 있는 진정한 이익은 무엇인가? 어디까지 위험을 감수할 것이며, 어느 선까지 희생을 각오할 것인가? 미·중 양국뿐 아니라 전쟁에 연루될, 전쟁의 영향에 노출될 모든 나라들이 미리 생각해볼 문제가 아닐 수 없다.

결의의 경쟁

예방전쟁의 동기가 되었든, 우발적 충돌로 인한 확전이든, 또는 처음부터 의도한 침공이든 미·중 전쟁이 눈앞에 닥친다면 미국은 어떻게 행동할 것인가? 최소 수만 명의 사상자가 발생할 것이고 잘못하면 핵전쟁으로 비화될 위험도 존재한다. 미국은 이제 운명을 건 결정을 할 수밖에 없다. 물러선다면 아시아와 서태평양에서 미국의 지위가 크게 손상될 것이며, 그걸 막기 위해선 재앙적 전쟁에 뛰어들어야 한다. 물론 중국도 세계 최강국 미국과의 전쟁이라는 위험을 감수해야 한다. 따라서 대만을 둘러싼 미·중 충돌은 결국 '결의resolve의 경쟁'이 될 것으로 보인다.[69] 누가 더 많은 고통과 비용을 감수할 용의가 있는지가 전쟁의 향배를 결정한다는 뜻이다. 다른 말로 하면 확전의 부담을 누가 더 크게 느끼는지에 달려 있다. 상대의 군사적 도발에 대해 확전으로 응수하기에 너무 비용이 크다고 생각하는 쪽이 패배를 받아들일 수밖에 없을 것이다.

중국이 대만 문제를 양보할 가능성이 희박하다는 데에는 거의 모든 사람들의 생각이 일치한다. 어떤 경로에 의해서든 일단 전쟁이 발생한다면 베이징이 패배를 감수하고 물러날 가능성은 크지 않아 보인다. 문제는 미국이다. 미국으로서도 물러서기 어려운 지정학적 가치가 있지만, 과연 워싱턴은 어느 정도까지 희생을 감수할 준비가 되어 있을까? 중국과 결의의 대결에서 물러서지 않을 정도로 대만은 미국에 사활적 이익인가? 걸려 있는 것이 더 큰 쪽은 어디인가?

냉전 시대 미·소 경쟁과 마찬가지로 대만 문제를 둘러싼 미·중 경쟁은 일종의 세력권 다툼이다. 2차 대전 미국이 확립해놓은 지배적 위치에 대해 중국이 도전하고 있기 때문이다. 다만 미·소 냉전은 현재 미·중 경쟁에 비해 훨씬 안정적이었다.[70] 냉전 시절엔 미·소 간 세력권 분할은 선명했고, 여기에 대한 도전은 아무리 작은 것일지라도 용납하지 않겠다는 양측의 의지가 분명했다. 심지어 한반도를 미국의 방위선 밖에 두는 애치슨 발언Acheson line declaration이 있었음에도 트루먼 대통령은 북한의 남침 소식을 듣자 주저 없이 개입했을 정도였다. 3년에 걸친 참혹한 전쟁 후에 정전이 이루어지고 나서는 냉전의 대분단선이 어디에 그어졌는지 더욱 분명해졌다. 유라시아 서쪽 경계선도 독일의 분단으로 양측의 세력권은 명확하게 구분되어 있었다. 대만해협은 이와는 다르다. 바다 위에 세력권이 표기되어 있는 것도 아니고, 미·중은 대만 포위 훈련, 항행의 자유 작전 등으로 위험한 기세 싸움을 계속하고 있다.

또한 냉전 시절엔 주독·주한 미군의 존재가 확장 억지의 신뢰성을 담보했다.[71] 해외 주둔 미군이 인계철선 역할을 했기 때문에 일단 충돌이 발생할 경우 미국이 전쟁을 회피할 방법은 거의 없었다. 서독 주둔 미군이 피를 흘리고 있는데, 주한미군이 북한의 침공에 쓰러지고 있는데, 미국 대통령이 이를 외면한다는 건 사실상 불가능한 일이다. 따라서 미·소 양국은 상대 세력권을 건드리는 데 극도로 조심하며 보수적으로 행동했던 것이다. 그에 반해 대만 문제에 대해선 미국이 선택권을 갖고 있다. 진실의 순간이 왔을 때 정책적 판단에 따라 개입을 유보할 수도 있고, 전쟁 와중에 타협과 양보로 물러날 가능성도 있다. 대만에 대규모 미군이 존재하지 않기 때문에 자동 개입은 작동하지 않으며, 대만 문제 개입 여부와 그 수준은 어디까지나 정치적 선택의 문제로 남아 있기 때문이다. 중국으로서는 미국의 의지를 시험해볼 여지가 있다고 생각할 수 있다.

결국 질문은 '대만이 미국의 이익에 얼마나 사활적인가'로 귀결된다. 미국이 대만을 위해 싸울 가치가 있는가? 대만을 방어하는 것이 미국에 과연 실존적인 문제인가? 이에 대한 통상적인 대답은 대만을 포기할 경우 동아시아에서 미국의 우월적 지위가 종식되는 것은 물론 세계적 차원의 세력균형에도 심대한 타격을 입히기 때문에 미국이 물러설 수 없다는 것이다.[72] 만약 중국이 동아시아를 지배한다면 유라시아 패권국이 될 가능성이 높고, 이 때문에 미국이 대만해협에서부터 중국의 야망을 꺾어야 한다는 논리다.

이는 미국 역사상 매우 익숙한 사고다. 유라시아 단일 지배 세력이 등장하는 것을 막는 것은 미국의 오래된 지정학 목표였다. 두 개의 대양으로 보호받는 지리적 여건 때문에 미국은 내재적으로 매우 안전한 나라지만, 그럼에도 불구하고 유라시아를 지배하는 단일 패권국가가 등장한다면 얘기는 달라진다. 유라시아를 장악한 국가는 주변의 아무 제약 없이 그 힘을 아메리카 대륙까지 투사해 미국을 넘볼 수 있기 때문이다. 1차 대전 당시 빌헬름 2세의 독일 제국, 2차 대전 때의 나치 독일, 그리고 냉전 당시 소련을 견제하고 격퇴한 것이 이런 이유 때문이었다. 단순히 안보적 위협만이 아니다. 중국이 동아시아를 지배하고 유라시아 단일 패권국이 된다면 중국적 가치가 확산될 것이고 국제질서는 중국 중심으로 급속히 재편될 것이라는 두려움도 있다.

그러나 중국이 과연 그럴 수 있을까? 중국이 대만을 장악하면 동아시아 지배국이 되고 더 나아가 유라시아 패권까지 넘볼 수 있을까? 역사적으로 강대국들이 세계를 지배하는 꿈을 꾸어온 것은 맞지만 이를 실현한 나라는 없었다. 냉전 종식으로 팍스 아메리카나가 도래한 것 같았지만 미국 일극의 시기 역시 지극히 짧았다. 특히 현재 국제정치의 역학 구도로 볼 때 중국이 미국의 안전이나 국제질서를 위협할 정도로 압도적 국가가 되기는 어려워 보인다.[73] 중국이 유라시아 패권국이 되려면 적어도 미국, 인도, 유럽을 극복해야 한다. 중·러가 한 몸처럼 반서구 동맹으로 발전한다 해도 중·러 경제 규모는 미국이나 유럽에 비해 훨씬 작다. 물론 러시아가 중국 패권에 순응한다는 가정 자체도 비현실적이다. 러시아는 미국 패권을 거부하는 것만큼이나 중국 패권에도 저항할 것이다. 인도의 존재도 중요하다. 인구 대국이자 핵을 보유한 인도는 경제적 활력 면에서 중국을 넘볼 수 있는 전통적 지역 강국이다.[74] 아무리 못해도 중국이 인도·태평양 지역을 장악하는 것을 막을 만큼은 강력하다. 나치 독일과 소련제국이 유라시아 대륙을 석권할 위험이 있었던 것에 비해 현재의 국제질서는 힘의 배분이 훨씬 균형적으로 이루어져 있는 모습이다. 따라서 중국이 설령 동아시아를 장악하더라도 이것이 유라시아 패권으로 연결될 가능성은 크지 않아 보인다.[75]

이것이 대만 문제에 시사하는 바는 무엇인가? 그것은 대만이 미국에 사활적 문제가 아니라는 것을 뜻한다. 대만을 양보하면 동아시아에서 워싱턴의 신뢰도와 위상이 손상을 입겠지만, 그렇다고 미국의 생존을 위협하는 문제는 아니기 때문이다.[76] 이 얘기는 미국이 대만을 두고 엄청난 위험까지 감수하려 들지 않을 수 있다는 것을 의미한다. 동아시아의 패권적 지위 훼손도 미국으로서는 용인하고 싶지 않은 지정학적 가치지만, 미국의 안전보장과 생존이 걸려 있는 존재론적 투쟁에는 미치지 못한다. 양차 세계대전, 그리고 냉전 당시 미국이 군사적으로 개입한 것은 만약 상황을 방치할 경우 유라시아 패권국이 등장한다는 지정학적 악몽이 너무 현실적이었기 때문이다.

그러나 대만에 대한 중국의 열망은 태평양전쟁 당시 일본, 또는 냉전 시기 소련이 제기했던 도전과는 다르다.[77] 중국의 경우 대만을 장악해도 아시아의 패권국이 바로 되기는 어렵다. 더 나아가 이것이 유라시아 제패로 이어질 가능성은 완전히 다른 차원의 문제다. 물론 가능하다면 미국은 대만을 쉽게 포기하려 들지 않겠지만, 문제는 이를 위해 치러야 할 비용이다. 수십만 명이 희생되고 핵전쟁 가능성까지 내재된 위험이라면 미국 대통령은 고심하지 않을 수 없을 것이다. 워싱턴의 최종 선택을 미리 점치기는 어렵지만, 적어도 미국이 제1도련선 외곽으로 후퇴할 여유가 있다는 점이 중요하다.[78] 베트남 전쟁에서도 미국은 결국 사이공 함락을 용인했다. 미국이 승리를 위해 치러야 할 비용이 이미 수용 가능한 수준을 넘어섰기 때문이었다. 소련도 1980년 아프가니스탄에서 패배를 수용하고 고통스러운 후퇴를 결정한 바 있다. 어떤 국가도 자신이 감당할 수 없는 대외 공약을 계속해서 유지할 수는 없기 때문이다. 걸려 있는 것에 비해 치러야 할 위험이 더 클 경우엔 말할 것도 없다. 2009년 오바마 대통령이 아프가니스탄에 대해 한 연설이 대표적이다.

> 대통령으로서 나는 우리의 책임, 우리의 수단, 우리의 이익을 넘어서는 목표를 설정하는 것을 거부합니다. 너무 많은 우리 이웃과 친구들이 직업을 잃었고, 생계를 꾸려나가는 데 힘겨워 합니다. 너무 많은 미국인들이 자녀들이 마주할 우리의 미래에 대해 걱정합니다. (…) 우리는 이런 전쟁으로 치러야 할 비용을 무시할 수 없습니다. 그것이 바로 아프가니스탄에 파병된 우리 군대의 목표가 무한정일 수 없는 이유입니다. 내가 가장 관심 있는 것은 미국의 재건입니다.

물론 미국의 지정학 관점에서 볼 때 대만과 아프가니스탄은 다르다. 아프가니스탄은 대만과 달리 미국의 지역 패권을 결정하는 변수는 아니다. 그러나 대통령의 성향에 따라 해외 군사 개입에 대해 다른 결정이 내려질 가능성은 충분히 있다. 고립주의적 성향이 강한 대통령이라면 대만 방어에 훨씬 더 신중하게 나올 가능성이 크다. 학계에서도 찰스 글레이저Charles L. Glaser와 같은 방어적 현실주의 학파는 동아시아에서의 미국의 지정학적 가치를 서열화하면서 대만과 남중국해를 한국, 일본에 비해 낮게 평가한다. 한반도와 일본열도에 비해 방어하는 건 훨씬 어렵고, 걸려 있는 이익은 더 적다는 평가 때문이다. 따라서 한미동맹과 미일동맹은 계속 굳건히 하면서도 대만과 남중국해 문제에 대해서는 미국의 대외 공약 축소가 필요하다는 주장이다.[79] 결국 핵심은 이것이다. 누가 대통령 자리에 있든 미국 국민들을 설득할 수 있어야 한다. 대만을 지킴으로써 치러야 할 비용과 위험이 미국의 안전과 번영을 위해 필수 불가결하다는 점을 말이다. 걸려 있는 이익이 그 정도로 명확하지 않다면 미국은 주저할 가능성이 있다.

핵전쟁의 그림자 속에서

미·중 전쟁은 핵보유국 간의 전쟁이다. 역사상 핵을 가진 국가끼리 심각한 정면충돌을 한 적은 없었다. 1999년 카길전쟁에서 핵보유국인 인도와 파키스탄이 충돌한 경우는 있었으나, 남아시아의 이 전쟁은 어디까지나 국지적 충돌에 가까웠다. 대만전쟁 워게임이 시사하듯이 최소 수만 명 이상이 사망하는 대규모 전쟁이 핵국가들 사이에서 벌어진 적은 없었다. 그렇다면 핵을 보유한 국가 간의 전쟁이란 어떤 것인가? 어떻게 싸우고, 어떻게 끝낼 것인가? 베이징이든 워싱턴이든 이런 질문에 대한 해답 없이 전쟁을 결심하는 것은 무책임하다. 대만전쟁에 대한 수많은 분석과 예측이 있지만, 핵전쟁을 상정한 워게임이 없는 것도 문제. 끔찍하다고 외면할 것이 아니라 가능성이 있다면 최소한 미리 점검할 필요가 있다.

물론 대만에서의 무력 충돌이 핵전쟁으로 비화될 가능성이 높다는 의미는 아니다. 미국이나 중국 모두 서로를 향해 핵무기를 사용하는 것은 최대한 자제할 것이다. 너무 극단적이고 감당하기 어려운 위험이기 때문이다. 핵사용 금기도 강력하다. 히로시마와 나가사키 이후 핵에는 이제 사용이 용납되지 않는다는 도덕적 혐오가 단단히 결부되어 있다. 1945년 8월 이후 여러 전쟁이 있었지만, 핵보유국들은 자신들이 갖고 있는 절대무기의 사용을 자제해왔다. 한국전쟁 당시 맥아더 사령관이 만주 핵폭격을 강력히 건의했지만 트루먼 대통령이 승인하지 않았고, 베트남전쟁 때는 존슨 대통령이 전술핵 사용을 허가해달라는 웨스트모어랜드William Westmoreland 총사령관의 건의를 받아들이지 않았다.[80] 냉전도 아슬아슬하긴 했지만 핵전쟁의 참화 없이 끝났다. 우크라이나전쟁에서 고전하고 있는 푸틴 대통령도 핵사용을 위협만 할 뿐 재래전, 소모전을 지속하고 있다. 핵금기가 억제 효과를 내고 있는 모양새다.

그러나 대만전쟁에서도 핵사용 금기가 통할까? 70년간 핵을 사용하지 않았다는 기록이 단지 핵금기의 효과라고 단정할 수는 없지 않을까? 대만전쟁에서 핵사용 임계점은 과거 전쟁과 다를 수 있고 그 선을 넘을 가능성도 배제할 수 없다. 핵전쟁이라는 관념이 너무 극단적이지만, 미·중 전쟁 자체가 극단적 상황이다. 일단 재래식 충돌이 발생하면 핵확전으로 번지지 않는다는 보장은 없다. 만일 어느 일방이 핵을 사용하기 시작하면 어떤 종류의 핵전쟁이 펼쳐질까? 미·중 모두 대만을 놓고 격돌하기 전에 전쟁에 대해 심각하게 생각해야 한다. 어디까지 희생을 치를 준비가 되어 있는지, 어디까지 위험을 감수할 의향이 있는지 자문하고 냉정한 해답을 미리 준비해야 한다.

미국의 전략은 앞서 살핀 대로 중국 견제 연합전선을 통한 확고한 억제 태세를 갖추되, 만약 억제가 깨져 군사적 충돌이 발생한다면 제한전쟁을 수행한다는 것이다. 대만이 미국의 생존을 위협하는 문제가 아니라는 점은 워싱턴의 전략가들도 이해하고 있다. 따라서 중국과 제한 없는 전면전을 한다는 것은 비합리적이고, 전쟁은 반드시 제한적이어야 한다고 생각한다. 미국은 중국의 국가적 붕괴나 파괴를 목표로 하지 않으며, 이 점은 중국도 마찬가지일 것이라고 판단하는 것이다. 중국도 미국과의 전쟁을 통제된 방식으로 수행할 인센티브가 있으므로 미·중 충돌은 재앙의 수준에 이르지 않는 선에서 마무리될 수 있다는 게 제한전쟁론자들의 생각이다. 제한전쟁은 일종의 규칙 안에서 싸우는 전쟁이다. 대도시 타격을 회피한다거나, 핵무기 사용은 자제한다거나 하는 전쟁 수행 방식의 규칙을 양측이 모두 이해하고 그 범위 내에서 정치적 목적을 추구하는 게임이다. 주어진 규칙 내에서 우월한 성과를 내면 승리하는 것이고, 불리한 측은 그 규칙을 깨지 않고 제한적인 패배를 받아들이는 전쟁이다. 다시 말해 제한전쟁이란 폭력을 통한 협상bargaining이라고 할 수 있다.

협상에서 중요한 것은 '누가 더 위험을 감수할 용의가 있는가'이다. 그 용인의 수준이 낮을수록 협상력은 떨어진다. 이 점에서 미국은 불리하다. 대만을 위해 미국 대도시에 핵이 떨어질 위험을 감수할 미국 대통령은 생각하기 어렵다. 중국도 핵전쟁을 피하고 싶겠지만 위험을 감내하는 정도는 미국보다 크다. 이 점은 워싱턴이나 베이징이나 모두 잘 알고 있다. 결의의 균형이 중국 쪽으로 기울어져 있는 것이다. 쿠바 미사일 위기* 때 케네디 대통령은 핵전쟁의 위험 속에서도 흐루쇼프를 사실상 굴복시켰다.[81] 물론 터키에 배치되어 있던 미국의 주피터 미사일을 철수하겠다는 타협책을 소련 측에 비밀리에 제공하긴 했지만, 결과적으로 쿠바에 미사일을 배치하려던 소련의 계획은 수포로 돌아갔다. 젊고 경험이 적었던 케네디가 노련하고 공갈을 일삼던 흐루쇼프와의 대결에서 승리할 수 있었던 이유는 무엇일까? 그건 걸려 있는 이익이 미국에 더 심각했기 때문이었다. 쿠바에 핵미사일 배치를 수용할 수 없다는 전략적 이익이 너무나 분명했기 때문에, 결의의 대결을 미국에 유리하게 끝낼 수 있었던 것이다. 이렇듯 걸려 있는 것이 적은 쪽이 먼저 눈을 깜박이는 게 공갈 게임의 속성이다.[82]

그럼에도 불구하고 미국의 전략가들은 핵전쟁을 피하면서 미·중 전쟁을 수행할 수 있다는 기대를 갖고 있다. 중국이 결의 면에서 미국을 앞서는 것은 인정하지만, 의지가 강하다고 해서 자멸할 위험까

---

* 1962년 10월 쿠바에 SS-4 준중거리 탄도미사일을 배치하려는 소련의 시도가 발각된 이후에 벌어진 미소 간의 대립을 의미한다. 양측의 필사적인 외교 노력으로 위기는 극적으로 해소되었으나, 냉전 시절 제3차 세계대전에 가장 근접했다는 평가가 있을 정도로 위험했다.

지 감수하지는 않을 거라는 이유다. 또한 핵능력 면에서 미국의 우위가 확고하다는 점을 강조한다. 특히 중국은 미국과 달리 제한 핵전쟁 limited nuclear war을 수행할 만한 역량이 없다는 점이 지적된다. 전략핵으로 미국 대도시를 향해 자살적 공격은 할 수 있지만, 미국처럼 조절되고 유연한 핵사용 옵션은 갖고 있지 않다는 것이다. 중국으로서는 자살이냐 항복이냐 양극단의 선택만 가능하기 때문에 신뢰성 있는 방식으로 미국에 핵공갈을 가할 수 없을 거라는 게 워싱턴 전략가들의 판단이다.[83]

문제는 전쟁의 구체적 시나리오 속에서 미국 전략가들의 기대가 신뢰성이 있는지가 관건이다. 대만해협에서 군사적 충돌이 발생하면 결말은 쉽게 나지 않을 것이다. 미·중 어느 측도 상대를 압도하지 못하기 때문에 수많은 사상자를 내며 충돌이 장기화되고 전쟁의 강도는 계속 올라갈 가능성이 높다. 중국의 상륙군을 저지하는 과정에서 제해권 및 제공권 다툼이 심할 것이고, 이 와중에 수백 대의 함정이 침몰하고 수백 기의 전투기가 추락할 것이다. 중국은 전쟁 초기 단계부터 오키나와, 일본 본토, 필리핀에 있는 미 해·공군 기지를 공격할 가능성이 높다. 물론 대만해협을 넘어서 미군기지를 공격하는 것은 베이징으로서도 큰 결단이 필요하다. 일본 내의 미군기지를 공격하게 되면 전쟁 참여 여부를 고심하고 있을 일본 자위대를 확실히 개입시키게 될 것이고, 이는 전쟁을 가급적 제한적으로 이끌려는 중국의 의도와 상충되기 때문이다. 그러나 가데나, 이와쿠니, 요코타, 미사와 기지들은 미 해·공군 전력의 핵심 전진기지다. 여기를 성역으로 놔두어서는 제해권 및 제공권 장악이라는 사활적 승부에서 결정적으로 불리하다. 결국 거역할 수 없는 군사 논리에 의해 전쟁은 초

반부터 아시아 전역으로 확장될 가능성이 있다.[84]

미국의 입장에서는 중국 본토 타격 여부가 핵심적인 전략적 선택이 될 것이다. 중국 본토에 대한 항공기 폭격, 미사일 공격 여부는 확전을 가능하는 중대한 문제다.[85] 중국도 괌, 하와이는 물론 미 서부 해안에 공격을 감행할 가능성이 생기기 때문이다. 정치·외교적 관점에서는 중국 본토 타격을 최대한 자제하는 것이 바람직하다. 국제전략문제연구소의 워게임 보고서도 이런 제한전쟁 논리를 반영하고 있다. 그러나 작전적 관점에서 볼 때는 미군의 타격 범위를 해상으로만 한정시키는 게 쉽지 않을 수 있다.[86] 전투함과 수송함, 전투기와 폭격기는 항구에 계류 중일 때, 그리고 비행장에서 이륙 대기 중일 때 가장 취약하다. 이때를 놓치면 바다 한가운데서 중국군과 제해권과 제공권을 다투는 어려운 전투를 할 수밖에 없다. 따라서 중국 본토의 해·공군 기지, 미사일 기지, 레이더 및 지휘통제 체계에 대한 공격 압박은 커질 것이고, 이를 배제하며 작전적 피해를 감내하는 것은 전투가 이어질수록 어려워질 것이다. 즉 확전의 위험에도 불구하고 미·중 모두 대만해협을 넘어 상대의 군사기지를 향한 직접 공격을 단행하는 위험한 수준으로 치달을 가능성을 배제할 수 없다.

물론 이 경우에도 미국과 중국 모두 인구 밀집 지역이나 민간 산업시설에 대한 폭격은 자제할 것으로 예상된다. 전면전을 피해야 하기 때문이다. 또한 핵사용도 최대한 배제하려고 노력할 것이다. 이것이 제한전쟁의 규칙이다. 표적은 군사 자산에 한정하며, 수단은 재래식으로 한정하는 모습이다. 그러나 수만 명의 희생자가 나오고 전쟁이 교착 상태에 빠진다면 무슨 일이 일어날까? 분노, 좌절, 혼란 등 온갖 감정적 요인이 전략적 계산을 증폭시키고 이전에는 '생각할 수 없었던 것을 생각'하게 되는 상황이 도래할지도 모른다. 바로 이때가 핵사용 임계점이다. 엄청난 희생이 계속되고 있고 전쟁의 전망이 밝지 않을 때, 중국은 핵카드를 만지작거릴 가능성이 크다.

신미국안보센터[CNAS]가 수행한 워게임에서는 중국이 하와이 인근 해상에서 핵무기를 사용하는 가능성이 제기되었다.[87] 하와이를 직접 타격하는 것이 아니라 고고도에서 핵무기를 폭발시킨다는 시나리오다. 이 경우 공중 핵폭발로 발생되는 전자기파[EMP]로 인해 주변 해역에 있던 미군 함정이나 항공모함의 전자장비가 무력화될 것이다. 인명 피해가 발생한 것도 아니고, 미국의 영토 자체가 공격받은 것도 아니다. 그럼에도 미국으로선 전략적 결단을 내려야 하는 중차대한 순간을 맞게 된다. 어찌 됐든 2차 대전 이후 첫 번째로 핵무기가 사용된 것이기 때문이다. 또한 제2, 제3의 핵사용이 더 직접적인 방식으로 이어질 수도 있다. 워싱턴은 중국의 핵사용에 어떻게 대응하게 될 것인가? 흐루쇼프가 그랬던 것처럼 미국 대통령이 먼저 눈을 깜박이게 될까? 미국에 사활적 문제가 아닌 이슈를 두고 무모한 도박을 벌이는 걸 피하려 한다면 그럴 수도 있다. 그러나 만약 미국이 물러서지 않고 중국과 결의의 대결을 이어간다면?

생각하기 힘들지만, 이때는 '제한 핵전쟁'을 고려할 수밖에 없다. 제한 핵전쟁이란 핵전쟁도 재래식 전쟁과 마찬가지로 조절되고 제한된 방식으로 수행할 수 있다는 관념을 말한다. 핵전쟁은 생각할 수 없을 정도로 끔찍하므로 반드시 억제되어야 한다는 당위성에도 불구하고, 억제가 깨질 수 있다는 비관론과 그 경우 군사적 대비책이 있어야 한다는 현실적 요청을 부인하기 곤란하다. 이때 인류 문명의 공멸을 가져올 수 있는 무제한적인 전면 핵전쟁이 난센스라는 건 분명하다. 따라서 핵전쟁도 전쟁의 목표, 공격의 범위와 타이밍 등에 의도적 제한을 가하는 방식으로 수행되어야 한다는 것이 제한 핵전쟁이다.[88]

제한 핵전쟁은 케네디 행정부 시절 본격 검토되기 시작했다.[*] 일 거에 전략 핵무기를 소련 전역에 쏟아부어 수억 명의 살상을 초래하는 방식이 비윤리적일 뿐 아니라 억제의 신뢰성도 높지 않다는 문제가 아이젠하워 행정부 시절부터 제기된 바 있었다. 또한 위기시에 '재앙 아니면 굴복'이라는 양자택일에 대통령의 손발이 묶이는 것도 문제였다. 이런 문제 인식하에 당시 맥나마라Robert McNamara 국방부 장관은 일명 '도시 회피city avoidance' 전략을 고안해냈는데, 이는 소련 대도시에 대한 공격을 최대한 유보하고 대신 적의 군사 능력을 약화시키는 데 집중하는 방식을 말한다. 이로써 미군의 피해를 최소화하면서 수용 가능한 수준에서 핵전쟁 종결을 기도한다는 것이다. 아울러 맥나마라는 도시 회피 전략을 일종의 협상 관점에서 접근했다. 즉 모스크바 공격을 유보함으로써 소련에게도 워싱턴 공격의 자제를 유도한다는 것이며, 대도시 인구를 인질로 삼아 나중에 입힐 가장 큰 손해를 남겨둔다는 발상이었다.[89]

제한 핵전쟁을 옹호하는 인사들은 도시 회피 전략이 갖는 군사적 논리와 윤리적 측면을 강조한다. 군사적인 관점에서 보면 핵으로 대도시를 파괴하는 것은 무고한 인명만 살상하고 돌무더기만 더 쌓이게 할 뿐이다. 그보다는 적의 군사적 힘을 약화시키는 게 승리의 관

---

[*] 취임 2주 후 SAC 본부에서 SIOP-62에 대해 브리핑을 받은 맥나마라 장관은 소련과 동유럽의 4,000개 표적에 핵무기를 쏟아붓는 전쟁계획에 경악했으며, 이후 대통령의 선택권을 보장하는 보다 유연하고 다양한 핵전쟁 계획 검토를 지시하게 된다.

건이라고 이들은 주장한다. 핵전쟁도 과거의 재래식 전쟁처럼 상대의 힘을 파괴해야 하며, 이로써 상대의 굴복과 양보를 강요해 '승리'할 수 있다는 것이다. 또한 윤리적 관점에서도 도시 회피 전략은 인명 살상을 줄일 수 있다고 여겨졌다. 무제한적인 핵전쟁을 하면 1억 명의 사상자가 나올 것으로 예상되는 반면, 제한 핵전쟁에서는 인명 피해가 1,000만 명으로 그 10분의 1에 '불과'하다는 펜타곤의 연구 결과도 제시된 바 있다.[90] 물론 핵전쟁을 애초에 예방하는 것이 최선이다. 하지만 그럼에도 핵전쟁이 터진다면 그 피해를 줄이는 것이 차선의 책무라는 것이다.

제한 핵전쟁은 미·소 간의 핵교환이 조심스럽게 등급화되어 비례성을 잃지 않으면서 조절되고 통제된 방식으로 수행되어야 한다는 생각에 기초하고 있다. 마치 도발에도 가격표 같은 것이 붙어 있어 정확하게 눈금을 재듯이 상대의 도발과 자신의 반응을 조절한다는 뜻이다. 이는 핵전쟁을 가장 논리적으로 수행하는 방식으로서, '합리적 파괴의 전략a strategy of rational demolition'이라 불리기도 한다.[91] 유사한 맥락에서 냉전 시대 핵전략 이론가 허먼 칸Herman Kahn은 '확전 사다리'라는 개념을 제시한 바 있다. 칸은 '생각할 수 없는 것을 생각하라'고 촉구했는데, 여기서 '생각할 수 없는 것'이란 핵시대의 무력 충돌이 어떻게 진행될 것인지를 나타내는 44개의 단계를 말한다.[92] 칸의 이론에 따르면 핵무기 카드는 사다리 15번째에서 처음 사용되는데, 이후에도 마지막 발작적 전쟁에 이르기까지 30여 가지 다른 방식으로 핵무기가 사용될 수 있음을 보여주고 있다. 예컨대 시범적 핵사용exemplary attack(27~29단계), 대군사 전쟁counterforce war(34단계), 대도시 전쟁counter-city war(39단계), 민간인 대량 살상 공격civilian destruction attack(42단계), 발작적 전쟁^{spasm war}(44단계) 등이 있다. 제한 핵전쟁론자들은 이 같은 접근이 핵전쟁의 피해를 최소화하는 합리적이고 논리적인 전쟁 수행 방식일 뿐 아니라, 도발과 반격의 비례성 유지는 평시에 억제의 신뢰성을 높이는 데에도 기여한다고 강조한다.

그러나 피해 최소화와 대군사 타격을 중시하는 제한 핵전쟁 전략에는 치명적인 약점과 딜레마가 존재한다. 가장 먼저 '과연 핵전쟁이 통제될 수 있는가?'라는 질문이 제기된다. 다시 말해 '상대가 나의 조절된 대응에 호응하여 통제된 방식으로 핵교환을 한다는 보장이 없다'는 문제가 있다. 제한 핵전쟁론자들은 핵전쟁이 이른바 도발의 가격표에 따라 순차적으로 강도를 높여가는 합리적 파괴의 방식을 따라야 한다고 강조한다. 하지만 과연 적대적인 핵보유국 간에 합의된 눈금이 있는가? 미국 항공모함과 중국 비행장 간의 가치를 어떻게 비교할 것이며, 미국의 어느 도시와 중국의 어느 도시를 유사한 가치로 평가할 것인가? 지극히 불투명하다. 맥나마라 장관이 1962년 대군사 전략을 공식화했을 때 소련은 미국을 향해 '홀로코스트 규칙을 쓰려 하는가?'라며 군사적 미치광이라고 비난한 바 있었다.[93] 또한 아무리 위력이 낮다고 해도 일단 핵무기가 터지고 나면 이후의 상황 전개가 불확실하고, 상대의 의도에 대한 혼선, 그리고 공포, 분노 등 심리적 변수로 인하여 상황이 통제 불가능할 수도 있다. 도시 회피 전략에도 불구하고 조종사의 패닉으로 인한 오폭, 또는 표적 선정의 실수 등 여러 현실적 변수도 개입할 수 있다. 또한 군사시설과 인구 밀집 지역 간의 완벽한 분리에는 한계가 있다. 무엇보다 설사 제한 핵전쟁이 성공한다 해도 수백만 명의 희생을 상정한 발상이다. 이런 전쟁을 두고 '조절되고 제한된' 방식이라고 부를 수 있는지

조차 의문이 아닐 수 없다.

제한 핵전쟁 관념은 상당히 기괴한 느낌을 준다. 수천만, 수백만 명을 죽이는 전쟁을 합리성으로 포장하며 오히려 이를 인도적 접근이라고 항변한다. 논리적 허점을 떠나 윤리적·정서적 차원에서 수용하기 어려운 논리다. 핵전쟁의 압박에 시달렸던 냉전 시대에도 칸의 이론은 논란을 불러일으켰다. 예컨대 수학자 제임스 뉴먼^{James R.} ^{Newman}은 칸의 책《핵전쟁에 대하여^{On Thermonuclear War}》를 다음과 같이 혹평했다. "이건 대량 살상에 대한 글이다. 어떻게 그것을 계획하고, 수행하며, 처벌을 모면하고, 정당화할 것인가를 다루고 있다."[94] 냉전 때도 이와 같았는데 지금 대만을 놓고 제한 핵전쟁을 논하는 것 자체가 어불성설로 느껴지기도 한다.

그러나 심리적 불편함에도 불구하고, '억제가 깨질 경우 어떻게 할 것인가'라는 문제 제기 자체는 여전히 유효하다. 미·소 핵경쟁의 압박 속에서 제한 핵전쟁이라는 관념이 탄생했듯이 대만전쟁이 현실화되면 미·중 간 핵전쟁의 가능성은 더 이상 상상의 영역이 아니게 될 것이다. 중국이 자살적 핵공격을 하지 않을 거라는 게 워싱턴의 기대이지만, 이는 결코 장담할 수 없는 불확실성의 영역이다. 만약 궁지에 몰린 중국이 핵무기를 낮은 수준이라도 사용하기 시작하면 미국은 어떻게 대응할 것인가? 그때는 워싱턴으로서는 두 가지 선택밖에 없다. 핵확전을 막기 위해 대만을 포기하든지, 아니면 냉전 시대의 제한 핵전쟁 매뉴얼을 다시 꺼내 들든지. 냉전 시대에는 미·소가 직접 충돌할 경우 재래식 전쟁으로 그치지 않고 핵전쟁으로 비화될 가능성이 크다는 것에 의문의 여지가 없었다. 그래서 미·소 모두 매우 신중하게 행동했으며, 상대의 세력권을 노골적으로 침범하는 일을 자제했다. 이에 반해 대만을 둘러싼 미·중 충돌은 핵확전의 위험성이 간과된 채 논의되는 경향이 있다.[95] 이는 결코 신중한 태도라고 할 수 없다. 미국과 그 동맹국들은 쿠바 미사일 위기와 같은 핵 벼랑 끝 전술을 다시 감당할 준비가 되어 있는지 지금 점검할 필요가 있다. 그렇지 않으면 이 사활적 문제를 전쟁이 터진 이후에야 마주하게 될 것이다.

동서 냉전이 열전으로 폭발하지 않았던 것은 미·소 진영 간에 분명한 세력권의 합의가 있었기 때문이다. 유럽에선 동·서독이 그 경계선이었고, 동아시아에선 한반도 허리 위로 냉전의 분단선이 그어져 있었다. 유라시아 대륙 동서 양 끝에서 서방과 공산주의 진영은 각자 어디까지가 자신의 영역이고, 어느 선을 넘으면 위험하다는 것을 명확히 알고 있었던 것이다. 현재 미·중 경쟁이 위험한 것은 이 경계선이 분명치 않다는 데에 있다. 따라서 일부 지정전략가들은 동아시아와 서태평양에서 미·중 간 지정학적 대타협 가능성을 거론한다. 강대국 간의 세력권은 어떤 방식으로든 조정되기 마련인데, 그 과정을 전쟁이 아닌 방식으로 처리해야 한다는 것이다. 더 나아가 과거 독일과 프랑스가 2차 대전 이후 역사적 화해를 이루고 대서양 공동체가 탄생한 사례와 같이 태평양에서도 미국과 중국이 공존하는 질서를 상상해볼 수도 있다. 세력권 조정이나 태평양 공동체 관념 등은 현재로선 모두 상상하기 쉽지 않다. 미국의 지정학적 후퇴나 미·중 간의 권력 공유가 어떻게 가능할지 가늠하기 어렵기 때문이다. 그럼에도 불구하고 미·중 충돌이란 지정학적 재앙을 막기 위해서는 매력적인 대안이 없다는 것이 냉정한 현실이다. 역사적 경험과 상상력을 동원해 동아시아와 서태평양의 미래를 생각해본다.

새로운 균형으로

미·중 갈등은 워싱턴과 베이징 모두 자신들의 최종 목표에 대한 확고한 정리가 부족한 데서 비롯되는 측면이 있다. 미국이 생각하는 대중 정책의 최종 목표는 무엇인가? 일부는 과도한 의존성에서 비롯되는 위험을 줄이고 지정학적·군사적 균형을 도모하는 것이 목표라고 생각한다. 동아시아에서 중국의 지위를 일정 부분 수용할 필요가 있다고 보는 온건파는 과도한 대중 봉쇄는 성공할 수 없을 뿐 아니라 역기능을 낳을 수 있다고 경고한다. 공격적이고 적대적인 공포감을 갖는 것은 오직 자기충족적 예언이 될 수 있다는 것이다. 반면 다른 부류는 중국을 패권 도전국으로 간주하고 강대국 부상의 싹을 자르고 싶어 한다. 미·중 경쟁에 이데올로기적 색채를 입히는 이들 강경파는 중국의 체제 변환, 즉 미국 중심의 질서에 순응하는 민주화된 중국을 마음에 두고 있다. 이렇듯 미국의 대중 전략에는 확고한 공감대가 형성되어 있지 않다. 이른바 '자유롭고 개방된 인도·태평양' 전략은 다분히 구호에 가까울 뿐 이런 핵심적인 질문에 답을 하지 못하고 있다. 중국도 마찬가지다. 아시아에서 미국을 축출하고 이지역의 명실상부한 패권국이 되려는 것이 목표인가, 아니면 미국의 태평양 강국이라는 지위를 인정하고 그 안에서 중국의 부상을 추구할 것인가? 후자의 경우 국제질서와 제도 안에서 중국의 지위 향상을 요구할 수는 있지만, 그것을 넘어 미국의 입지를 위협하는 제로섬 게임으로 가지는 않아야 할 것이다.

21세기 아시아에서 미국과 중국이 함께 공존하는 모델이 현재는 보이지 않는다. 워싱턴과 베이징 모두 상대의 의도에 대한 최악의 가정을 바탕으로 극심한 제로섬 게임에 몰두하고 있는 형국이다. 그러나 양보 없는 두 강대국의 대결은 문제의 해결이 아니라 문제의 영속화로 이어질 뿐이다. 중국이 미국을 대체하는 패권국이 되기에는 힘이 부족하고, 미국 역시 중국을 고립시키고 눌러 앉히는 것은 어려울 것이다. 기약 없는 경쟁 과정에서 글로벌 공급망이 교란되고 자칫 군사적 대재앙만 초래될 수 있다. 글로벌 기후 문제, 보건 위기, 비확산 체제의 동요 등 미·중이 협력해야만 풀 수 있는 지구적 사안들이 방치되는 것도 문제다.

결국 미·중은 새로운 균형에 합의해야 한다. 그 과정이 아무리 길고 험난할지라도 다른 대안이 없다는 것을 양측 모두 깨달아야 한다. 냉전 시대 봉쇄정책의 설계자 조지 케넌은 워싱턴과 모스크바가 "명예로운 합의"에 도달해야 한다고 역설한 바 있었다.[96] 그에게 있어 봉쇄는 그 자체가 목적이 아니라 미국과 소련이 평화적 공존 조건을 협상하기 위한 전제 조건에 가까웠다. 중국에 대해서도 케넌식 사고가 가능할까? 그러자면 중국과 일정 정도 권력을 공유한다는 발상의 전환이 필요하다. 케빈 러드^{Kevin Rudd} 전 호주 총리는 '조절된 전략적 경쟁^{managed strategic competition}'을 제안한 바 있다. 미·중 경쟁 그 자체를 없앨 수는 없지만 최소한 경쟁이 관리 가능한 방식으로 이루어져야 함을 강조하는 취지다. 그러나 이런 식의 사고는 워싱턴에선 생소한 발상이다. 구체적으로 권력 공유가 무엇을 의미하는지, 어떻게 작동하는지 가늠하기 어렵다.[97] 다시 말해 얼마만큼 중국에게 양보해야 권력 공유가 가능한지 불확실하다. 결국 미국과 중국이 서로에게 무엇을 요구할 것인지, 상대에게 어디까지 양보할 것인지가 관건이다.

국제정치 현실주의자 가운데는 동아시아와 서태평양에서 중국의 세력권을 인정함으로써 지정학적 대타협을 도모해야 한다는 견해가 있다. '중국에 경의를 표하는 지역'에 대해 중국의 지도적 지위를 인정하고 그 핵심 이익을 위협하지 말아야 한다는 브레진스키의 견해가 대표적이다. 중국이 지역 강국이 되는 것은 불가피한데, 베이징에 적절한 공간을 허용하지 않을 경우 부작용만 초래한다는 것이다. 세력권이 명확하게 나뉠 수 있는 것인지, 나눌 수 있다고 해도 미국이 어디까지 물러나야 타협이 가능한지는 불확실하다. 다만 저비스[Robert Jervis], 글레이저[Charles L. Glaser]와 같은 방어적 현실주의 학자들은 중국이 미국을 동아시아에서 완전히 축출할 거라는 비관적 전망을 경계한다. 그보다는 중국의 의도와 목적이 제한적일 수 있어 미국이 중국에 일정 정도의 양보를 한다 해도 큰 위험이 따르지 않을 거라고 예상한다.[98] 이 점에서 대만이나 남중국해에 대한 타협이 거론된다. 한국이나 일본과 달리 대만과 남중국해는 미국의 핵심 이익이 아니며 방어를 위해 치러야 할 위험이 훨씬 크기 때문이다. 즉, 대만을 중국에 양보한다 해도 일본과 한국에 대한 방위 공약은 유지될 수 있고 미국은 계속해서 아시아·태평양 국가로 남을 수 있다는 것이다. 물론 대만을 희생시키는 건 어려운 결정이다. 정치적으로도 어렵고, 윤리적 측면에서도 불편하다. 그러나 현상을 유지하는 것도 엄연한 선택이고, 이는 시간이 갈수록 위험한 선택이라는 게 방어적 현실주의자들의 생각이다.[99] 동아시아에서 미국의 핵심 이익이 모두 같거나 연결되어 있는 것이 아니므로, 어떤 대외공약은 계속 유지하고 어떤 대외공약은 축소할지 전략적으로 잘 분별해야 한다는 것이다.

지정학적 대타협이 가능하다고 보는 견해는 중국의 세력권 확장이 미국에 사활적 문제가 아니라는 판단에 기초해 있다.[100] 과거 냉전 때는 소련과의 경쟁에서 지면 전 세계적인 세력균형이 무너진다는 절박감이 있었다. 한 번 봉쇄망이 뚫리면 도미노가 무너지듯 공산 세력이 확장될 것이고, 이는 미국인의 삶의 방식을 위협한다고 보았다. 그러나 현재 미·중 경쟁은 다르다는 게 이들 타협론자들의 생각이다. 중국은 미국에 존재론적 위협이 아니며, 미국이 전략적 태세를 후방으로 재조정해도 전 세계적 도미노가 발생할 가능성은 거의 없다고 이들은 판단한다. 21세기 국제무대에선 미국, 중국만 강한 것이 아니라 유럽, 일본, 인도, 그리고 러시아도 만만치 않아 중국이 유라시아를 장악하는 패권국이 될 수 없다는 논리다. 즉 미국인의 삶의 방식이 걸려 있는 존재론적 투쟁이 아니기 때문에 타협의 여지가 있다는 것이다.

지정학적 양보를 고려해야 하는 또 다른 이유는 미국의 국내 사정 때문이다. 패권은 결국 미국 중산층의 지지가 있어야 유지할 수 있는데, 갈수록 미국의 글로벌 패권에 대한 국내 지지 기반이 약해지고 있는 것이다.[101] 러스트 벨트 지역의 중산층들은 한국, 일본, 독일과 같이 부유한 나라에 미국의 방위비가 사용되어야 하는지 의문을 표시하고 있다. 오바마 대통령이 '국내 재건'을 강조하고, 트럼프 대통령이 '아메리카 퍼스트'를 외치며, 바이든 대통령이 '중산층을 위한 외교'를 선언하는 배경이다. 마셜 플랜, 한국전쟁 참전, 나토 창설 등 막대한 비용과 헌신이 요구되는 과거의 패권 기획이 냉전의 무게로 정당화된 것과는 다른 상황이 도래한 것이다. 즉 미국 사회 내에서 패권에 대한 일종의 사회계약이 허물어지고 있기 때문에 국민들이 수용할 수 있는 수준에서 미국의 국제적 지위를 재설정해야 한다는 것이다.

미·중 간의 지정학적 대타협은 1945년 2차 대전 종전 직전에 있었던 얄타회담에 비유되기도 한다. 당시 미국, 소련, 영국의 지도자들은 각자의 세력권 구축을 통해 전후 유럽의 안정을 도모하고자 '더러운' 타협을 한 바 있다.[102] 얄타가 불명예스러운 것은 루스벨트와 처칠이 배타적인 세력권을 요구하는 스탈린에게 양보하여 동유럽을 소련에 넘겨주었기 때문이었다. 그로 인해 유럽의 절반이 소련의 지배를 받게 되었고, 반세기 동안 동유럽은 공산주의 독재에 신음하는 결과가 초래되었다. 체코슬로바키아와 폴란드에 대한 법적·도덕적 의무를 배신한 것과 다름없었고, 안정을 위해 약자를 희생시키는 강대국 외교의 표본이었다. 그러나 얄타의 타협 덕분에 평화가 가능했다는 점도 간과하기 어렵다. 비록 배신으로 비난받을 수 있지만, 소련과의 새로운 전쟁을 막았고 30년 동안 유럽의 안정을 확보하는 기반이었다는 점도 사실이다.

세력권이라는 개념이 몰가치적·냉소적 느낌을 주는 것은 어쩔 수 없지만, 차가운 현실 직시가 더 큰 재앙을 막았다는 점은 부인하기 어렵다. 조지 케넌은 냉정한 현실주의자였다. 그는 동유럽이 모스크바의 지배를 받을 수밖에 없는 지역, 즉 러시아의 세력권이라고 보았다. 동유럽에 대한 힘의 투사와 지정학적 가치 측면에서 모스크바가 워싱턴보다 유리한 위치에 있기 때문이었다. 케넌의 처방은 독일을 관통하는 경계선을 따라 서유럽 권역에 미국의 힘을 집중하는 것이었다. 오랜 기간 이어질 냉전에서 미국이 충분한 힘과 응집력을 유지할 수 있도록 세심하고 냉철하게 세력권을 설정해야 한다는 논리였다. 동아시아에서 중국의 적절한 위치에 합의해야 한다는 것은 과거 얄타와 케넌의 논리에 따라 '제2의 얄타'가 모색되어야 함을 뜻한다.

미국이 후퇴한다는 것은 언뜻 상상하기 어렵다. 아시아에서 미국이 주도적 지위를 순순히 내려놓는다는 것은 중단기적으로 현실화되기 어려울지 모른다. 그러나 역사를 보면 미국이 지정학적 후퇴를 결정한 사례가 분명히 있었다. 1969년 닉슨 행정부는 '아시아 안보는 아시아인들의 손에 맡긴다'는 닉슨 독트린을 발표한 후, 한반도에서 주한미군 7사단을 철수시켰다. 대외 정책에 대한 국내의 붕괴된 기반을 복원하고자 아시아 방위 면에서 정치적·군사적 후퇴를 모색한 것이었다. 물론 미국의 국제적 지위 훼손을 최소화하려 끝까지 노력하긴 했지만, 결국 베트남전쟁에서 서서히 발을 빼며 베트남 공산화도 허용했다. 트럼프 이후에는 신고립주의 담론이 간헐적이지만 계속 제기되고 있다. 2차 대전 이후 미국이 유지해온 국제주의 외교 노선에 대한 의문이 늘고 있고, 유권자들과 정치인들이 매우 내부 지향적으로 바뀌는 분위기다. 공화당 내부에도 국제주의자와 고립주의적 성향의 인사들이 혼재해 있다.[103] 바이든 행정부 때 벌어진 아프가니스탄 철군도 충격적이었다. 유럽 동맹국들의 반대에도 불구하고 미군은 조율되지 않은 상태에서 아프가니스탄을 떠났고, 이 과정에서 적지 않은 혼란과 희생이 벌어졌다. 떠나는 미군 비행장에 사람들이 몰려들었고, 그중 일부는 비행기에 매달려가다가 추락하는 장면이 고스란히 영상에 노출되기도 했다. 과거 하노이를 떠나는 마지막 미군 헬기를 향해 사람들이 필사적으로 달려들던 장면, 베트남전쟁 철수 트라우마가 그대로 재연되는 듯했다.

이렇듯 국민적 합의가 무너지고 사활적 국익이 걸려 있지 않다고 판단되면, 미국은 후퇴해왔고 앞으로도 후퇴할 수 있을 것이다. 다만 미국이 후퇴한다는 것이 북미 대륙으로 물러간다는 의미는 아니다. 미국 외교가 국제주의, 고립주의 양극단 중 하나를 선택해야 할 필요는 없다. 단지 세계와의 관계를 재조정한다는 뜻이다. 미국의 세력권을 재설정하고, 군사력 투사의 범위를 더 엄격하고 좁게 잡을 수 있다는 것이다. 국제정치 현실주의자들이 제기하는 '역외 균형offshore balancing' 전략도 이런 맥락이다.[104] 존 미어샤이머나 스티븐 월트와 같은 학자는 미국의 핵심 이익과 상관없는 분쟁에 무분별한 개입을 피하는 '절제의 전략a strategy of restraint'을 권고한다. 자유민주주의 전파를 위한 자유주의 패권 전략이 미국의 귀중한 자원을 낭비하고 중산층의 삶을 피폐하게 하는 우를 범했다는 게 이들의 비판이다. 물론 이들 현실주의 이론가들이 상정하는 역외 전략 대상은 대체로 중동이나 유럽을 말한다. 미·중 전략경쟁의 중요성 때문에 아시아에서는 역내 균형과 역외 균형의 혼용이 지배적인 견해인 것으로 보인다. 글레이저와 같이 대외 공약의 축소를 주장하는 인사도 대만과 남중국해에 대해서는 타협하되 일본과 한국에 대한 미국의 방위 공약은 굳건히 해야 한다고 조언한다.

미국의 대외 전략이 조정되면 아시아는 어떤 모습이 될까? 미국이 후퇴하는 만큼 아시아에서 중국의 입지는 강화될 것이다. 적어도 동아시아에서는 중국이 지배적 국가로 올라설 가능성이 높다. 다만 중국이 미국을 축출하고 아시아에서 패권을 구축할 거라고 본다면 이는 지나친 전망이다. 설령 미·중 간에 세력권 조정 현상이 일어난다고 해도 미국이 세계에서 가장 역동적인 아시아에서 전면 후퇴할 가능성은 높지 않기 때문이다. 아시아 국가들 입장에서도 미국이 계속 역내에 머물러주는 게 세력균형 측면에서 유리하다. 설령 대만을 지켜주지 못해 미국의 신뢰에 금이 가더라도 이 점은 달라지지 않을 것이다. 중국의 현상 변경 의지, 지정학적 가치, 방위 공약 이행에 따르는 비용과 위험 측면에서 한국과 일본은 대만과 다르다. 이 점이 한국과 일본, 그리고 미국 국민에게 설득력 있게 제시된다면 대만 포기에 따른 미국의 신뢰성 훼손을 관리가능한 수준으로 제한할 수 있을 것이다.

또한 중국이 아시아를 완전히 장악하기 어려운 이유는 역내에 존재하는 중강국의 존재 때문이다. 이 지역에서 중국을 견제할 수 있는 강력한 후보국은 일본이다. 아베 내각 이후 일본은 평화헌법의 구속을 벗고자 노력하고 있다. 적 기지 반격 능력을 공언하고, 국방비를 늘리고 있으며, 재무장에도 박차를 가하고 있다. 여기에 동아시아의 또 다른 잠재적 강국으로는 인도네시아가 있다. 역동적인 경제가 계속 성장한다면 인도네시아는 2030년대 중반엔 일본과 경제 규모가 유사해질 수 있고, 경제적 부는 지역적 영향력으로 전환될 가능성이 있다. 물론 일본의 GDP는 중국의 4분의 1에도 미치지 못하고, 국방비는 6분의 1을 조금 넘는 정도에 불과하다. 경제력과 군사력 격차가 너무 크기 때문에 이들 국가가 중국과 대등한 라이벌이라고 하기는 어렵다. 다만 중국 주도의 동아시아 질서가 도래해도, 의

미 있는 역내 세력에 의해 견제받는 구도가 될 것으로 전망된다. 특히 남아시아와 인도양에는 인도가 버티고 있다. 인도 인구는 이미 중국을 넘어섰고, 경제 활력 면에서도 중국을 능가할 것으로 예상된다. 따라서 중국의 세력권은 동아시아와 서태평양에 그칠 것이고, 그것도 완벽한 패권의 수준에는 달하지 못할 것으로 보인다.

태평양 공동체의 상상

지정학적 대타협이 논리적으로는 가능하나 현실적으로 이루어지기는 쉽지 않을 것이다. 강대국이 자신의 세력권 일부를 도전국에 넘겨주려면 무언가 분수령이 필요하다. 더 이상 경쟁을 지속할 힘이 부치거나, 감내할 수 없는 위험에 노출되거나 하는 변곡점에 다다를 필요가 있다. 그럼에도 지정학적 대타협은 국제정치 현실주의 이론가들에게는 익숙한 개념이다. 역사 속에서 있어왔고, 앞으로도 발생할 수 있는 국제정치 현상 중의 하나다. 그런데 지정학적 양보보다 더 야심적이고 이상적인 미·중 화해의 방식이 있을 수 있다. 바로 태평양 공동체라는 개념이다.[105] 지정학적 영향력이 겹치는 태평양을 각각의 세력권으로 분할하는 것이 아니라 미·중이 공존하며 활동하는 공동의 무대로 삼는다는 것을 뜻한다. 지정학적 대타협은 다분히 군사적 접근이다. 군사력의 배치와 동맹 시스템의 구축으로 세력권이 그어지고, 그 경계선의 유지·변경은 힘의 균형이 결정한다. 마치 냉전 시대 자유 진영과 공산 진영 사이의 블록 대결과 유사하다. 반면 태평양 공동체 접근은 일방이 타방을 밀쳐내는 배타적 관계가 아니라 상대의 존재와 역할을 수용하는 공진적 관계를 지향한다. 경쟁을 없앨 수는 없겠지만 그 경쟁은 제로섬의 존재론적 투쟁이 아니기에 얼마든지 타협이 가능하다는 전제를 깔고 있다.

이런 이상적 모습이 가능한가? 태평양 공동체라니, 너무 순진한 장밋빛 비전으로 들릴 수 있다. 그러나 역사에서 이런 성취를 이룬 적이 분명 있었다. 바로 2차 대전 후 등장한 대서양 공동체다. 근대 이후 유럽은 지금과는 완전히 다른 세상이었다. 항상 전쟁이 끊이지 않았고, 심하게는 살육의 무대로 바뀌곤 했다. 특히 1871년 통일 국가로 등장한 독일은 항상 유럽에서 '전쟁을 일으킨 방아쇠' 역할을 했다. 1차 대전에서는 팽창 정책을 펼치던 독일 빌헬름 2세가 기존 강대국인 영국, 프랑스, 러시아와 충돌했고, 2차 대전에서는 유대인 학살이라는 인류의 존엄성을 해친 씻을 수 없는 과오를 범하기도 했다. 독일로 인해 유럽인들이 겪은 희생과 고통은 막대했다. 1차 대전에서 프랑스는 청년의 3분의 1을 잃었고, 2차 대전에서는 미국과 소련을 제외하고도 1,800만 명이 목숨을 잃었다. 그러나 이제 독일을 군사적 위협으로 여기는 유럽 국가는 찾아보기 어렵다. 러시아를 제외하고 유럽 국가들 사이의 전쟁은 이제 상상이 어려울 정도로 유럽 내의 국제 무정부 상태는 온건하고 평화적인 모습으로 바뀐 상태다.

수천만 명을 죽고 죽이는 살육의 경험을 한 지 불과 반세기 만에 어떻게 이런 변화가 가능했을까? 여러 요인이 작용했지만, 무엇보다 유럽 공동체 건설이라는 야심 찬 프로젝트가 유럽을 하나로 묶어준 덕분이었다. 독일은 유럽 안에서 속죄와 구원을 추구하는 선택을 했고, 프랑스는 2차 대전 이후 심화된 유럽의 왜소화를 타개하는 수단으로 통합을 추구했다.[106] 무엇보다 민족주의 경쟁이 초래한 폐해를 절감한 유럽인들의 자각이 있었다. 물론 유럽연합에도 회원국 간의 균열과 갈등이 있고, 난민이나 경제 정책 등을 둘러싸고 여러 난제가 있다. 그럼에도 유럽연합 국가들이 서로 안보딜레마에 시달리지 않고 있다는 점은 놀라운 성취다.

대서양에서 가능했던 일을 태평양에서 기대하는 것은 무리일까? '하나의 유럽'을 지향했던 대서양 공동체처럼 미국과 중국이 하나의 공동체 일원이 되기는 쉽지 않아 보인다. 하지만 상호 이익이 반영된 공통의 질서를 구축하고, 그 규칙 안에서 경쟁과 협력이 공존하는 미래를 그려나가는 것은 정말로 불가능할까? 만약 이런 태평양 질서가 가능하다면, 이는 이 지역의 모든 국가들이 바라는 바이기도 하다. 인도·태평양 국가들 대부분은 중국을 배척하거나 적대시하길 원치 않는다. 그렇다고 미국이 아시아·태평양에서 물러나는 것도 원치 않는다. 태평양 공동체라는 거창한 구호가 아니더라도 이 지역에 안정적인 경쟁과 협력의 질서만 만들어질 수 있다면 이야말로 구성원 모두가 바라는 일일 것이다.

상호 배척이 아닌 공통의 질서를 만드는 데는 어려운 장애물이 존재한다. 바로 상대에 대한 깊은 불신과 고정관념이다. 워싱턴의 주류는 중국을 국제사회 일원으로 유도하려는 관여 정책은 이미 실패했다고 본다. 중국은 서구의 가치를 받아들이거나 민주적으로 변하지 않을 것이며, 규칙 기반 국제질서를 존중하지 않는 현상 타파 세력일 뿐이라고 간주한다. 그 결과, 더 이상 선의에 의존해서 중국과 거래한다는 발상은 워싱턴에서 인기가 없다. 봉쇄와 경쟁이라는 대결적 접근 방식을 취하는 것이 전략적으로나 정치적으로 안전한 선택으로 여겨지고 있다.[107] 중국도 갈수록 미국에 대한 시각과 태도가 경화되고 있다. 중국은 미국이 과거 독일, 일본, 소련을 무너뜨렸듯이 자신들의 부상을 좌절시키려 한다고 확신하고 있다. 시진핑은 국제정세를 '100년 만의 대격변' 상황으로 강조하면서 자신의 권력 연장에 활용하는 모습도 보이고 있다. 이렇듯 워싱턴과 베이징의 국내 분위기를 감안할 때, 타협에 필요한 전략적 공감은 당분간 기대하기 어려울 것으로 보인다.

하지만 무한정의 대결이 계속되면 충돌의 위험은 올라간다. 역설적이지만, 위험이 수용 가능한 임계점을 넘으려 할 때 오히려 타협이 모색될 가능성이 커질 수 있다. 1963년 6월 케네디 대통령은 아메리칸대학교 연설에서 핵 대학살을 피하기 위한 평화의 길을 호소한 바 있다. 제3차 세계대전 문턱까지 갔다고 일컬어질 정도로 위험했던 쿠바 미사일 위기를 겪고 난 뒤였다. 연설이 있은 지 열흘이 지나지 않아 미·소 간에 핫라인 설치 합의가 이루어졌고, 한 달 반 만에 제한적 핵실험 금지 조약이 체결되었다.[108] 격렬했던 대결의 분위기는 눈에 띄게 완화되었고, 이후 미·소 양국은 전략 핵무기 군비 통제를 진척시킬 수 있었다.

비슷한 일은 레이건 행정부 때도 일어났다. 소련을 악의 제국으로 칭하며 강경 태도로 일관했던 레이건 대통령이 1984년 1월 정책 기조를 갑자기 변화시켰다. TV 연설을 통해 미·소가 함께 평화를 이루고 군비경쟁을 줄이자고 호소한 것이다. 악의 제국이란 표현도 없었고, 자유 진영과 공산주의 간에 건널 수 없는 갈등도 부각되지 않았다. 1983년 11월에 있었던 나토의 대규모 훈련Able Archer을 소련이 미국의 선제 핵공격으로 오인했다는 첩보를 확인한 뒤에 이루어진 조치였다. 그간 우발적 핵전쟁의 위험이 대두되곤 했었는데, 레이건은

이 사건으로 큰 충격을 받고 너무 뜨거워진 냉전을 식힐 필요가 있다고 판단했던 것이다.* 냉전 구조의 해체는 고르바초프라는 개혁적 리더가 크렘린에 등장했기에 가능했지만, 임기 후반 대소 유화책으로 전환했던 레이건 행정부의 노선 변경 역시 중요한 요인으로 작용했다. 미·중 데탕트 역시 역설적이지만 이런 위험한 순간을 겪은 후에야 가능할지도 모른다.

또한 미·중 대결의 변화는 중국 경제의 향방과도 관련이 있다. 현재 진행되고 있는 미·중 전략경쟁은 중국이 부상하면서 미국의 지위를 위협하고 있기 때문에 발생한 것이다. 중국은 지난 40년 동안 연평균 9퍼센트라는 어마어마한 성장률을 기록해왔고, 이제 그 부와 힘을 이용해 지정학 질서까지 재편하고 있는 상황이다. 미국이 아시아와 서태평양을 중국에 넘길지 모른다는 발상도 중국의 부상이라는 피할 수 없는 추세 때문에 제기된 것이다. 그러나 지금 그 전제가 바뀌고 있다. 중국의 경제성장률은 눈에 띄게 둔화되고 있고, 과연 미·중 간 세력 전이가 일어날 것인지에 대해 논란이 일고 있다. 10여 년 전만 해도 중국 GDP가 2030년 초반 미국을 추월할 것이며, 2050년경에는 미국보다 50퍼센트 이상 커질 거라는 게 일반적인 예측이었다. 그러나 현재는 이런 낙관적 예측에 수정이 가해지고 있다. 골드만삭스는 중국이 2035년에야 미국을 추월하고, 그 이후에도 15퍼

* 훈련 일주일 후인 11월 18일, 레이건은 일기에 자신의 심경을 이렇게 밝혔다. "내가 볼 때 소련은 공격당한다는 강박을 갖고 있다. 따라서 우리가 그들에게 여기 그 누구도 그런 행동(선제공격)을 할 의도가 없다는 점을 얘기해 줘야만 한다." 다음 날 레이건은 국무부 식당에서 핵심 참모들과 비밀 조찬 회동을 하며 대소 정책의 전환을 논의했고, 다음 해인 1984년 1월 TV 연설을 통해 미·소 군비통제를 역설한다. Kaplan, The Bomb, pp.160-163.

센트 이상의 격차를 벌릴 수 없다고 전망했다. 더 비관적 전망도 있다. 캐피털 이코노믹스는 중국 경제가 미국의 90퍼센트까지 따라잡은 것에서 그치고 결코 미국을 추월하지 못한다는 전망을 내놓은 바 있다.[109] 주류 전망은 이 중간쯤에 있다. 향후 10년 내외로 중국의 경제 규모가 미국에 근접할 것이며, 향후 수십 년 동안 양국의 경제 규모가 비슷한 수준을 유지한다는 것이다. 구체적인 내용에는 차이가 있지만 모두 미·중 사이에 급격한 추월은 없을 것이라고 동일하게 바라본다. 노동 가능 인구의 감소, 부동산 거품, 정부 신뢰 위기 등 중국 경제의 발목을 잡는 부정적 요인이 반영된 결과다.

중국 성장의 둔화가 미·중 전략경쟁에 시사하는 바는 무엇일까? 혹자는 자신감을 상실한 중국이 더 공격적으로 행동할 수 있다고 경고한다. 시간이 더는 자신의 편이 아니라고 생각한 중국 지도부가 더 늦기 전에 행동해야 한다는 조바심을 느낄 수 있다는 것이다. 전형적인 예방전쟁 논리다. 그러나 기회의 창이 닫힌다고 해서 중국이 바로 파멸적 길을 선택할 가능성은 높지 않다. 역사 속의 예방전쟁은 미래를 기다리는 것이 생존 자체를 위협할 정도로 암울한 경우에 일어난 경우가 대부분이었다. 대만 통일 기회를 잡기 위해 준비되지 않은 상태에서 미국과 전쟁을 하는 것은 베이징으로서는 너무 위험한 도박이다. 비스마르크의 말처럼 죽음이 두려워 자살을 하는 것은 어리석은 짓이다. 그보다는 미·중 경쟁이 완화되고 일종의 안정적 강대국 관계가 도래할 가능성이 있다. 태평양 공동체와 같은 이상은 실현되지 않더라도 지금처럼 끝을 모르고 격화되는 대결은 잦아드는 모습을 말한다. 추월당한다는 조바심, 세상이 바뀔 거라는 두려움에서 벗어나 미국이 어느 정도 안정을 찾을 수 있을 것이기 때문이다. 중국으로서도 무리하게 미국을 축출하려는 열망을 축소시킬 가능성이 있다. 요컨대 세력권의 조정, 지정학적 대타협과 같은 극적인 변화보다는 관리 가능한 강대국 관계로 귀결될 수도 있다.

미국과 중국이 이 같은 협조 체제로 가기 위해서는 양국 모두 장기적이고 전략적인 관점을 가져야 한다. 먼저 미국이 자신들의 불안이 지나친 반응일 수 있다는 점을 인식할 필요가 있다. 중국이 부상하고 있는 것은 사실이지만, 그들 내부에 여러 문제를 안고 있는 것도 사실이다. 급속한 고령화, 권위주의 체제의 경직성, 성장 둔화 등이 발목을 잡고 있는 것이다. 또한 중국을 둘러싼 외부 환경도 우호적이지 않다. 20여 개의 주변국 상당수는 중국의 전략적 라이벌 또는 적대국이며, 북한과 같은 소수의 동맹국이 있다지만 현재는 오히려 중국의 자원을 소모하는 부담스러운 존재다. 중국이 아시아를 지배할 것이라는 두려움이 과도한 측면이 있다는 것이다.[110]

19세기 유럽에서 강대국 협조 체제를 이끌었던 메테르니히Klemens von Metternich는 불안에 떠는 근시안적 시각을 경계했다. 그는 오스트리아의 국익과 유럽 전체의 이익을 구분해서 보지 않았다. 오스트리아의 이익이 다른 국가들의 이익과 조화되고 연결되어야만 질서가 만들어진다는 게 그의 신념이었다.[111] 키신저도 미·중 관계 안정을 위해서는 '19세기 외교'의 요소가 있어야 함을 강조한 바 있다. 19세기 외교의 기본 명제는 '경쟁하는 국가들의 존재는 아무 문제가 되지 않는다'는 것이다. 미국과 중국 역시 경쟁이 있을 뿐 지배를 꿈꾸어서는 안 된다는 점이 중요하다. 키신저는 중국이 강해지고 싶을 뿐 "히틀러적 의미의 세계 지배를 지향하는 것이 아니"라고 강조한다.[112] 또한 그는 설사 중국이 강해진다 해도 자신의 문화를 강요하는 데까지 나아갈지에 대해서도 회의적이다. 중국은 항상 자국의 이익과 역량에 대해 예리한 감각을 보유해온 현실주의 국가라는 게 키신저의 생각이다.

따라서 미국도 전략적·현실적으로 중국이라는 강대국을 대할 필요가 있다는 지적이 있다. 싱가포르 주미 유엔대사를 지냈던 키쇼어 마부바니Kishore Mahbubani는 중국의 부상을 억제하려는 미국의 시도가 성공하기 어렵다는 점을 강조한다.[113] 그간 5G, 드론, 전기 자동차, 위성, 핵무기 등 중국의 기술 발전을 억제하려던 미국과 소련의 노력은 모두 실패했다는 것이다. GPS만 해도 1999년 미국이 지리공간 데이터 시스템에 대한 중국의 접근을 차단했으나, 중국은 결국 독자적으로 베이더우 글로벌 항법 시스템GNSS을 구축하는 데 성공했다. 또한 미국의 제재에도 불구하고 화웨이가 5G 반도체칩과 운영체제로 구동되는 스마트폰을 출시하기도 했다. 중국을 억제하려던 시도가 결과적으로 중국의 R&D 노력을 자극했을 뿐이라는 비판이 제기되는 이유다.

대중 관여 정책은 실패했고 이제 대중 견제와 봉쇄가 불가피하다는 것이 워싱턴에 통념처럼 굳어져 있다. 물론 관여 정책의 목표가 중국의 민주화, 자유화였다면 실패했다고 보는 것이 맞다. 그러나 관여의 목표가 중국을 국제사회의 '책임 있는 이해당사자responsible stakeholder'로 유도하는 것이라면 아직 실패라고 단정하기 어렵다.[114] 자유무역, 공중 보건, 글로벌 금융망, 기후변화 감시 등에서 보이는 중국의 행동이 국제질서와 미국의 이익을 저해하지 않기 때문이다. 마부바니 전 대사가 강조하는 것은 미·중 제로섬 프레임을 버리고 협력을 모색하는 것이 미·중 양국에는 물론 세계에 도움이 된다는 것이다. 핵확산, 기후변화, 보건 위기 등 미·중이 협력하지 않고서는 해결이 불가능한 지구적인 도전이 인류의 눈앞에 있다. 그런데도 미·중이 경쟁하느라 인류 공통의 문제를 방치하는 것은 마치 침몰하는 배 위에서 서로 더 좋은 자리를 차지하기 위해 경쟁하는 어리석음과 다름없다.

대만 문제에 대해서는 당분간 '현상 유지' 정책만이 최선이자 유일한 옵션이다. 다행히 미국, 중국, 대만 모두 급격한 현상 변경을 추구하고 있지는 않다. 중국은 무력 사용을 최후의 옵션으로 간주하고 있고, 대만인들도 통일과 독립에 모두 거리를 두며 평화와 안정을 선호하고 있다. 다만, 대만을 둘러싼 세력균형이 자신에 불리해지지 않도록 하기 위해 억제력 증강에 몰두하고 있는 상황이고, 이러한 억제력 경쟁이 안보딜레마를 부추기며 대만해협의 안정을 오히려 위협하고 있다는 점이 문제다. 따라서 현재 필요한 것은 '억제deterrence'와 함께 상대를 안심시키는 '보증assurance' 노력으로 보인다. 희망적 사고에 의한 오판을 차단하면서도 궁지에 몰린 절박한 행동이 나오지 않도록 하기 위해서다. 이런 면에서 미국이나 대만이 중국의 강압적 행동을 억제하는 것은 필요하지만, 평화적 통일의 가능성 자체를 배제하는 듯한 행보를 보이는 것은 바람직하지 않다. 중국도 마찬가지다. 군사적 강압에 경도될 경우 대만과 미국이 자제할 유인이 사라지고 강경한 반응만을 불러올 것이다.

원래 억제라는 개념 자체가 처벌과 보상을 함께 제시해야 효과가 있는 전략이다. 상대가 선을 넘을 경우엔 단호한 처벌을, 선을 넘지 않을 경우엔 괜찮을 거라고 안정감을 줄 수 있어야 현상이 안정적으로 유지될 수 있기 때문이다. 궁극적으로 이 미묘한 균형이 깨질 수는 있다. 그러나 할 수 있는 한 현상 변경을 먼 미래의 일로 미뤄놓는 것이 바람직하고, 또한 그 과정이 폭력적이 되지 않도록 하는 것이 최선의 선택이다. 1975년 키신저와 면담한 마오쩌둥은 이렇게 말한 바 있다. "자그마한 이슈는 타이완이요, 큰 이슈는 세계입니다." 그러면서 "지금부터 100년쯤 지나면 타이완을 원할 테고, 그러면 그것을 두고 서로 가지려고 싸울 것이오"라고 덧붙였다.[115] 마오쩌둥과 중국식 인내의 시간표에 따르면 아직 여유가 있다. 조급함과 제로섬식 사고를 극복하고 장기적·전략적 관점으로 이 뜨거운 이슈를 다뤄나가야 한다. 대만 문제가 미·중 전략경쟁의 향배를 결정짓게 하기보다는 미·중 관계의 안정화가 대만 문제의 자연스러운 해소로 이어지게 하는 게 결국 관건이 될 것이다.

강대국 정치의 냉혹한 현실

이 책이 다룬 세 개의 전쟁은 시기와 상황에 편차가 있고, 구체적 맥락도 다르다. 청일전쟁부터 시작해서 태평양전쟁으로 파국을 맞는 일본의 근현대 전쟁은 제국주의 시대를 무대로 하고 있다. 일본뿐아니라 서구 열강들 모두 시장, 자원, 세력권 등 온갖 동기로 다른 나라를 정복하고 약탈하는 데 거리낌이 없는 무도의 시대였다. 국제규범이 자리 잡고, 경제적 상호의존으로 엮여 있는 현재의 국제정치와는 확실히 다른 역사적 상황이었다. 그러나 강대국을 움직이는 동기는 예나 지금이나 기본적으로 같고, 표방하는 정당화 논리도 놀라울 정도로 비슷하다.

메이지 정부의 실력자 야마가타 아리토모山縣有朋는 청일전쟁 전 조선반도를 일본의 이익선으로 천명한 바 있다. 주권선에 해당하는 일본 본토와는 다르지만, 형세를 잃지 않음으로써 국가 자위의 길을 보전하기 위해선 이익선을 방호해야 한다고 주장한 것이다. 전형적인 패권의 논리고 제국주의적인 발상이다. 우크라이나전쟁에서도 같은 논리가 등장하고 있다. 푸틴은 침공 석 달 뒤 열린 2차 대전 전승 기념일에서 우크라이나전쟁이 서방의 공세에 대응하기 위한 불가피한 조치였다고 강변했다. 냉전 종식 이후 나토 확장을 밀어붙인 미국이 이제 러시아 안보의 임계점에 해당하는 우크라이나까지 넘보자 어쩔 수 없이 반격에 나섰다는 것이다. 지정전략가들은 림랜드 나토의 세력 확장에 유라시아 심장부 국가 러시아가 통제권을 회복하려는 시도로 표현한다. 20세기 일본 지도자의 표현을 빌린다면, 러시아가 국가 자위의 길을 보전하기 위해 이익선 우크라이나를 상실할 여유가 없었다고 할 수 있다. 대만 문제도 마찬가지다. 미국 본토에서 1만 2,000킬로미터나 떨어져 있고, 괌에서도 2,700킬로미터가 넘는 거리에 있는 대만이 미국의 사활적 이익인지는 논쟁거리다. 그러나 대만이 중국에 복속되면 동아시아와 서태평양의 세력균형이 달라질 것이고 세계에서 가장 역동적인 아시아에서 미국의 입지가 크게 훼손될 가능성이 높다. 대만이 미국의 주권선은 아니지만 이익선으로 간주되는 이유다. 중국의 관점에선 동아시아에서 강대국 지위를 회복하려는 열망이며, 이는 동유럽에서 실추된 입지를 다시 다지려는 러시아의 움직임과 일맥상통한다고 할 수 있다.

물론 강대국들은 자신의 차가운 국익을 그대로 드러내지는 않는다. 이익선, 세력권이라는 관념은 정치인과 전략가의 머리에 있는 것이고, 대중에는 보다 고상한 대의명분이 동원된다. 일본은 청일전쟁을 의로운 전쟁, 자위전쟁으로 정당화했다. 일본의 계몽사상가 후쿠자와 유키치福澤諭吉는 청일전쟁을 문명과 야만의 충돌로 정의한 바 있다. 문명을 대표하는 일본이 야만을 상징하는 청을 깨우치는 전쟁이므로 의롭고 불가피하다는 논리였다. 카리브해를 거쳐 태평양으로 팽창해간 미국도 비슷한 논리를 폈다. 중남미 대륙 문제에 미국이 예방적 차원에서 간섭할 권리가 있다는 루스벨트 추론이 대표적이다. 시어도어 루스벨트 대통령은 세계를 문명과 야만으로 구분하고, 비문명권에 문명을 전파할 신성한 의무가 앵글로색슨 백인에 있음을 강조했다. 미·소 경쟁에서도 미국은 냉전을 크렘린의 공산주의에 맞서는 자유 진영의 성전으로 규정하고, 세력균형과 같은 이해타산을 넘어 인류의 자유를 위한 헌신임을 강조했다. 현재 벌어지고 있는 미·중 전략경쟁도 마찬가지다. 중국과의 경쟁을 "21세기의 삶이 어떤 모습일지에 대한 실존적 투쟁"이라고 묘사하는가 하면, 자유주의 진영과 권위주의 진영 사이의 투쟁으로 정의한다.

중국이야말로 자신을 세상과 문명의 중심으로 보는 오랜 전통 속에서 살아왔다. 중국을 문명의 중심인 화華로 보고, 주변은 그에 뒤떨어진 이夷로 간주하는 화이사상에 젖어 있었으며, 이는 국제관계를 철저히 위계적 관점에서 바라보는 사고를 담고 있다. 최근엔 중국이 지향하는 국제질서를 이상적으로 정당화하는 작업도 진행 중이다. '글로벌 발전 이니셔티브', '글로벌 안보 이니셔티브', 그리고 '글로벌 문명 이니셔티브' 발표를 통해 중국이 세계의 평화와 안전, 발전을 염원한다는 것이다. 러시아 외교에도 이념 지향성이 녹아 있다. 비잔틴 제국 몰락 이후 정교 수호자로 자처해왔고, 몽골 침략은 기독교 세계를 지켜낸 고난의 민족이라는 의식을 낳은 계기였다. 냉전 때는 사회주의 모국으로서 자본주의와 제국주의에 맞서 사회주의 인민과 제3세계의 등불이 되어야 한다고 믿었는데, 이는 브레즈네프의 제한 주권론처럼 강대국 패권주의로 이어지기도 했다. 러일전쟁 전에는 동양의 여러 민족이 러시아 제국의 비호를 원한다는 자가당착적인 주장이 제기되었고, 시베리아 철도 부설이 '동방에서의 러시아 사명'이라는 사고와 연결되기도 했다.

강대국들이 지정학적 관점에서 사고하고 행동한다는 것은 상황에 따라 파트너를 활용하여 주적을 견제하고, 그 과정에서 냉혹할 정도로 주고받기식 거래를 한다는 것을 뜻한다. 러일전쟁과 1차 대전 당시 일본의 배후에는 미국과 영국이 있었다. 러시아의 팽창을 저지하기 위해 일본을 활용했으며, 1차 대전에선 독일과의 유럽 전선이 힘에 부치자 일본 해군의 힘을 빌렸던 것이다. 물론 일본은 철저히 반대급부를 챙겼다. 포츠머스 협상을 중재한 미국 루스벨트 대통령은 일본이 한반도의 종주권 자격을 가져야 한다는 가쓰라桂太郎 수상의 의견을 전적으로 존중해주었다. 조선이 러시아나 중국의 식민지가 되는 것보다는 일본의 식민지가 되는 것이 낫다는 것이 루스벨트의 생각이었다.[1] 물론 일본도 미국과 같이 강력하고 우호적인 국가가 필리핀을 통치하는 것에 대해 환영을 표했다. 포츠머스 협상 직전 미·일 간에 맺어진 가쓰라-태프트 비밀 협정의 내용이다. 1차 대전에선 강대국의 흥정으로 남양군도와 산둥반도의 주인이 결정되었다. 전후 처리 과정에서 중국이 강력히 반발했음에도 불구하고, 전쟁 와중에 영국, 프랑스, 러시아 등 전승국들이 독일 권역이었던 지역에 대해 전후에 일본의 차지가 될 것임을 미리 문서로 약속해주었던 것이다.

또한 강대국은 특정 사건에 개별 대응하기보단 전체의 국면을 보며 바둑알을 놓는 경우가 많다. 러일전쟁 당시 독일은 러시아를 지원했는데, 독일이 특별히 일본에 반감이 있거나 러시아를 도와야 할 형편에 있었던 것은 아니다. 다만 독일이 생각한 것은 러시아의 팽창 방향이었다. 빌헬름 2세로서는 러시아가 독일을 압박하지 않고 반대의 동쪽 방향으로 뻗어나가길 원했다. 즉 러시아의 전략 방향을 극동으로 유도하기 위해 일본과의 전쟁을 지지했던 것이다. 태평양전쟁 전에 미국이 일본에 대해 강력한 금수 조치를 내린 데에도 이런 지정학적 계산이 있었다. 1941년 300만 독일군의 공격을 받아내고 있던 소련이 유럽 전선에서 계속 버텨주는 것이 당시 미국과 영국의 최대 관심사였다. 그런데 이때 일본에서 소련 침공 논의가 일자 미국은 소련을 안심시킬 필요가 있었다. 대일 전면 금수 조치라는 강경책은 러시아를 향해 '일본은 염려하지 말고 독일과의 싸움에 전념해달라'는 일종의 응원 메시지였던 것이다. 미국이 일본에 원자탄 투하를 서두른 데에도 소련 변수가 작용했다. 1945년 8월 초 일본의 패배가 기정사실인 상황에서 소련의 대일전 참전이 거론되고 있었다. 실제 소련은 8월 9일 만주 침공을 시작했고, 8월 말에는 홋카이도 상륙작전 계획도 수립해놓은 상태였다. 트루먼 행정부로서는 일본을 독일이나 한국처럼 소련과 분할 점령할 마음이 없었고, 그러려면 원폭 투하를 통해 전쟁을 조기 종결시킬 필요가 있었던 것이다.

지정학적 사고는 또한 친구와 적을 고정시키지 않는다. 상황에 따라 파트너가 적대국으로 변하고 다시 친구로서 손을 잡는 경우가 허다하다. 일본의 동맹 변천사가 대표적 사례다. 일본은 1차 대전까지 영국·미국과 동맹 또는 파트너십을 맺고 러시아·독일과 싸웠는데, 2차 대전에선 반대로 3국 동맹으로 독일과 운명을 함께하며 영·미와 충돌하는 길을 걸었다. 여기서 끝이 아니었다. 태평양전쟁 후에는 자신을 패망시키고 히로시마와 나가사키에 원자폭탄을 떨어뜨렸던 나라와 다시 동맹을 맺었다. 요시다 시게루 수상은 "기대려면 큰 나무에 기대자"며 미국 추종 노선을 전후 일본이 나아가야 할 노선으로 삼았다. 미국 역시 기민하게 생각과 행동을 바꿨다. 1940년대 후반부터 냉전이 본격화되자 징벌적인 기조에서 추진되던 대일 정책은 180도 방향을 틀었다. 공산주의 세력을 막는 일본의 전략적 가치가 부각되자, 일본을 미국의 어엿한 동아시아 동맹국으로 국제사회에 복귀시킨 것이다. 전쟁 책임에 대한 추궁이 미약했음은 물론이다. 대신에 미국은 대소 견제를 위한 일본의 육성과 함께 군사기지에 대한 무제한적 접근권을 확보했다. 1951년 1월 25일 일본을 방문한 덜레스John Dulles 미 국무장관은 "미국이 원하는 만큼의 군대를 원하는 장소에, 원하는 기지만큼 주둔시킬 권리를 어떻게 확보하는가"가 근본 문제라고 강조한 바 있다.[2] 미국의 이런 고민을 해결해준 것이 바로 1952년 2월에 체결된 미일 행정협정이다.

전쟁과 폭력이라는 비극을 대할 때 우리는 이를 예외적 일탈로 보는 경향이 있다. 있어서는 안 될 규범의 위반으로 보고, 일탈의 정점에 있는 개인 지도자를 지목한다. 주권 국가를 침공해 들어간 푸틴의 도발에 경악하고, 민간시설에 대한 러시아 공습을 국제법 위반으로 비난한다. 이 과정에서 제 역할을 하지 못하는 유엔을 지목하며 국제규범의 마비 상태에 통탄한다. 그러나 국제정치를 옳고 그름의 문제로 보거나, 전쟁과 폭력을 규범적 일탈로 해석하는 것은 다분히 국내정치적 관점의 연장이다. 국내법을 위반한 범죄처럼 처벌해야 하고, 예외적 일탈은 교정되어 정상화되어야 한다는 논리를 따른다. 우크라이나전쟁의 근본적 해결을 위해선 푸틴의 퇴출이 필요하다는 주장도 이런 사고와 맥을 같이한다.

그러나 국제정치에서 벌어지는 충돌과 전쟁을 권력자의 성향이나 국내정치 체제의 성격으로 환원해서 설명할 수는 없다. 군국주의 일본이 진주만을 공습한 것이나, 권위주의 체제의 러시아가 우크라이나를 침공한 것이나 모두 예방전쟁의 차원이다. 민주주의 국가 미국이 유엔의 승인 없이 이라크를 침공한 것도 마찬가지다. 강대국은 자신의 핵심 이익이 침해받는다고 생각할 때 국제규범에 절대 구속받지 않는다. 또한 강대국은 소국과 달리 자신의 국경만을 지키지 않는다. 즉 강대국은 국경을 넘어 자신의 정치 안보적 이득을 확고히 할 수 있는 권역, 즉 세력권이라는 관점에서 사고한다. 만약 이 세력권이 존중받지 못한다면 행동에 나서고, 때로 전쟁도 불사한다.

강대국 간 전쟁은 바로 세력권의 경계가 외교로 타협되지 않기 때문에 발생한다. 태평양전쟁은 일본이 영·미의 세력권에 무모하게 도전한 경우이고, 우크라이나전쟁은 유라시아 대륙에서 러시아가 갖는 지정학적 지분에 대한 이견으로 발생한 사건이다. 대만사태도 다르지 않다. 미국과 중국이 동아시아와 서태평양 세력균형에서 시금석이 될 요충을 두고 물러서지 않는다는 게 사안의 본질이다. 1962년 소련이 쿠바에 SS-4 준중거리 탄도미사일 배치를 시도하자, 미국은 제3차 세계대전의 위험을 무릅쓰고 강하게 나왔다. 도발을 시도한 흐루쇼프가 물러서며 위기는 진정됐지만, 그는 얼마 지나지 않아 권좌에서 축출되는 대가를 치렀다. 카리브해는 애초에 소련이 건드려서는 안 될 미국의 핵심 세력권이었던 것이다.

규범을 무시한 일방적 폭력, 윤리적 요구를 저버리는 비인도적 행태는 비난받아 마땅하다. 전쟁을 일으키는 행위도 문제지만, 전쟁 중에도 넘어서는 안 될 도덕적 선이 있어야 한다. 그러나 안타깝게도 역사는 놀라울 정도로 많은 일탈로 얼룩져 있다. 민간인 살상만 하더라도 전쟁이 일어나면 윤리적 고려는 언제나 뒷전으로 밀려나는 것이 통례였다. 민간인 15만 명 이상을 즉사시킨 원폭 투하가 대표적인 사례다. 원폭 투하 없이도 전쟁에서 승리할 수 있었지만, 트루먼 대통령 입장에선 미군 피해의 축소와 소련 참전 견제 등이 더욱 중요한 고려 요소로 작용했다. 그에 앞서 독일과 일본에 가한 연합국의 전략폭격도 도시 자체를 불태우는 것이 작전 목표였을 정도로 비인도적이었다. 적국의 전쟁 수행 능력, 특히 전쟁 의지를 꺾는다는 전략적 목표 앞에 민간인 학살 금지라는 규범은 철저히 무시되었던 것이다. 우크라이나전쟁에서도 마찬가지 일이 벌어지고 있다. 우크라이나의 발전소, 병원, 학교에 대해 무차별 폭격이 가해진다는 비판이 있고, 우크라이나 민간인 학살 등 러시아가 저지른 잔학행위에 대한 고발도 이어지고 있다.

비극적인 얘기지만, 국제정치를 선과 악, 옳고 그름의 문제로 접근하면 오히려 국제정치에 내재해 있는 모순과 폭력성을 간과하기 쉽다. 예외적 사건이 아닌 것을 전대미문의 사태인 것으로 오인하기도 한다. 문제의 원인과 해결을 지도자 개인에 맞추거나, 상대국의 정치체제를 문제 삼기도 한다. 그러나 국제정치를 규범적 관점에서 바라보고 국내정치적 틀로 생각하는 것은 오히려 평화와 안정에 대한 깊이 있는 고민을 방해할 수 있다. 가치와 규범이 중요하긴 하지만, 강대국을 움직이는 논리에는 분명 냉혹한 지정학적 사고, 세력균형 외교가 존재한다는 사실을 잊어서는 안 된다. 우크라이나전쟁 이후 지정학이 귀환했다는 얘기가 많다. 그러나 엄밀히 말하면, 지정학은 돌아온 것이 아니라 강대국의 DNA에 언제나 존재했던 특징이라고 보는 것이 맞다. 단지 전쟁 발발로 모든 사람의 눈에 분명히 보이게 된 것뿐이다. 태평양전쟁이건 우크라이나전쟁이건 전쟁의 비극은 다름 아닌 국제정치 자체의 비극이며, 이를 이해하는 것이 국제사회의 평화와 안정을 위한 출발점이 될 수 있다.

미국과 중국 사이 어딘가

강대국 정치의 교훈이 대한민국에 주는 시사점은 무엇인가? 냉혹한 국제정치의 무대에서 한국은 어떻게 국가의 안전보장을 담보하고 번영의 길로 나아갈 수 있는가? 한국은 전형적인 지정학적 중간국이다. 세계 10위권의 경제력, 강력한 국방력, 그리고 선진 문화 강국이 되었지만, 세계 초강대국의 세력권이 부딪히는 교차로에 위치에 있다는 지정학적 현실은 예나 지금이나 변함이 없다. 임진왜란부터 시작해서 청일전쟁, 러일전쟁, 그리고 한국전쟁까지 강대국 세력권이 충돌할 때마다 한반도가 전화에 휩싸였다는 것이 우리의 아픈 역사다. 따라서 올바른 지정학적 방향과 균형감각을 갖고 미·중 전략경쟁 시대를 헤쳐나가야 한다.

미·중 경쟁은 종종 신냉전에 비유되곤 한다. 무역분쟁부터 시작한 미·중 대립이 기술, 군사, 인권 등 거의 모든 분야에서 전개되고 있기 때문이다. 폼페이오 전 국무장관은 2020년 8월 '공산주의자 중국과 자유세계의 미래'라는 연설을 통해 미·중 경쟁에 이데올로기적 색채까지 분명히 한 바 있다. 바이든 행정부는 신냉전을 추구하지 않는다는 입장이다. 그러면서도 현 국제정세를 자유주의와 권위주의라는 진영 간 대결로 규정하는 데 주저하지 않는다. 유사한 프레임이 한국 언론에서도 많이 등장하고 있다. "서방 대 반서방 신냉전 격화, 중간 지대가 사라진다"가 주요 일간지 헤드라인이다. 학계 일각도 마찬가지다. 미·중 사이에서 전략적 모호성을 버리고 전략적 명확성을 채택해야 한다는 목소리가 높아지고 있다.

실제로 자유주의와 권위주의라는 진영 간 대결 구도가 강해진 것은 사실이다. 특히 우크라이나전쟁은 서방의 단결을 촉발했으며, 인도·태평양 지역과 나토와의 연계 움직임을 강화시켰다. 한편, 반대 진영에선 중국과 러시아의 전략적 협력이 심화되는 모양새다. 시진핑 주석과 푸틴 대통령은 브릭스와 상하이협력기구 확대를 추진하며, 유라시아 대륙 내의 반서방 블록을 확대, 강화하고 있다. 그러나 이런 표면상의 흐름에도 불구하고 세계가 신냉전에 빠져들고 있다고 단정하면 곤란하다. 외견상 양분된 것처럼 보여도 실제로는 국가들이 훨씬 복잡하게 움직이고 있기 때문이다. 대부분의 나라들은 진영 선택이 아니라 국익 우선의 실용적 외교를 하고 있고, 기회주의적인 행태도 서슴지 않는다.

쿼드의 일원인 인도, 전통적 친미 국가 사우디아라비아, 그리고 나토 핵심국인 독일 등의 행보가 이를 보여준다. 독일의 숄츠 총리는 시진핑 3연임이 확정되자마자 서방 지도자로는 처음으로 베이징으로 달려가서 시진핑으로부터 유럽 에어버스 140대 구매 계약 등 두둑한 선물을 받고 돌아온 바 있다. 마크롱 프랑스 대통령은 중국을 방문해서 유럽 국가들이 대만 문제에 대해 미국의 추종자가 되어서는 안 된다는 충격적 발언을 하기도 했다. 미국은 물론 유럽 내에서 당혹감과 분노를 불러일으킨 마크롱의 발언은 미·중 전략경쟁의 최대 화약고인 대만해협 문제에 대해 서방이 단결되어 있지 않다는 점을 노출시킨 에피소드다.

진영 대결의 흐름 속에서도 현안마다 많은 국가들의 선택이 엇갈리고 각자도생의 외교가 판치는 것은 현재의 미·중 경쟁이 냉전 시대 미·소 경쟁과 본질적으로 다르기 때문이다. 미·소 냉전은 양립 불가능한 두 개의 시스템이 존재론적 위협을 걸고 대립한 세상이었다. 반면에 현재의 미·중 경쟁은 단일 시스템 내에서의 경쟁이다. 상호의존의 세계에서 디커플링은 불가능할 뿐 아니라 서로에게 이익이 되지 않는다. 다만 상대의 취약성을 공략함으로써 전략적 우위를 달성하고자 하는 패권 경쟁, 세력권 경쟁인 것이다. 그렇다면 이데올로기 투쟁이 걸려 있는 제로섬 게임처럼, 선택이 불가피한 이분법적 대결인 것처럼 세상을 보는 것은 유의해야 한다. 잘못된 상황 인식은 그릇된 정책으로 이어질 공산이 크다. 신냉전 프레임에 갇히면 선택이 불가피하다는 강박관념에 빠지게 되고, 안 그래도 협소해지고 있는 한국 외교의 자율적 공간을 우리 스스로 더욱 좁힐 위험이 있다. 많은 나라들이 미·중 경쟁의 압력 속에서도 국익을 확보하기 위해 기민하고 유연하게 움직이고 있는 현실을 놓쳐서는 안 된다. 신냉전 비유를 "지적 게으름"의 소산이라고 일갈한 전 싱가포르 외무차관의 지적을 새겨들을 필요가 있다. 자기충족적 덫이 될 위험이 있는 신냉전 프레임에서 벗어나는 것이 혼돈의 시대를 헤쳐나가는 우리 외교의 출발점일 것이다.

관련하여 생각해보아야 할 쟁점 중의 하나가 아시아판 나토의 가능성 문제다. 쿼드, 오커스 발족에 이어 2023년 8월 캠프 데이비드 3

국 정상 회동을 통해 한·미·일 안보협력이 태동하자 유럽과 같은 다자동맹 시스템이 향후 아시아에도 적용될 수 있는지에 대해 관심이 고조되고 있다. 부시 행정부 시절 백악관에서 아시아 정책을 담당했던 마이클 그린Michael Green 박사가 유력 저널 〈포린 폴리시〉에 아시아판 나토의 가능성을 강조한 주장이 그 일례다. 주지하다시피 동아시아의 지역 안보는 유럽과 달리 미국을 중심으로 한 양자동맹 시스템으로 작동하고 있다. 대서양 안보가 집단적이고 블록화되어 있는 데에 반해 아시아 안보가 개별적인 '허브 앤드 스포크' 모델로 불리는 이유다. 그린 박사는 그 이유를 몇 가지로 설명한다. 먼저 장제스, 이승만 같은 지도자들의 군사적 모험에 대한 우려였다. 태평양 지역이 집단 공약으로 묶여 있을 경우 지역 전체가 중국, 소련과의 전쟁에 끌려 들어갈 위험이 있다고 당시 워싱턴이 보았다는 것이다. 또한 태평양 지역은 유럽 전장과 달리 미국의 해·공군력이 압도적 우위를 점하고 있다는 점도 중요했다. 따라서 지역 전체를 묶지 않고도 미국이 태평양에서의 평화와 안정 유지를 도모하는 여유를 부릴 수 있었다는 것이다.

그린 박사는 바로 이 점이 변했다고 강조한다. 미국이 태평양 해역에서 군사적 우위를 상실하고 있기 때문에 아시아에서도 냉전 당시 나토가 유럽에서 직면했었던 집단방위의 압력을 느낄 수밖에 없다는 것이다. 또한 호주, 일본 등 핵심 동맹국들이 과거처럼 미군 병참 지원 역할로 한 발 빼고 있는 것이 아니라, 점증하는 중국, 북한의 위협을 맞아 미국과의 합동작전 필요성에 적극 부응하고 있다는 점도 지적하고 있다. 따라서 지역 전쟁을 막는 것에 대한 우려가 일정 수준을 넘긴다면 현재의 양자동맹과 임기응변적 안보 네트워크는 집단안보 방향으로 발전할 수 있다는 것이다.

그러나 아시아판 나토가 과연 가능할까? 가능하다면 시도하는 것이 바람직할까? 그린 박사의 지적처럼 미국은 중국 견제를 위해 인도·태평양 지역에서 점점 더 집단안보적 접근을 하고 있다. 당장 다자동맹을 구축하려는 것은 아니지만 가능한 한 촘촘하게 우방국을 묶어 반중 네트워크를 구축하겠다는 게 미국의 생각이다. 바이든 행정부가 역점을 두고 추진하는 통합억제^{integrated deterrence} 전략도 같은 맥락이다. 인도·태평양 지역을 하나의 전장으로 간주하고 동맹국, 우방국의 국방 역량을 통합하여 중국을 억제해나가겠다는 것이 통합억제의 개념이다. 이를 위해 국방 기술 협력, 방위산업 역량 구축, 그리고 작전 개념의 발전 등 모든 분야를 통합억제의 관점에서 유기적으로 진행해나가겠다는 것이다. 이렇게 되면 인도·태평양 지역 주둔 미군의 태세와 역내 작전 개념에 영향을 줄 것이며, 지난 반세기 동안의 동북아 미군 주둔 태세에 큰 변화를 불러올 수도 있다.

그러나 아시아에 유럽적 안보 시스템을 원용하려는 시도는 몇 가지 점에서 무리가 따른다. 가장 큰 난관은 바로 유럽인과 아시아인이 바라보는 안보의 불가분성 여부다. 유럽에서 집단안보가 탄생한 것은 비단 미·소 간의 군사력 격차 때문만은 아니다. 유럽은 기본적으로 하나의 전장^{戰場}이다. 서독이 공격받으면 프랑스나 이탈리아의 안전도 풍전등화에 놓일 수밖에 없다. 좁은 대륙에 많은 국가가 다닥다닥 붙어 있는 지형이기 때문이다. 당연히 안보는 불가분성을 갖고 집단안보는 합리적인 군사적 요청이다. 이에 반해 태평양은 광활하다. 한반도, 남중국해, 동중국해, 대만해협의 안보가 서로 영향을 미치기는 해도 불가분적 관계라고 하기는 어렵다. '연루의 위험'이라는 표현이 나오는 것 자체가 안보의 분리 가능성을 생각한다는 방증이다. 무엇보다 중국을 대하는 태도가 통일되어 있지 않다. 중국을 위협threat으로 간주하는 관점도 있지만, 관리해나가야 할 도전challenge 정도로 보는 시각도 존재한다. 왜 인도·태평양 전체가 하나의 운명 공동체가 되어야 하는가? 역내 모든 국가가 집단 공약으로 묶여서 얻는 이익은 무엇이고, 지불해야 할 대가는 무엇인가? 이런 질문에 명확한 대답을 내놓을 수 없다면 태평양 지역의 집단안보는 가능하지도 않고 바람직하지도 않다.

우리나라에서 보수 진영은 한·미·일 안보협력을 강조하며 중국 견제라는 미국의 대전략에 공조한다. 중국의 부상으로 동아시아 세력균형이 변하고 있는 현실을 반영한 방향 설정이다. 다만, 지정학적 중간국으로서 균형감각을 잃지 않는 것 역시 중요하다. 중국과 만성적 긴장 관계가 고착되어서는 한반도의 평화와 안정은 물론 경제의 지속적 성장 기회를 담보할 수 없기 때문이다. 국제정치가 진영 대결 구도로 짜이고 있는 건 사실이지만, 우리 스스로 동북아에서 냉전 구도를 심화시키는 것은 현명한 일이 아니다. 반대로 진보 진영은 한·중 협력을 강조하고 오히려 보수 우경화하고 있는 일본의 위협을 주시하는 경향이 있다. 강대국 사이에서 적절한 자리매김을 모색한다는 점에서 신중한 접근이라고 할 수 있다. 그러나 자칫 신흥 강대국에 편승하는 전략으로 갈 경우엔 리스크가 있다. 미래의 불확실성에 대비하는 안전장치를 확보할 수 없기 때문이다. 또한 일본의 재무장과 보수 우경화를 경계해야 하는 것은 맞지만, 동북아 세력균형 변화의 진원지는 중국임을 분명히 식별하여 전략의 초점을 올바로 설정할 필요가 있다.

대만 문제에 접근하는 우리의 자세

결국 도전과 위협의 우선순위를 정확히 설정하되 균형감각과 신중함을 갖추는 것이 대한민국이 지향해야 할 대외 전략의 요체가 될 것이다. 특히 지정학적 충돌의 가능성이 높은 대만 문제에 대해 신중하게 접근해야 한다. 2023년 8월 18일 캠프 데이비드에서 열린 한·미·일 정상회의에서 3국은 인도·태평양 수역에서 "위험하고 공격적 행동"을 보이는 국가가 중국임을 적시했다. '규칙 기반 국제질서', '대만해협의 평화와 안정'과 같은 표현으로 중국의 도전 문제를 돌려 표현했던 기존 한국 정부 입장보다 한참 나간 것이다. 특히 대만 위기와 같은 지역적 도발이 발생할 경우 "메시지를 동조화하고 대응 조치를 조율"한다는 '협의 공약'을 명문화했다. 행동 통일을 의미하는 것은 아니지만, 역내 문제를 한국의 문제로 못 박음으로써 조율된 대응을 하기로 합의한 것이다.

문제는 대만 유사시 우리가 어떤 방식과 수준으로 개입할 것인지 입장 정리가 되어 있는지다. 과연 한국은 대만 위기를 어느 정도까지 우리 자신의 문제로 받아들여야 하는가? 대만의 운명에 걸려 있는 한국의 국익은 무엇이고, 현상 타파를 막기 위해 어디까지 대가를 치를 준비가 되어 있는가? 치열한 고민과 국가적 토론을 통해 우리의 생각이 정리되지 않는다면 자칫 원치 않는 분쟁에 원치 않는 수준으로 연루될 가능성이 있다. 동조화와 조율 이전에 우리의 입장 정리가 우선이다. 생각해보아야 할 질문은 세 가지다. 첫째, 대만이 중국에 복속되면 동아시아 세력균형에 무슨 일이 벌어지고 한국에는 어떤 영향을 미칠 것인가? 둘째, 대만 유사시 한국이 연루되는 것은 불가피한가? 셋째, 대만 유사시 한국이 군사적 기여에 소극적일 경우 한미동맹에 미치는 함의는 무엇인가?

먼저 대만이 중국에 흡수되면 역내 미국의 입지는 급속히 훼손되고 궁극적으로 동아시아와 서태평양에서 미국이 축출되는 결과를 낳을 것이라는 견해가 있다. 그야말로 대만이 중국에 넘어가는 걸 기점으로 동아시아 해역 일대가 중국의 호수가 될 거라는 경고다. 그렇기 때문에 역내 국가들은 대만 유사를 자국의 유사 사태로 간주하고 미국과 외교적·군사적 공조를 굳건히 해야 한다는 주장이다. 특히 글로벌 물동량의 88퍼센트가 지나는 대만해협이 막힐 경우 한국 경제도 막대한 손실을 입을 것이라는 염려도 제기된다. 그러나 대만이 중국에 흡수된다고 해도 역내 미국의 입지와 영향력이 소멸된다는 건 지나치게 비관적 전망이다. 미국이 세계에서 가장 역동적인 지역에서 손을 떼는 건 상상하기 어렵기 때문이다. 고립주의가 미국 외교를 점점 더 규정하더라도 영향을 받는 지역은 중동이 첫 번째고, 유럽이 두 번째, 그리고 아시아는 맨 마지막이 될 가능성이 높다. 과거처럼 역내에서 압도적 지위를 향유할 수는 없겠지만, 미국은 계속해서 아시아·태평양 국가로 남을 거라는 게 현실적 전망으로 판단된다.

역내 국가들의 입장도 마찬가지다. 미국이 대만을 지켜주지 못할 경우 미국의 신뢰도는 상처를 입겠지만, 그럴수록 역내에서 미국의 존재감은 더욱 소중해진다. 중국의 그림자가 짙게 드리워질수록 미국이 세력균형자 역할을 해주길 기대하기 때문이다. 또한 미국 말고도 중국을 견제할 수 있는 지역 중견국들이 역내에는 존재한다. 제1도련선과 제2도련선 사이엔 일본이 있고, 인도양엔 인도가 버티고 있다. 동남아시아 국가들도 개별적으로는 약하지만, 중국이 아세안 국가들을 각개 격파하기 쉽지 않다. 특히 이 중엔 골드만삭스가 2050년경 세계 4위의 경제 대국이 될 거라고 전망한 인도네시아도 있다. 대만이 중국에 복속되면 동아시아에서 중국의 패권이 확립된다는 견해는 일종의 도미노 이론과 유사하다. 그러나 베트남이 공산화되었어도 동남아시아가 붉게 물들지 않았던 것처럼 대만이 넘어간다고 아시아 국가들이 모두 중국에 예속되는 역내 질서는 만들어지지 않을 것이다. 또한 해상 교통로와 물류 차원에서 대만해협을 지켜야 한다는 주장도 그 가정에 문제가 있다. 우리의 컨테이너선이 대만해협, 말라카해협, 또는 남중국해를 자유로이 지나지 못할 경우는 한국이 중국과 적대관계에 놓였을 때뿐일 것이다. 해상 교통로를 걱정한다면 오히려 한·중 관계가 최악으로 치닫지 않도록 노력해야 한다.

두 번째로 대만 유사시 한국의 연루를 피할 수 없으므로 노선을 분명히 해야 한다는 주장이 있다. 대만해협에서 미·중 충돌이 발생할 경우 오산, 군산 기지의 미 전투기들이 출격하게 되면, 중국으로선 발진기지로 활용되는 한국의 주한미군 기지를 때릴 것이고, 그렇게 되면 한국군의 반격으로 대만전쟁 연루가 불가피하다는 논리다. 이 점은 과거 참여정부 시절 '주한미군의 전략적 유연성'이라는 문제로 논란이 된 적이 있다. 북한 위협 대비를 위해 주둔하던 주한미군이 대만사태와 같은 역내 문제에 개입할 경우 결과적으로 한국이 강대국 충돌에 빨려 들어간다는 염려 때문이다. 당시 한·미 양국은 주한미군의 역내 개입 문제에 대한 원칙, 절차, 조건 등을 협의했으나 뚜렷한 합의에 도달하지는 못했다. 주한미군의 한반도 역외 작전 참여에 일정 정도의 통제 수단을 확보하려 했던 한국 정부와 해외 주둔 미군을 붙박이 군으로 두지 않고 전략적으로 유연하게 활용하려는 미국의 입장이 워낙 달랐기 때문이다. 현재로선 대만 유사시 미국 정부가 원한다면 주한미군의 역외 차출을 막기는 어려울 것으로 보인다.

다만 이 경우에도 한국이 대만전쟁에 전면적으로 연루되지 않도록 노력을 기울여야 한다. 대만해협과의 물리적 거리와 북한 위협의 상존이라는 조건을 고려하면 불가능한 것도 아니다. 오산 공군기지에서 대만까지는 1,600킬로미터에 달한다. 이에 비해 후텐마 해병대기지, 가데나 공군기지 등 주일미군 전력이 모여 있는 오키나와와 대만까지의 거리는 730킬로미터에 불과하다. 군사적 관점에서 보면 한반도에서 출격한 미 전투기가 대만해협에서 작전을 마치고 오산 기지로 복귀하는 방식, 즉 한반도에서 뜨고 내리는 식의 작전은 효율적이지 못하다. 그보다는 오키나와에 필요한 전력을 집결시킨 후 작전을 수행하는 게 급유, 군수, 비행 안전 등 여러 면에서 합리적이다. 만약 주한미군의 역외 차출이 이렇게 일회성 형태를 띤다면 중국이 주한미군 기지를 타격할 가능성을 그렇게 단정적으로 기정사실화할 필요는 없다.

이 점에서 우리와 일본의 입장은 다르다. 대만해협과의 지리적 근접성, 미일동맹의 성격을 고려할 때 대만전쟁에 일본이 연루되지 않을 가능성은 거의 없어 보인다. 중국과 영토분쟁을 빚고 있는 센카쿠열도는 대만과 354킬로미터 떨어져 있고, 일본의 최서단에 위치한 요나구니섬은 대만과의 거리가 110킬로미터에 불과하다. 괌과 더불어 역내 미군 핵심 전력이 집결되어 있는 오키나와는 대만전쟁 초반부터 화염에 휩싸일 가능성이 매우 높은 구조다. 아베 신조 전일본 총리가 "대만 유사는 곧 일본 유사"라며 경계감을 표시한 배경이다. 그렇다면 대만 문제에 대한 일본과 한국의 입장에 어느 정도 차이가 있다는 건 이상한 일이 아니다. 대중 경제 의존의 정도뿐 아니라 이러한 지정학적 위치의 문제를 고려한다면, '대만 유사가 곧 한국 유사'라고 단정하는 데에는 신중할 필요가 있다. 물론 한국이 완전 중립을 유지하긴 어려울 것이고, 물자 수송 등 비전투 임무를 수행할 경우에도 중국 인민해방군과의 충돌 여지를 배제하기는 어려울 것이다.

　마지막으로 한미상호방위조약의 정신에 비추어 대만 유사시 한국은 미국의 동맹국으로서 응당 참전해야 한다는 견해가 있다. 만약 이 상호원조 의무를 저버릴 경우 한미동맹의 미래는 없을 거라는 지적이다. 원론적으로는 맞는 말이다. 북한 위협에 대해서는 공동 대처하자고 하면서 한반도 밖의 전쟁에 대해서는 외면한다는 건 어려운 일이다. 그러나 한국으로서는 북한 위협을 억제하는 일이 예나 지금이나 최고의 국가적 과제다. 한국군이 직접 대만해협 전쟁에 참전하여 전투를 치를 경우 대북 억제 태세가 약화될 우려가 있다. 전력 차출로 인한 단순한 억제력 공백의 문제가 아니다. 한국 영토에 대한 중국의 군사적 보복 등 비상 상황이 발생한다면, 북한이 이 혼란스러운 상황을 어떻게 악용하려 할지 가늠하기 어렵다. 따라서 대만 유사 사태가 발생해도, 아니 그럴수록 더욱 한미동맹은 북한이 모험주의적 생각을 품지 못하도록 빈틈을 보여서는 안 된다. 대만해협에 더해 한반도에서 대규모 무력 충돌 상황이 발발하는 것은 미국으로서도 피해야 할 일이다. 따라서 일부 주한미군의 대만해협 차출은 용인할 수 있어도 한미동맹 차원에서 대만 유사에 대응하는 것은 매우 조심해야 한다. 이런 측면에서 한국이 할 수 있는 최대치는 미국과의 외교적 공조, 군수 지원 등 비전투 분야의 간접적 지원이 적절할 것으로 판단된다.

중국을 제외한 전 세계의 많은 나라들은 대만해협에 대해 현상 유지를 선호한다. 대만이 독립을 시도하는 것도, 강제로 중국에 통일되는 것도 원치 않는다. 우리나라도 마찬가지다. 대만해협의 평화와 안정을 강조하며 어느 일방이 현상 변경을 무리하게 추진하지 못하도록 국제사회와 공조할 필요가 있다. 특히 중국이 동아시아를 압도하지 못하도록 역내 국가들과 공조하며 중국 견제 균형 외교balancing diplomacy를 구사하는 것이 요구된다. 다만 대중 견제가 지나치게 군사적 성격을 띠거나 중국을 봉쇄, 배제하는 성격이 되는 것에는 유의할 필요가 있다. 이런 접근은 성공하기도 어렵거니와 불필요한 긴장, 위기, 그리고 충돌만 부를 뿐이다. 따라서 굳이 이름을 붙이자면 연성 균형soft balancing이 한국이 취할 적절한 선택으로 보인다. 동아시아 세력균형 변화에 대비해 역내 국가들과 긴밀히 연대하되, 결국엔 중국과 함께 살아가야 한다는 현실 인식에 기반한 전략을 뜻한다. 중국을 봉쇄하거나 부상을 억제하는 게 목표가 아니라 불확실한 미래에 대비하는 보험 차원에서 역내 국가들과 유연한 균형 외교를 하자는 것이다. 연성 균형이 구체적으로 어떻게 구현되는지는 개별 정책 이슈별로 고민해야 할 문제다. 예를 들어 통합 억제 전략에 따라 미국이 인도·태평양 지역 군사 질서를 중국 견제 목적으로 재편하려 할 때 우리가 어느 정도 적극적으로 협력할지를 깊이 생각할 필요가 있다.

한반도 전쟁 위험과 오판의 경계

깊어지는 국제질서의 진영화와 북한의 핵무력 질주는 한반도의 평화와 안정을 갈수록 더 위협하고 있다. 2024년 초부터는 미국의 저명한 전문가 사이에서 '한반도 전쟁'을 경고하는 목소리가 연이어 나올 정도다. 1990년대 초 북핵 1차 위기 당시 북미 협상 대표였던 로버트 갈루치Robert Gallucci 박사는 "2024년 동북아시아에서 핵전쟁이 일어날 가능성을 염두에 둬야 한다"고 강조했다. 그가 가리키는 동북아 핵전쟁이란 바로 북한발 위기를 말한다. 한편 북한이 전쟁을 결심한 것으로 보인다는 더 엄중한 경고도 제기됐다. 로버트 칼린Robert Carlin과 지그프리드 헤커Siegfried Hecker 박사는 "김정은이 1950년에 할아버지가 그랬듯이 전쟁에 나설 전략적 결정을 내렸다고 믿는다"고 밝혔다. 이들은 "김정은의 최근 언행이 핵무기를 사용하는 군사적 해결을 가리킨다"고 지적하며, 글로벌 진영화라는 국제정세가 김정은에게 한반도 문제를 군사적으로 해결할 수 있는 기회를 제공한 것으로 분석한다.

이들 전문가들의 경고는 꽤나 단정적이고 섬뜩하다. 한국 언론도 이들의 주장을 반복해서 비중 있게 보도한 바 있다. 실제로 북한은 응징을 위한 초기 수준의 억제를 넘어 전술핵 탄두, 신형 단거리 미사일 등을 통해 실전적인 핵전쟁 수행 능력nuclear war-fighting capability까지 추구해가고 있다. 핵무기의 "작전적 사명"을 강조하는 것 자체가 우리에게는 엄청난 위협일 수밖에 없다. 일부 전문가들은 이를 두고 북한의 핵독트린이 억제를 넘어섰다고 보고 있다. 그러나 전쟁을 염려하며 최악의 상황을 가정하는 이런 신중론이 오히려 한반도 전쟁 가능성을 높일 수 있다는 역설이 우리가 처한 어려움이다. 북한이 전쟁을 결심했다는 해석은 이를 좌절시키기 위한 한·미의 예방적 군사적 대응을 요구한다. 그렇게 되면 군사적 위기 상황에서 북한의 전술핵 사용 임계점을 더욱 낮추게 되고, 피하고 싶었던 최악의 상황을 재촉하는 결과를 초래할 수도 있다. 따라서 지나친 비관론에 빠져 안보딜레마를 가중시키기보다 북한의 전략과 한반도 전략 상황을 냉정하게 이해하는 관점이 필요해 보인다.

북한은 통일을 완전히 거부하고 남북 관계에 대해 "더 이상 동족 관계가 아닌 적대적인 두 국가관계"라고 선언했다. 그러면서 "유사시 남조선 영토를 평정하기 위한 대사변 준비"를 강조했다. 표현만으로 보면 의심할 여지 없이 호전적이다. 그러나 호전적 주장으로 포장된 이면에는 핵무기와 신냉전 구도를 발판으로 자신의 체제 보장을 확고히 하려는 현실적인 계산이 깔려 있음을 놓쳐서는 안 된다. 선대부터 계속되어온 남조선 혁명이 불가능하다는 것을 자인한 것이며, 남북한 간의 특수관계 유지가 오히려 북한 흡수통일로 이어질 수 있다는 두려움을 반영하고 있다는 의미다. 동·서독 관계에서도 유사한 전례가 있다. 서독은 양독 관계가 '특수관계'라는 입장을 견지한 반면, 동독은 1974년 통일 조항을 삭제하며 '두 국가론'을 주장한 바 있다. 국력 격차가 벌어지는 상황에서 흡수통일을 두려워하는 약자의 자구책이라고 할 수 있다.

'작전적 사명'이란 엄포를 놓고 있는 핵독트린도 군사적 합리성의 관점에서 보면 이는 억제 전략의 일환이기도 하다. 재래식 전력에서 한·미 연합군에 비해 절대 열세에 처해 있는 북한이 자살적 핵보복에만 의존한다면 이는 억제의 실효성과 신뢰성이 의심받을 수밖에 없다. 따라서 실전적 핵전쟁 수행 능력을 구축해 억제의 신뢰성을 높이고 유사시 대응이 가능한 현실적 옵션을 확보하자는 게 북한의 전략이다. 즉 대미 '응징적 억제deterrence by punishment'와 대한반도 '거부적 억제deterrence by denial'를 배합하는 전략이 북한 핵독트린의 요체인 것이다. 이렇듯 억제와 전쟁 수행은 동전의 양면과 같다. 따라서 상대가 전쟁을 언급하거나 전쟁 수행 능력을 추구한다고 해서 이를 전쟁 결심으로 연결시키는 것은 속단이다. 이런 점에서 북한은 전쟁을 결심한 것이 아니라 전쟁을 회피하지 않겠다는 각오로 억제력을 높이고 있다는 것이 올바른 진단이다.

역사를 보면 전쟁은 언제나 오판으로 점철되어 있다. 오판에 의해 이길 수 없는 전쟁을 걸어간 경우도 있고, 오판 때문에 치명적 기습을 당한 경우도 있다. 때로는 상대를 과소평가함으로써 전쟁을 막지 못한 경우도 있고, 반대로 위협을 과대평가해 두려움의 포로가 되는 바람에 의도치 않게 전쟁이 터진 경우도 있다. 나치 독일의 팽창 기도를 좌절시키지 못해 발생한 2차 대전은 전형적인 '억제의 실패' 사례다. 영국의 체임벌린 수상은 체코슬로바키아의 주데텐란트 할양을 요구하는 히틀러의 요구를 수용하는 우를 범했다. 히틀러가 거기서 멈출 것으로 믿었고, 이로써 유럽의 평화를 달성할 수 있다고 믿었던 것이다. 반대로 1차 대전은 위협의 과대평가와 강경 대응이 '의도하지 않은 전쟁'을 촉발한 사례에 속한다. 빌헬름 2세가 통치하는 신흥 강대국 독일이 긴장을 조성하고 있었지만, 1914년 당시 유럽에서 대규모 전쟁을 원하는 나라는 아무도 없었다. 사라예보 암살 사건을 해결하는 과정에서 오스트리아의 세르비아 응징, 즉 제3차 발칸전쟁 정도가 불가피한 충돌 규모였다. 그렇다면 왜 1,000만 명이 넘는 사망자가 나오는 대전쟁이 발발한 것일까? 그건 상대의 의도에 대한 지나친 비관론과 힘을 통해 평화를 지켜야 한다는 압박감이 상황을 통제할 수 없는 전면전으로 몰아갔던 데 이유가 있었다. 위협에 대한 과소평가와 유화책이 2차 대전의 원인이라면, 1차 대전에선 과대평가와 과잉 대응이 오히려 문제였던 것이다.

한반도 전쟁은, 만약 일어난다면 어떤 방식으로 촉발될까? 다양한 시나리오가 가능하겠지만 한·미의 억제력이 약해서 김정은이 밀고 내려오는 형태가 되지는 않을 것이다. 이런 면에서 1950년 김일성이 일으킨 전쟁은 부적절한 역사적 유추다. 그보다는 누구도 의도하지 않았지만 결국 터져버렸던 제1차 세계대전, 1914년의 여름을 짚어보는 것이 필요해 보인다. 미래에 대한 비관적 전망, 최악의 상황을 가정해야 한다는 강박관념, 그리고 힘으로 상대를 굴복시키겠다는 억제력 경쟁이 사라예보 사건이라는 도화선이 터지자 어처구니없는 비극으로 번져간 역사를 상기하자는 것이다. 물론 북핵 위협의 엄중함에 대처하기 위해 한·미는 억제 전략의 실효성을 높여가야 한다. 한국군의 첨단 재래식 전력 확충, 확장 억제의 신뢰성 제고 등의 노력은 계속되어야 한다. 그러나 억제력 강화 노력 못지않게 한반도 위기 안정성이라는 과제에도 우리의 관심과 노력이 모아져야 한다.

당분간 동북아와 한반도 정세의 근본적 개선을 기대하기는 곤란해 보인다. 미·중 전략경쟁이 계속될 것이며 남중국해, 대만해협에서의 충돌 가능성도 잠복해 있다. 북한은 대미, 대남 관계 개선보다는 자체 핵억제력과 자력갱생의 길을 선택했고, 이에 따라 한·미의 억제 노력과 계속 마찰을 빚을 것이다. 그러나 이럴수록 긴장을 최대한 낮춰 우발적 충돌의 위험을 없애고 군비경쟁의 압력을 완화하는 노력이 필요하다. 아울러 북한이 중국과 러시아의 뒷배를 믿고 대남, 대미 화해의 길을 차단하고 강경 일변도로 질주하는 상황을 막을 필요가 있다. 미·중 전략경쟁과 우크라이나전쟁에도 불구하고 한·중 관계, 한·러 관계를 잘 관리하는 것은 이런 면에서 한반도 안정과도 직결되는 문제다.

온전한 국익의 관점에서

가장 기본적인 것이지만, 정확한 정세 인식에 기초해 대외정책을 추진하는 것이 절실하다. 현재 자유주의 국제질서의 와해 움직임은 분명히 보인다. 그러나 국제질서의 향방이 어떻게 귀결될지는 불확실하다. 미·중 전략경쟁도 상당 기간 지속될 것이며 궁극적 승자가 누가 될지 알 수 없다. 지금은 신냉전이 아니라 지정학적 경쟁과 대결의 시대이며 국제질서의 전환기적 상황이다. 특히 미국의 대외전략이 유동적이라 워싱턴발 불확실성에 대해서도 대비해야 한다. 트럼프와 같은 인물이 백악관의 주인이 되었을 경우 미국의 동맹 정책, 미·러 관계, 그리고 미·중 관계가 어떻게 변화할지 정확히 예측하기 어렵다. 따라서 강대국의 변덕에 당황하지 않기 위해서는 지나친 진영 외교를 자제하고 국익에 기초한 유연하고 면밀한 외교를 구사할 필요가 있다.

단기적으로는 미국 중심 서방과 중·러 반대 진영 간의 전선이 뚜렷한 상황에서 우리 외교에 대한 일정한 좌표 설정이 요구된다. 기본적으로는 한미관계와 서방이 우리 외교의 중심이다. 자유민주주의 국가로서, 북핵 위협을 한미동맹으로 억제해야 하는 현실에서, 그리고 중국의 부상이라는 동아시아 세력 재편의 와중에서 우리 외교의 기본 방향성을 친서방으로 설정하는 것은 불가피하다. 한미동맹을 넘어 서방 선진국들과 중층적 안보 네트워크를 구축하는 것은 불확실한 미래에 대처하는 방책이기도 하다. 다만 분열된 세계의 복잡성과 위험성을 감안하여 균형적 감각과 통합적 시각을 갖는 것 역시 중요하다. 중·러와 소원해지는 것을 넘어 만성적 긴장 관계에 빠지는 것은 막아야 한다. 친서방, 대미 밀착 외교가 중·러의 대한민국 존중으로 이어진다는 기대도 말처럼 쉽지 않다. 즉 한·미·일 대 북·중·러의 지정학 대결은 다른 나라에는 몰라도 한국의 국익을 위해서는 경계해야 할 구도다. 이때 관건은 미·중, 미·러 등 강대국 경쟁과 관련된 사안에서 한국이 정확히 어떤 지점에 설 것인가 하는 좌표 설정에 있다.

이를 위해 가장 중요한 것이 대외 노선에 대한 국내적 공감대와 이에 바탕한 외교 정책의 일관성이다. 한 나라 안에 두 개의 외교 노선이 대립한다면 외부의 압력과 영향에 더욱 취약해지고 그만큼 정책적 자율성을 유지하기가 어려워질 수밖에 없다. 또한 정부가 바뀔 때마다 중국, 일본, 북한에 대한 접근이 달라진다면 우리의 정책이 힘을 받을 수 없을 것이다. 우크라이나 사태가 반면교사다. 우크라이나는 국내 정치의 분열 구도가 대외정책에 그대로 투영되어 정권 교체기마다 대외 노선이 흔들렸고 이는 결국 강대국 개입의 빌미가 되었다. 따라서 신중한 검토와 숙의 끝에 스탠스를 잡았으면 흔들리지 말아야 하며, 어떤 나라에나 한국이 처한 상황과 국익을 명확하게 설명할 수 있어야 한다. 이때 꼭 필요한 것이 솔직함과 투명성이다.

불편한 이슈라고 해서 애매하거나 어정쩡한 태도를 취하는 것은 미·중 어느 쪽도 만족시키기 어렵고 양쪽 모두로부터 신뢰를 잃을 수도 있다. 그러므로 상대의 요청이나 기대를 완전히 수용할 수 없는 경우에도 솔직하게 한국의 입장을 설명하며 이해와 조율을 위해 노력해야 한다. 이때 워싱턴과 베이징에 하는 말이 다르지 않아야 함은 물론이다.

아울러 국제규범을 위한 중견국 다자외교를 활성화할 필요가 있다. 주요 국가들의 정책 변화를 면밀하게 관찰하고 국제적 연대를 추구해야 한다. 특히, 일본, 호주, 독일, 인도 등 세계적인 중추국들과 전략적인 소통과 연대를 강화하는 것이 바람직하다. 보편적 규칙이 지배하는 예측 가능한 질서는 한국의 국익에 부합한다. 따라서 단순한 강대국의 구호를 복창하는 차원이 아니라 우리의 국익 관점에서 국제규범을 위한 중견국 외교를 수행할 필요가 있다. 이렇게 함으로써 우리 외교의 전략적 자율성이 강화되고 미·중으로부터 오는 압력도 분산할 수 있을 것이다. 다만, 규범 외교를 수행하면서도 가치를 표방하는 것과 가치에 입각해 행동하는 건 다른 차원이라는 점을 유념해야 한다. 강대국은 물론이고 모든 나라는 규범과 가치를 선택적으로 적용하는 경우가 많다. 또한 가치에는 자유, 법치, 인권뿐 아니라 평화, 안정, 자결 등도 있으므로 규범 간 배열과 우선순위의 고민도 필요하다.

국제정치에서 피할 수 없는 것이 안보딜레마다. 적대국 사이에선 어느 한 국가의 안보 증진 노력이 상대의 안보를 저해하는 악순환 사이클이 작동한다. 공격 능력과 의도의 불확실성이 합쳐지면 두려움과 불안은 불가피하기 때문이다. 이 점에서 국제정치에서 불신, 경쟁, 충돌은 다분히 구조적인 문제라고 할 수 있다. 선한 국가와 악한 국가가 따로 있지 않고, 정도 차이가 있을 뿐 모든 국가는 국제정치 문법에 따라 움직인다는 것이다. 다만 강대국은 틀을 깰 수 있는 국가이고 약소국은 적응해야 하는 처지라는 점이 다를 뿐이다. 세계질서가 요동치고 있고, 동북아시아 질서도 흔들리고 있다. 한미동맹의 보호 아래 안전을 보장받고, 중국의 성장에 올라타서 경제적 과실을 얻던 시대는 지나갔다. 일본은 평화헌법의 구속을 벗어던지고 강대국 외교의 시동을 걸고 있고, 우크라이나전쟁의 여파로 한·러 관계도 수교 이래 최악의 상황이다. 국제질서의 격변을 맞아 예민한 지정학적 감각과 능숙한 세력균형 외교가 그 어느 때보다 요구되는 시기다. 대한민국이 제국처럼 행동할 수는 없지만, 적어도 제국의 눈으로 세상을 볼 수 있는 능력은 갖출 필요가 있다. 제국의 속마음을 들여다본 이 책이 작은 참고가 되었으면 하는 바람으로 글을 마친다.

주

1부 태평양전쟁

1) 태평양전쟁 개전 직후 일본인들의 반응에 대해서는 가토 요코, 《그럼에도 일본은 전쟁을 선택했다》, pp. 363-365.

2) 니얼 퍼거슨(이현주 옮김), 《증오의 세기: 20세기는 왜 피로 물들었는가》 (서울: 민음사, 2010), p. 648.

3) 요시다 유타카(최혜주 옮김), 《아시아 태평양전쟁》 (서울: 어문학사, 2013), p. 81.

4) 김정섭, 《낙엽이 지기 전에: 1차 세계대전 그리고 한반도의 미래》, (서울: MID, 2018), pp. 230-233.

5) Richard F. Hamilton and Holger H. Herwig (eds.), *The Origins of the World War I* (Cambridge: Cambridge University Press, 2003), p. 162.

6) 폴 콜리어 외(강민수 옮김), 《제2차 세계대전: 탐욕의 끝, 사상 최악의 전쟁》 (서울: 플래닛미디어, 2011), p. 468.

7) 게르하르트 L. 와인버그(박수민 옮김), 《제2차 세계대전》, (파주: 교유서가, 2018), p. 114.

8) 가토 요코(윤현명·이승혁 옮김), 《그럼에도 일본은 전쟁을 선택했다》 (파주: 서해문집, 2018), pp. 404-406.

9) 니얼 퍼거슨, 《증오의 세기: 20세기는 왜 피로 물들었는가》, p. 649.

10) 폴 콜리어 외, 《제2차 세계대전: 탐욕의 끝, 사상 최악의 전쟁》, p. 481.

11) 요시다 유타카, 《아시아 태평양전쟁》, p. 83.

12) 폴 콜리어 외 《제2차 세계대전: 탐욕의 끝, 사상 최악의 전쟁》, p. 493.

13) 요시다 유타카, 《아시아 태평양전쟁》, p. 109.

14) 박영준, 《제국 일본의 전쟁 1868-1945》 (서울: 사회평론아카데미, 2020), p. 373.

15) 요시다 유타카, 《아시아 태평양전쟁》, p. 227.

16) 요시다 유타카, 《아시아 태평양전쟁》, p. 203.

17) 전쟁 막바지 결사 항전에서 항복으로 변해가는 일본 정부 내부 움직임에 대해서는 일본역사연구회(아르고 인문사회연구소 편역), 《태평양전쟁사 2: 만주사변과 중일 전쟁》(서울: 채륜, 2019), pp. 473-514.

18) 박영준, 《제국 일본의 전쟁 1868-1945》, p. 389.

19) 폴 콜리어 외, 《제2차 세계대전: 탐욕의 끝, 사상 최악의 전쟁》, p. 555.

20) 마고사키 우케루(문정인 해제·양기호 옮김), 《미국은 동아시아를 어떻게 지배했 나: 일본의 사례, 1945-2012년》(서울: 메디치, 2019), p. 53.

21) 마고사키 우케루, 《미국은 동아시아를 어떻게 지배했나》, p. 60.

22) 요시다 유타카, 《아시아 태평양전쟁》, p. 47.

23) 폴 콜리어 외 《제2차 세계대전: 탐욕의 끝, 사상 최악의 전쟁》, p. 461.

24) 일본역사연구회, 《태평양전쟁사 2》, p. 244.

25) 가토 요코, 《그럼에도 일본은 전쟁을 선택했다》, pp. 411-412.

26) 가토 요코(양지연 옮김), 《왜 전쟁까지: 일본 제국주의의 논리와 '세계의 길' 사이 에서》(파주: 사계절, 2018), pp. 381-382.

27) 니얼 퍼거슨, 《증오의 세기: 20세기는 왜 피로 물들었는가》, pp. 701-702.

28) 전시 아시아 제국에서 벌어진 '대동아공영권'의 현실에 대해서는 요시다 유타카, 《아시아 태평양전쟁》, pp. 128-140, 241-242.

29) 가토 요코, 《그럼에도 일본은 전쟁을 선택했다》, pp. 421-432.

30) 일본역사연구회, 《태평양전쟁사 2》, pp. 475-477.

31) 가토 요코, 《왜 전쟁까지》, p. 374.

32) 요시다 유타카, 《아시아 태평양전쟁》, pp. 206-207.

33) 가토 요코, 《그럼에도 일본은 전쟁을 선택했다》, p. 423.

34) 요시다 유타카, 《아시아 태평양전쟁》, pp. 21-22; 가토 요코, 《왜 전쟁까지》, pp. 237-239.

35) 9월 19일 어전회의의 상세한 장면에 대해서는 가토 요코, 《왜 전쟁까지》, pp. 205-212.

36) 가토 요코, 《왜 전쟁까지》, p. 214.

37) 니얼 퍼거슨, 《증오의 세기: 20세기는 왜 피로 물들었는가》, p. 645.

38) 가토 요코, 《그럼에도 일본은 전쟁을 선택했다》, pp. 386-387.

39) 일본역사연구회, 《태평양전쟁사 2》, pp. 200-201.

40) 인도차이나 남부 진주를 둘러싼 일본의 오판에 대해서는 가토 요코, 《왜 전쟁까지》, pp. 330-331.

41) 가토 요코, 《그럼에도 일본은 전쟁을 선택했다》, pp. 393-394.

42) 가토 요코, 《왜 전쟁까지》, p. 358.

43) 일본역사연구회, 《태평양전쟁사 2》, pp. 197-198.

44) 가토 요코, 《왜 전쟁까지》, p. 338; 일본역사연구회, 《태평양전쟁사 2》, pp. 202-203.

45) 일본역사연구회, 《태평양전쟁사 2》, p. 204.

46) 가토 요코, 《왜 전쟁까지》, p. 342.

47) 박영준, 《제국 일본의 전쟁 1868-1945》, p. 342.

48) 일본역사연구회, 《태평양전쟁사 2》, p. 212.

49) 박영준, 《제국 일본의 전쟁 1868-1945》, pp. 342-343.

50) 가토 요코, 《그럼에도 일본은 전쟁을 선택했다》, p. 368.

51) 요시다 유타카, 《아시아 태평양전쟁》, p. 65.

52) 니얼 퍼거슨, 《증오의 세기: 20세기는 왜 피로 물들었는가》, p. 644.

53) 폴 콜리어 외, 《제2차 세계대전: 탐욕의 끝, 사상 최악의 전쟁》, p. 467.

54) 니얼 퍼거슨, 《증오의 세기: 20세기는 왜 피로 물들었는가》, pp. 644-645.

55) 일본역사연구회, 《태평양전쟁사 2》, pp. 222-223.

56) 가토 요코, 《그럼에도 일본은 전쟁을 선택했다》, pp. 369-370.

57) 전쟁 지속 능력에 대한 일본의 심각한 오판에 대해서는 가토 요코, 《그럼에도 일본은 전쟁을 선택했다》, pp. 371-372.

58) 가토 요코, 《그럼에도 일본은 전쟁을 선택했다》, pp. 372-373.

59) 가토 요코, 《왜 전쟁까지》, p. 349.

60) 폴 콜리어 외, 《제2차 세계대전: 탐욕의 끝, 사상 최악의 전쟁》, p. 469.

61) 요시다 유타카, 《아시아 태평양전쟁》, pp. 30-32.

62) Lawrence Freedman and Jeffrey Michaels, *The Evolution of Nuclear Strategy*: New, Updated and Completely Revised, (London: Palgrave, 2019), p. 27.

63) U.S. Department of Energy, Office of History & Heritage Resources, The Manhattan Project: An Interactive History. https://web.archive.org/web/20100624065430/http://www.cfo.doe.gov/me70/manhattan/hiroshima.htm#

64) Freedman and Michaels, *The Evolution of Nuclear Strategy*, p. 23.

65) 폴 콜리어 외, 《제2차 세계대전: 탐욕의 끝, 사상 최악의 전쟁》, p. 553; Freedman and Michaels, *The Evolution of Nuclear Strategy*, p. 21.

66) 폴 콜리어 외, 《제2차 세계대전: 탐욕의 끝, 사상 최악의 전쟁》, p. 531.

67) Freedman and Michaels, *The Evolution of Nuclear Strategy*, p. 30.

68) 폴 콜리어 외, 《제2차 세계대전: 탐욕의 끝, 사상 최악의 전쟁》, p. 556.

69) 일본역사연구회, 《태평양전쟁사 2》, p. 500.

70) 니얼 퍼거슨, 《증오의 세기: 20세기는 왜 피로 물들었는가》, pp. 744-745.

71) Daniel Ellsberg, *The Doomsday Machine: Confessions of a Nuclear War Planner* (New York: Bloomsbury Publishing, 2017), p. 261.

72) Ellsberg, *The Doomsday Machine*, p. 262.

73) 니얼 퍼거슨, 《증오의 세기: 20세기는 왜 피로 물들었는가》, p. 744.

74) 폴 콜리어 외, 《제2차 세계대전: 탐욕의 끝, 사상 최악의 전쟁》, pp. 552-554.

75) Ellsberg, *The Doomsday Machine*, p. 263.

76) Lawrence Freedman, *The Evolution of Nuclear Strategy* (New York: St. Martin's Press, 1981), pp. 7-8.

77) 근대전쟁에서 항공 이론의 탄생과 진화에 대해서는 David MacIsaac, "Voices from the Central Blue: The Air Power Theorists" in Peter Paret(edit.), *Makers of Modern Strategy from Machiavelli to the Nuclear Age* (Princeton: Princeton University Press, 1986), pp. 624-647.

78) Freedman, *The Evolution of Nuclear Strategy*, p. 10.

79) Ellsberg, *The Doomsday Machine*, p. 226.

80) Freedman, *The Evolution of Nuclear Strategy*, p. 10.

81) Ellsberg, *The Doomsday Machine*, p. 242.

82) Fred Kaplan, *The Wizards of Armageddon*, (Stanford: Stanford University Press, 1983), p. 36.

83) 니얼 퍼거슨, 《증오의 세기: 20세기는 왜 피로 물들었는가》, p. 727.

84) Ellsberg, *The Doomsday Machine*, p. 243.

85) Ellsberg, *The Doomsday Machine*, p. 250.

86) 2차 대전 당시 독일 도시를 불태우는 영국 공군의 전략에 대해서는 Ellsberg, *The Doomsday Machine*, pp. 246-249을 참고.

87) 니얼 퍼거슨, 《증오의 세기: 20세기는 왜 피로 물들었는가》, p. 740.

88) 니얼 퍼거슨, 《증오의 세기: 20세기는 왜 피로 물들었는가》, pp. 740-741.

89) Kaplan, *The Wizards of Armageddon*, p. 36.

90) 니얼 퍼거슨, 《증오의 세기: 20세기는 왜 피로 물들었는가》, pp. 728-730.

91) 르메이 사령관이 감행한 도쿄 공습의 전개와 참혹한 양상에 대해서는 Ellsberg, *The Doomsday Machine*, pp. 255-259.

92) 폴 콜리어 외, 《제2차 세계대전: 탐욕의 끝, 사상 최악의 전쟁》, p. 531.

93) 니얼 퍼거슨, 《증오의 세기: 20세기는 왜 피로 물들었는가》, pp. 742-743.

94) 이하 전후 미국의 점령지 초기 정책에 대해서는 W.G. 비즐리(장인성 옮김), 《일본 근현대사》, (서울: 을유문화사, 2004), pp. 342-356.

95) 마고사키 우케루, 《미국은 동아시아를 어떻게 지배했나》, p. 84.

96) 가토 요코, 《그럼에도 일본은 전쟁을 선택했다》, p. 44.

97) W.G. 비즐리, 《일본 근현대사》, p. 351.

98) 마고사키 우케루, 《미국은 동아시아를 어떻게 지배했나》, pp. 92-95.

99) W.G. 비즐리, 《일본 근현대사》, p. 352.

100) 조세영, 《봉인을 떼려 하는가: 미일동맹을 중심으로 본 일본의 헌법개정 문제》,

(서울:도서출판 아침, 2004), p. 20.

101) 마고사키 우케루,《미국은 동아시아를 어떻게 지배했나》, p. 117.

102) 마고사키 우케루,《미국은 동아시아를 어떻게 지배했나》, p. 205.

103) W.G. 비즐리,《일본 근현대사》, pp. 366-376.

104) 요시다 유타카,《아시아 태평양전쟁》, p. 254.

105) Yusuke Ishihara, "Japan's grand strategy as a declining power," *East Asia Forum*, June 18, 2023.

106) C. Raja Mohan, "For Japan, Ukraine is the Future of Asia," *Foreign Policy*, April 4, 2023.

107) Yoshihide Soeya and Mike Mochizuki, "Tokyo needs to focus on its role as a middle power," *Asia Times*, July 29, 2023.

2부 우크라이나전쟁

1) 로버트 D. 카플란(이순호 옮김),《지리의 복수: 지리는 세계 각국에 어떤 운명을 부여하는가?》(서울: 미지북스, 2017), pp. 110-134.

2) 헨리 키신저(이현주 옮김),《헨리 키신저의 세계질서》(서울: 민음사, 2016), p. 66.

3) 이하 러시아 외교의 역사적 유산에 대해서는 신범식, "러시아의 외교정책"《2020 국방 핵심 역량 강화》(서울: 국방부·세종연구소, 2020), pp. 324-329.

4) 필립 젤리코, 콘돌리자 라이스(김태현, 유복근 옮김),《독일 통일과 유럽의 변환》(서울: 모음북스, 2008), p. 29.

5) 조지 프리드먼(김홍래 옮김),《넥스트 디케이드》(서울: 쌤앤파커스, 2011), pp. 240-244.

6) 필립 젤리코, 콘돌리자 라이스,《독일 통일과 유럽의 변환》, p. 88.

7) 이하 베를린 장벽 붕괴 및 독일 통일의 드라마에 대해서는 필립 젤리코, 콘돌리자 라이스,《독일 통일과 유럽의 변환》을 참고

8) 이해영,《우크라이나 전쟁과 신세계 질서》(파주: 사계절, 2023), pp. 42-46.

9) 이하 냉전 패배 후 러시아 내부의 정체성 논쟁과 외교 지향성에 대한 각축에 대해서는 신범식, "러시아의 외교정책"을 참고

10) 헨리 키신저,《헨리 키신저의 세계질서》. p. 63.

11) Z. 브레진스키(김명섭 옮김),《거대한 체스판: 21세기 미국의 세계 전략과 유라시아》(서울: 삼인, 2003), pp. 158-164.

12) 이해영,《우크라이나 전쟁과 신세계 질서》, p. 49.

13) 탈냉전 시대 러시아의 지전략적 대안에 대해서는 브레진스키《거대한 체스판》pp. 131-158; 신범식, "러시아의 외교정책", pp. 334-348.

14) 김동기, 《지정학의 힘: 시파워와 랜드파워의 세계사》 (파주: 아카넷, 2022), pp. 197-212.

15) John J. Mearsheimer, "The Causes and Consequences of the Ukraine War," *Horizons: Journal of International Relations and Sustainable Development 21* (Summer 2022), p. 20.

16) 우평균, "러시아의 회색지대 갈등 전략과 우크라이나 전쟁 결정," 《한국 군사》 제 11호(2022), p. 19.

17) Gideon Rachman, "Is there such a thing as a rule-based international order?" *Financial Times*, April 20, 2023.

18) Daniel Block, "The Russian Red Line Washington Won't Cross-Yet," *Atlantic*, May 26, 2023.

19) Bobo Lo, "The Ukraine effect: demise of rebirth of the global order?" *Lowy Institute*, May 11, 2023.

20) Franz-Stefan Gady, "Why Neutrality Is Obsolete in the 21st Century," *Foreign Policy*, April 4, 2023.

21) "Europe is unprepared for what might come next in America," *The Economist*, March 20, 2023.

22) "Europe is struggling to rebuild its military clout," *The Economist*, March 7, 2023.

23) C. Raja Mohan, "For Japan, Ukraine is the Future of Asia," *Foreign Policy*, April 4, 2023.

24) Nina Jankowicz and Tom Southern, "The War-Weary West," *Foreign Affairs*, May 4, 2023.

25) Robert Skidelsky, "The Costly Return of Geopolitics," *Project Syndicate*, June 19, 2023.

26) 조지 프리드먼, 《넥스트 디케이드》, p. 210.

27) 이하 나토 팽창에 대한 러시아의 반발에 대해서는 이해영, 《우크라이나 전쟁과 신 세계 질서》, pp. 36-64.

28) Michael Kimmage and Maria Lipman, "Will Russia's Break with the West Be Permanent?" *Foreign Affairs*, June 19, 2023.

29) 백범흠, 《전문가들을 위한 미·중 신냉전과 한국II》 (서울: 늘품플러스, 2022), pp. 140-141.

30) Alexander Gabuev, "What's Really Going on Between Russia and China," *Foreign Affairs*, April 12, 2023.

31) 백범흠, 《전문가들을 위한 미·중 신냉전과 한국II》, p. 129

32) Agathe Demarais, "Why China Hasn't Come to Russia's Rescue," *Foreign Affairs*, April 28, 2023.

33) 김동기, 《지정학의 힘: 시파워와 랜드파워의 세계사》, pp. 203-204

34) David Miliband, "The World Beyond Ukraine," *Foreign Affairs*, May/June 2023.

35) "How to survive a superpower split," *The Economist*, April 11, 2023.

36) Dominique Fraser, "Europe and Asia Remain Oceans Apart – At Least on Security," *The Diplomat*, June 13, 2023.

37) Lo, "The Ukraine effect: demise of rebirth of the global order?"

38) "How to survive a superpower split," *The Economist*, April 11, 2023.

39) Bilahari Kausikan, "Navigating the New Age of Great-Power Competition," *Foreign Affairs*, April 11, 2023

40) Chandran Nair, "The West Must Prepare for a Long Overdue Reckoning," *The National Interest*, June 8, 2023.

41) Rachman, "Is there such a thing as a rule-based international order?"

42) Lo, "The Ukraine effect: demise of rebirth of the global order?"

43) Fareed Zakaria, "The United States can no longer assume that the rest of the world is on its side," *The Washington Post*, June 2, 2023.

44) Matias Spektor, "In Defense of the Fence Sitters, What the West Gets Wrong About Hedging," *Foreign Affairs*, May/June 2023

45) Lo, "The Ukraine effect: demise of rebirth of the global order?"

46) Spektor, "In Defense of the Fence Sitters"

47) Tim Murithi, "Order of Oppression," *Foreign Affairs*, May/June 2023

48) Miliband, "The World Beyond Ukraine"

49) Nirupama Rao, "The Upside of Rivalry," *Foreign Affairs*, May/June 2023

50) Akhilesh Pillalamarri, "How the US Is Pushing India Away," *The Diplomat*, April 24, 2023.

51) Rao, "The Upside of Rivalry"

52) 인도를 대하는 워싱턴의 딜레마에 대해서는 Daniel Markey, "India as It Is," *Foreign Affairs*, July/August 2023; Howard W. French, "Washington's Perennial India Fantasy," *Foreign Policy*, June 21, 2023.

53) Rachman, "Is there such a thing as a rule-based international order?"

54) Fareed Zakaria, "The New China Scare," *Foreign Affairs*, January/February, 2020.

55) Kal Raustiala and Viva Iemanjá Jerónimo, "Why the UN Still Matters," *Foreign Affairs*, June 7, 2023.

56) Raustiala and Jerónimo, "Why the UN Still Matters"

57) Sean L. Malloy, *Atomic Tragedy: Henry L. Stimson and the Decision to Use The Bomb Against Japan*, (Ithaca: Cornell University Press, 2008), p. 121.

58) 김정섭, "도시 폭격의 역사와 우크라이나 전쟁," 《정세와 정책》 제17호(2023)

59) Stephen M. Walt, "Cluster Bombs and the Contradictions of Liberalism," *Foreign Policy*, July 19, 2023.

60) Ellsberg, *The Doomsday Machine*, pp. 319-322.

61) Jason Willick, "Was Gen. Mark Milley right last year about the war in Ukraine?" *Washington Post*, July 26, 2023.

62) Samuel Charap, "An Unwinnable War," *Foreign Affairs*, June 5, 2023.

63) Richard Haass and Charles Kupchan, "The West Needs a New Strategy in Ukraine," *Foreign Affairs*, April 13, 2023.

64) Hal Brands, "The Eurasian Nightmare: Chinese-Russian Convergence and the Future of American Order," *Foreign Affairs*, February 25, 2022.

65) Andrea Kendall-Taylor and Erica Frantz, "The Treacherous Path to a Better Russia: Ukraine's Future and Putin's Fate," *Foreign Affairs*, June 20, 2023.

66) Hugh White, *Sleepwalk to War: Australia's Unthinking Alliance with America*, Quarterly Essay 86. Black Inc.

67) Phillips P. O'Brien, "There's No Such Thing as a Great Power," *Foreign Affairs*, June 29, 2023.

68) Gerald F. Hyman, "The West Must Engage with Russia after the War in Ukraine," *The National Interest*, April 22, 2023.

69) Thomas Graham, "Let Russia Be Russia: The Case for a More Pragmatic Approach to Moscow," *Foreign Affairs*, October 15, 2023.

70) Hyman, "The West Must Engage with Russia after the War in Ukraine"

71) Graham, "Let Russia Be Russia"

72) Walt, "Cluster Bombs and the Contradictions of Liberalism"

73) "Henry Kissinger explains how to avoid world war three," *The Economist*, May 17, 2023.

74) Stephen M. Walt, "Biden's State Department Needs a Reset," *Foreign Policy*, April 1, 2023.

75) 외교정책 현실주의에 대한 반론은 Carlos Roa, "Realists Have Problems with Realism," *The National Interest*, June 12, 2023.

76) Oleg Yanovsky, "Russia looks East to trade," *East Asia Forum*, May 9, 2023.

77) Catherine Osborn, "South America Is Upping Its Bet on BRICS," *Foreign Policy*, August 18, 2023.

78) C. Raja Mohan, "BRICS Expansion Is No Triumph for China," *Foreign Policy*, August 29, 2023.

79) Hal Brands, "The Battle for Eurasia," *Foreign Policy*, June 4, 2023.

80) Cliff Kupchan, "6 Swing States Will Decide the Future of Geopolitics," *Foreign Policy*, June 6, 2023.

81) Brands, "The Battle for Eurasia"

3부 대만전쟁

1) Sara Hsu, "Avoiding a Costly China-US Conflict," *The Diplomat*, April 28, 2023.
2) "America and China are preparing for a war over Taiwan," *The Economist*, March 9, 2023.
3) 김정섭, 《낙엽이 지기 전에: 1차 세계대전 그리고 한반도의 미래》, pp. 30-31.
4) Seth G. Jones, "America's Looming Munitions Crisis," *Foreign Affairs*, March 31, 2023.
5) Kaplan, *The Wizards of Armageddon*, p. 140.
6) 가토 요코, 《왜 전쟁까지》, p. 65.
7) 가토 요코, 《왜 전쟁까지》, p. 195.
8) 헨리 키신저, 《헨리 키신저의 중국 이야기》 (서울: 민음사, 2012), p. 613.
9) White, *Sleepwalk to War*, p. 97.
10) 헨리 키신저, 《헨리 키신저의 중국 이야기》, pp. 620-624.
11) Jo Inge Bekkevold, "Cold War II Is All About Geopolitics," *Foreign Policy*, June 3, 2023.
12) 중국이 처한 지리적 조건과 해외 팽창의 상업적 동기에 대해서는 로버트 D. 카플란, 《지리의 복수》, pp. 281-295.
13) Shannon Tiezzi, "How China's Belt and Road Took Over the World," *The Diplomat*, September 12, 2023.
14) Tiezzi, "How China's Belt and Road Took Over the World"
15) 김동기, 《지정학의 힘: 시파워와 랜드파워의 세계사》, pp. 245-250.
16) P.K. Balachandran, "China Strengthens Grip on Sri Lanka's Colombo Port," *The Diplomat*, May 3, 2023.
17) Alexander Wooley and Sheng Zhang, "Beijing Is Going Places—and Building Naval Bases," *Foreign Policy*, July 27, 2023.
18) Craig Singleton, "China's Military Is Going Global," *The New York Times*, September 7, 2023.
19) "America's top brass responds to the threat of China in the Pacific: American bases are easy targets for Chinese missiles," *The Economist*, March 13, 2021.
20) "Rivalry between America and China has spread to the Indian Ocean," *The Economist*, April 10, 2023.
21) Milan Vaishnav, "Is India's Rise Inevitable?: The Roots of New Delhi's Dysfunction," *Foreign Affairs*, April 14, 2023; Markey, "India as It Is"; French, "Washington's Perennial India Fantasy"
22) Markey, "India as It Is"
23) White, *Sleepwalk to War*, p. 99.

24) Hal Brands, "Deterrence in Taiwan Is Failing," *Foreign Policy*, September 8, 2023.

25) Gideon Rachman, "Why Taiwan Matters to the World," *Financial Times*, April 10, 2023

26) Elbridge A Colby, *The Strategy of Denial: American Defense in an Age of Great Power Conflict* (New Haven & London: Yale University Press, 2021), p. 10.

27) Brands, "Deterrence in Taiwan Is Failing"

28) "How to Avoid a Great-Power War," *Foreign Affairs*, May 2, 2023.

29) David Sacks and Ivan Kanapathy, "What It Will Take to Deter China in the Taiwan Strait," *Foreign Affairs*, June 15, 2023.

30) Colby, *The Strategy of Denial*, pp. 16-17.

31) 미국이 생각하는 반중 연합 파트너의 선정 기준과 후보 국가들에 대한 평가에 대해서는 Colby, *The Strategy of Denial*, pp. 65-66.

32) 오커스 가입 등 호주의 최근 대중 전략 변화에 대한 논란으로는 "Fearing China, Australia rethinks its defence strategy," *The Economist*, April 25, 2023; Satyajit Das, "AUKUS is a bad deal for Australia," *NIKKEI Asia*, April 20, 2023.

33) Colby, *The Strategy of Denial*, pp. 79-96.

34) Gideon Rachman, "How to stop a war between America and China," *Financial Times*, April 24, 2023.

35) Colby, *The Strategy of Denial*, p. 112.

36) White, *Sleepwalk to War*, pp. 43-44.

37) Colby, *The Strategy of Denial*, pp. 112-113.

38) "How China's military is slowly squeezing Taiwan," *Financial Times*, July 24, 2023.

39) Sacks and Kanapathy, "What It Will Take to Deter China in the Taiwan Strait"

40) "What to make of China's military drills around Taiwan," *The Economist*, April 13, 2023.

41) Colby, *The Strategy of Denial*, p. 18.

42) Sacks and Kanapathy, "What It Will Take to Deter China in the Taiwan Strait"

43) "How China's military is slowly squeezing Taiwan"

44) "How to Avoid a Great-Power War"

45) "America and China are preparing for a war over Taiwan"

46) "How to Avoid a Great-Power War"

47) "America and China are preparing for a war over Taiwan"

48) Zuri Linetsky, "America Prepares for a Pacific War With China It Doesn't Want," *Foreign Policy*, September 16, 2023.

49) Linetsky, "America Prepares for a Pacific War With China It Doesn't Want"

50) 이두형, "중국군의 대만침공 시나리오와 시사점," p. 26.

51) Seth G. Jones, "America's Looming Munitions Crisis," *Foreign Affairs*, March 31, 2023.

52) Timothy S. Rich, "Are Taiwanese Confident That Americans Will Defend Them?" *The National Interest*, June 20, 2023.

53) "How China's military is slowly squeezing Taiwan," *Financial Times*, July 24, 2023.

54) Sacks and Kanapathy, "What It Will Take to Deter China in the Taiwan Strait"

55) "China rebukes west over military moves after close call in Taiwan Strait," *Financial Times*, June 4, 2023.

56) "How to Avoid a Great-Power War"

57) Brands, "Deterrence in Taiwan Is Failing"

58) "Is Chinese Power about to peak?" *The Economist*, May 11, 2023

59) Robin Wigglesworth, "Rumours of China's economic demise may be greatly exaggerated," *Financial Times*, April 17, 2023.

60) 최우선, "대만 군사충돌 시나리오와 한국의 대응,"《IFANS 주요국제문제분석》 2022-51, pp. 7-12.

61) Andrew Chubb, "Taiwan Strait Crises: Island Seizure Contingencies," *Asia Society*, February 2023.

62) "America and China are preparing for a war over Taiwan"

63) 최우선, "대만 군사충돌 시나리오와 한국의 대응," p. 4.

64) "America and China are preparing for a war over Taiwan"

65) Linetsky, "America Prepares for a Pacific War With China It Doesn't Want"

66) "Aircraft-carriers are big, expensive, vulnerable-and popular," *The Economist*, November 14, 2019.

67) Mark F. Cancian, Matthew Cancian and Eric Heginbotham, "The First Battle of the Next War: Wargaming a Chinese Invasion of Taiwan," *CSIS*, January 2023, p. 92.

68) Irene Entringer García Blanes et al., "Poll: What Is the Likelihood of War Over Taiwan?" *Foreign Policy*, April 13, 2023.

69) Colby, *The Strategy of Denial*, p. 92.

70) White, *Sleepwalk to War*, p. 46.

71) Joseph S. Nye, Jr.,"Dilemmas of Deterrence," *Project Syndicate*, May 2, 2023.

72) Rachman, "Why Taiwan Matters to the World"

73) White, *Sleepwalk to War*, pp. 31-32.

74) Vaishnav, "Is India's Rise Inevitable?"

75) Nouriel Roubini, "Preventing a US-China War," *Project Syndicate*, August 23, 2023.

76) Bilahari Kausikan, "Navigating the New Age of Great-Power Competition," *Foreign Affairs*, April 11, 2023.

77) Stephen G. Brooks and William C. Wohlforth, "The Myth of Multipolarity: American

Power's Staying Power," *Foreign Affairs*, May/June, 2023.

78) Colby, *The Strategy of Denial*, pp. 38-39.

79) Charles L. Glaser, "Washington Is Avoiding the Tough Questions on Taiwan and China" *Foreign Affairs*, April 28, 2021.

80) Freedman and Michaels, *The Evolution of Nuclear Strategy*, p. 387.

81) Sergey Radchenko and Vladislav Zubok, "Blundering on the Brink: The Secret History and Unlearned Lessons of the Cuban Missile Crisis," *Foreign Affairs*, May/June 2023.

82) White, *Sleepwalk to War*, pp. 53-54.

83) Colby, *The Strategy of Denial*, p. 176.

84) Stacie Pettyjohn, Becca Wasser, and Chris Dougherty, "Dangerous Straits: Wargaming a Future Conflict over Taiwan," *CNAS*, June 2022, p. 6.

85) Cancian, Cancian, and Heginbotham, "The First Battle of the Next War," pp. 71-72.

86) Pettyjohn, Wasser, and Dougherty, "Dangerous Straits," pp. 6-7.

87) Pettyjohn, Wasser, and Dougherty, "Dangerous Straits," pp. 7-8.

88) 통상 사용된 무기의 수량과 유형, 전쟁 지속 기간, 지리적 범주, 전쟁 목표, 타격 대상 등에서 하나 이상이 제한적일 때 제한전쟁으로 간주한다. 제한 핵전쟁에 관한 초기 연구로는 Robert E. Osgood, *Limited War: The Challenge to American Strategy* (Chicago: University of Chicago Press, 1957); Bernard Brodie, "More About Limited War," *World Politics*, vol. 10, no. 1(1957); Henry Kissinger, *Nuclear Weapons and Foreign Policy* (New York: Harper & Brothers, 1957) 등이 있고, 최근 연구로는 Jeffrey A. Larsen and Kerry M. Kartchner eds., *On Limited Nuclear War in the 21ST Century* (Stanford: Standford University Press, 2014)를 참고할 것.

89) Fred Kaplan, *The Bomb: President, Generals, and the Secret History of Nuclear War* (New York: Simon & Schuster Paperbacks, 2020), pp. 33-36.

90) Freedman, *The Evolution of Nuclear Strategy*, p. 238.

91) Freedman, *The Evolution of Nuclear Strategy*, p. 213.

92) Herman Kahan, *On Escalation: Metaphors and Scenarios* (New York: Praeger, 1965)

93) Kaplan, *The Bomb*, p. 80.

94) Kaplan, *The Wizards of Armageddon*, p. 228.

95) Michael Hirsh, "Are We Back to Nuclear Brinkmanship for Good?," *Foreign Policy*, June 9, 2023.

96) Paul Heer, "Is Washington Prepared to Negotiate Peaceful Coexistence with China?" *The National Interest*, May 5, 2023.

97) White, *Sleepwalk to War*, pp. 37-38.

98) Robert Jervis, "Robert Jervis reflects on America's Foreign Policy for January 2021:

What to plan for when you're expecting" *Chatham House*, January 15, 2020. https://
americas.chathamhouse.org/article/robert-jervis-reflects-on-americas-foreign-policy-
for-january-2021-what-to-plan-for-when-youre-expecting/

99) Glaser, "Washington Is Avoiding the Tough Questions on Taiwan and China"

100) White, *Sleepwalk to War*, pp. 35-36.

101) Joseph S. Nye, Jr., "Is America Reverting to Isolationism?," *Project Syndicate*,
September 4, 2023.

102) Leon Hadar, "Two Cheers for Yalta: Is a Sino-American Condominium a Realist
Option?" *The National Interest*, April 1, 2023.

103) Jordan Tama, "Trump Didn't Invent Isolationism," *Foreign Policy*, September 5,
2023.

104) 스티븐 M. 월트(김성훈 옮김), 《미국 외교의 대전략: 자유주의 패권의 연장인가,
역외균형으로의 복귀인가》, (서울: 김앤김북스, 2021), pp. 327-329.

105) 헨리 키신저, 《헨리 키신저의 중국 이야기》, pp. 630-633.

106) 브레진스키, 《거대한 체스판》, pp. 87-88.

107) Paul Heer, "Is Washington Prepared to Negotiate Peaceful Coexistence with
China?" *The National Interest*, May 5, 2023.

108) Matthew Bunn, "Biden Must Heed JFK's Lessons on Rolling Back Nuclear
Dangers," *The National Interest,* June 10, 2023.

109) "Is Chinese Power about to peak?"

110) Roubini, "Preventing a US-China War"

111) 헨리 키신저, 《헨리 키신저의 세계질서》, pp. 90-91.

112) "Henry Kissinger explains how to avoid world war three," *The Economist,* May 17,
2023.

113) Tony Chan, Ben Harburg, and Kishore Mahbubani, "America Can't Stop China's
Rise," *Foreign Policy,* September 19, 2023.

114) Fareed Zakaria, "The New China Scare," *Foreign Affairs*, January/February, 2020.

115) 헨리 키신저, 《헨리 키신저의 중국 이야기》, p. 377.

결론

1) 강성학, 《시어도어 루즈벨트》 (서울: 박영사, 2023), p. 303.

2) 마고사키 우케루, 《미국은 동아시아를 어떻게 지배했나》, p. 160.

참고문헌

가토 요코 (2018a).《왜 전쟁까지: 일본 제국주의의 논리와 '세계의 길' 사이에서》. 양지연 (역). 사계절.

＿＿＿ (2018b).《그럼에도 일본은 전쟁을 선택했다》. 윤현명·이승혁(역). 서해문집.

게르하르트 L. 와인버그 (2019).《제2차 세계대전》. 박수민(역). 교유서가.

김동기 (2022).《지정학의 힘: 시파워와 랜드파워의 세계사》. 아카넷.

강성학 (2023).《시어도어 루즈벨트》. 박영사.

김정섭 (2023). "도시 폭격의 역사와 우크라이나전쟁".《정세와 정책》제17호.

＿＿＿ (2018).《낙엽이 지기 전에: 1차 세계대전 그리고 한반도의 미래》. MID.

김한권 (2020). "중국의 안보관 및 전략".《2020 국방 핵심 역량 강화》. 국방부·세종연구소.

니얼 퍼거슨 (2010).《증오의 세기: 20세기는 왜 피로 물들었는가》. 이현주(역). 민음사.

로버트 D. 카플란 (2017).《지리의 복수: 지리는 세계 각국에 어떤 운명을 부여하는가?》. 이 순호(역). 미지북스.

리처드 손턴 (2020).《강대국 국제정치와 한반도: 트루먼, 스탈린, 마오쩌둥 그리고 6.25전 쟁의 기원》. 권영근·권율(역). 한국국방연구원.

마고사키 우케루 (2019).《미국은 동아시아를 어떻게 지배했나: 일본의 사례, 1945-2012 년》. 양기호(역). 메디치.

박영준 (2020).《제국 일본의 전쟁 1868-1945》. 사회평론아카데미.

배기찬 (2017).《코리아 생존전략》. 위즈덤하우스.

백범흠 (2022).《전문가들을 위한 미·중 신냉전과 한국 II》. 늘품플러스.

스티븐 M. 월트 (2021).《미국 외교의 대전략: 자유주의 패권의 연장인가, 역외균형으로의 복귀인가》. 김성훈(역). 김앤김북스.

신범식 (2020). "러시아의 외교정책".《2020 국방 핵심 역량 강화》. 국방부·세종연구소.

와다 하루키 (2021).《러일전쟁: 기원과 개전》. 이웅현(역). 한길사.

요시다 유타카 (2013).《아시아 태평양전쟁》. 최혜주(역). 어문학사.

우평균 (2022). "러시아의 회색지대 갈등 전략과 우크라이나전쟁 결정".《한국 군사》11호.

이해영 (2023). 《우크라이나전쟁과 신세계 질서》. 사계절.

일본역사연구회 (2019). 《태평양전쟁사: 만주사변과 중일전쟁》. 방일권·오일환·이연식(역). 채륜.

조세영 (2004). 《봉인을 떼려 하는가: 미일동맹을 중심으로 본 일본의 헌법개정 문제》. 도서출판 아침.

조지 프리드먼 (2011). 《넥스트 디케이드》. 김홍래(역). 쌤앤파커스.

즈비그뉴 브레진스키 (2003). 《거대한 체스판: 21세기 미국의 세계 전략과 유라시아》. 김명석(역). 삼인.

최우선 (2022). "대만 군사충돌 시나리오와 한국의 대응". 《IFANS 주요국제문제분석》 2022-51.

필립 젤리코·콘돌리자 라이스 (2008). 《독일 통일과 유럽의 변환: 치국경세술 연구》. 김태현·유복근(역). 모음북스.

폴 콜리어 외 (2011). 《제2차 세계대전: 탐욕의 끝, 사상 최악의 전쟁》. 강민수(역). 플래닛미디어.

하라다 게이이치 (2013). 《청일·러일전쟁》. 최석완(역). 어문학사.

헨리 키신저 (2016). 《헨리 키신저의 세계질서》. 이현주(역). 민음사.

_____ (2012). 《헨리 키신저의 중국 이야기》. 권기대(역). 민음사.

W.G. 비즐리 (2004). 《일본 근현대사》. 장인성(역). 을유문화사.

"Aircraft-carriers are big, expensive, vulnerable-and popular". *The Economist*. November 14, 2019.

"America and China are preparing for a war over Taiwan". *The Economist*. March 9, 2023.

"America's top brass responds to the threat of China in the Pacific: American bases are easy targets for Chinese missiles". *The Economist*. March 13, 2021.

Balachandran, P. K. (2023). "China Strengthens Grip on Sri Lanka's Colombo Port". *The Diplomat*. May 3.

Bekkevold, Jo Inge (2023). "Cold War II Is All About Geopolitics". *Foreign Policy*. June 3.

Block, Daniel (2023). "The Russian Red Line Washington Won't Cross-Yet". *Atlantic*. May 26.

Brands, Hal (2023a). "Deterrence in Taiwan Is Failing". *Foreign Policy*. September 8.

_____ (2023b). "The Battle for Eurasia". *Foreign Policy*. June 4.

_____ (2022). "The Eurasian Nightmare: Chinese-Russian Convergence and the Future of American Order". *Foreign Affairs*. February 25.

Brodie, Bernard (1957). "More About Limited War". *World Politics*. vol.10 (no.1).

Brooks, S. G. & Wohlforth, W. C. (2023). "The Myth of Multipolarity: American Power's Staying Power". *Foreign Affairs*. May/June.

Bunn, Matthew (2023). "Biden Must Heed JFK's Lessons on Rolling Back Nuclear Dangers". *The National Interest*. June 10.

Cancian, M. F., Cancian, M., & Heginbotham, E. (2023). "The First Battle of the Next War: Wargaming a Chinese Invasion of Taiwan". *CSIS*. January.

Chan, T., Harburg, B., & Mahbubani, K. (2023). "America Can't Stop China's Rise". *Foreign Policy*. September 19.

Charap, Samuel (2023). "An Unwinnable War". *Foreign Affairs*. June 5.

"China rebukes west over military moves after close call in Taiwan Strait". *Financial Times*. June 4, 2023.

Chubb, Andrew (2023). "Taiwan Strait Crises: Island Seizure Contingencies". *Asia Society*. February.

Colby, Elbridge A. (2021). *The Strategy of Denial: American Defense in an Age of Great Power Conflict*. Yale University Press.

Das, Satyajit (2023). "AUKUS is a bad deal for Australia". *NIKKEI Asia*. April 20.

Demarais, Agathe (2023). "Why China Hasn't Come to Russia's Rescue". *Foreign Affairs*. April 28.

Ellsberg, Daniel (2017). *The Doomsday Machine: Confessions of a Nuclear War Planner*. Bloomsbury Publishing.

Entringer, I., Blanes, G., et al. (2023). "Poll: What Is the Likelihood of War Over Taiwan?". *Foreign Policy*. April 13.

"Europe is unprepared for what might come next in America". *The Economist*. March 20, 2023.

"Europe is struggling to rebuild its military clout". *The Economist*. March 7, 2023.

"Fearing China, Australia rethinks its defence strategy". *The Economist*. April 25, 2023.

Fraser, Dominique (2023). "Europe and Asia Remain Oceans Apart—At Least on Security". *The Diplomat*. June 13.

Freedman, Lawrence (1981). *The Evolution of Nuclear Strategy*. St. Martin's Press.

_____ & Michaels, J. (2019). *The Evolution of Nuclear Strategy: New, Updated and Completely Revised*. Palgrave.

French, Howard W. (2023). "Washington's Perennial India Fantasy". *Foreign Policy*. June 21.

Gabuev, Alexander (2023). "What's Really Going on Between Russia and China". *Foreign Affairs*. April 12.

Gady, Franz-Stefan (2023). "Why Neutrality Is Obsolete in the 21st Century". *Foreign Policy*. April 4.

Glaser, Charles L. (2021). "Washington Is Avoiding the Tough Questions on Taiwan and

China". *Foreign Affairs*. April 28.

Graham, Thomas (2023). "Let Russia Be Russia: The Case for a More Pragmatic Approach to Moscow". *Foreign Affairs*. October 15.

Haass, R., & Kupchan, C. (2023). "The West Needs a New Strategy in Ukraine". *Foreign Affairs*. April 13.

Hadar, Leon (2023). "Two Cheers for Yalta: Is a Sino-American Condominium a Realist Option?". *The National Interest*. April 1.

Heer, Paul (2023). "Is Washington Prepared to Negotiate Peaceful Coexistence with China?". *The National Interest*. May 5.

"Henry Kissinger explains how to avoid world war three". *The Economist*. May 17, 2023.

Hirsh, Michael (2023). "Are We Back to Nuclear Brinkmanship for Good?". *Foreign Policy*. June 9.

"How China's military is slowly squeezing Taiwan". *Financial Times*. July 24, 2023.

"How to Avoid a Great-Power War". *Foreign Affairs*. May 2, 2023.

"How to survive a superpower split". *The Economist*. April 11, 2023.

Hsu, Sara (2023). "Avoiding a Costly China-US Conflict". *The Diplomat*. April 28.

Hyman, Gerald F. (2023). "The West Must Engage with Russia after the War in Ukraine". *The National Interest*. April 22.

"Is Chinese Power about to peak?". *The Economist*. May 11, 2023.

Ishihara, Yusuke (2023). "Japan's grand strategy as a declining power". *East Asia Forum*. June 18.

Jankowicz, N., & Southern T. (2023). "The War-Weary West". *Foreign Affairs*. May 4.

Jervis, Robert (2020). "Robert Jervis reflects on America's *Foreign Policy* for January 2021: What to plan for when you're expecting". *Chatham House*. January 15.

Jones, Seth G. (2023). "America's Looming Munitions Crisis". *Foreign Affairs*. March 31.

Kahan, Herman (1965). *On Escalation: Metaphors and Scenarios*. Praeger.

Kaplan, Fred (2020). *The Bomb: President, Generals, and the Secret History of Nuclear War*. Simon & Schuster.

———— (1983). *The Wizards of Armageddon*. Stanford University Press.

Kausikan, Bilahari (2023). "Navigating the New Age of Great-Power Competition". *Foreign Affairs*. April 11.

Kendall-Taylor, A., & Frantz, E. (2023). "The Treacherous Path to a Better Russia: Ukraine's Future and Putin's Fate". *Foreign Affairs*. June 20.

Kimmage, M., & Lipman, M. (2023). "Will Russia's Break with the West Be Permanent?". *Foreign Affairs*. June 19.

Kissinger, Henry (1957). Nuclear Weapons and *Foreign Policy*. Harper & Brothers.

Kupchan, Cliff. (2023). "6 Swing States Will Decide the Future of Geopolitics". *Foreign Policy*. June 6.

Larsen, J. A., & Kartchner, K. M. eds. (2014). *On Limited Nuclear War in the 21st Century*. Standford University Press.

Linetsky, Zuri (2023). "America Prepares for a Pacific War With China It Doesn't Want". *Foreign Policy*. September 16.

Lo, Bobo (2023). "The Ukraine effect: demise of rebirth of the global order?". *Lowy Institute*. May 11.

MacIsaac, David (1986). "Voices from the Central Blue: The Air Power Theorists" in Peter Paret(edit). *Makers of Modern Strategy from Machiavelli to the Nuclear Age*. Princeton University Press.

Malloy, Sean (2008). *Atomic Tragedy: Henry L. Stimson and the Decision to Use The Bomb Against Japan*. Cornell University Press.

Mahbubani, Kishore (2020). *Has China Won? The Chinese Challenge to American Primacy*. PublicAffairs.

Markey, Daniel (2023). "India as It Is". *Foreign Affairs*. July/August.

Mearsheimer, John J. (2022). "The Causes and Consequences of the Ukraine War". *Horizons: Journal of International Relations and Sustainable Development 21*. Summer.

Miliband, David (2023). "The World Beyond Ukraine". *Foreign Affairs*. May/June.

Mohan, C. Raja (2023a). "BRICS Expansion Is No Triumph for China". *Foreign Policy*. August 29.

_____ (2023b). "For Japan, Ukraine is the Future of Asia". *Foreign Policy*. April 4.

Murithi, Tim (2023). "Order of Oppression". *Foreign Affairs*. May/June.

Nair, Chandran (2023). "The West Must Prepare for a Long Overdue Reckoning". *The National Interest*. June 8.

Nye, Joseph S. (2023a). "Is America Reverting to Isolationism?". *Project Syndicate*. September 4.

_____ (2023b). "Dilemmas of Deterrence". *Project Syndicate*. May 2.

O'Brien, Phillips P. (2023). "There's No Such Thing as a Great Power". *Foreign Affairs*. June 29.

Osborn, Catherine (2023). "South America Is Upping Its Bet on BRICS". *Foreign Policy*. August 18.

Osgood, Robert E. (1957). *Limited War: The Challenge to American Strategy*. University of Chicago Press.

Pettyjohn, S., Wasser, B., & Dougherty C. (2022). "Dangerous Straits: Wargaming a Future Conflict over Taiwan". *CNAS*. June 2022.

Pillalamarri, Akhilesh (2023). "How the US Is Pushing India Away". *The Diplomat*, April 24.

Rachman, Gideon (2023a). "How to stop a war between America and China". *Financial Times*. April 24.

______ (2023b). "Is there such a thing as a rule-based international order?". *Financial Times*. April 20.

______ (2023c). "Why Taiwan Matters to the World". *Financial Times*. April 10.

Radchenko, S. & Zubok V. (2023). "Blundering on the Brink: The Secret History and Unlearned Lessons of the Cuban Missile Crisis". *Foreign Affairs*. May/June.

Rao, Nirupama (2023). "The Upside of Rivalry". *Foreign Affairs*, May/June.

Raustiala, K & Jerónimo, V. I. (2023). "Why the UN Still Matters". *Foreign Affairs*. June 7.

Rich, Timothy S. (2023). "Are Taiwanese Confident That Americans Will Defend Them?". *The National Interest*. June 20.

"Rivalry between America and China has spread to the Indian Ocean". *The Economist*. April 10, 2023.

Roa, Carlos (2023). "Realists Have Problems with Realism". *The National Interest*. June 12.

Roubini, Nouriel (2023). "Preventing a US-China War". *Project Syndicate*. August 23.

Sacks, D., & Kanapathy I. (2023). "What It Will Take to Deter China in the Taiwan Strait". *Foreign Affairs*. June 15.

Singleton, Craig (2023). "China's Military Is Going Global". *The New York Times*. September 7.

Skidelsky, Robert (2023). "The Costly Return of Geopolitics". *Project Syndicate*. June 19.

Soeya, Y., & Mochizuki, M. (2023). "Tokyo needs to focus on its role as a middle power". *Asia Times*. July 29.

Spektor, Matias (2023). "In Defense of the Fence Sitters, What the West Gets Wrong About Hedging". *Foreign Affairs*. May/June.

Tama, Jordan (2023). "Trump Didn't Invent Isolationism". *Foreign Policy*. September 5.

Tiezzi, Shannon (2023). "How China's Belt and Road Took Over the World". *The Diplomat*. September 12.

Vaishnav, Milan (2023). "Is India's Rise Inevitable?: The Roots of New Delhi's Dysfunction". *Foreign Affairs*. April 14.

Walt, Stephen M. (2023a). "Cluster Bombs and the Contradictions of Liberalism". *Foreign Policy*. July 19.

______ (2023b). "Biden's State Department Needs a Reset". *Foreign Policy*. April 1.

White, Hugh (2022). *Sleepwalk to War: Australia's Unthinking Alliance with America*. Black Inc.

Wigglesworth, Robin (2023). "Rumours of China's economic demise may be greatly exaggerated". *Financial Times*. April 17.

Willick, Jason (2023). "Was Gen. Mark Milley right last year about the war in Ukraine?". *Washington Post*. July 26.

Wooley, A. and Zhang, S. (2023). "Beijing Is Going Places—and Building Naval Bases". *Foreign Policy*. July 27.

Yanovsky, Oleg (2023). "Russia looks East to trade". *East Asia Forum*. May 9.

Zakaria, Fareed (2023). "The United States can no longer assume that the rest of the world is on its side". *The Washington Post*. June 2.

_____ (2020). "The New China Scare". *Foreign Affairs*. January/February.

세 개의 전쟁

1판 1쇄 펴냄 2024년 4월 15일
1판 2쇄 펴냄 2024년 6월 15일

지은이   김정섭
편 집   안민재
디자인   룩앳미
제 작   세걸음
인쇄·제책   영신사

펴낸곳   프시케의숲
펴낸이   성기승
출판등록   2017년 4월 5일 제406-2017-000043호
주 소   (우)10885, 경기도 파주시 책향기로 371, 상가 204호
전 화   070-7574-3736
팩 스   0303-3444-3736
이메일   pfbooks@pfbooks.co.kr
SNS   @PsycheForest

ISBN   979-11-89336-71-4   03340

책값은 뒤표지에 표시되어 있습니다.

이 책의 내용을 이용하려면 반드시 저작권자와
도서출판 프시케의숲에 동의를 받아야 합니다.